JN440538

한국 불교사

# 조선·근대

## 일러두기

1. 이 책은 한국 불교사 개설서로, 전공자뿐 아니라 이 분야에 관심이 있는 일반 독자를 대상으로 기획·집필했습니다. 이에 따라 한자 병기를 최소화했습니다. 단, 문맥상 한자를 병기해야 이해하기 수월하거나 글의 특성상 필요한 경우에는 중복이 되더라도 표기했습니다.
2. 참고문헌의 경우 1항과 같은 이유로 사료는 생략하고, 관련 자료를 최소화해 책 뒷부분에 별도의 장을 만들어 실었습니다.
3. 연도 표기 중 연호를 쓰는 경우에는 서기(연호)를 원칙으로 하되, 연호(서기)식 표기가 글을 이해하는 데 도움이 될 경우에는 이 원칙을 따르지 않았습니다.
4. 국내 서적은 『 』, 서적에 실린 글이나 논문, 노래 제목, 법령 등은 「 」, 신문이나 잡지는 ≪ ≫, 그림이나 공연 제목 등은 〈 〉로 표기했습니다. 국외 서적과 잡지, 일간지를 원어로 쓸 경우에는 이탤릭체로, 논문은 " "로 표기했습니다. 단, 중국과 일본 자료는 한국 자료의 표기에 따랐습니다.
5. 용어의 강조나 간접인용문은 ' ', 직접인용문은 " "로 표기했습니다.

A HISTORY OF KOREAN BUDDHISM
THE JOSEON DYNASTY AND MODERN ERA

# 한국 불교사

# 조선·근대

불교사학회 엮음

한울
아카데미

| 차례 |

## 2부 조선 불교의 사상과 신앙



## 3부 조선 불교와 사회, 출판

## 근대

### 1부 근현대 불교계의 동향

# 책을 펴내며 • •

한국 학계에서 불교사는 주변적인 연구 분야로 취급되거나 연구자의 관심을 받지 못하는 영역이다. 이러한 상황은 전통적인 중화주의와 서구 근대주의라는 뿌리 깊은 편견과 무관하지 않다. 더욱이 역사학계에서는 사상사에 대한 관심이 적은 데다가 통념적인 이해에서 비롯된 편견이 여전히 남아 있다.

고대~고려 시기는 불교 중심의 사회이며, 조선 시기는 유교 중심의 사회라는 이분법적인 이해가 그러한 통념을 잘 보여준다. 그리하여 불교사 연구가 고대·고려 시기를 중심으로 이루어졌고, 조선시대 이후의 불교는 국가의 억압을 받아 쇠퇴했다고 막연하게 이해되고 있다. 나아가 근대 사상사에서는 서양의 근대사상과 기독교가 관심의 대상이 되지만, 불교는 아예 언급이 없거나 연구 영역이 아닌 것처럼 취급된다.

이러한 선입견은 구체적인 연구를 통해 형성된 역사상이 아니며, 근대 이후 통념적인 이해가 확산된 것에 불과하다. 중국사나 일본사 연구에서 근세 불교를 부정적으로 본 인식이 근대 역사학에 제시된 것과 마찬가지 편견이 한국 학계에 자리 잡고 있다. 이러한 인식은 동아시아 공통적으로 불교에서 주자학으로 전환된 사상 구조를 당연한 전제로 바라보거나, 당송 시기를 정점으로 불교가 새로운 사상 체계를 제시하지 못한 한계를 지나치게 단선적으로 이해하는 것과 관련된다.

명·청 시기와 에도 시기의 사상사에서 불교를 쇠퇴·타락한 것으로 바라보는 연구 동향은 조선 시기 사상사 이해와 대동소이하다. 일본의 근세 불교

타락론은 에도 시기 사상사를 유교, 국학, 신도 중심으로 파악하는 고정관념과 무관하지 않다. 이에 대한 문제 제기와 반론이 일본 학계에서 1980년대에 제기되었고, 근세 불교를 재평가하는 연구가 다양하게 제시되고 있다.

이에 비해 조선시대 사상사 연구는 유교에 치우친 경향이 여전하고, 불교사의 위상도 별로 바뀌지 않고 있다. 그런데 현존하는 불교문화 유산이 대부분 조선 후기에 형성된 데에서 알 수 있듯이 불교의 전통은 조선 시기에 형성되고, 근대를 거쳐 지금까지 이어지고 있다. 오늘날 유교 전통이 형해화된 것에 반해 불교가 전통을 대표하는 종교로 지속되고 있는 현상을 고려하면 불교 쇠퇴론을 무조건 받아들이기는 곤란하다.

식민지 시기에 일본인 학자들이 제시한 조선 불교 쇠퇴론에 대한 비판이 근래에 다양하게 이루어지고 있다. 이 책의 '조선 편'은 조선 시기 불교사를 새롭게 개척해 온 대표적인 연구자들의 성과를 중심으로 소개했다. 다만 조선시대 불교사 연구에서 아직까지 밝히지 못한 연구 영역이 적지 않고, 조선시대 사상사에서 차지하는 위상을 어떻게 자리매김할 수 있는가에 대해 뚜렷하게 제시하지 못하고 있다. 이러한 과제는 앞으로 연구의 축적을 통해 새롭게 제시되기를 바란다.

한편, 근대 불교사 연구는 1990년대에 연구자의 관심을 받기 시작했고 다양한 주제로 연구가 이어지고 있다. 다만, 종래 한국 근대사 연구가 침략과 저항이라는 이항대립 구도로 진행된 것과 마찬가지로 근대 불교사 연구는 일제의 식민지 지배 정책이나 일본 불교의 침투와 그에 저항하는 민족불교의 역할과 의의를 강조하는 흐름이 적지 않았다. 이른바 '민족불교론'에 입각한 연구는 근대 불교사의 다양한 스펙트럼을 간과하는 문제점이 있고, 근대 불교의 개념이나 성격을 제대로 반영하지 못한 한계가 있다.

나아가 불교 교단의 입장이나 이해에 관련되거나 호교론에 가까운 연구가 이어지는 흐름도 보인다. 불교사 연구가 마치 중세 기독교의 신학과 같은 입장에서 이루어지는 것은 바람직하지 않다. 연구자들 스스로 연구 대상에 대한 객관적인 시각을 갖춰야 하며, 근대 사상에서 불교가 차지하는 위상을 어떻게 바라볼 것인지를 근대라는 시공간의 역사적·사상적 흐름에서 규명해야 할 것이다.

2023년에 『한국 불교사, 고려』를 먼저 간행하면서 밝힌 것처럼, 2019년 1월에 불교사학회를 결성하면서 '한국 불교사' 개설서를 기획했다. 이후 1년간 편집위원회 회의를 통해 개설서의 편집 방침을 논의했다. 그 결과 전체 구성은 고대, 고려, 조선·근대 편으로 하고, 각 권의 내용을 시기별 불교사의 흐름과 불교계의 동향, 사상과 문화, 사회와 불교 등을 주제로 하여 일관된 체재로 구성하기로 결정했다.

다만 조선·근대 시기의 불교사 연구는 그 성과가 충분히 축적되지 못한 상태이기 때문에 전체적으로 다루지 못한 주제가 제법 있어, 근대 편의 경우에는 전체 구성과 다르게 기획할 수밖에 없었다. 또한 집필자 개인에게 원고를 일임했기 때문에 내용의 편차가 없지 않다. 이러한 한계는 앞으로의 과제로 남겨두고, 독자 여러분의 이해를 구한다.

이 책은 개설서이기 때문에 주석을 생략하고, 참고문헌도 대표적인 성과만을 소개했다. 개설서는 학계의 연구 역량이 모두 포괄되는 것이지만, 여러 가지 사정상 모든 연구 성과를 소개할 수 없는 현실적인 어려움이 있으므로 관련 연구자들의 양해를 바란다.

조선 편은 동국대학교 김용태 교수가, 근대 편은 필자가 책임편집을 맡아 집필진을 구성하고 섭외했다. 아울러 조선 편의 구성과 섭외에 국립순천대학교 이종수 교수를 비롯한 조선시대 전공자들이 도움을 주었다. 이들의 노고에 감사를 드리며, 한 권의 책이 이루어질 때까지 인내심을 갖고 기다려준 집필진 여러분께 감사드린다. 또한 어려운 출판계 현실에도 불구하고 이 책의 출판을 흔쾌히 결정해 준 한울엠플러스(주)와 원고를 꼼꼼하게 교정하고 좋은 책으로 편집해 준 편집부의 노고에 감사한다. 조만간 고대 편의 편집이 마무리되어 3권으로 완간된 『한국 불교사』로 독자들을 만나길 기대한다.

불교사학회를 대표하여

조명제

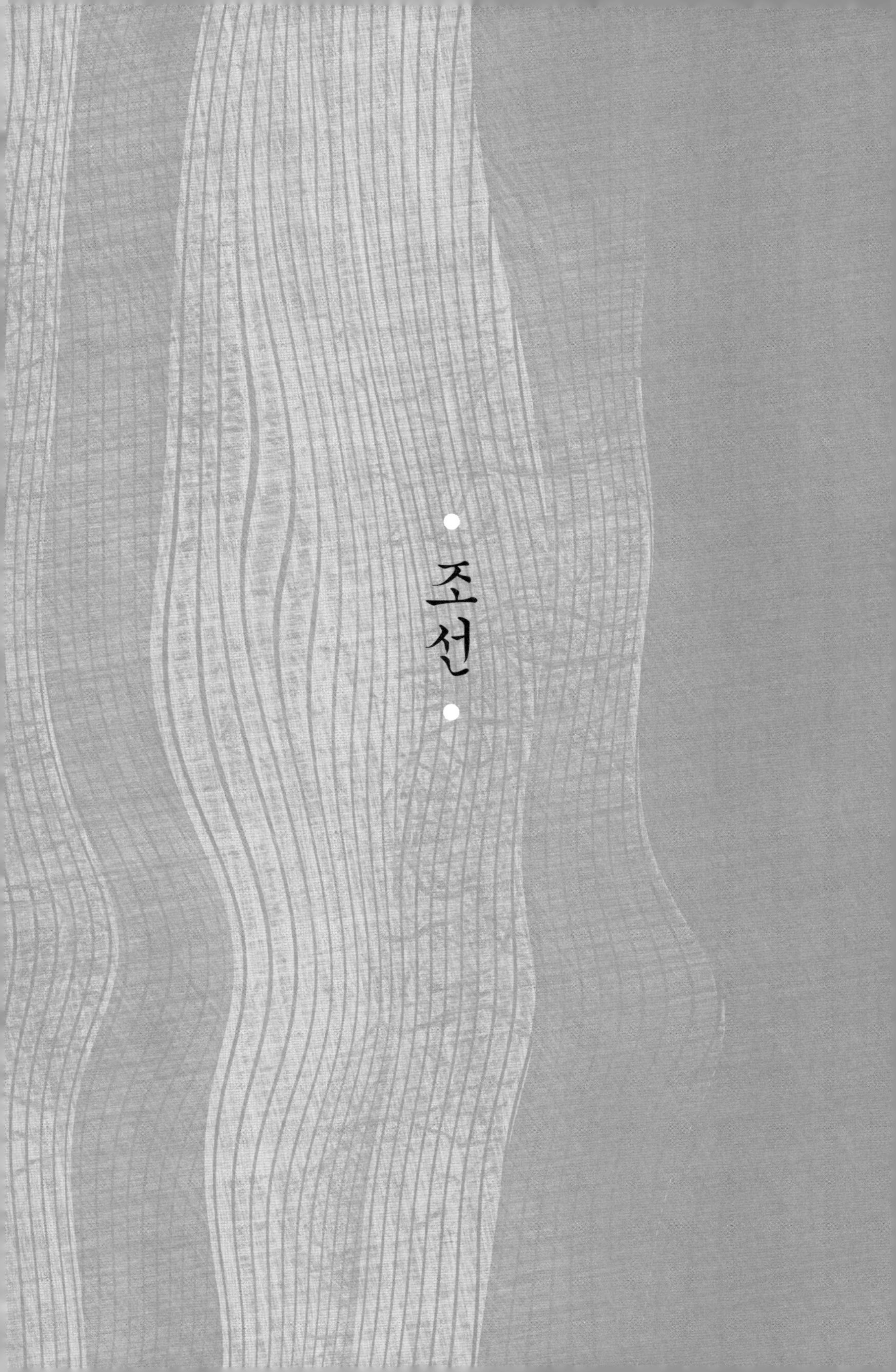

# 조선

# 1부

# 조선시대 불교사의 흐름과 동향

# 1 조선 전기 승정체제 운영의 실제

손성필 | 조선대학교 역사문화학과 교수

## 승정체제란 무엇인가?

고려는 국가에서 승도를 선발하여 국가적 직위에 임명하고 주요 사찰을 경제적으로 지원하는 제도를 운영했다. 이러한 국가의 제도는 승도의 과거인 승과(僧科) 시행, 승도의 관품인 승계(僧階: 법계) 수여, 승도의 관직인 승직(僧職) 임명 등과 같은 인사 행정을 통해 운영되었다. 승도에 대한 인사 행정을 승정(僧政)이라고 하며, 이와 관련한 제도 전반을 일반적으로 승정체제라고 부른다. 국가는 전국의 주요 사찰에 고위 승직인 주지(住持)를 임명했고, 관서 운영을 위한 수조지(收組地)인 사사전(寺社田)을 지급해 그 사찰의 운영을 지원했다. 이에 주요 사찰에 대한 주지 임명, 사사전 지급 등도 넓은 의미의 승정체제 운영에 포함된다고 할 수 있다. 이 승정체제는 고려 국가체제의 일부라고 할 수 있으며, 고려 초기에 성립된 이래 변천을 거듭하면서 고려 말기까지 유지되었다.

조선은 고려의 국가체제를 계승하되 이를 대대적으로 개혁함으로써 조선

〈그림 1-1〉 **석보상절**
세종 명찬, 보물.
자료: 국립중앙도서관.

의 국가체제를 정비해 갔다. 이는 승정체제 또한 마찬가지였다. 태종 대와 세종 대에 두 번에 걸쳐 대대적인 개혁이 이루어졌으며, 그에 따라 승정체제의 규모가 크게 축소되었고 그 위상도 격하되었다고 할 수 있다.

조선 초기의 승정체제 개혁은 그동안 일반적으로 국가가 불교와 불교계를 억압한 정책으로 알려져 왔다. 그러나 개혁 이후에도 조선은 승정체제를 유지했다. 당시 개혁 논의를 통해 볼 때 승정체제 개혁의 주요 목적은 조선의 국가체제를 새롭게 정비하고, 주요 사찰에 지급된 사사전을 환수해 국가 재정을 확충하기 위한 것이었으며, 이는 불교가 국가를 운영하는 데에는 적합하지 않은 사상이라는 인식에 따른 것이었다. 이에 개혁 이후 국가체제에서 불교의 기능이 크게 약화되었고, 불교계에 대한 국가적 지원이 크게 축소된 것은 분명하다. 하지만 이 개혁과 관련해 그간 통용된 잘못된 이해와 지나친 해석에 대한 비판도 필요해 보인다.

## 조선 초기의 승정체제 개혁

고려의 승정체제는 조선 초기 약 20여 년간의 논의와 조치를 통해 개혁되었다. 태종이 1402년(태종 2) 4월에 개혁을 추진했으나, 8월에 태조의 반대로 시행이 취소되었다. 태종이 1405년(태종 5) 11월에 개혁 논의를 다시 시작하

〈표 1-1〉 **조선 초기 승정체제의 주요 기능과 구성**

| 구분 | | 태종 대 | 세종 대 |
|---|---|---|---|
| 종 | 수 | 7 | 2 |
| | 주요 승직 | 판사(7) | 판사(2) |
| 승정 | 기능 | 승과, 승직, 승적 | 승과, 승직, 승적 |
| | 관할 부서 | 예조 | 예조 |
| | 실무 기구 | 승록사 | 선종, 교종 |
| | 주지 임명 | 승록사 → 이조(1416년) | 이조 |
| 지정 사찰 | 정수 | 242 | 36 |
| | 주요 승직 | 주지(242) | 주지(36) |
| | 소속 승 | (사사전 2결당 1원) | 3,770(각 사찰별 규정) |
| | 사사전 | 11,100여 결<br>(소속 승 1원당 2결) | 7,950(각 사찰별 규정) |
| | 사노비 | (소속 승 1원당 1구) | - |

여, 1406년(태종 6) 3월에 개혁을 단행했으며, 1407년(태종 7) 12월, 1412년(태조 12) 12월 등에 후속 조치가 이루어졌다. 이후 세종이 1420년(세종 2) 1월, 1424년(세종 6) 2월, 3월 등에 다시 개혁을 논의하여, 1424년 4월에 개혁을 단행했으며, 그 후속 조치가 1424년 4월과 10월, 1425년(세종 7) 5월 등에 이루어졌다. 이처럼 조선 초기의 승정체제 개혁은 지속적인 논의와 후속 조치를 통해 시행되었다. 〈표 1-1〉은 1406년과 1424년의 개혁, 그 후속 조치로 성립된 승정체제의 주요 기능과 구성을 정리한 것이다.

조선 초기의 승정체제 개혁은 종(宗), 승정, 지정 사찰 등의 국가적인 운영체제를 개편하기 위한 것이었다. 전국의 수많은 사찰 중에서 주지를 임명하고 사사전을 지급하도록 국가가 지정한 주요 사찰을, 지정 사찰로 부르기로 하자. 〈표 1-1〉에서 볼 수 있듯이 조선은 종의 수, 승정 기구, 승직의 수, 지정 사찰의 수, 소속 승도의 인원, 사사전의 결수, 사노비(寺奴婢)의 구수(口數) 등을 유기적으로 통합하고 감축해 승정체제를 개편하고자 했다. 그러므로

1406년과 1424년의 개혁은 주지 임명, 사사전 지급 등을 통해 사찰을 지원하고 관리하며 승도를 보호하고 통제하는 국가적인 체제, 곧 승정체제를 대상으로 한 것이었다고 할 수 있다. 종은 태종 대에 7개로 통합되었다가 세종 대에 2개로 통합되었으며, 승정의 실무 기구인 승록사는 세종 대에 폐지되면서 그 업무가 선종과 교종에 이관되었다고 할 수 있다.

고려 승정체제의 지정 사찰 수, 사사전 결수에 대한 구체적인 기록이 없기 때문에, 조선 초기 승정체제 개혁의 규모를 정확히 평가하기는 어렵다. 하지만 태종 대와 세종 대의 『실록』 기사에는, 1406년 개혁으로 기존의 승정체제의 규모가 소속 사찰의 수는 2분의 1 또는 10분의 1 수준으로, 사사전의 결수는 10분의 1 수준으로 감축되었다고 했다. 1406년 개혁으로 지정된 사찰이 242개이며, 지급된 사사전이 1만 1100여 결이었으므로, 이를 통해 추산되는 고려 말기 승정체제의 지정 사찰은 대략 500개 또는 2400개, 사사전은 대략 10만 결이라고 할 수 있다. 그러므로 1406년의 개혁은 지정 사찰 수는 2분의 1 또는 10분의 1 수준으로, 사사전 결수는 10분의 1 수준으로 감축하여 고려로부터 계승된 기존의 승정체제를 크게 축소시킨 개혁으로 평가할 수 있다.

## 태종의 승정체제 개혁

〈표 1-2〉는 1406년 3월 승정체제 개혁의 주요 내용을 『왕조실록』 기사에 근거해 정리한 것이다. 표를 통해 볼 때 조선은 1406년 개혁을 통해 지정 사찰의 사사전 결수, 사노비 구수, 소속 승도의 인원 등을 규정했고, 그와 함께 각 종별로 지정 사찰의 수도 규정했다. 먼저 지정 사찰의 사사전 결수, 사노비 구수, 소속 승도의 인원 등을 소재 군읍의 위계, 소속 종 등의 기준에 따라

〈표 1-2〉 **1406년 3월 승정체제 개혁의 주요 내용**

<table>
<tr><th colspan="3">구분</th><th>사사전</th><th>사노비</th><th>소속 승</th></tr>
<tr><td rowspan="5">사사전·사노비<br>분급 정수</td><td rowspan="2">신·구도 각 사찰</td><td>선·교 각 1사</td><td>200결</td><td>100구</td><td>100원</td></tr>
<tr><td>기타 각 사찰</td><td>100결</td><td>50구</td><td>50원</td></tr>
<tr><td>각 도 계수관</td><td>선·교 중 1사</td><td>100결</td><td>50구</td><td>50원</td></tr>
<tr><td rowspan="2">각 군읍</td><td>읍내 자복사</td><td>20결</td><td>10구</td><td>10원</td></tr>
<tr><td>읍외 각 사찰</td><td>60결</td><td>30구</td><td>30원</td></tr>
<tr><td rowspan="7">각 종별<br>사찰 정수</td><td colspan="2">조계종·총지종</td><td colspan="3">70사</td></tr>
<tr><td colspan="2">천태소자·법사종</td><td colspan="3">43사</td></tr>
<tr><td colspan="2">화엄·도문종</td><td colspan="3">43사</td></tr>
<tr><td colspan="2">자은종</td><td colspan="3">36사</td></tr>
<tr><td colspan="2">중도·신인종</td><td colspan="3">30사</td></tr>
<tr><td colspan="2">남산종</td><td colspan="3">10사</td></tr>
<tr><td colspan="2">시흥종</td><td colspan="3">10사</td></tr>
</table>

체계적으로 규정하고자 했다. 이에 군읍의 위계, 소속 종 등의 기준에 따라 사사전 결수, 사노비 구수, 소속 승도의 인원 등에 차등을 두었는데, 기본적으로 소속 승도 1원당 사사전 2결, 사노비 1구가 지급되었다. 이처럼 조선은 1406년의 개혁을 통해 사사전과 사노비를 지급하는 기본 원칙을 체계적으로 규정했고, 특히 도읍 - 계수관 - 군읍이라는 지방통치체제의 위계에 따라 지정 사찰을 편제해 승정체제를 체계적으로 운영하고자 했다.

1406년의 개혁을 통해 각 종별로 지정 사찰의 수도 규정했는데, 그 지정 사찰의 수가 242개였다. 이는 기존 고려 말 승정체제의 지정 사찰 중에서 242개의 사찰을 선별해 지정 사찰의 위상을 계속 유지하도록 한 것이었다. 이 242개 사찰에 대해서는 국가가 계속 주지를 임명하고 사사전과 사노비를 지급해 그 국가적 지위와 기능을 유지하도록 했다. 반면 기존의 지정 사찰 가운데 242개에 포함되지 않는 사찰은 지정 사찰의 지위에서 '혁거' 곧 지정 해제되었고, 그 사찰들에는 주지 임명과 사사전, 사노비 지급이 중단되었다.

그러므로 이 1406년 개혁으로 7종 242사의 승정체제가 성립했다고 할 수 있는데, 이는 1424년 개혁이 단행될 때까지 18년간 운영되었다. 그러나 『실록』에는 1406년의 개혁으로 지정된 242개 사찰의 전체 목록이 기록되어 있지 않다. 이로 인해 어느 지역의 어떤 사찰이 지정되었는지를 파악할 수 없으므로, 1406년 승정체제 개혁의 구체적인 면모를 파악하고 평가하는 데에는 어려움이 따른다.

그러나 결과적으로 이 1406년의 승정체제 개혁은 성공적이지 못했던 것으로 보인다. 1406년 3월 개혁이 단행된 이후, 그해 윤7월에 개혁의 문제점에 대한 논의가 이루어졌는데 유서 깊은 명산대찰이 지정 사찰에서 제외되기도 했고, 이미 망폐한 사찰이 지정되어 주지가 임명되기도 했다고 비판받았다. 이에 1407년 12월에 1406년 개혁의 후속 조치가 이루어졌는데, 이는 242개 지정 사찰 중에 읍내의 자복사(資福寺) 88개를 명산대찰로 교체하는 것이었다. 그러나 약 5년 후인 1412년에 이 1407년의 후속 조치는 다시 철회되었다. 읍내 자복사를 대신해 명산대찰에 주지를 임명하던 것을 중지하고, 다시 읍내 자복사에 주지를 임명하는 조치가 이루어졌는데, 이는 1407년의 후속 조치를 철회한 것이라고 할 수 있다.

이처럼 1406년의 승정체제 개혁은 성공적이지 못한 것으로 인식되었고, 이에 읍내 자복사의 혁거 여부가 계속 논란이 되었다. 이는 지방 군읍의 위계를 따른 승정체제의 대대적인 개편이 다소 무리하게 시도되었기 때문인 것으로 보인다. 그러므로 1406년 개혁의 이러한 실패가 사실상 1424년 개혁 단행의 배경이 되었다고 할 수 있을 듯하다. 이에 1424년의 개혁은 지방 통치체제의 위계는 고려하지 않고, 주요 명산대찰에 사사전을 분급하는 방식으로 이루어졌다.

## 세종의 승정체제 개혁

〈표 1-3〉은 1424년 4월 승정체제 개혁의 주요 내용을 『실록』 기사에 근거하여 정리한 것이다. 표에서 볼 수 있듯이 1424년의 승정체제 개혁은 1406년의 개혁과 마찬가지로 소속 종, 지정 사찰, 사사전 결수, 소속 승도의 인원 등을 유기적으로 규정했다. 기존의 7개 종을 선종(禪宗)과 교종(敎宗) 2개로 통합했고, 지정 사찰을 242개에서 36개로 대폭 감축했다. 앞서 1419년에 사노비가 모두 혁거되면서 사노비의 구수는 더 이상 규정되지 않았다. 1406년의 개혁은 군읍의 위계, 소속 종 등의 기준에 따라 사사전 결수, 사노비 구수, 소속 승도의 인원 등을 체계적으로 규정하고자 한 데에 비해, 1424년의 개혁은 각 지정 사찰별로 소속 승도의 인원과 사사전 결수를 구체적으로 규정했는데, 이는 36개 지정 사찰의 기존 사사전에 추가로 사사전을 지급하는 방식으로 이루어졌다. 이에 따라 『실록』에는 36개 지정 사찰의 목록과 그 각각의 사사전 결수, 소속 승도의 인원이 세세하게 기재되어 있다.

〈표 1-4〉는 『실록』 기사에 의거하여 1424년 개혁에 따라 규정된 36개 지정 사찰의 목록과 그 사사전 결수, 소속 승도의 인원을 정리한 것이다. 표에서 볼 수 있듯이 1424년 개혁으로 종이 2개로 통합되었으며, 36개 사찰이 지정되고, 사사전이 7950결로, 소속 승도가 3770명으로 감축되었다. 1406년 체제의 지정 사찰 242개가 36개로 감축되고, 사사전 1만 1100여 결이 7950결로, 소속 승도의 인원 약 5550명이 3770명으로 감축된 것이다. 이는 지정

**〈표 1-3〉 1424년 4월 승정체제 개혁의 주요 내용**

| 연번 | 종 | 사찰 정수 | 사사전 | 소속 승 | 승정 기구 |
|---|---|---|---|---|---|
| 1 | 선종 | 18사 | 4,250결 | 1,970명 | 선종(도회소: 흥천사) |
| 2 | 교종 | 18사 | 3,700결 | 1,800명 | 교종(도회소: 흥덕사) |

〈표 1-4〉 **1424년 3월 승정체제 개혁의 지정 사찰 목록**

| 선종(18) | | | | | | 교종(18) | | | | | |
|---|---|---|---|---|---|---|---|---|---|---|---|
| 도 | 군읍 | 사찰 | 원속전(결) | 가급전(결) | 소속 승 | 도 | 군읍 | 사찰 | 원속전(결) | 가급전(결) | 소속 승 |
| 경도 | | 흥천사 | 160 | 90 | 120 | 경도 | | 흥덕사 | 250 | - | 120 |
| 유후사 | | 숭효사 | 100 | 100 | 100 | 유후사 | | 광명사 | 100 | 100 | 100 |
| | | 연복사 | 100 | 100 | 100 | | | 신암사 | 60 | 90 | 70 |
| 개성 | | 관음굴 | 45 | 105<br>100 * | 70 | 개성 | | 감로사 | 40 | 160 | 100 |
| 경기 | 양주 | 승가사 | 60 | 90 | 70 | 경기 | 해풍 | 연경사 | 300 | 100 | 200 |
| | | 개경사 | 400 | - | 200 | | 송림 | 영통사 | 200 | - | 100 |
| | | 회암사 | 500 | - | 250 | | 양주 | 장의사 | 200 | 50 | 120 |
| | | 진관사 | 60 | 90<br>100 * | 70 | | | 소요사 | 150 | - | 70 |
| | 고양 | 대자암 | 152.96 | 97.04 | 120 | 충청 | 보은 | 속리사 | 60 | 140 | 100 |
| 충청 | 공주 | 계룡사 | 100 | 50 | 70 | | 충주 | 보련사 | 80 | 70 | 70 |
| 경상 | 진주 | 단속사 | 100 | 100 | 100 | 경상 | 거제 | 현암사 | 50 | 100 | 70 |
| | 경주 | 기림사 | 100 | 50 | 70 | | 합천 | 해인사 | 80 | 120 | 100 |
| 전라 | 구례 | 화엄사 | 100 | 50 | 70 | 전라 | 창평 | 서봉사 | 60 | 90 | 70 |
| | 태인 | 흥룡사 | 80 | 70 | 70 | | 전주 | 경복사 | 100 | 50 | 70 |
| 강원 | 고성 | 유점사 | 205 | 75 | 150 | 강원 | 회양 | 표훈사 | 210 | 90 | 150 |
| | 원주 | 각림사 | 300 | - | 150 | 황해 | 문화 | 월정사 | 100 | 100 | 100 |
| 황해 | 은률 | 정곡사 | 60 | 90 | 70 | | 해주 | 신광사 | 200 | 50 | 120 |
| 함길 | 안변 | 석왕사 | 200 | 50 | 120 | 평안 | 평양 | 영명사 | 100 | 50 | 70 |
| 계 | | | 2,823 | 1,427 | 1,970 | 계 | | | 2,340 | 1,360 | 1,800 |
| | | | 4,250 | | | | | | 3,700 | | |

주: *는 수륙위전이다.

사찰로 보면 15퍼센트로 크게 감축된 것이었지만, 사사전 결수와 소속 승도의 인원으로 보면 70퍼센트 수준으로 소폭 감축된 것이었다. 1424년 개혁은 242개 사찰에서 혁거된 사찰의 사사전을 36개 사찰에 추가 지급하거나 국가에 속공하는 방식으로 단행되었다. 〈표 1-4〉에서 기존 사사전인 원속전과 추가 지급된 사사전인 가급전의 결수를 통해 볼 때, 1만 1100여 결의 사사전 중에 206개 사찰의 약 5930여 결이 혁거되었으며, 이 5930여 결 중에 약 3150결은 국가로 속공되었고, 2787결은 36개 사찰에 추가 지급되었다고 할 수 있다. 1424년의 개혁은 지정 사찰의 수는 대폭 감축하면서도, 36개 지정 사찰에 지급하는 사사전의 결수는 증액하는 방향으로 추진된 것이다.

이를 통해 볼 때 1424년의 개혁은 당시 국가와 왕실이 중시한 주요 36개 명산대찰을 중심으로 승정체제를 재편하고, 이 사찰들에 대해 사사전 지급을 증액하는 방향으로 추진되었다. 이로써 성립된 2개 종, 36개 지정 사찰의 승정체제는 연산군 대까지 약 80여 년간 대체로 큰 변동 없이 운영되었다. 그러므로 이 2종 36사의 승정체제는 1406년 개혁과 1424년 개혁을 통해 고려의 승정체제를 축소시키고 재편함으로써 성립한, 조선의 승정체제라고 할 수 있을 것이다.

## 15세기 승정체제의 운영

15세기에 조선이 승정체제를 폐지하지 않고 국가체제로 계속 유지했다는 것은, 기존의 일반적인 인식에 비추어볼 때 주목된다. 고려 말기의 비대한 승정체제는 태종 대와 세종 대의 개혁을 통해 규모가 축소되고 위상이 격하되었으나, 1424년 개혁에 따른 2종 36사의 승정체제가 성립하여 연산군 대에 폐지되기까지 약 80여 년간 안정적으로 유지되었다. 세종·문종·단종·세조·성종·연산군 대에 이르기까지 승정체제가 국가체제의 일부로 유지된 것이다. 선종과 교종의 두 종, 곧 양종(兩宗)이 유지되었고, 그 수장인 선종 판사와 교종 판사가 계속 임명되었다. 승과가 계속 시행되었고, 승직이 임명되었으며, 승계가 수여되었다. 한양 도성 내 사찰인 흥천사, 흥덕사에 선종과 교종

〈그림 1-2〉 **합천 해인사 장경판전**
세조·성종 대 축조, 국보.
자료: 위키피디아, © SpongeFan0304.

의 도회소가 설치되었고, 36개의 지정 사찰에는 수조지인 사사전이 계속 지급되었다.

15세기의 승정체제 운영에 대해서는 『실록』·법전 등의 자료를 통해 확인할 수 있는데, 『경국대전』에는 선종과 교종의 승과 시행, 주요 승직인 주지의 임명, 지정 사찰 사사전의 운영 등에 대한 법규들이 수록되었으며, 『세종실록지리지』에는 선종과 교종에 소속된 지정 사찰의 사사전 지급 결수가 기재되었다. 특히 『경국대전』에 3년에 한 번 시행되는 승과에서 선종은 『경덕전등록』과 『선문염송』, 교종은 『엄경』과 『십지경론』을 시험해 각 30명을 선발하도록 한 점, 지정 사찰의 주지는 선종과 교종에서 천망(薦望: 추천)하여 예조에 보고하고 이조에서 임명하도록 한 점 등이 규정된 것은 주목이 필요한 사실로 보인다. 또한 널리 알려진 바와 같이 세종·세조·성종 대에는 국가나 왕실이 불교 서적을 다수 간행했고, 국가적인 불교 의례도 계속 설행했다. 이러한 15세기 국가와 왕실의 불교 서적 간행, 국행 불교 의례의 설행 등은 승정체제가 운영되던 당시 국가체제에 대한 이해를 바탕으로 해석되어야 할 것으로 보이나, 그간에는 주로 국왕과 왕실의 개인적 신앙에 따른 일탈적인 행위인 것처럼 해석되어 온 듯하다. 그러나 15세기에 조선은 승정체제를 운영하고 있었으므로 불교 서적 간행, 불교 의례 설행 등도 국가 운영과 무관한 행위로 보기 어렵다. 15세기 국가의 승정체제 운영과 관련해 적절한 해석이 필요하다고 할 수 있는 것이다.

15세기 승정체제는 지정 사찰이 교체되기도 하고, 일부 추가 지정되기도

하면서 운영되었다. 15세기 중엽인 세종 대 말기의 지정 사찰과 사사전 결수는 『세종실록지리지』를 통해 파악할 수 있다. 이를 1424년 개혁으로 지정된 사찰과 비교해 보면, 지정 사찰의 수 자체는 36개로 변동이 없으나, 경복사·화엄사·정곡사·서봉사·홍룡사 등의 5개 사찰이 중흥사·홍교사·송광사·정양사·장안사 등으로 교체되었다. 이러한 15세기 전반 지정 사찰의 교체, 사사전의 이급 사실은 『실록』 기사를 통해서도 대부분 확인된다. 15세기 후반인 성종 대에 이르러 지정 사찰은 43개로, 사사전 결수는 1만여 결로 증가했다. 이는 세조 대에서 성종 대에 이르는 시기에 복천사·원각사·봉선사·낙산사·정인사·보은사(신륵사) 등을 새로 지정하고 사사전을 새로 지급했기 때문으로 보인다. 성종 대에 사사전의 결수가 태종 대의 결수인 1만 1100여 결 가까이 이르렀다는 점, 세조·성종 대에 지정 사찰의 수, 사사전의 결수가 다소 증가했다는 점, 숭불 군주로 알려진 세조가 지정 사찰과 사사전의 수를 크게 증액하지는 않았다는 점 등은 주목되는 현상이다. 이처럼 1424년에 비해 지정 사찰의 수, 사사전의 결수가 다소 증가하기는 했지만, 대체로 1424년의 개혁으로 성립한 조선의 승정체제는 큰 변동 없이 80여 년간 유지되었다고 할 수 있다.

## 승정체제 개혁과 일반 사찰의 운영

조선 초기 태종, 세종의 승정체제 개혁에 대한 기존의 일반적인 인식은, 조선 사회의 사찰에 대한 잘못된 이해를 초래하기도 했다. 앞서 논한 바와 같이 태종·세종 대의 종 통합, 지정 사찰 감축, 사사전 감축, 사노비 속공 등의 조치는 국가체제의 일부로 운영된 비대한 승정체제를 개혁하기 위한 것이었다. 그런데 기존에는 1406년과 1424년에 지정된 242개, 36개를 제외한

〈그림 1-3〉 **강진 무위사 극락보전 후불벽화**
1476년 조성, 국보.
자료: 국가유산포털.

나머지 사찰을 모두 국가가 '철훼'했다고 이해하거나, 이 242개, 36개 사찰만을 국가가 '공인'하고 그 외 사찰은 모두 '불법화'했다고 이해하기도 했다. 그러나 이는 잘못된 이해라고 할 수 있다.

우선 『실록』에 기록된 용어를 엄밀히 구분할 필요가 있는데, '철훼(撤毁)'는 건물을 철거한다는 의미인 반면, '혁거(革去)'는 제도를 폐지한다는 의미라고 할 수 있다. 그리고 '망폐(亡廢)'는 사찰이 폐허화된 상태를 표현하는 용어라고 할 수 있다. 그간에는 이러한 용어들이 엄밀히 구분되지 않고 번역되거나 연구되었는데, 사실 승정체제에 소속된 지정 사찰이 국가로부터 지정 해제, 곧 '혁거'되면 그 사찰은 일반 사찰이 되는 것일 뿐이었다. 주지 임명, 사사전 지급 등을 통해 국가가 지원하고 관리하던 사찰에서, 국가의 지원과 관리를 받지 않는 사찰이 되었던 것일 뿐이므로 철거되거나 불법화된 것도, 바로 폐허화되는 것도 아니었다. 그 사찰은 자체적인 경제 기반의 유무나 확보에 따라 유지될 수도, 퇴락할 수도, 망폐할 수도 있었던 것이다.

승정체제 개혁으로 전국의 사찰에 대한 국가적인 관리와 지원이 크게 줄어든 만큼, 기존에 비해 불교계가 상당히 위축될 수밖에 없었을 것이다. 국가적인 지원이 중단되면서 점차 퇴락해 망폐한 사찰도 적지 않았던 것으로 보인다. 특히 읍치나 그 인근에 소재하며 일정한 국가적 기능을 하던 사찰이 점차 망폐해 갔던 듯하다. 그러나 조선이 국가체제의 일부인 승정체제를 개혁한 것은 분명하지만, 이것이 불교계, 승도, 사찰에 대한 전면적인 억압이었다고 보기는 어렵다. 그러므로 태종과 세종 대의 승정체제 개혁이 불교계, 승도, 사찰에 미친 영향에 대해서는 앞으로 구체적인 분석이 필요한 연구 과제라고 할 수 있다.

승정체제 소속의 지정 사찰 이외에도 수많은 사찰이 15세기에 유지되었다는 사실은 여러 기록을 통해 확인할 수 있다. 앞서 언급했듯이 『세종실록지리지』의 일부 군현 조에 수록된 사찰은, 국가 승정체제에 소속된 지정 사찰을 기재한 것일 뿐이다. 15세기 후반에 편찬되고 16세기 전반에 증보된 『신증동국여지승람』의 전국 각 군현 조에는 모두 1650여 개의 사찰이 수록되었다. 이를 16, 17세기 각 군현의 읍지에 수록된 사찰과 비교해 보면, 『신증동국여지승람』에 수록된 1650여 개의 사찰도 각 군현의 주요 사찰을 수록한 것일 뿐이었다. 15, 16세기에 1650개를 크게 상회하는 크고 작은 사찰이 운영되고 있었던 것이다. 이를 통해 볼 때 조선 전기 사회에는 승정체제의 개혁, 운영, 폐지와는 크게 상관없이 수많은 일반 사찰들이 유지되고 있었다고 할 수 있다. 16세기에 사찰의 불교 서적 간행이 크게 증가했고, 조선시대를 통틀어 가장 많은 불서가 간행되었다는 점도, 조선 전기에 사찰의 경제적 기반이 그리 취약하지 않았고 불교계의 활동이 크게 위축되지 않았음을 뒷받침한다.

그렇다고 해서 태종·세종 대의 승정체제 개혁이 여러 사찰의 운영과 유지에 크게 영향을 미치지 않았다는 것은 아니다. 국가의 공적인 경제 지원에 대한 의존도가 높았던 사찰은 승정체제 개혁으로 도태되기 쉬웠던 반면, 토지·시주 등과 같은 사적인 경제 기반을 보유하거나 확보한 사찰은 계속 유지될 수 있었다. 일반적인 인식과는 달리 승정체제 개혁으로 전국의 사찰이 일시에 철훼된 것이 아니라, 저마다의 경제 기반과 자구 노력에 따라 점차 재편되어 갔던 것이다. 그러므로 15세기 국가의 승정체제 개혁과 일반 사찰의 존립 및 운영을 동일시하여 해석하는 것은 바람직하지 않다고 할 수 있다.

## 16세기 승정체제의 폐지와 복구

조선의 승정체제는 16세기 초반인 연산군 말기에 갑자기 폐지되었다. 성종 대 중엽 이후 신진 관료, 곧 사림 세력이 선종과 교종, 승과 등의 폐지를 주장하기 시작했으나, 성종은 이를 수용하지 않았다. 여러 다른 국가 제도와 마찬가지로 승정체제는 연산군 말의 폭정으로 갑자기 폐지되다시피 했다. 중종반정 이후 국왕과 왕실은 이를 복구하고자 했으나, 신료들의 반대로 뜻을 이루지 못했다. 이로써 승정체제는 폐지되었고, 이러한 상태는 중종 대 약 40년간 지속되었다. 그런데 이는 승도와 사찰에 대한 국가의 통제력을 약화시켜 조선 사회에 오히려 승도가 증가하고 관리되지 않는 현상을 초래했다. 이에 중종 대 후반 조정에서는 그 대책을 두고 대체로 훈척 세력과 사림 세력이 대립하는 양상을 보였으나, 논의가 계속 공전되면서 결국 대책을 마련하지 못했다.

1550년(명종 5)에 문정왕후가 선교양종, 곧 선종과 교종을 복구하면서 내세운 명분도 승도 증가에 대한 대책이 필요하다는 것이었으며, 『경국대전』에 규정된 제도인 선교양종을 복구한다는 것이었다. 선종과 교종의 복구는 곧 승과 시행, 승직 임명, 사사전 운영 등을 포함한 승정체제의 복구를 의미했다. 이 명종 대의 승정체제는 기본적으로 15세기의 승정체제를 계승해 운영되었으나, 지정 사찰인 내원당(內願堂)이 300여 개에 이를 정도로 많았다는 점, 왕실 재정 기구인 내수사(內需司)가 운영에 관여했다는 점 등에서는 차이가 있었다. 이 승정체제는 15여 년간 운영되다가 1566년(명종 21)에 폐지되었다. 이로써 사림 세력이 정권을 장악한 선조 대에는 다시 승정체제가 폐지된 상태가 되었다. 결과적으로 16세기는 고대 이래 처음으로 국가가 승정을 시행하지 않고, 국가체제에서 불교 제도가 폐지된 상황을 불교계가 직면하게 된 시기라고 할 수 있다. 그러므로 승정체제의 폐지가 불교계에 미친 영향에 대해서는 구체적인 검토가 필요해 보인다.

**〈그림 1-4〉 회암사명 약사여래삼존도**
1565년 조성, 보물.
자료: 국립중앙박물관.

그런데 16세기에 승정체제가 폐지된 후 복구되었다가 다시 폐지되는 과정에서 조정의 논의를 살펴보면, 대체로 훈척 세력은 15세기 승정체제의 복구를 지향한 반면, 사림 세력은 승정체제의 폐지를 주장했다. 사림 세력은 성리학 사상에 따라 교화론적 불교 정책을 지향했는데, 이는 국왕이 국가체제에서 불교 제도를 폐지하고 스스로 모범을 보이면 승도와 백성이 저절로 교화된다는 것이었다. 사실 이것이 성리학에 투철한 신료와 유자의 기본적인 지향이었다고 할 수 있다. 이에 일반적인 오해와는 달리 승정체제가 폐지된 중종 대와 선조 대에도 국가가 승도, 사찰, 불교계를 직접적이고 대대적으로 제재한 사례는 찾아보기 어렵다. 성리학에 투철한 신료들은 국가체제에서 승정체제를 폐지한 후 승도가 교화되어 저절로 줄어들기를 기다렸을 뿐, 직접적인 제재를 지향하지 않았던 것이다. 그러므로 16세기에 승정체제가 폐지된 이후 불교계에 대한 직접적인 제재가 이루어졌다고 여기거나, 성리학에 투철한 신료가 승도와 사찰에 대한 직접적인 억압을 지향했다고 여기는 막연한 이해는 잘못된 것이라고 할 수 있다.

16세기 말의 임진왜란을 계기로 조선 후기에는 승군(僧軍)을 통솔하고 승역(僧役)을 관리하는 제도가 성립되었다. 이는 기존의 승정체제와는 달리 도총섭·총섭 등과 같은 승직을 임명하여 승군을 통솔하거나 지방관을 통해 승역을 관리하기 위한 것이었으며, 더 이상 선종과 교종이 설치되거나 승과가 시행되지는 않았다. 비록 승정체제가 복구되지는 않았지만, 임진왜란으로 인해 국가체제에서 불교 제도를 배제하고자 한 사림 정권의 정책적 지향은 균열될 수밖에 없었으며, 이에 조선 후기에 국가는 승도와 사찰을 직접 파악하고 활용하는 방향으로 정책을 전환하게 된 것이었다.

## 조선 전기 승정체제 운영의 성격

조선 전기는 승정체제가 개혁되어 운영되다가 폐지된 시기였다. 일반적으로 조선 초기의 불교 정책으로 알려진 대부분의 조치들은 사실 승정체제를 대상으로 한 국가체제의 개혁이었고, 이는 고려의 승정체제를 계승하되 그 규모를 축소하고 위상을 격하하고자 한 것이었다. 이에 2개 종, 36개 지정 사찰의 승정체제가 성립했으며, 이는 15세기에 큰 변동 없이 계속 운영되었다. 16세기 초에 갑자기 폐지된 승정체제는 명종 대에 복구되었다가, 선조 대에 다시 폐지되었다. 조선 전기 승정체제의 개혁과 폐지는 국가체제에서 불교 제도를 축소하거나 폐지하여 불교의 국가적 기능을 억제하고자 한 것일 뿐이었다. 일반적인 오해와는 달리 사찰이 승정체제 소속에서 지정 해제되었다고 해서 철거되거나 망폐하는 것이 아니었으며, 승정체제 개혁, 폐지와는 별개로 조선 사회에는 수많은 사찰이 유지되고 있었다. 또한 성리학에 투철한 사림 세력은 국가체제에서 불교 제도를 제거한 뒤에 승도와 백성이 저절로 교화되기를 기다리는 정책을 지향했을 뿐이다. 이를 통해 볼 때, 조선 전기 불교 정책에 대한 일반적인 역사상은 비판적인 재검토가 필요해 보인다. 국가의 불교 억압, 유교의 불교 배척이라는 지나치게 이분법적이고 대립적인 이해의 틀은 조선 전기의 국가체제 운영, 정책적 지향, 조선 사회와 불교계의 현실에 부합한다고 보기 어려운 것이다.

그러므로 조선 전기 불교 정책과 제도는 앞으로 막연하고 관념적인 이해를 지양하고, 구체적인 연구와 비판적인 성찰이 필요한 연구 과제라고 할 수 있다. 조선 국가체제의 실제, 사찰과 승도의 존재 양상, 불교계의 사상 경향 등에 대해 충실한 연구가 필요하고, 국가 정책의 대상과 목적, 승도와 사찰의 다양한 층위, 정치와 사회의 시기별 변화, 연구 자료의 다양한 성격 등에 대해서도 충분히 고려해야 한다. 그간 과장되고 부정확한 이해가 통용되어 온 연구사적 배경에 대한 비판도 필요하며, 그에 따른 부적합한 용어 사용, 상투적인 서사 방식에 대한 재검토도 필요하다. 조선 전기에 국가가 불교를 어떻게 억압했는가라는 결정론적 관점이 아니라 승정체제, 사찰, 승도 등이 실제로 어떻게 운영되고 존재했는가라는 관점으로 연구가 축적된다면, 조선 전기의 정치, 사회, 사상에 대한 이해를 심화하는 데에도 일조할 수 있을 것으로 보인다.

# 2 조선 후기 불교 정책과 불교계의 대응

이종수 | 국립순천대학교 사학과 교수

근대 이후 학자들은 조선시대 불교를 숭유억불(崇儒抑佛)이라는 관점에서, 권력자들에게 탄압받은 시기로 이야기해 왔다. 그러나 최근의 연구에 따르면 조선 전기는 권력을 재조정하는 과정으로서 불교계가 권력층에서 차츰 배제되다가 16세기 중기에 이르러 완전히 밀려났으며, 조선 후기는 양인 신분으로 전락한 승려들이 승역(僧役)에 시달렸던 시기로 파악된다. 지배자들은 고려시대 이래 유지되어 온 제도적 불교 권력을 없애기는 했으나 불교 신앙을 탄압하지는 않았다. 그러므로 권력의 관점에서 숭유억불이라고 말할 수 있을지언정 신앙의 관점에서 이 말은 성립되지 않는다고 할 수 있다. 이 글에서는 조선 후기 유학자의 불교에 대한 인식과 국가의 정책에 따른 불교계의 상황을 살펴본다.

## 양란 의승군의 활동과 긍정적 영향

### 16세기 유학자의 불교 인식

15세기 중반 이후 중앙정치계에 등장한 사림 세력은 훈구 세력과 대립하다가 몇 차례의 사화(1498년 무오사화, 1504년 갑자사화, 1519년 기묘사화, 1545년 을사사화)를 거치며 큰 피해를 입었지만, 선조가 왕위에 오른 이후 정권을 잡고 성리학의 나라를 건설하고자 했다. 사림파는 훈구파에 비해 원리주의적 성리학자였으므로 불교에 대해서는 훈구파보다 더 비판적인 태도를 보였다.

사림 세력이 정권을 잡기 전인 명종 대에 수렴청정을 했던 문정대비가 불교 중흥 정책을 시행해 일시적이나마 불교계는 재기의 기회를 노리기도 했다. 문정대비는 불교 교단을 정비해 군역의 감축을 막는다는 명분으로 선종과 교종의 복립을 추진했다. 조정 대신들과 유생들은 이단인 불교가 흥하면 유교가 쇠퇴한다는 이유로 강력히 반발했지만, 문정대비는 허응 보우를 등용해 선교양종을 다시 설치하고 승과를 실시했다. 승과는 총 5회 실시되었는데(1552, 1555, 1558, 1561, 1564), 제1회 승과 합격자에 서산대사 청허 휴정(1520~1604), 제4회 합격자에 사명대사 유정(1544~1610)이 있었다. 주지하다시피 이 두 승려는 임진왜란에서 큰 공을 세워 조선 후기 불교계에서 표충(表忠)의 상징으로 숭상되었다. 그러나 문정대비가 1565년에 승하하자 선교양종은 다시 폐지되고, 불교 중흥의 주역인 보우는 제주도에 유배되어 죽임을 당하고 말았다(『명종실록』, 21년 4월 20일). 이로써 일시적인 불교 중흥은 종말을 고했고, 성리학적 정치 토대는 더욱 굳건해졌다.

16세기의 대표적인 성리학자 퇴계 이황(1501~1570)과 율곡 이이(1536~1584)는 불교를 사악한 가르침(邪教)으로 규정하고 배척했다. 퇴계는 선조가 등극하자 불교적 관습을 없앨 것을 청하는 상소 「무진육조소(戊辰六條疏)」를 올렸다.

우리나라에서 이단의 해는 불교가 심하여 고려는 나라가 망하는 데까지 이르렀습니다. 비록 우리 조정의 뛰어난 정치로도 아직 그 뿌리를 끊어버리지 못하여 왕왕 때에 따라 치성해집니다. 비록 선왕이 그 잘못됨을 빨리 깨닫고 그것을 모두 없애려 하였지만 그 여파와 찌꺼기는 아직 남아 있습니다.

『퇴계선생문집』 권6

퇴계는 고려가 망한 이유로 불교의 폐단을 들면서 조선이 망하지 않기 위해서는 불교를 정치권력에서 배제해야 한다고 주장했다. 그는 후학들에게 불교의 글을 훑어보는 것조차도 용인하지 않을 정도로 오직 유학만을 공부하도록 권유했다.

율곡은 16세에 어머니 신사임당이 죽자 삼년상을 마친 후 19세에 잠시 산으로 가서 출가 생활을 한 적이 있었지만, 불교에 대해 매우 비판적이었다. 그의 배불 태도는 허응 보우를 탄핵하기 위해 1565년에 올린 「요망한 승 보우를 논하는 상소(論妖僧普雨疏)」에서 잘 나타난다.

보우가 제 마음대로 행동한 지가 지금 몇 해입니까. 죄와 복을 설하여 임금을 속이고, 왕실의 재정을 고갈시켜 백성들에게 환란을 끼쳤으며, 교만하여 자신을 성인처럼 높임이 너무 지나치니, 이 가운데 한 가지만 있어도 그 죄를 용서할 수 없는 것입니다.

『율곡선생전서』 권3

율곡은 문정대비의 비호를 받아 불교 중흥을 위해 온 힘을 바쳤던 보우를 요망한 승이라 평가하고 벌을 주어야 한다고 했다. 그러나 이러한 유학자의 불교에 대한 인식은 임진왜란 의승군의 활동으로 크게 변화된다.

## 양란에서 의승군의 활동

1592년 임진년 4월에 일본군이 부산포 앞바다로 십만여 명의 대군을 이끌고 침입해 왔다. 일본의 침입에 무방비 상태로 있던 조선 조정은 조총을 앞세운 일본군을 당해내지 못하고 불과 한 달도 지나지 않아 서울이 함락되었다. 의주로 몽진한 선조는 관군만으로 일본군을 감당할 수 없게 되자 묘향산 보현사에 있던 서산대사 청허 휴정을 불러 의승군을 모집하도록 요청했다.

> 휴정이 관서의 여러 사찰에서 수천여 명의 의승군을 모아서 의엄을 총섭으로 삼아 거느리게 하고, 또 격문을 보내 관동의 유정과 호남의 처영을 승장으로 삼아 각각 본도에서 의승군을 일으키게 하여 수천 명을 얻었다.
>
> 『선조수정실록』, 25년 7월 1일

휴정은 선조에게서 전국 의승군을 총괄하는 총섭이라는 의미의 '팔도십육종도총섭(八道十六宗都摠攝)'을 제수받았다. '의로운 승려 군인'이라는 의미인 의승군을 이끌기 위해 도총섭 아래에 총섭으로 의엄을, 승장으로 유정과 처영을 임명했다. 유정은 금강산 건봉사에서 800여 명을, 처영은 김제 금산사에서 1000여 명의 의승군을 모았다. 호남에서는 계룡산 갑사의 영규가 수백여 명의 의승군을 거느리고, 호남으로 진출하려는 일본군에 대항한 조헌 부대에 가담했으나 금산전투에서 전몰했다.

1595년 이후에는 휴정을 이어 의엄이 도총섭을 맡아 전국 의승군을 이끌었으며, 건봉사에서 궐기한 사명대사 유정은 경상도 총섭에 제수되고 일본군과의 교섭 임무를 맡아 세 차례나 일본군 진영에 들어가 협상했다.

1597년 정유년 8월에 일본군 14만여 명이 다시 조선을 침략했다. 1592년 임진년 침략 때는 바다에서 이순신에게 막히고 육지에서는 진주성과 금산에서 막혀 호남으로 진출하지 못했는데, 이번에는 육지와 바다로 호남을 먼

〈그림 2-1〉 **남한산성**
자료: 국가유산포털.

저 공격했다. 의승군은 전국 요충지에 산성을 쌓아 지키면서 조·명연합군에 가담해 식량 수송 등의 임무를 맡고 있었다. 하동에서 구례로 넘어가는 길목인 석주관에서 벌어진 전투에서 화엄사 의승군 153명을 포함한 수백 명의 의병이 전몰당하기도 했다. 일본군은 곧바로 화엄사에 들어가 화엄석경으로 쌓아올린 신라시대 장육전에 불을 질러 무너뜨렸다.

7년에 걸친 전쟁이 끝나고 평화가 찾아왔지만 산과 들에는 누군지도 구분할 수 없는 시체가 널려 있었다. 불교계는 시체들을 수습하고 그들의 극락왕생을 기도하는 수륙재(水陸齋)를 베풀어 백성의 마음을 안정시키는 역할을 했다. 또한 궁궐의 담장을 쌓고, 사고(史庫)를 수비했으며, 1593년 해주산성부터 1605년 죽산산성에 이르기까지 19개소의 산성을 쌓고 수비했다. 인조 대에는 1624년부터 1626년까지 벽암 각성(1575~1660)이 팔도도총섭의 직첩을 받고 수백 명의 의승군을 지휘하여 남한산성을 쌓았으며, 산성 내에 9개의 의승군이 머무는 병영 사찰을 지어 산성 수비를 담당했다.

한편 임진왜란으로 명나라의 간섭이 소홀해진 틈을 타서 북방 지역에 있던 여진족들이 1616년에 후금(後金)을 건국해 명나라를 위협하는 세력이 되었다. 조선의 광해군 정부는 명나라가 쇠퇴하고 후금이 흥기하는 정세 변화를 읽고 양면 외교를 펼쳤다. 그러자 나라를 구해준 명나라의 재조지은(再造之恩)에 배신하는 행위라며 불만을 품은 정치 세력들이 1623년에 정변을 일으켜 인조가 왕위에 올랐다. 인조는 곧바로 명나라를 지원하는 친명배금 정책을 펼쳤고, 결국 후금의 반발을 불러일으켜 1627년 정묘년 1월에 3만 명 병력의 침략을 받았다.

후금군은 파죽지세로 남하해 1월 25일에 황해도까지 이르자 인조는 강화도로, 소현세자는 전주로 피난했다. 각지에서 의병이 일어나 후금군의 배후를 공격했는데 묘향산에 있던 사명 유정의 제자 허백 명조(1593~1661)가 관서의 의승군 4000여 명을 모집해 참전했다. 다행히 오래지 않아 형제의 맹약을 맺기로 하고 협상이 이루어져 후금군이 물러났다. 그러나 조선의 친명배금 정책은 지속적으로 추진되었고, 후금은 국호를 '청(淸)'으로 고치고 1636년 병자년 12월에 다시 침입해 왔다. 청군은 태종 누르하치가 직접 2만여 명의 군사를 이끌고 곧바로 한양으로 진격했다. 전쟁에 미처 대비하지 못한 임금과 신하들은 급히 남한산성으로 대피했다.

남한산성을 축조한 후 왕실의 도움을 받아 1630년부터 1636년 여름까지 지리산 화엄사를 중창한 벽암 각성은 청나라의 침입으로 임금과 신하들이 남한산성으로 피난했다는 소식을 듣고 곧바로 3000여 명의 의승군을 조직해 진격했다. 그러나 의승군이 남한산성에 도착하기도 전에 인조는 성을 나와 삼전도에서 청나라 태종에게 항복했으니, 각성이 이끄는 3000 의승군은 북쪽을 향해 통곡하고 회군할 수밖에 없었다.

### 17세기 유학자의 불교에 대한 인식 변화

임진왜란에서 보여준 의승군의 활약은 유학자들의 불교에 대한 인식을 완전히 바꾸어놓았다. 임진왜란이 일어나기 전에는 퇴계와 율곡에게서 볼 수 있었던 것처럼 불교를 배척해야 할 사악한 가르침으로 여겼다. 특히 충효를 강조하는 유학자의 눈으로 보면 불교는 부모와 임금을 버리고 출가하는 무부무군(無父無君)의 가르침이었던 것이다. 그런데 전쟁이 발발하자 임금을 위해 죽음을 두려워하지 않고 적과 싸우는 승려의 모습을 보며 새롭게 인식하게 되었다. 가령 성균관 대사성을 지낸 이수광(1563~1628)은 불교에 대해 다음과 같이 말했다.

> 이단이란 것은 원래 유학의 도를 해치지만 유익함을 주는 것도 있다. 불교의 견심(見心)은 방심하는 자의 경계가 되고 불살생은 살생을 좋아하는 자에게 경계가 된다. 『지봉유설』 권18, 「선문(禪門)」

불교를 이단이라고 하면서도 그 효용성을 인정하고 있는 것이다. 그래서 불교의 좋은 점을 찾아내 활용해야 한다는 생각이 전쟁을 거친 후 유학자의 글에서 드러나고 있다. 이러한 인식이 확대되면서 유학자들은 임진왜란 이후 승려들과 교분을 넓혔다. 영의정을 지낸 이덕형(1561~1613)은 사명 유정의 제문을 지었다.

> 1610년 12월 21일, 광릉 이덕형은 첨지 전계신을 보내 돌아가신 사명대사 유정의 영령에 고하나이다. 슬프다. 음과 양은 지·수·화·풍의 형체를 빌려 있으니 길건 짧건 모두 그러하고, 일심(一心)은 만사의 변화에 관계하고 있으니 유교와 불교가 어찌 다르겠는가.
>
> 『한음선생문고』 권12, 「제송운문(祭松雲文)」

조정의 영의정을 지낸 대신이 승려의 제문을 썼다는 것 자체만으로도 파격일 수 있는데, 제문에서 유교와 불교가 근원적으로 다르지 않다고 말한 것은 퇴계나 율곡에서 찾아보기 어려운 발언이다.

임진왜란 이전 15~16세기에 편찬된 승려 문집이 3편에 불과했던 것에 비해 17세기에 간행된 승려 문집이 17편에 이르고, 그 대부분의 서문을 유학자들이 썼다. 또한 임진왜란 이전에 찬술된 승려 비문은 4편에 불과했지만, 17세기에 찬술된 승려 비문만 해도 38편에 이르며 그 가운데 31편을 유학자가 찬술했다. 영의정을 지낸 이경석(1595~1671)은 벽암 각성의 비문에서 "벽암대사의 제자가 천 리를 멀다 않고 찾아와서 나에게 필사한 행장을 보여주며 비문을 요청했다. 며칠 동안 더욱 간절하게 부탁하여 나는 차마 그 정성을 모르는 척할 수 없었다"라고 했다. 또한 도승지를 지낸 이민구(1589~1670)는 편양 언기(1581~1644)의 문집 서문에 "나와 편양은 큰 인연이 있어 공문계(空門契)를 맺은 적이 있었으므로 지극히 깊고 도타웠다"라고 적었다. 비문과 문집의 서문을 쓰게 된 동기가 승려의 간청을 거절하지 못했기 때문이라 했지만, 이러한 기록들은 유학자들의 불교에 대한 인식이 임진왜란 이전과 달라졌음을 보여주는 증거라고 할 수 있을 것이다.

### 18세기 표충사의 건립

양란 이후 임금에 대한 의리명분을 위해 목숨 바쳐 싸웠던 충신열사에게 관직을 추증하고 사우(祠宇)를 건립해 추모하는 사업이 활발하게 일어났다. 임금은 1603년 고경명·고종후 등의 위패를 모신 포충사(褒忠祠), 1604년 이순신·이억기 등의 위패를 모신 여수 충민사(忠愍祠)에 사액을 내린 바 있었다. 이후 현종 대부터 숙종 대에 이르기까지 충신열사를 배향하는 서원과 사우의 건립이 크게 증가하고 많은 서원과 사우에 사액을 내렸다.

한편 18세기에 이르러 불교계에서도 임진왜란에 참여한 의승장의 권위를 재평가함으로써 유림 의병장들과 동등한 위상으로 인정받고자 하는 움직임이 일어났다. 더구나 조선 전기에 없었던 승려의 군역이 정착되고 여러 잡역이 늘어나면서, 승려의 위상이 하락하는 가운데 사찰들은 왕실 원당(願堂)처럼 특별한 지위를 부여받아 군역과 잡역의 고충에서 벗어날 뿐만 아니라 불교의 충의를 드러내고자 했다. 이에 가장 먼저 나선 곳이 사명 유정의 고향인 밀양이었다.

밀양의 승려와 유생들은 1738년(영조 14) 사명대사 유정의 충의를 기리는 표충사를 세우고 임금의 사액을 추진했다. 사액을 주도한 승려는 남붕이었다. 그는 1738년에 당시 권력자 우의정 송인명(1689~1746), 이조참판 윤봉조(1680~1761) 그리고 신유한(1681~1752) 등의 발문을 실은 『분충서난록(奮忠紓難錄)』의 간행을 주도했고, 이의현(1669~1745)에게는 「송운대사영당비명병서(松雲大師影堂碑銘幷序)」를, 이천보(1698~1761)에게는 「표충사기(表忠祠記)」를 의뢰했다. 표충사 사액을 위한 남붕의 활동은 효과를 발휘해, 1738년 조정에서는 밀양의 사명대사 영당에 '표충'을 사액했다.

그런데 다음 해(1739)에 해인사 승려 성오와 현일 등이 사명대사가 입적한 곳이 해인사였음을 명분 삼아, 밀양의 표충사를 해인사로 옮겨달라고 비변사에 요청했다. 하지만 조정에서는 해인사의 주장에 타당성이 없는 것으로 판정하고 표충사를 옮기지 않기로 결정했다. 그런데 그로부터 수십 년이 지난 1784년(정조 8)에 해인사 승려들이 다시 밀양 표충사를 해인사로 옮겨달라는 상소를 올렸다. 이로써 두 지역의 승려들 사이에 격한 대립이 생겨났다. 조정에서는 이미 1738년에 영조의 명으로 밀양의 사명대사 사당에 사액했으므로 표충사를 옮길 이유가 없다고 결론을 내렸다. 그런데 사명대사 사당을 둘러싼 수십 년에 걸친 밀양과 해인사의 분쟁은 불교계에 사명대사의 스승인 서산대사 청허 휴정의 사당 건립과 사액의 당위성을 인식하게 하는 계기가 되었다.

서산대사 휴정의 사당과 사액의 필요성을 가장 먼저 인식한 곳은 해남 대흥사였다. 대흥사 승려들은 1788년(정조 12) 서산대사의 의발이 전해지고

〈그림 2-2〉 **대흥사 내 표충사**
자료: 국가유산포털.

여러 선사와 강백들이 활동하는 대흥사야말로 서산대사 사당과 사액의 정당성을 갖는 곳이라며 조정에 사액을 건의했다. 담당관이던 서유린이 정조에게 "영남 밀양의 예에 따라 사당을 세우도록 허락하고 이어서 '표충' 두 글자를 사액하여 조정에서 장려하는 뜻을 보이는 것이 아마도 사리에 합당할 듯합니다"(『영조실록』, 12년 7월 5일)라고 아뢰었다. 결국 1788년 7월 5일 조정에서는 대흥사의 서산대사 사당에 사액했고, 이듬해인 1789년 4월부터 예관을 보내 제향했다.

그러자 이번에는 서산대사와 사명대사의 표충사에 사액한 예에 따라 무학대사의 사당에도 사액해 줄 것을 함경도 안변 석왕사에서 요청했고, 마침내 1792년(정조 16) 조정에서 임금의 윤허를 받아내어 석왕사에도 사액을 내렸다. 석왕사의 사액 소식을 들은 묘향산 보현사 승려들은 서산대사가 머물다 입적한 곳이 보현사임을 들어 서산대사의 사당을 짓고 조정에 사액을 요청했다. 이에 정조는 보현사의 요청이 정당하다며 1794년(정조 18)에 '수충(酬忠)'이라 쓴 편액을 하사했다. 아울러 두륜산 표충사와 묘향산 수충사에 정조의 친필 「서산대사화상당명병서」를 하사하기까지 했다.

또한 묘향산 수충사의 사액 소식을 들은 금강산 건봉사 승려들이 1797년

(정조 21)에 건봉사야말로 사명대사의 출가 수행처라는 점을 들어 사액을 요청했다. 그러나 이때는 조정에서 건봉사의 건의를 받아들였다는 기록이 보이지 않는다. 건봉사 승려들은 정조 22년(1800)에 사명대사의 사당인 수충각을 짓고 사명대사 비석을 세웠다.

## 불교의 국가 제도 편입과 부정적 영향

### 승군 제도의 정착과 승려 호적 등재

임진왜란과 병자호란 이후 전쟁으로 파괴된 여러 제도와 건물이 하나둘 복구되고, 새롭게 바뀌어가는 과정에서 불교계도 커다란 변화를 겪지 않을 수 없었다. 조선 전기까지 국가 비상시에 도첩(국가 공인의 승려 자격증)이 없는 승려들을 일시적으로 동원해 승군을 조직한 사례는 있으나 기본적으로 승려는 군역의 의무가 없었다. 임진왜란 이후에도 각종 토목공사에 승려를 동원했지만 임시적인 조치였을 뿐이다. 가령 임진왜란이 끝난 후 궁궐을 수리할 때 승군 180명이 황해도·충청도·경기도·평안도 등에서 동원되었고, 광해군 대에 경덕궁과 인경궁이 조영될 때에도 각각 1000여 명의 승군이 동원되었다. 또한 효종 대에 창덕궁과 창경궁을 수리할 때도 경기도 50명, 강원도 100명, 충청도 200명, 전라도 500명, 경상도 350명을 배정했다가 다시 800명을 더 배정해 총 2000명의 승군을 동원했다. 인조 대에는 이괄의 난을 평정하고 강원도와 황해도의 승군 200명과 충청도의 승군 200명을 동원해 평양성을 쌓았다. 그리고 남쪽의 침입으로부터 서울을 방비하기 위해 각 도에서 승군을 징발해 1624년 3월부터 1626년 7월까지 남한산성을 축조했다.

그런데 임진왜란과 병자호란 및 각종 토목공사에서 승려의 효용성을 확인 한 위정자들은 승려를 수행자로 대우하기보다 일반 양인으로 보아 공납·

요역·군역 등 승역을 부과하기 시작했다. 승역은 1675년(숙종 1) 승려를 호적에 등재하면서 제도적으로 성립되었지만, 그 전에 이미 승군은 '의승(義僧)'이라 불리면서 국가 군사체제의 하위 조직에 편입되었다. 승군이 제도적으로 정착되기 시작한 시기는 인조 대로, 남한산성을 축조하면서부터라고 할 수 있다.

> 정조가, "인조 2년에 남한산성을 쌓을 때 승려 각성을 팔도도총섭으로 삼아 전국의 승군을 불러 모으고 부역하게 해서 이 남한산성에 머물도록 하였는데, 대개 승군의 제도가 이때에 비로소 크게 갖추어졌다고 한다. 경들도 들은 적이 있는가?"라고 묻자, 서명응이 "과연 이때에 창설되었다 합니다"라고 대답했다. 『정조실록』, 3년 8월 3일

이 인용문은 정조 대의 승군 제도에 대한 인식이다. 그러나 병자호란 이전까지 남한산성의 총섭은 지방 수령과 함께 승군을 징발할 수 있는 권한이 있었지만 여전히 임시직이었으므로 승군 역시 상비군은 아니었다. 병자호란 이후 남한산성의 총섭에게 승군의 징발권을 박탈하는 대신에 상시직의 임무를 부과하고 수백 명의 승군을 배정함으로써 제도적 기초가 마련되었으며, 이후 전국 승려들에게 군역이 부과되어 각종 관방(關防) 시설을 지키도록 했다.

전국의 산성과 수군 및 사고(史庫) 등에는 승군이 배정되었고, 지방의 수령들은 사찰의 승려들을 징발했다. 남한산성과 북한산성의 승군은 평안도와 함경도를 제외한 6도에 인원을 배정해 징발했으며, 지방의 산성이나 군영은 가까운 사찰의 승려를 징발해 수비와 수축의 임무를 맡겼다. 각 관방 시설에는 총섭이나 승장을 두어 승군 대장으로 삼아 지휘하도록 했다. 지금까지 확인된 18세기 중엽 승군이 배치된 관방 시설은 다음과 같다.

경기 강화 갑곶진(甲串津)·용당곶(龍塘串)·정족산성 사고(史庫), 영종 방영(防營), 개성 대흥산성(大興山城), 통진 문수산성(文殊山城)

황해도 서흥 대현산성(大峴山城), 은율 구월산성(九月山城), 장연 금사진(金沙鎭), 평산 태백산성(太白山城), 해주 수양산성(首陽山城), 황주 정방산성(正方山城)·자비령(慈悲嶺)·역계령(易界嶺)·무초령(蕪草嶺)

평안도 곽산 능한산성(凌漢山城), 영변 철옹산성(鐵甕山城), 용강 황룡산성(黃龍山城), 용천 용골산성(龍骨山城), 의주 백마산성(白馬山城), 자산 우마성(牛馬城)·자모산성(慈母山城), 창성 당아산성(當峨山城), 천산 운암산성(雲暗山城)·서림산성(西林山城), 평양 북성(北城)

함경도 길주 방어영(防禦營), 단천 마천제액(磨天諸阨)

충청도 공주 쌍수산성(雙樹山城), 청주 상당산성(上黨山城), 태안 안흥산성(安興山城)

전라도 남원 교룡산성(蛟龍山城), 여수 전라좌수영(全羅左水營), 무주 금성산성(金城山城)·적상산성 사고(史庫), 부안 격포진(格浦鎭), 장성 입암산성(笠巖山城), 전주 위봉산성(威鳳山城)

경상도 통영 통제영(統制營), 동래 금정산성(金井山城), 문경 오령산성(鳥嶺山城), 봉화 태백산사고(太白山史庫), 상주 성산산성(城山山城), 선산 금오산성(金烏山城), 성주 독용산성(禿用山城), 인동 천생산성(天生山城), 진주 촉석산성(矗石山城), 칠곡 가산산성(架山山城)

강원도 강릉 오대산사고(五臺山史庫), 고성 유점방수처(楡岾防守處), 회양 철령(鐵嶺)

전국 승려들은 국가 군사체제의 하부 조직으로서 승군에 배정되었으며, 양인과 거의 다를 바 없는 군역의 의무를 져야 했다. 그러나 국가에서 승려의 수를 파악하기 어려웠으므로 징발하는 승려 수를 사찰별로 부과할 수밖

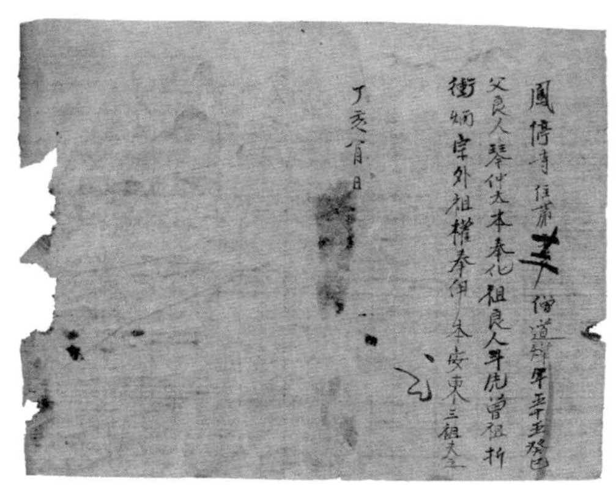

〈그림 2-3〉 **봉정사 승 호구단자**

자료: 동국대학교 불교기록문화유산아카이브.

에 없었는데 이런 문제를 해결하고, 아울러 승역을 효율적으로 관리하기 위해 1675년(숙종 1)에 윤휴(1617~1680)는 승려를 호적대장에 등재하자고 주장했다.

> 금년은 호적을 조사하는 해입니다. 예전에는 승려들을 호적에 넣지 않았습니다만, 이제는 그들을 호적에 등재하여 대략이나마 통솔함이 있어야 할 것입니다.
>
> 『숙종실록』, 1년 5월 9일

조정에서는 윤휴의 건의를 받아들여 승려들도 마침내 호적대장에 등재하게 되었다. 이는 수행자로서 인식하던 승려를 속인의 양인처럼 대우해 국가 수취체제 속에서 논의되는 대상이 되었다고 평가할 수 있다.

호적대장에 등재된 승려의 직역명은 대부분 양승(良僧)이나 노승(奴僧) 등으로 표기되어 '승(僧)'이라는 별도의 신분을 나타냈는데, 양승이 90퍼센트 정도를 차지한다. 가령 1702년 대구호적의 직역명에 양승(良僧)·양승승장(良僧僧將)·양승총섭(良僧摠攝)·양승가선(良僧嘉善)·양승통정(良僧通政)·양승각 수(良僧刻手)·양승통영군(良僧統營軍)·사노승(寺奴僧)·성균관노승(成均館奴僧)·장예원사노승(掌隷院寺奴僧) 등으로 표기되어 있다. 즉, 같은 승려라고 하더라도 다양한 계층이 확인된다. 승장이나 총섭의 직책이 기재된 승려는 관방시설의 승군 책임자라고 볼 수 있고, 가선이나 통정의 품계가 기재된 승려는 납속을 통해 공명첩(空名帖) 등을 받은 승려들이었다.

이렇듯 승려들을 호적에 등재한 것은 승역의 부과를 위한 것이었다. 1675년 호적 등재를 기준으로 그 이전의 승역은 일시적이고 자발적인 조치였다면, 그 이후의 승역은 상시적인 국가 행정 체계 아래에서 부과된 것이라 할 수 있다.

이로써 승려들은 양인과 똑같이 공납, 요역, 군역의 의무를 감당해야 했다. 승역은 사찰에 부과된 사역(寺役)과 개별 승려에게 부과된 신역(身役)으로 구분해 볼 수 있다. 신역에는 군역이나 요역이 있고, 사역에는 종이나 미투리 등을 생산하는 잡역이 있다. 사역의 경우, 대동법이 전국적으로 시행되어 가면서 점차 확대되어 그 폐해가 커져갔다.

### 대동법의 시행으로 승려 잡역의 증가

각 지방에서는 특산물을 조정에 바치는 공물 제도가 있었다. 자연재해 등으로 생산에 차질이 생기는 경우에도 특산물을 바쳐야 했으므로, 그럴 때는 중간 상인을 통해 인근의 다른 지방에서 구매할 수밖에 없었다. 그러다 보니 중간 상인들에게 몇 배의 대가를 지불해야 해서 백성들의 부담이 가중되고 있었다. 이를 개선하기 위해 율곡 이이가 특산물 대신 쌀을 바치도록 하는 '대공수미법(代貢收米法)'을 건의하기도 했으나 시행되지 못하다가 임진왜란 이후 광해군 대에 중앙에 선혜청을 두고 지방에 대동청을 두어 '대동법'을 시행하기 시작했다.

대동법은 특산물을 대신하여 쌀을 바치는 제도이므로, 조정에서는 상인을 통해 특산물을 구입하거나 별도의 기관에서 물품을 생산해야 했다. 이때 사찰에 부과한 특산물로 잣·버섯·미투리·종이 등이 있었다. 미투리는 조선 전기부터 사찰에서 관아에 공급하는 물품이기도 했다. 금강산 장안사에서 내수사에 진상한 공물에는 잣, 버섯을 비롯해 미투리가 있었고, 평강에서는 상인들이 부석사에서 생산한 미투리를 저렴한 가격에 매입해 비싼 가격으로 팔기도 했다. 대동법 시행 이후, 미투리는 관아에 납품하는 주요 물품이 되었다.

그런데 잣·버섯·미투리 등과 달리 종이를 생산하는 지역(紙役)의 경우, 과중한 노동력이 필요하기 때문에 사찰에 큰 부담이 되었다. 1670년(현종 11)에 이미 "매년 큰 사찰에는 80여 권, 작은 사찰에는 60여 권을 납부하도록 하니 승려들이 도피하여 사찰이 텅 비게 되었다"(『현종실록』, 11년 10월 7일)라고 할 정도로 지역은 힘든 노역이었다. 사찰의 종이 생산은 불경 인출을 위한 중요한 수공업으로서 고려시대 이래 일상적인 것이었다. 산간에 위치한 사찰이야말로 좋은 품질의 종이를 다량 생산할 수 있는 적격지였다. 그런데 관아에 납품하는 사찰 생산 종이 가격은 시중 가격보다 저렴하게 지불되었다.

승려들은 종이 생산을 큰 부담으로 여길 수밖에 없었으므로, 지역을 감면해 주는 지방관에게 고마움의 표시로 영세불망비(永世不忘碑)를 세워주기도 했다. 가령 양산 통도사 승려들은 1827년(순조 27) 잡역의 고통을 호소했는데 지역이 너무 심해 500~600명이던 승려들이 40~50명밖에 남지 않았다고 했다. 그 후 통도사의 지역이 감면되자, 이를 도와준 지방관을 위해 송덕비(頌德碑)를 세워주었다. 전국 사찰 곳곳에 세워진 송덕비는 당시 상황을 보여주는 것이다.

이 외에도 사찰에 부과되는 다양한 잡역 때문에 환속하는 승려들이 늘어났다. 1790년(정조 14)에 "사찰이 퇴락하는 원인을 따져보면, 종이 생산량을 배정하고 유람자의 길잡이를 세우며 사찰 일꾼을 빼어가고 상여 메는 일에

乾隆五十五年四月 日 固城官完文

〈그림 2-4〉 **고성 옥천사 완문**

자료: 한국고문서자료관.

동원하며 돌이나 나무 다듬는 일을 시키는 등 갖가지 관청의 공납이 번다하고 과중하기 때문"(『정조실록』, 14년 8월 23일)이라고 했다. 대동법 시행 이후 사찰의 잡역이 양인 백성보다 더 심해지고 있음을 보여준다.

그러나 다른 한편으로 승려들은 상인과 연결해 종이를 매매하고 그 이익으로 사찰을 운영하기도 했다. 1788년(정조 12) "송도 상인의 무리가 승려들과 결탁하여 방물 중에서 가장 좋은 것만 가려내어 몰래 매매하고, 또 별장지, 설화지 등을 구입하여 중국으로 가는 길목인 책문으로 들여보내 하나의 국경 무역 시장을 이루고 있습니다"(『비변사등록』, 1788년 1월 8일)라고 한 기록을 통해 사찰의 종이 생산이 상인들과 연결되어 있었음을 알 수 있다. 또한 승려들은 금융 이익 창출을 위해 계(契)를 조직하여 사찰경제의 위기를 극복하기도 했다. 18세기 이후 계는 사회의 보편적 현상이 되었는데, 사찰에서 행하던 계를 사찰계라고 부른다. 이 사찰계는 대부분 승려와 신도가 함께 참여했으며, 고려시대 보(寶)와 같이 고리대금으로 이익을 창출하여 사찰의 운영에 큰 역할을 담당했다.

조선 후기 대부분의 승려들은 물품 생산과 금융 활동 등 자구책을 마련해 사찰을 운영했지만, 중앙과 지방 관아의 잡역에서 벗어날 길이 없었다. 양인의 한 사람으로 전락한 승려들은 국가 수취체제의 일부에 편입되어 있었으므로 온갖 잡역에 시달릴 수밖에 없는 처지였다. 이를 타개하기 위해 중앙 권력과 연줄이 닿은 사찰들은 왕실이나 기관의 속사(屬寺)로 지정받아 잡역을 면제받는 방법을 강구했다. 속사로 지정되면 공납과 잡역 등 기본적인 납세의무가 면제되고 소속 기관에서 요구하는 물품만 납부하면 되었기 때문이다. 지금까지 조사된 속사 가운데 왕실 원당 211건 중 112건이 17세기 이후 지정된 것이다. 시기를 알 수 없는 37건도 대부분 조선 후기에 지정된 것이다. 그러나 왕실 원당이라고 해도 잡역을 면제받지 못하는 경우도 많았다. 사찰에서는 그때마다 왕실에 잡역 면제를 호소하게 되고, 왕실에서는 잡역을 혁파하라는 완문(完文)을 발급했다.

## 균역법 시행으로 승려 감소와 위상 하락

조선 후기 승려는 양인과 같은 지위를 부여받아 군역과 공납의 의무가 있었는데, 19세기에 이르러 양인보다 더 심한 군역과 각종 잡역에 시달렸다. 특히 군역 때문에 승려 수가 감소하고 승려를 천인처럼 여기는 풍조가 조성되고 있었다.

양인의 군역은 15~59세 남자들이 의무적으로 군사의 일에 참여해야 하는 것으로, 군대에 들어가서 복무하는 정군(正軍)과 경제적으로 뒷받침하는 보인(保人)이 있었다. 보인은 대개 1인당 연간 무명 2필(쌀 12말의 가치)이 부과되었다. 그런데 군역은 여러 명의 남자가 있는 가정에는 큰 부담이 되었고, 친척이나 이웃집에 대신 부담하게 하는 족징(族徵)·인징(隣徵) 등 여러 폐단도 있었다. 그래서 1751년(영조 27) 9월에 1인당 연간 무명 1필로 균일화하는 대신 부족한 재정은 어전세(漁箭稅)·염세(鹽稅)·선세(船稅) 등으로 보충하는 균역법을 공포했다.

그런데 균역법 시행 이후 출가자 수가 감소하는 현상이 발생했다. 양인의 군역이 감소되자 출가할 이유가 줄어들었기 때문이다. 1775년(영조 51) 1월 영조가 대신들에게 승려의 수가 줄어드는 이유를 묻자, 신회(申晦)는 "2필의 역이었을 때는 고통이 심하여 역을 피해 승려가 되었는데 1필의 역으로 바뀐 이후에는 백성들이 역을 피하지 않습니다"(『승정원일기』, 1775년 1월 14일)라고 대답했던 것이다.

한편 국가에서는 양인들이 군역을 면제받기 위해 스스로 노비 행세하는 것을 방지하기 위해 17세기 말부터 어머니가 양인일 경우 그 자식도 양인 신분에 속하게 하는 종모법(從母法)을 시행하고 있었으며, 그 이후 노비도 군역을 지는 것이 일반화되어 갔다. 균역법 시행 이후 노비들은 양인보다 상대적으로 경제적 수준이 낮았으므로 정군이 되는 경우가 많았던 반면, 양인들은 연간 무명 1필만 납부하는 보인이 되는 경우가 많아졌다. 그리하여 18세기 말 이후 정군은 노비 출신, 보인은 양인이라는 사회적 관념이 형성되어 갔다.

'의승'으로 불리던 승군은 균역법이 시행되던 시기에 산성이나 사고를 수비하는 승려를 매년 교체 근무하도록 하던 제도를 바꾸어 정군의 승려를 두어 상시적으로 거주하도록 하고, 그 외의 승려는 일정한 돈을 납부하는 보인의 군역을 지도록 했다. 이로써 정군의 승려가 안정적으로 산성이나 사고를 지켰다. 1864년(고종 1) 9월 25일에 남한산성 총섭 자리를 성내에 있는 10곳의 사찰 승려들이 맡도록 하는 규정을 제정했고, 또 1866년(고종 3) 9월 10일 프랑스 군대가 강화도에 침입하기 직전 남한산성과 북한산성의 승군을 강화도 양주진으로 옮겨 수비하도록 했다.

18세기 말 이후 지방에서 군역으로 정군의 임무를 맡은 신분은 대부분 노비이거나 승려였다. 부유한 양인들은 양반 신분을 획득해 군역에서 벗어날 방법을 끊임없이 찾고자 했기 때문에 힘없고 가난한 양인들만이 군역에 내몰렸다. 점차 군역은 하층민의 일로 여겨졌고, 승려들은 더욱더 신분적 위상이 하락해 가고 있었다.

## 승려 도성 출입 금지

승려의 도성 출입 금지는 연산군 대부터 시작되었다. 성종 대에는 도성 내의 염불소를 폐지하여 승려들의 활동을 제한하는 정도였는데, 1503년(연산군 9) 11월 3일에 이르러 승려의 도성 출입을 금지했던 것이다. 이후 중종 대에 편찬된 『대전후속록(大典後續錄)』에 승려의 도성 출입 규제가 성문화되었다. 하지만 명종 대에 문정대비가 불교를 중흥한 시기에는 승과가 부활되었으며 승려의 도성 출입 금지는 사문화되었던 것으로 보인다. 또 임진왜란을 거치면서 의승군의 활약으로 도성 출입이 사실상 허용되었다. 그런데 인조 원년에 이르러 승려의 도성 출입이 다시 제한되었고, 1670년(현종 11)에는 승려가 도성 내에서 말을 타고 다니는 것과 공적인 업무를 수행하지 않으면서 도성 내에 유숙하는 것을 금지했다.

1739년(영조 15)에 발행된 『신보수교집록(新補受敎輯錄)』에는 공적인 업무가 아니면 도성에 들어오는 것을 금했고, 1786년(정조 10)의 『대전통편(大典通編)』에는 공사(公私)의 업무를 막론하고 승려의 도성 출입을 금지한다고 규정했다. 이로써 승려의 도성 출입 금지는 19세기 후반 갑오개혁 시기인 1895년에 일본 승려 사노 젠레이(佐野前勵)의 해제 요청이 있기 전까지 지속되었다. 정리하자면, 승려의 도성 출입이 연산군 대부터 영조 대까지 제한적으로 금지되다가 정조 대부터 공사를 막론하고 금지되었던 것을 알 수 있다.

그런데 정조는 불교에 대해 우호적인 정책을 펼쳤던 임금이다. 승려의 군역과 잡역을 감면하고 해남 대흥사, 안변 석왕사, 묘향산 보현사에 있던 호국 승려의 사당에 사액을 내리기도 했으며, 전국 사찰 편람이라고 할 수 있는 『범우고』를 편찬하고, 아버지 사도세자의 무덤인 현륭원의 재궁으로 용주사를 창건했다. 더군다나 "불교는 삼교 중에 가장 늦게 나왔지만 그 영험함은 가장 두드러진다. 유학자는 이를 믿지 않고자 하지만 또한 왕왕 믿지 않을 수도 없으니"[『홍제전서(弘濟全書)』 권15, 「안변설봉산석왕사비(安邊雪峯山釋王寺碑)」]라고 말했을 정도다. 그러므로 정조 대의 도성 출입 금지가 불교를 억압하기 위한 정책이었다고 보기 어려운 점이 있다. 그러나 근대에 이르러 해제되기까지 불교계는 승려의 도성 출입 금지를 치욕으로 여겼던 것 같다. 그래서인지 1895년 사노 젠레이의 요청으로 도성 출입 금지가 해제되자, 불교계는 일본의 침략 정책을 깨닫지 못하고 "500년 이래의 원통함과 비굴함에서 쾌히 일어서게 하시어"라고 할 정도로 일본 불교를 열렬히 환영했던 것이다.

# 3 조선 후기 불교 문파의 형성과 분기

김용태 | 동국대학교 불교학술원 교수

## 의승군 활동과 계파·문파의 성립

16세기 초반에 선종과 교종의 승정체제가 공식적으로 폐지된 후 불교계는 존립을 위해 스스로 활로를 찾아야 했다. 명종 대인 1550년부터 약 15년간 문정대비가 주도하여 선과 교의 양종이 일시 재건되기는 했지만, 선조 대 이후 사림의 시대가 펼쳐지면서 국가의 공적 영역에서 불교가 설 자리는 크게 줄었다. 그럼에도 1592년 일본의 조선 침략으로 임진왜란이라는 동아시아의 세계대전이 벌어졌을 때 불교계는 5000명의 의승군을 조직하여 바람 앞의 등불처럼 흔들리던 나라를 구하는 데 앞장섰다.

임진왜란 때 의승군은 평양성, 행주산성 등 주요 전투에 참전해 공을 세웠고, 산성 축성과 방어에도 일정한 역할을 담당했다. 전쟁은 불교계에 빛과 그림자를 남겼다. 구국의 깃발을 들고 큰 공적을 쌓음으로써 효나 충과 같은 윤리를 저버렸다는 오랜 비판에서 벗어날 수 있었다. 또한 전란으로 많은 이들이 죽거나 힘든 나날을 보내야 했던 상황에서 망자의 영혼을 위로하는 천도재와 수륙재를 곳곳에서 지내면서 불교 신앙이 곳곳에서 힘을 얻게 되었다. 하지만 승려가 전쟁에 뛰어든 것은 살생을 금지하는 계율을 정면으로 위반하는 것이었고, 승군 활동으로 죽거나 환속하는 경우가 많아 불교계는 큰 인적 피해를 입었으며, 수행 풍토 또한 약화되었다.

〈그림 3-1〉 **청허 휴정**

그런데 전국 각지에서 승군이 들고일어나 거국적인 활동을 하면서 승단은 8도 도총섭 청허 휴정(1520~1604)(〈그림 3-1〉)을 구심점으로 조직화되었다. 전쟁이 끝나고 폐허가 되거나 쇠락한 사찰을 중건하고 교단을 재건해야 했던 상황에서 이를 뒷받침할 역량을 갖춘 조직과 세력이 필요했다. 이때 나타난 현상이 조사 및 법맥을 매개로 한 계파와 문파의 성립이었다. 그리고 계파 및 문파의 정체성을 분명히 하기 위해 생겨난 것이 조선 불교의 법맥 계보를 밝힌 법통의 표명이었다. 또한 불교계는 교육과정과 수행체계를 체계적으로 정비하면서 조선 후기적 전통을 만들어낼 수 있었다.

전란 후의 이러한 변화는 불교 교단만의 문제는 아니었다. 당시 조선 사회는 16세기 말부터 시작한 변동의 서막에 이어 급변하는 시대의 격랑을 맞이했다. 임진왜란으로 피폐화된 향촌 사회의 질서를 다시 재편하는 차원에서 사족을 중심으로 부계 위주의 유교적·종법적 친족체제가 강화되었다. 유력한 가문들은 문중 조직으로 뭉쳤고, 같은 부계 성씨가 모여 사는 동족촌이 만들어졌다. 이처럼 부계 친족이 강조되면서 가부장적 친족 질서를 뒷받침하기 위해 『주자가례』에 의거한 예학이 중시되었다. 이런 분위기 속에서 전란 중의 승군 활동으로 조직화된 불교 교단에서도 부계 종법과 같이 동일한 법맥을 공유하는 문파가 형성되기 시작한다.

조선 후기의 법맥 계보는 임진왜란 때 8도 도총섭으로 전국의 의승군을 일으켰던 청허 휴정을 구심점으로 한다. 그리고 그의 동문 사제인 부휴 선수(1543~1615)의 법을 이은 이들도 독자적 조직으로 세력화된다. 이들의 호를 따서 양대 계파를 각각 청허계와 부휴계로 부른다. 규모 면에서는 청허 휴정의 높은 위상으로 인해 청허계가 훨씬 큰 비중을 차지하고 있었다. 청허계는 휴정의 사법 전등을 계승한 이들로 정관파, 사명파, 소요파, 편양파의 4대 문파로 나뉘며, 그에 비해 부휴계는 비교적 단일한 계통으로 이어졌다.

먼저 청허계의 4대 문파를 살펴보면 정관 일선(1533~1608)의 정관파와 소요 태능(1562~1649)의 소요파는 지리산과 호남 및 호서를 주요 지역 기반으로 하여 시작되었다. 휴정의 수제자라고 할 수 있는 사명 유정(1544~1610)의 사명파는 청허계를 대표하는 문파였지만, 점차 편양파에 밀리면서 18세기에는 주로 금강산 유역과 경상도에서 세력권을 유지했다. 휴정의 만년에 제자가 된 편양 언기(1581~1644)의 편양파는 휴정의 입적지인 묘향산을 비롯해 북방에서 주로 활동하다가 18세기 이후 전국적으로 세력을 확대해 가장 큰 문파로 자리 잡았다.

부휴계는 부휴 선수의 적전 제자인 벽암 각성(1575~1660)이 8도 도총섭으로서 전국적인 명성을 떨치면서 독자적 계파로 성장할 수 있었다. 부휴계는 17세기 초에 조계산 송광사의 중창을 도우면서 송광사를 본거지로 삼게 되었고, 호남을 주요 활동 무대로 하면서 영남과 호서의 일부 사찰에도 영향력을 미쳤다. 부휴계는 특히 각성의 손제자 백암 성총(1631~1700)에 이르러 청허계와는 다른 자파의 정체성을 확고히 내세우는데, 그 핵심은 송광사로 전해진 보조 지눌(1158~1210)의 유풍이었다. 그리고 송광사에는 선수 이후 부휴계의 정통 법맥을 이은 고승들의 탑이 부도전에 일렬로 세워졌다.

## 법통의 제기와 임제 태고 법통

조선 후기 문파의 형성과 전개를 서술하기에 앞서 법맥 계보의 연원을 담아낸 법통의 성립 문제를 먼저 살펴보자. 선종으로서 조선 불교의 계통과 특성에 대한 인식이 본격적으로 제기된 것은 임진왜란이 끝나고 10여 년이 지난 후였다. 처음에 등장한 것은 1610년대 초의 '고려 나옹 법통'이었다. 그러다 1620년대 중반부터 또 다른 법통설이 등장하여 불교계의 공론이 되었는데, 이것이 바로 '임제 태고 법통'이다. 이는 고려 말의 선승 태고 보우가 원에서 전해온 중국 임제종의 정통 법맥이 조선까지 이어져 청허 휴정 등에게 전수되었다는 내용이다. 이 법통은 조선 후기에 역사적 지분을 얻어 오늘날까지도 그 권위가 이어지고 있는데, 법통설에 담긴 불교사 인식에는 당시의 시대적 상황과 역사 인식이 반영되어 있다.

그런데 조선 후기 법통에서 고려 말 이래 정통 계보를 이었다고 나오는 청허 휴정은 자신의 선종 법맥에 대해 어떻게 인식했을까? 그가 쓴 『삼로행적』에는 조사인 벽송 지엄(〈그림 3-2〉)과 법을 전한 스승 부용 영관, 계를 준 스승인 경성 일선의 행적이 수록되었는데, 여기서 휴정의 전법 관념을 엿볼 수 있다. 그 요지는 벽송 지엄이 송의 대혜 종고와 원의 고봉 원묘에게서 임제종 간화선법을 멀리 이었다는 것이다. 휴정은 "대사가 중국 밖 바다 건너 사람으로서 500년 전의 종파를 은밀히 이었다. 이는 유교의 정명도와 정이천, 주희의 무리가 1000년 뒤에 나와서 멀리 공자와 맹자를 이은 것과 같다. 유교나 불교나 도를 전하는 것은 같다"라고 하여, 불교의 법통을

〈그림 3-2〉 **벽송 지엄**

유교의 도통에 대비시켰다. 다만 지엄의 실제 법맥에 대해서는 "연희 교사에게 원돈의 교의를 배우고, 정심 선사로부터 서쪽에서 온 은밀한 가르침을 깨쳤다"라고 기술했는데, 그 이전의 사승 관계에 대한 언급은 전혀 없다.

이어 17세기 초에 법통설이 다시 등장했는데, 휴정의 전법 제자인 사명 유정이 1610년에 입적하자 그 문도들이 허균에게 비문 등을 의뢰해 1612년 '고려 나옹 법통'이 제기되었다. 유정과 친분이 있던 허균은 고위 관료를 지낸 유학자였지만, 불교를 독실하게 믿었다. 그는 고려 광종 때에 중국에 가서 선종 5가의 하나인 법안종의 기풍을 전해온 혜거국사 도봉 영소를 법통의 초조로 내세웠다. 그리고 조동종·임제종 등 고려의 다양한 선종 전통과 보조 지눌, 나옹 혜근의 위상을 강조한 후, 고려 말에 혜근이 중국 임제종 선승 평산 처림에게 전한 법이 남봉 수능 - 등계 정심 - 벽송 지엄 - 부용 영관을 거쳐 휴정에게까지 이어진다고 보았다.

하지만 허균이 1618년에 역모 죄로 처형되자, 그가 주창한 법통 대신 불교계의 공론을 모은 또 다른 법통설이 나왔다. 휴정의 말년 제자 편양 언기가 1625년부터 1640년까지 스승의 비석을 세우고 문집을 다시 간행하면서 이정구·이식·장유 등 명문장가들에게 글을 부탁해 주창한 것이 '임제 태고 법통'이었다. 이것은 고려 말의 선승 태고 보우가 원의 석옥 청공에게 전수해 온 임제종 법통을 정통으로 내세운 것이었다. 보우 이후 환암 혼수 - 구곡 각운 - 벽계 정심 - 벽송 지엄 - 부용 영관을 거쳐 청허 휴정에게 이어지는 이 법맥 계보는 조선 불교의 공식 법통으로 자리 잡았다.

법통설이 제기된 17세기 전반은 동아시아 세계의 체제 변동기였다. 일본에서는 에도 막부가 시작되었고, 중국에서는 명에서 청으로의 교체가 일어났다. 조선도 임진왜란의 상흔을 딛고 새로운 정치구조와 사회질서를 모색해야 했고, 밖으로는 여진족이 세운 후금의 준동과 청의 압박에 대처해야 했다. 그 과정에서 광해군의 윤리적 흠결과 명의 은혜를 저버렸음을 명분으로

1623년 인조반정이 일어났다. 또 정묘호란과 병자호란을 연이어 겪는 와중에 중화와 오랑캐를 나누는 화이론에 입각해 명에 대한 의리를 앞세우는 중화 정통주의가 강조되었다. 법통설에도 중국 선종의 주류인 임제종의 정맥을 조선 불교가 이어받았다는 정통주의적 사고가 투영되어 있다.

이 점에서 불교의 법통설은 유교의 도통론과도 맥을 같이한다. 사림의 역사 인식이 반영된 도통론은 송대의 주자 성리학이 원나라 때 고려로 전해졌고, 그 학맥이 이성계의 역성혁명을 반대한 정몽주 이후 재야의 유림을 통해 이어져 왔다는 것이다. 법통설도 중국의 임제종 법맥이 원대에 고려로 들어와 조선으로 계승되었다는 점을 내세웠다. 또한 조선 초에 불교계를 주도했던 나옹계의 무학 자초, 함허 기화, 신미와 수미 등이 모두 제외되었다. 그 대신 환암 혼수, 귀곡 각운처럼 고려 말에 활동하던 이들을 내세웠고, 시간상 100년 이상 차이가 나는 정심과 지엄에게 법맥을 연결시켰다. 이는 도통론에서 조선을 개창하고 정국 운영을 주도한 훈척 세력을 빼고 비주류 학맥을 통한 도학의 전승을 공식화한 것과 크게 다르지 않다.

## 전법의 시대가 열리다

이처럼 불교계는 시대의 변화상에 부응하여 계파와 문파를 형성하고 법통을 통해 서로의 정체성을 공유해 나갈 수 있었다. 문파와 법통의 연결고리는 바로 법맥의 전수였다. 국가에서 선교양종과 승과, 도첩 등의 승정 체계를 관리했던 조선 전기에는 출가 사찰과 소속 종파의 득도사와 수계사가 공식적인 스승으로 인정되었다. 그렇지만 빠르면 16세기 후반, 이어 조선 후기에는 출가나 수계와 관련된 공적 규정이나 현실적 구속력이 사라짐에 따라 개별 사찰 차원에서 이를 자체적으로 시행할 수밖에 없었다. 그러면서 오랜 선종의 전통을 반영하여 실제 법을 전수해 준 전법사의 위상이 단연 높아졌다. 계파·문파와 법통의 성립과 함께 이제 법맥 계보가 최우선시되는 '전법의 시대'가 열린 것이다.

청허 휴정도 조사인 벽송 지엄과 전법사 부용 영관, 수계사 경성 일선의 행장인 『삼로행적』을 직접 지었고, 말년에는 일선의 근거 사찰이었던 묘향산 보현사에 주석했다. 이는 수계사와 전법사를 동등한 스승으로 모셨음을 보여준다. 그런데 휴정 입적 후 시대가 바뀌면서 '전법사인 영관이 부친, 수계사 일선이 숙부'라는 차등적 인식이 나왔다. 이는 법맥을 매개로 한 문파 내의 전법이 사승 관계의 가장 일차적인 기준이 되었음을 의미한다. 17세기 중반에 나온 불교 상례집을 보면 전법사에 해당하는 수업사가 득도사, 수계사와 함께 삼년상을 지내는 대상으로 명시되어 있다. 이는 세속의 부모상과 마찬가지로 가장 긴 상례 기간이 부여된 것으로서 그 높아진 위상을 엿볼 수 있다.

이처럼 전법과 법통을 함께하는 공통의 법맥 인식을 연결고리로 하여 단일한 정체성과 소속감을 부여하는 계파와 문파가 생겨났다. 이러한 변화는 임진왜란과 병자호란의 양란으로 상징되는, 조선 사회가 균열과 변동, 재편을 겪던 17세기 전반에 집중적으로 일어났다. 계파와 문파로 조직화된 조선 불교계는 이제 임제법통을 정립해 선종으로서의 정체성을 대내외에 표방할 수 있었다. 이는 16세기에 맥이 끊겼거나, 통합적이고 일원적인 계보로 정리되지 못했던 법맥 전승을 새로운 차원으로 승화시켜 되살린 것이었다. 또한 법통에 보이는 임제종 정통주의는 간화선을 최고의 수행 방안으로 인정한 휴정의 선사상 및 수행체계와도 맞아떨어졌다.

조선 후기 불교계는 청허 휴정과 부휴 선수, 양대 계파의 법맥을 이은 문파들로 재편되었고, 이들은 임제 태고 법통을 공유했다. 18세기 후반에 나온 『해동불조원류』(〈그림 3-3〉)에는 전법을 기준으로 한 청허계와 부휴계의 계

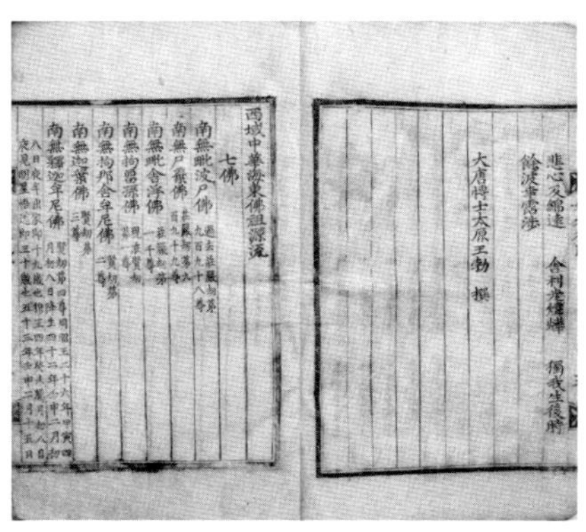
大唐博士太原王勃 撰

西域中華海東佛祖源流

七佛

南無毗婆尸佛

南無尸棄佛

南無毗舍浮佛

南無拘留孫佛

南無拘那含牟尼佛

南無迦葉佛

南無釋迦牟尼佛

〈그림 3-3〉『**해동불조원류**』

보가 망라되어 있다. 조선 후기에는 문파별로 주된 근거지가 확보되고 사제 간의 법맥 계승과 경제적 상속이 중요한 요인이 되면서 출가와 득도, 전법이 동일 계통의 사찰에서 함께 이루어지는 경우가 많았다. 또 서로 혼재되거나 공동 운영하기도 했지만, 문파별로 특정 사찰과 지역을 세력권에 두는 경우가 많아졌다. 이는 스승과 제자 사이의 사승 관계와 전법 계승이 구속력이 있음을 뜻한다. 현실적으로는 사찰과 그 경제 기반의 상속뿐 아니라 스승에 대한 시봉과 제향 및 추숭, 다시 말해 권리와 의무가 동시에 수반되었다. 결국 법맥과 법통을 매개로 한 문파의 지속성, 인적·물적 전승과 재생산은 조선 후기 불교계의 안정적인 존립과 재정적 확장의 중요한 토대가 되었다.

### 청허계 4대 문파

조선 후기 계파 및 문파의 중심인물과 활동 지역에 대해 살펴본다. 『해동불조원류』(1764)에 의하면 청허계는 사명파, 정관파, 소요파, 편양파가 4대 문파를 이루었다. 먼저 사명파의 조사 사명 유정은 김천 직지사에서 출가했고, 금강산 건봉사에 있을 때 임진왜란이 발발하자 휴정을 이어 8도 도총섭으로서 의승군을 통솔했다. 전후에는 일본과의 교섭을 맡아 에도 막부를 세운 도쿠가와 이에야스와도 담판했고, 만년에 해인사에 주석하다가 입적했다. 유정의 수제자 송월 응상(1572~1645)은 금강산 유점사·오대산 등에서 머물렀고 1624년 남한산성 축성 때 8도 도총섭을 맡아달라는 제의가 있었지만, 거절했다.

그 대신 제자 허백 명조(1593~1661)가 유정의 승장 활동을 이어 1627년 정묘호란 때 승병장이 되어 4000명의 승군을 이끌었다. 명조는 보현사에서 입적했는데 묘향산에 있던 휴정의 바리와 가사를 해남 대둔사에 보냈다는 기록이 전한다. 또 『승가예의문』을 지어 문파 내 권리와 의무의 친소 관계를 규정했다. 송월 응상의 또 다른 제자인 춘파 쌍언(1591~1658)은 유점사에서 활동하다가 입적했고, 그의 문도 허곡 나백(1604~1681)도 금강산에 주로 머물렀으며 사제의 탑과 비도 이곳에 세워졌다. 이처럼 사명파는 묘향산과 금강산 같은 북방에서 시작해 점차 영남 지역으로 활동 무대를 넓혀나갔고, 사명 유정을 현창하며 문파의 위상을 높여갔다. 하지만 18세기 이후에는 세력이 약화되어 주류 문파의 자리를 편양파에 완전히 내주게 된다.

정관 일선의 정관파의 경우 선은 휴정의 전등을 이었고, 교는 조선 초 이래 법화교학의 전통을 계승했다. 일선은 속리산과 덕유산에 주로 머물렀는데, 호연 태호(1564~1652)는 속리산에서 법을 이었고, 임성 충언(1567~1638)은 덕유산에 머물면서 선과 법화교학을 연마했는데 그의 제자로는 송파 각민(1596~1675)이 유명하다. 한편 일선은 임진왜란 당시의 의승군 활동에 대해 불살생의 계율을 어기고 출가의 뜻을 잊어 선의 기풍이 멈추게 될까 우려하기도 했다. 일선의 또 다른 제자 운곡 충휘(?~1613)는 해인사에서 활동했고, 시문에 뛰어난 당대의 명문장가 이수광·이안눌·장유 등과 교류했다.

임성 충언의 손제자 추계 유문(1614~1689)은 『법성게과주』를 저술했는데 해남 대둔사에서 출가했고, 완주 종남산 송광사에 탑이 세워졌다. 그의 제자 무경 자수(1664~1737)도 완주 송광사로 출가하고 운문사에서 유문에게 선과 교를 배웠다. 자수의 문집 『무경집』에는 성정(性情)과 삼교(三教)에 대한 글이 들어 있다. 이처럼 정관파의 주류 계보는 17세기에 대둔사·종남산·덕유산·계룡산 등 호남과 호서 일대를 주요 무대로 활동했다. 하지만 정관파도 18세기 이후에는 크게 성장하지 못하고 명맥만 유지했다.

소요파의 조사 소요 태능은 장성 백양사에서 출가했고, 처음에 부휴 선수에게 교학을 배운 후 휴정의 선법을 이었다. 임진왜란 때 승장으로 두각을 나타낸 후 지리산 유역을 근거지로 삼아 활동하다가 연곡사에서 입적했다. 태능의 제자인 침굉 현변(1616~1684)은 선암사의 주지를 지냈고, 송광사와 연곡사 등에서 주로 머물렀다. 이처럼 소요파는 지리산권에서 시작해 순천을 거쳐 해남의 대둔사와 미황사, 강진 만덕사(백련사), 담양 용흥사 등 호남 일대로 세력을 넓혀나갔다.

소요파와 대둔사의 관계는 해운 경열(1580~1646)이 대둔사 법회에 왔던 태능의 법을 이으면서 시작되었다. 그의 제자 취여 삼우(1622~1684)도 대둔사에서 주석했는데 화엄 강의로 유명해 대둔사의 제2대 종사가 되었다. 또한 그로부터 화엄의 법문을 듣고 깨달음을 얻은 화악 문신(1629~1707)은 대둔사 화엄법회를 맡아 제4대 종사가 되었다. 이후 소요파는 대둔사에 뿌리를 내리면서 화엄 강학을 계승했고, 그 결과 18세기에는 편양파와 공조해 8도의 종원을 표방한 대둔사 12대 종사와 강사의 전통을 일궈냈다. 특히 다산 정약용에게 『주역』과 시를 배운 아암 혜장(1772~1811)이 제12대 강사로서 명성을 떨쳤다.

편양파의 개조 편양 언기는 휴정이 말년에 받은 제자로서 스승의 사상과 수행 기풍을 이어받아 선과 교, 염불을 포괄하는 삼문 수업 체계를 세웠고, 이력 과정의 교재들도 대규모로 간행했다. 또 사명파에 의해 나온 고려 나옹 법통을 대신해 임제 태고 법통을 새로 정립한 이도 그였다. 이러한 언기의 업적과 위상을 반영해 편양파는 청허계를 대표하는 문파로 성장했고, 18세기가 되면 전국적으로 세력을 떨치고 영향력을 미치게 된다. 편양파는 처음에는 묘향산과 금강산 등을 주요 근거지로 삼았지만, 이후 전라도, 경상도, 충청도의 삼남 지역으로 세력을 확대했고 점차 조선 8도 전체를 권역으로 삼았다.

편양파에서는 많은 교학의 종장들이 배출되었는데, 먼저 언기의 수제자인 풍담 의심(1592~1665)은 삼장에 통달하고 해동 선종을 중흥했다는 평가를 받았다. 의심의 제자로는 사집과의 『도서』와 『절요』에 대한 과문을 지은 상봉 정원(1627~1709), 대교과의 『화엄경』과 『선문염송』에 뛰어났고 만년에 호남에서 교화를 펼친 월담 설제(1632~1704), 『화엄경』에 한글로 음석을 붙이고 화엄종주로 불린 월저 도안(1638~1715)이 가장 유명하다. 다음 세대로는 도안의 제자로서 선과 교에 능통했던 설암 추붕(1651~1706), 설제의 법을 잇고 『선문오종강요』를 지었으며 금산사에서 1400명이 참여하는 화엄법회를 여는 등 선과 교를 겸비한 종장 환성 지안(1664~1729)이 배출되었다.

환성 지안의 제자 중에서는 그의 선법을 얻고 사명파의 교학을 함께 이었으며 밀양 표충사의 초대 원장이 된 설송 연초(1676~1750), 화엄학에 뛰어났고 해인사와 통도사에서 주석했던 호암 체정(1687~1748), 대교과에 뛰어났고 석왕사에 근거지를 둔 함월 해원(1691~1770)이 유명하다. 한편 추붕의 제자로 1200명이 넘게 참여한 선암사 화엄대회를 연 상월 새봉(1687~1767)도 중요한 인물이다. 이어 체정의 제자로서 화엄학의 대가인 설파 상언(1707~1791), 대둔사의 교학 종장 연담 유일(1720~1799)이 나왔고, 상봉 정원 계통에서는 영남의 학장 인악 의첨(1746~1796)을 들 수 있다. 또 계맥을 부활시킨 대은 낭오(1780~1841), 선 논쟁과 유학자와의 교류로 유명한 백파 긍선(1767~1852)과 초의 의순(1786~1866), 『동사열전』의 편자 범해 각안(1820~ 1896)도 편양파의 주요 고승이었다.

### 부휴계 계보

부휴계는 송광사와 화엄사 등을 중심으로 호남 일대에서 활동했고, 충청도의 법주사, 경상도의 은해사와 해인사 등에도 연고가 있었다. 부휴 선수에게는 제자들이 많았지만, 수제자인 벽암 각성 계통이 주류가 되었다. 초대 남한산성 8도 도총섭을 지냈고 병자호란 때 항마군 3000명을 일으킨 각성은 화엄사, 법주사와 함께 하동 쌍계사, 완주 송광사를 중창했다. 부휴계의 기반을 다진 각성의 문하에서는 취미 수초, 백곡 처능 등의 8파가 번성했다. 처능(1617~1680)은 8도 도총섭을 지냈고, 현종 초의 억불 시책을 비판하는 「간폐석교소」를 지었으며 시문에도 뛰어났다. 각성 이후 적전의 계보는 취미 수초 - 백암 성총 - 무용 수연 - 영해 약탄 - 풍암 세찰 - 묵암 최눌 등으로 이어졌다.

백암 성총은 송광사 개창주 보조 지눌의 사상과 수행 기풍의 계승을 내세워 부휴계의 계파적 독자성을 확립했다. 부휴계의 적전 계보 고승들의 탑이 송광사 부도전에 나란히 세워진 것도 그가 추진한 일이었다. 성총은 불서 간행에서도 큰 발자취를 남겼는데, 1681년 전라도 임자도에 표착해 온 중국 상선에 실려 있던 가흥대장경 불서를 징광사·쌍계사 등에서 대대적으로 간행했다. 이 책들이 유통되면서 18세기에는 화엄을 비롯한 강학이 매우 성행했고, 다수의 주석서가 나오게 되었다. 이후 부휴계의 화엄종장인 묵암 최눌(1717~1790)도 화엄학자로서 명성을 떨쳤고, 편양파의 연담 유일과 불교의 심성 논쟁을 펼쳤다.

한편 벽암 각성의 문도인 모운 진언 이후 보광 원민 - 회암 정혜 - 추파 홍유 - 경암 응윤 등을 거쳐 월하 계오로 이어진 부휴계의 교학 계보도 유명하다. 모운 진언(1622~1703)은 오랜 기간 『화엄경』을 연구하여 팔공산 은해사에서 화엄 대법회를 열었고, 회암 정혜(1685~1741)는 설암 추붕, 환성 지안 등 당대의 학장들에게 배웠고 석왕사 등 전국에서 강석을 열었으며 『도서』와

〈그림 3-4〉 **송광사 전경**
자료: 국가유산포털.

『절요』, 『화엄경』에 대한 주석서를 썼다.

청허계, 부휴계의 계파와 그에 속한 문파의 법맥 계보는 근대기까지 이어졌다. 1912년 조선총독부가 시행한 「본말사법」에는 전국의 본사와 말사의 주지 자격을 정하게 했는데, 여기에서도 계파 및 문파 의식이 지속되고 있음을 볼 수 있다. 당시 30본사 중에는 조선 후기 교단의 계파별 비중과 실상을 반영해 청허계의 법맥을 이은 이들만이 주지가 될 수 있는 사찰이 가장 많았다. 이에 비해 부휴계만 주지를 할 수 있는 곳은 순천 송광사 하나였고, 어느 쪽 계파 출신이라도 다 주지가 될 수 있는 사찰은 부휴계와 일찍이 인연을 맺은 속리산 법주사, 팔공산의 동화사와 은해사였다. 부휴계에 속한 화엄사는 처음에는 본사로 지정되지 못했지만, 우여곡절 끝에 1920년대에 가서야 31번째 본사가 되었다. 이처럼 부휴계는 청허계에 비해 세력은 크지 않았지만 청허계와 대별되는 독자적 계파로서 정체성을 이어나갔다.

2부

# 조선 불교의 사상과 신앙

# 승가 교육제도와 삼문수행

이종수 | 국립순천대학교 사학과 교수

## 승가 교육제도의 성립과 정착

### 교육제도의 성립 배경

불교 전래 이래 승가의 교육체계가 성립되었을 것으로 여겨지지만, 그 구체적인 내용이 파악되는 시기는 조선 후기이다. 조선시대 국가 공인의 불교 종파는 태종 대까지 11개가 있었고, 세종 대에 선종과 교종으로 통폐합된 이후 연산군 대에 폐지되었다. 다시 명종 대에 선종과 교종이 공인되었으나 문정대비 사후인 1565년(명종 20)에 폐지되어 공인되지 못했다. 국가 공인의 종파는 폐지되었지만, 16세기 말까지 불교계 자체의 선종과 교종의 종단은 유지되었을 것으로 추정된다. 문헌에서 16세기 말까지 선종과 교종의 승려들이 서로 대립하는 모습이 보이기 때문이다.

승려 교육은 선종과 교종이 통합되기 전까지 종단에 따라 차이가 있었을 것으로 추정된다. 그런데 불교 종파에 대한 국가 공인이 폐지된 이후 불교계의 선교 통합이 가속화되었던 것으로 보이며, 점차 종파를 구분하지 않고 가르치는 단일 교단의 승려 교육 방식으로 변화되었던 것 같다. 특히 임진왜란에서 서산대사 청허 휴정(1520~1604)이 '팔도십육종도총섭', 즉 전국 팔도의 선종과 교종을 총괄하는 도총섭이 된 이후 종파 구분은 의미가 없어졌다.

임진왜란 이후 17세기에 단일 교단이 성립되고 큰 사찰에서는 강원(講院)을 설립해 승려를 교육했다. 승려 교육과정은 사미과(沙彌科)로 시작하여 대교과(大教科)에 이르기까지 대략 8년 6개월~12년 6개월이 걸렸다. 이러한 불교 교육과정은 고려시대 이래의 전통을 계승하는 측면도 있었지만, 그 성립 배경으로 유교의 교육과정에도 주목할 필요가 있다.

조선 후기 유생들은 8세에 서당에 입학하고 15세에 향교 혹은 사부학당에 진학해 졸업한 후, 20세를 전후해 생원과와 진사과에 응시해 합격하면 성균관에 들어가 공부했다. 서당 → 향교(지방) 또는 사부학당(서울) → 성균관으로 이어지며 약 13~15년간 공부했는데, 이러한 유교의 교육과정이 불교 교육과정과 많이 닮아 있었다. 그리고 16세기 이후 각 지방에는 서원이 건립되어 유교 교육의 중심 거점이 되었다. 최초의 서원은 주세붕에 의해 1543년에 건립된 백운동 서원이었다. 그 후 크게 늘어나서 선조 대에 이미 60여 개를 넘어섰다. 이 서원들은 퇴계 이황, 율곡 이이, 남명 조식의 학통을 계승하는 사림 세력의 정치적 근거지이기도 했지만, 기본적인 역할은 교육에 있었다. 성리학 연구는 물론이고 성리학적 이념을 사회에 보급·정착시키는 역할을 했다. 이러한 서원의 건립은 승려들에게 강원의 발달을 추동하는 시대적 배경이 되었을 것으로 생각된다.

불교 강원에서는 사미과로부터 시작해 사집과(四集科) → 사교과(四教科) → 대교과로 이어지는 교육과정이 있었고, 이는 성리학에서 성인(聖人)이 되기 위한 것과 마찬가지로 부처가 되기 위한 공부 방법이었다. 다만, 불교가 사회적인 출세에 뜻을 두는 것이 아니라 깨달음과 중생제도를 목표로 하고 있다는 점이 유교의 교육 목표와 달랐을 뿐이다. 불교의 이러한 교육과정을 통해 배출된 승려들은 사회의 지식층을 이루고 있던 유생들과 교류할 수 있는 거의 유일한 지식인이라는 점에서 그 의미가 있었다. 유교 교육체계에서 수학한 유생들처럼 당시의 문자였던 한문을 체계적으로 배울 수 있는 사회 기관은 사찰의 강원뿐이었던 것이다. 조선 후기에도 지속적으로 유학자와 승려의 교류가 많았던 것은 이러한 교육과정을 통해 많은 지식인 승려를 배출했던 것과 무관하지 않다고 생각한다.

### 교육제도의 정착

조선 후기 승려들은 큰 사찰에 설치된 강원에서 교육을 받았다. 강원의 교육과정은 1918년에 발행된 이능화의 『조선불교통사』에 잘 소개되어 있다. 이 책에는 사미과로부터 대교과에 이르기까지 대략 8년 6개월~12년 6개월 동안 경전과 논서를 배우는 과정을 소개하고 있다. 오늘날 학교 교육과 대비해 보면 사미과는 초등학교, 사집과는 중학교, 사교과는 고등학교, 대교과는 대학에 해당하는 과정이라고 할 수 있다. 이러한 교육과정이 처음 확인되는 문헌은 영월 청학(1570~1654)의 「사집·사교·전등·염송·화엄」이다.

이능화가 제시한 교육과정에서 볼 수 있듯이, 사미과는 1년 혹은 3년의 과정으로 이루어졌는데 3년의 과정에서는 『사미율의』, 『치문경훈』, 『선림보훈』 과목이 추가되었다. 사집과는 2년 동안 공부했고, 사교과는 4년 동안 배워야 하지만 남보다 일찍 수학한 경우에는 2년 6개월 만에 수료할 수도 있었으며, 대교과는 최대 3년 6개월까지 공부할 수 있었다.

한편 청학의 글에서는 제목을 통해 사집과와 사교과로 구분했음을 알 수 있지만 내용에서는 구분하지 않고 있어서 『고봉선요』로부터 『선문염송』에 이르기까지 11종의 경전과 논서 중에 어디까지가 사집과이고 어디까지가 사교과인지 분명하지 않다.

또한 사미과에 대한 언급이 보이지 않는데, 청학은 사미의 공부를 강원의

〈표 4-1〉 청학의 「사집·사교·전등·염송·화엄」과 『조선불교통사』에 기술된 교육 과목

<table>
<tr><th>「사집·사교·전등·염송·화엄」</th><th colspan="3">『조선불교통사』</th></tr>
<tr><td></td><td>1~3년</td><td>사미과</td><td>십계와 예불, 『반야심경』, 『초심문』, 『발심문』, 『자경문』(『사미율의』, 『치문경훈』, 『선림보훈』)</td></tr>
<tr><td rowspan="3">『고봉선요』, 『대혜서장』, 『선원제전집도서』, 『법집별행록절요사기』, 『원각경』, 『금강경』, 『능엄경』, 『법화경』, 『화엄경』, 『경덕전등록』, 『선문염송』</td><td>2년</td><td>사집과</td><td>『선원제전집도서』, 『대혜서장』, 『법집별행록절요사기』, 『고봉선요』</td></tr>
<tr><td>2.6~4년</td><td>사교과</td><td>『능엄경』, 『대승기신론』, 『금강반야경』, 『원각경』</td></tr>
<tr><td>3~3.6년</td><td>대교과</td><td>『화엄경』, 『선문염송』, 『경덕전등록』(『십지경론』, 『선가귀감』, 『법화경』)</td></tr>
</table>

교육과정으로 생각하지 않았던 것 같다. 사미는 아직 비구·비구니계를 받지 못한 출가자로서 승려가 되기 위해 기초 과목을 공부하는 초심자이다. 그러므로 출가자라면 누구나 사미의 과정을 거쳐야 하며, 〈표 4-1〉에 제시된 과목들은 예로부터 사미들이 배워왔던 공부 내용이었을 것이다. 그 때문에 사미과에 제시된 과목은 선종이나 교종의 특색을 드러내지 않고 신앙이나 계율을 익힐 수 있는 불서들이 주종을 이루었다고 생각된다.

그러면 사미과는 언제 성립되었을까? 사미과의 과목인 『초심문』·『발심문』·『자경문』 등이 16세기 후반에 집중적으로 간행되고 있는 점으로 보아 늦어도 17세기 전반에는 성립되었을 것으로 생각된다. 다만 사미과의 주요 과목인 『치문경훈』의 경우는 백암 성총(1631~1700)에 의해 간행되는 1695년 이후에 교육 과목에 포함되었을 것으로 추정된다.

사집과는 비구·비구니계를 받고 정식 승려가 된 후에 배우는 첫 번째 과정이다. 청허 휴정(1520~1604)은 다음과 같이 말한다.

처음 배우는 자를 이끌 때에는 먼저 『선원제전집도서』와 『법집별행록절요사기』로써 있는 그대로 볼 수 있는 지견(知見)을 세우도록 하고, 다음으로 『고

봉선요』와 『대혜서장』으로써 알음알이로 구분하는 지해(知解)의 병을 없애 도록 해야 한다. 「벽송당야로행록」, 『이로행록』

휴정이 사집과의 교과목을 언급하고 있는 것으로 볼 때, 16세기에 이미 중시되고 있었던 것을 알 수 있다. 그리고 16세기에 간행된 불서 목록을 살펴보면 사집과에 해당하는 서적들이 특히 많은데, 『대혜서장』 7회, 『고봉선요』 8회, 『법집별행록절요사기』 8회, 『선원제전집도서』 6회 간행되었다. 이는 그 이전에 비해 뚜렷이 증가한 것이다. 그러므로 사집과 교과목의 교육은 이미 16세기에 이루어지고 있었겠지만 사미과에서 대교과에 이르는 전체적인 교육과정은 17세기 전반에 성립되었을 것으로 추정된다.

## 교육 과목과 강원 사기의 전승

### 교육 과목의 선정

불교에서 승려 교육의 목표는 당연히 '깨달음에 이르러 부처 되는 것'이라고 할 수 있다. 다만 깨달음에 이르는 과정에 있어서 선종과 교종의 수행 방법이 달랐을 뿐이다. 조선시대 선종에서는 좌선하여 화두를 참구하는 간화선이 중시되었고, 교종에서는 『화엄경』을 필두로 여러 경전을 읽고 명상하는 것이 강조되었다. 그런데 임진왜란 이후 선종과 교종이 융합되어 가는 과정에서 단일 교단의 교육이 필요하게 되었다. 그렇게 새로운 교육이 성립되어 가는 과정에 상호 다른 방식을 제시하기도 했다. 가령 휴정의 문도로서 청학과 동시대를 살았던 편양 언기(1581~1644)는 다음과 같은 교육 과목을 제시했다.

선종을 널리 드러내는 과목으로는 『인천안목』과 『선문강요집』이 있고, 교학에 들어가서 점차 깨달음에 나아가는 선교 조화의 과목으로는 『천태사교의』, 『원각경소』, 『선원제전집도서』가 있다.

『편양당집』, 「선교원류심검설(禪教源流尋釼說)」

언기는 교학을 넘어 선으로 들어가기 위한 선교 조화의 과목으로 『천태사교의』, 『원각경소』, 『선원제전집도서』를 제시하고, 선에 들어가서 공부해야 할 과목으로 『인천안목』과 『선문강요집』을 이야기했다. 여기에는 청학이 언급하지 않은 『인천안목』, 『선문강요집』, 『천태사교의』가 포함되었다. 이는 승려 교육의 과정과 과목이 확정되지 않은 17세기 전반 불교계의 상황을 반영하는 것이라 생각된다. 선종과 교종을 통합한 단일 교단이 성립되어 가는 과정에서 각자 자신의 공부 방법을 제시하고 있는 것이다.

임진왜란을 겪으면서 선종과 교종의 구분이 사라진 불교계는 교단을 하나로 통합할 이념이 필요했는데, 16세기를 거치면서 이미 선종 중심으로 재편되고 있었고, 임진왜란 의승군 활동을 통해 대부분의 승려들이 청허 휴정을 불교계의 조사로 여기고 있었으므로 휴정의 이념과 법맥이 중심이 되고 있었다. 이런 상황에서 휴정의 법맥을 고려 말 태고 보우의 법통으로 연결 짓고 선종과 교종을 아우르는 선교겸수(禪教兼修)의 풍토가 정착되어 갔다. 그러므로 승려 교육 과목도 선교겸수의 시대적 요구를 반영할 수밖에 없었을 것이다. 그 과정에서 영월 청학과 편양 언기의 견해 차이가 있긴 했지만, 점차 영월 청학이 제시한 교과목으로 정착되어 갔다. 즉, 시대적 당면 과제는 선종과 교종을 융합하는 선교겸수로서, 사집과는 선의 입문서이고, 사교과는 교학의 입문서이며, 대교과는 선교겸수를 위한 과목이었던 것으로 여겨진다.

한편 이능화가 제시한 과목에는 청학의 글에 보이지 않는 논서들이 있다. 그것은 『대승기신론소』, 『십지경론』, 『선가귀감』이다. 이 책들은 모두 청학

〈그림 4-1〉 **강원교육**

이 생존할 때 이미 간행되어 유통되었으므로 청학도 보았을 것으로 생각되지만, 무슨 이유에서인지 청학은 교과목으로 제시하지 않았다. 하지만 17세기 중반 작품으로 생각되는 침굉 현변(1616~1684)의 「태평곡」에 "선요, 서장, 도서, 절요, 능엄, 반야, 원각, 법화, 화엄, 기신"이라는 표현이 보이므로 이때에는 『기신론소』가 강원 교과목에 포함되었던 것 같다.

경전과 논서가 강원의 교과목으로 확정되고 전국적으로 확산된 것은 백암 성총의 불서 간행 이후이다. 백암 성총은 1681년 6월 전라도 임자도에 표류해 온 중국 상선에 있던 가흥대장경의 불서를 수집해 낙안 징광사로 가져가서 복각(覆刻) 혹은 개각(改刻)했다. 이때 성총은 무작위로 불서를 간행한 것이 아니라 강원 교재를 중심으로 간행한다. 성총이 간행한 가흥대장경의 불서는 『치문경훈』(3권), 『금강반야경소론찬요간정기회편』(10권), 『대승기신론소필삭기회편』(4권), 『화엄경소초』(90권), 『대명삼장법수』(50권) 등 157권이다. 그리고 별도로 『대혜서장』(1권), 『법집별행록절요사기』(1권), 『선원제전집도서』(2권), 『고봉화상선요』(1권) 등이다. 또한 성총의 요청에 의해 계파 성능이 1695년 하동 쌍계사에서 가흥대장경의 『화엄현담회현기』(40권)를 복각했다. 『대명삼장법수』는 불교 사전과 같은 성격의 책이고 『화엄현담회현기』

는 『화엄경소초』의 현담(玄談) 부분에 대한 주석서이므로, 두 책 모두 강원 교재의 참고서라고 할 수 있다. 그래서 학계에서는 이러한 성총의 불서 간행 이후 강원의 교재가 확정되어 근대까지 전승된 것으로 평가한다.

### 강원 사기의 전승

조선 후기 강원에서는 교과목에 대한 주석서라고 할 수 있는 사기(私記)가 전승되었다. 사기는 '개인의 기록'이라고 해석될 수 있으며, 불교 경전과 논서에 대한 개인적 의견을 정리한 것으로서 예로부터 있어왔던 소(疏)·초(鈔)·기(記) 등에 비견될 수 있다. 다만 소·초·기에 비해서는 겸손한 의미를 내포하고 있다. '쓸데없이 덧붙인 말'이라는 의미의 '실재하지 않는 그림의 발(畵足)', '군더더기(贅)', '바리때의 손잡이(鉢柄)', '새우의 눈(鰕目)' 등으로 표기하기도 했다.

현존하는 가장 초기의 사기는 1695년에 간행한 백암 성총의 『치문경훈주』이다. 이 책은 성총이 낙안 징광사를 중심으로 가흥대장경을 복각할 때 『치문경훈』에 자신의 견해를 주석으로 달아 간행한 것이다. 성총은 이 책을 처음 불교에 입문하는 승려들을 위해 주석했던 것으로 보이며, 강원의 사미과 교재로서 널리 읽혔다.

성총 이후 여러 사기가 판각되거나 필사되었는데, 상봉 정원(1627~1709)이 1701년에 『선원제전집도서분과』를 간행했다. 그 후 모운 진언(1622~1703)의 『화엄품목문목관절도』가 1709년에 간행되었고 설암 추붕(1651~1706)의 『선원제전집도서과평』과 『법집별행록절요사기과평』이 1737년에 간행되었다. 이어서 회암 정혜(1685~1741)의 『선원집도서과기』와 『법집별행록절요사기해』가 1747년에 간행되었으며, 현존하지는 않지만 회암 정혜가 편록한 『화엄경소은과』와 『제경론소구절』이 세상에 유통되었다고 한다. 그리고 설파 상언(1707~1791)의 『화엄은과도』가 중국 연경에까지 알려졌다고 하지만, 현전

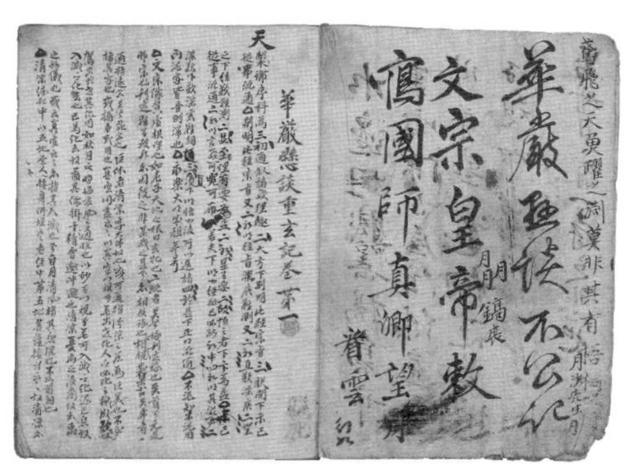

〈그림 4-2〉 **사기**
자료: 담양 용흥사.

하지 않고 다만 상언이 지은 것으로 생각되는 필사본 『화엄십지품사기: 잡화부』가 전해지고 있다.

해남 대흥사를 중심으로 활동한 연담 유일(1720~1799)은 거의 대부분의 교과목에 대한 사기를 써서 가장 많은 분량을 남기고 있는데 자신이 쓴 「자보행업」에서도 사집과 사기 각 1권, 『기신사족』 1권, 『금강하목』 1권, 『원각사기』 2권, 『현담사기』 2권, 『대교유망기』 5권, 『제경회요』 1권, 『염송착병』 2권 등을 언급하고 있다. 이 사기 가운데 사집과의 『도서과목병입사기』와 『법집별행록절요과목병입사기』는 1796년에 목판본으로 간행되어 유통되었고, 그 외 사기는 모두 필사되어 현전한다. 특히 필사본 사기는 영남 지역까지 전해져서 영향을 미쳤다고 한다. 또한 「자보행업」에서 언급하지 않는 연담 유일의 사기인 『능엄사기』 필사본도 전해진다.

유일과 동시대를 살았던 순천 송광사의 묵암 최눌(1717~1790)과 대구 동화사의 인악 의첨(1746~1796)도 사기를 저술했다. 최눌의 사기는 그의 행장에서 "『화엄과도』, 『제경문답』, 『반착회요』 각 1권"이 있다고 했고, 의첨의 사기라고 전해지는 것으로 『서장사기』·『능엄사기』·『금강사기』·『기신사기』·『원각사기』·『화엄사기』·『화엄십지품사기: 잡화기』·『염송기』 등이 있다.

19세기의 사기로는 먼저 도봉 유문(1786~1800)이 과주(科註)하고 영파 성규(1728~1812)가 증정(證正)한 「법성게과주」가 1809년에 목판본으로 간행되었고, 그 후 백파 긍선(1767~1852)의 사기가 널리 유통되었던 것으로 보인다. 현재 유통되는 긍선의 사기로서 교과목과 관련이 있는 것은 『선요사기』, 『금강팔해기』, 『염송사기』, 『법보단경요해』, 『오종강요사기』 등의 필사본이 있다. 한편 긍선과의 선 논쟁으로 유명한 초의 의순(1786~1866)도 사기를 저술했다고 하지만, 현재 전하는 것 가운데 어떤 것이 의순의 사기인지는 불분명하다. 그리고 19세기 후반에 범해 각안(1820~1896)과 함명 태선(1824~1902)이 각각 『치문경훈기』를 지었다고 한다.

조선 후기 불교 사기는 순수하게 국내에서 만들어진 경론의 주석서라는 점에서 의의가 크다. 흔히 조선 후기를 숭유억불로 불교가 거의 멸절되어 가던 시대라고 표현하기도 하지만, 이는 사실과 다르다. 불교가 정치권력에서 배제되고 승려의 지위가 하락했다고 볼 수는 있지만, 불교는 민간에서 가장 주요한 신앙으로 전승되었다. 또한 사찰 강원마다 수백여 명의 승려들이 경전을 공부하고 연구했는데, 그 강원에서 연구한 결과물로 전승되었던 것이 바로 사기인 것이다.

## 삼문수행의 성립과 변화

### 경절문 우위의 수행

승려의 수행은 깨달음을 얻어 부처가 되기 위한 길이다. 깨달음을 위해 부처의 가르침을 배우는 것이 교육이고, 부처의 가르침에 따라 나아가는 길이 수행이다. 불교 수행에는 여러 길이 있고 종파에 따라 서로 다른 길을 제시한다. 『화엄경』을 소의경전(所依經典)으로 하는 화엄종 수행의 길, 『해심밀경』을 소의경전으로 하는 법상종 수행의 길, 『법화경』을 소의경전으로 하는 천태종 수행의 길, 소의경전 없이 불립문자(不立文字)를 내세우며 화두를 붙잡고 좌선 명상하는 임제종 수행의 길, 염불을 통해 극락왕생을 기원하는 정토종 수행의 길 등이 있다. 이렇듯 다양한 수행의 길이 조선 후기에 이르러 세 가지 문으로 포섭되었다.

세 가지 문이란 경절문(徑截門)·원돈문(圓頓門)·염불문(念佛門)을 말한다. 이 삼문을 통해 수행의 길에 올라서는 것이다. 경절문은 임제종의 간화선 참구의 길을 제시한 선의 수행문이고, 원돈문은 화엄학을 근간으로 공부하는 교학의 수행문이며, 염불문은 염불을 통해 극락왕생의 길을 제시한 정토의 수행문이다.

삼문을 처음 제시한 승려는 청허 휴정이고, 그의 말년 제자 편양 언기가 이를 더욱 체계적으로 정리했다. 휴정은 수행의 문으로서 참선문과 염불문을 세우고, 참선문에서 경절문과 원돈문을 설명했다. 경절문은 활구(活句)로서 마음과 말의 길이 끊어진 경계이고, 원돈문은 사구(死句)로서 마음과 말의 길이 있는 경계라고 하면서, 활구를 참구해야지 사구를 참구해서는 안 된다고 했다. 그리고 염불문에서는 입으로만 하는 염불은 아무런 이익이 없으므로 마음과 입이 서로 상응해야 한다고 했다. 즉, 휴정은 경절문과 원돈문을 참선문으로 통합해 설명했으므로 사실상 삼문이 아니라 참선문과 염불문의 이문을 세웠다고 볼 수 있다.

휴정의 제자 언기는 스승의 삼문수행 체계를 계승하되 더 명확하게 그 개념들을 정리하고, 스승의 저술을 간행해 유포함으로써 휴정의 사상이 조선 후기 불교계를 주도하는 계기를 만들었던 인물이다. 언기는 「선과 교의 원류에서 살활검을 찾는 설(禪敎源流尋劍說)」이라는 글에서 삼문에 대해 다음과 같이 설명한다.

경절문 공부는 조사의 화두를 참구하여 때때로 깨닫고 일어나는 의심을 분명히 알아서, 느리지도 않고 서두르지도 않으며 산란한 데에도 떨어지지 않고, 마치 아이가 엄마를 생각하듯이 간절한 마음으로 잊지 않다가, 마침내 한꺼번에 땅을 박차고 일어나는 오묘함을 보는 것이다.

원돈문 공부는 하나의 신령한 심성이 본래 청정하고 원래 번뇌가 없는 것임을 돌이켜 비추어 보는 것이다. 만일 경계에 대해 분별하는 마음이 생길 때는 곧바로 그 분별심이 일어나기 전을 향해 이 마음이 어디서 일어났는지를 끝까지 찾아야 한다.

염불문 공부는 행주좌와의 모든 행동에서 항상 서방을 향하여 부처님을 바라보듯 생각하면서 마음속에서 잊지 않는 것이다. 그렇게 하면 목숨을 마칠 때에 아미타불이 최상의 연화대로 영접할 것이다.

경절문은 조사의 화두를 참구하여 곧장 깨달음에 이르는 수행이라고 했다. 그에 비해 원돈문은 교(敎)를 빌려 종취를 드러낸 것이므로 교학을 통해 선(禪)에 들어가고 최종적으로는 버려야 할 것으로 이해되었다. 경전을 통해 심성이 본래 청정함을 돌이켜 보다가 분별심이 일어나면 끝까지 좇아가서 그 분별심을 타파해야 한다고 했다. 염불문은 서방정토의 아미타불을 믿고 수행하는 서방정토 염불과 마음을 하나로 모으기 위해 수행하는 유심정토 염불이 있다. 휴정이 유심정토 염불 수행으로 이끌기 위해 서방정토 염불을 방편적으로 설명한 것에 비해 언기는 이를 통합적으로 설명한다. 아미타불뿐만 아니라 관세음보살의 명호를 염(念)하는 수행을 강조하고, 극락왕생뿐만 아니라 무병장수의 기원도 권장한다. 마음과 경계의 불이(不二)를 관찰하여 일심으로 염불하면 임종 시에 아미타불이 맞이하러 온다는 그의 설명에는 서방정토와 유심정토의 염불 수행이 공존한다.

이처럼 언기는 삼문수행에 대해 비교적 자세히 밝혔다. 휴정이 참선문과 염불문으로 구분하면서 삼문을 설명하기는 했지만 수행 방법에 대해서는 분명하게 제시하지 않았는데, 그에 비해 언기는 수행문으로서 삼문을 분명히 언급하고 있다. 그런데 언기의 삼문수행에서는 원돈문과 염불문이 경절문에 예속되어 있었다. 즉, 원돈문과 염불문은 경절문의 하위에서 이루어지는 수행으로 인식되었던 것이다.

### 원돈문 수행의 확산

17세기 중반 이후 원돈문과 염불문은 서서히 자생력을 가지며 발전하기 시작했다. 유교 국가인 조선이 추구했던 학문 지상주의적 태도와 맞물려 불교도 승려 교육을 체계적으로 정비해 나가면서 서서히 변화했다. 또한 단일 교단 내부에서도 청허계와 부휴계로 나뉘고, 청허계에서는 4대 문파로 나뉘어 계파 혹은 문파 간에 경쟁적 구도가 만들어졌고, 이 경쟁 관계는 때로는 갈등을 일으키기도 했지만, 새로운 발전의 추동력이 되었다.

삼문의 관계 역시 18세기 화엄학의 유행과 서방정토 신앙의 확대로 인해 점차 변화되었다. 17세기 말 『화엄경소초』의 간행은 전국 강원에 새로운 활력을 불어넣었다. 원돈문은 교학으로 이해되었고, 염불문은 유심정토와 서방정토가 합일되어 염불 그 자체로서 긍정되었다. 선사들은 교학을 배척하지 않고 오히려 강사를 겸했고, 염불을 일생의 수행으로 삼는 이들도 있었다.

조선 후기 선사들에게서 선교일치의 관점을 찾기란 어렵지 않다. 휴정이 선 우위의 관점에서 교학을 수용했다면 조선 후기 선사들은 대체로 선교일치의 관점을 견지했다. 이는 청허계와 부휴계를 가릴 것 없이 일반적인 현상이었던 것으로 생각되는데 부휴계의 백곡 처능(1617~1680)은 다음과 같이 말한다.

선은 근기가 수승한 자를 위해 자연스럽게 전한 것이고, 교는 근기가 열등한 자를 위해 어쩔 수 없이 설한 것이다. 전한 것은 선이고, 설한 것은 교이다. 마음과 입은 비록 다르지만 이치는 하나의 근원이다.

『대각등계집』, 「선교설증늑상사서(禪教說贈勒上士序)」

처능은 부처님의 가르침을 마음으로 전한 선과 말로 전한 교로 나누고, 다시 선에 빠르고(頓) 느림(漸)의 차이가 있고, 교에 본성(性)과 현상(相)의 차이가 있다고 했다. 또 선은 상근기를 위해 전한 것이고, 교는 하근기를 위해 전한 것이라고 했다. 그러나 선교 이치의 근원은 같다고 하여 선교일치의 관점을 제시했다.

이처럼 시대가 지남에 따라 선 우월주의에서 탈피해 점차 선교일치관으로 바뀌어간 것으로 보이지만, 여전히 선 우월주의를 주장하는 이도 있었다. 청허계 정관문파의 무경 자수(1664~1737)는 「선과 교에 대해 변론함(禪教對辨)」에서 다음과 같이 말하고 있다.

원돈의 가르침은 아직 '연기하여 걸림 없다'는 분별심과 '이름과 형상을 끊는다'는 알음알이를 벗어나지 못한다. 오직 선문에서만이 이러한 틀어잡을 콧구멍이 없는 도리를 가지고 마음 쓰는 방편으로 삼을 수 있는 것이다.

『무경실중어록』, 「선교대변(禪教對辨)」

무경 자수는 원돈문 수행은 분별심과 알음알이를 벗어나지 못한 것이라고 했다. 오직 선문의 수행만이 깨달음으로 나아가는 진정한 수행이라는 이야기다. 이를 선 우월주의 관점으로 평가할 수 있지만, 자수의 선 우월주의가 원돈문 수행의 확산이라는 시대적 흐름을 막지는 못했다.

백암 성총이 가흥대장경의 불서를 간행한 이후 전국으로 강원교육이 확산되었는데, 특히 대교과의 『화엄경소초』가 크게 유행했다. 성총은 1691년 순천 선암사에서 화엄대회를 개최한 바 있고, 그 제자 무용 수연(1651~1719)은 1719년 순천 송광사에서 화엄대회를 개최했다. 그리고 환성 지안(1664~1729)이 1725년 금산사에서 화엄대회를 개최했을 때는 1400여 명이 운집할 정도였다. 이때의 대회로 지안은 역도의 우두머리라는 무고를 당해 제주도에 유배되어 입적했다. 그러나 화엄학의 열풍은 이어져서 1754년에 상월 새봉(1687~1767)은 순천 선암사에서 1200여 명의 대중이 모이는 화엄대회를 열었고, 1785년에 혜암 윤장이 지리산 화엄사에서 화엄대회를 열었을 때 1500여 명이 운집했다. 윤장도 무고를 당해 흑산도로 유배를 갔으나 그 문도들이 조정에 항의해 풀려났고 오히려 윤장을 무고했던 전라도 관찰사가 벌을 받았다(『정조실록』, 9년 3월 16일). 이처럼 18세기 원돈문의 수행이 크게 확산되자, 승려들은 원돈문 수행이 경절문의 하위 수행이 아니라 경절문과 동등한 수행법으로 인식하기에 이르렀다.

### 염불문 수행의 확산

조선 후기 서방정토의 실재를 믿고 염불문 수행의 우월성을 주장한 기성 쾌선(1693~1764)이 있었다. 그는 『청택법보은문(請擇法報恩文)』에서 다음과 같이 말한다.

> 언어를 떠나 있는 선의 문과 언어에 의지해 깨달음을 얻는 교의 문은 중생의 근기에 따라 다르지만, 염불의 문은 선종과 교종, 범부와 성인, 선한 사람과 악한 사람이 함께 들어가는 문이고, 한 시기에만 깨달음에 들어가는 문이 아니기 때문에 초발심의 수행자로부터 십지의 보살에 이르기까지 모두 염불을 하는 것이니, 모든 부처님의 가르침 가운데 가장 으뜸이다.

선문과 교문은 근기의 차이에 따라 나뉘어 깨달음의 시기가 다르지만, 염불문은 모든 근기에 다 통하는 한 맛의 가르침이므로 경절문이나 원돈문보다도 염불문이 더 수승한 수행문이라고 했다. 경절문이나 원돈문을 배척하지 않고 오히려 염불문 속에 포섭하려 했던 것이다.

18세기 후반 쾌선의 염불문에 대한 인식에서 알 수 있듯이 불교계에서 염불문에 대한 새로운 인식이 점차 퍼져나갔다. 쾌선은 염불 노래라고 할 수 있는 『염불환향곡』을 간행하여 유포했고, 해봉 유기(1707~1785)는 염불의 공덕을 설명하는 『신편보권문』을 편찬했다. 『신편보권문』 속에는 「서왕가」, 「인과문」, 「회심가」와 같은 염불 가사들이 수록되어 있다. 이러한 염불의 노래들은 당시 대중 속에 깊이 파고들었고, 만일염불회로 이어진다.

19세기 초 금강산 건봉사에서 만일염불회가 결성되어 세 번이나 이어졌다. 1만 일은 27년 145일이므로 19세기에 세 번이나 결성되었다는 것은 100년 동안 염불 소리가 거의 끊이지 않고 건봉사에서 울려 퍼졌다는 것을 의미한다.

건봉사 만일염불회는 신라시대 경덕왕 대에 발징화상이 건봉사에서 31인의 승려와 1800명의 재가자와 함께 염불 수행해 극락왕생했다는 믿음으로부터 시작된다. 이러한 이야기는 쾌선의 글에서뿐만 아니라 18세기 후반 여러 승려의 문집에서 확인된다. 발징화상에 관한 믿음은 실제로 건봉사에서 만일회를 개최하도록 추동해 제1차 발징화상의 만일회를 계승하는 제2차 만일회가 1801년에 개설되었다. 그리고 이어서 제3차 만일회가 1851년, 제4차 만일회가 1881년, 제5차 만일회가 1908년에 결성됨으로써 건봉사는 만일염불회의 성지가 되었다.

건봉사 만일회는 건봉사만으로 끝나지 않고 전국적으로 만일염불회의 유행을 만들어냈다. 지금까지 확인된 18세기 이전의 만일회는 1건이지만, 19세기에는 건봉사 제2차 만일회가 끝난 후 전국적으로 13건의 만일회가 결성되

〈그림 4-3〉 **건봉사**

자료: 국가유산포털.

었다. 1879년(고종 16)에 결성된 금강산 신계사 만일회에서는 다음과 같이 언급하고 있다.

> 정토문은 오탁악세의 말세에 진실로 윤회를 벗어나서 해탈하는 지름길이다. 믿음이 있을 뿐이니 어찌 귀의하지 않겠는가. 『유점사본말사지』

19세기 중반 이후 건봉사 만일회의 영향으로 전국적으로 만일회가 확산되었고, 서방정토 염불을 믿는 수행자가 늘어났다. 18세기 후반에 이미 염불문이 경절문이나 원돈문과 같은 위상을 획득해 19세기에는 보편적인 수행문으로 정착했던 것을 알 수 있다.

### 삼문의 평등 수행

18세기 후반 원돈문과 염불문 수행의 위상 변화를 반영해 삼문의 평등성을 주장하며 간행된 책이 『삼문직지(三門直指)』이다. 1769년에 진허 팔관이 편찬한『삼문직지』는 그 서문에서 "삼문이 깨달음의 길에 들어가는 관문으로서 우열의 차이가 없다"라고 했다. 특히 염불문에 대해 다음과 같이 설명한다.

> 묻는다. "염불이 열등하기 때문에 삼문 중에서 처음에 있는 것인가?" 답한다. "『비로자나품소』에 '염불삼매는 보살의 아버지'라고 하였으므로 가장 먼저 그것을 밝히는 것이다. 그리고 십지에서도 염불을 떠나지 않기 때문이다. 그렇다면 삼문이 서로 앞서거나 뒤서거나 할 수 있는 것이요 언어의 우열로써 차등을 두어서는 안 된다." 『삼문직지』, 「염불문」

진허 팔관은 염불문이 삼문 가운데 가장 열등한 것이라고 생각하는 사람들에게 삼문에 차이가 없다고 선언했다. 이는 염불문이 가장 수승하다고 말한 기성 쾌선의 견해보다는 뒤로 물러선 것이지만, 삼문의 동등성을 강조했다는 점에서 당시의 시대적 분위기를 읽을 수 있다. 다시 말해, 당시 삼문수행을 경절문 중심으로 이해하려는 전통적 견해와 각각의 문마다 수승함을 강조하려는 새로운 경향 속에서 진허 팔관이 삼문의 동등성을 강조했던 것으로 이해된다.

이러한 삼문 평등의 인식은 19세기 후반까지 지속되었다. 1863년(철종 14)에 편찬된 필사본『산사약초(山史略抄)』에서는 붓다의 가르침을 실천하는 길로서 경절문·원돈문·염불문의 수행에 대해 다음과 같이 설명한다.

> 경절문은 선이다. 선은 세존 또한 전수받은 데가 있다. 그러므로 달마조사가 게송에서 "진귀조사가 설산에 계시면서 총목방(叢木房)에서 석가를 기다렸네. 조사의 심인을 전해준 임오년에, 마음으로 조사의 종지를 동시에 증득하였네"라고 했다. 세존이 이것을 가지고 세 곳에서 가섭에게 심인(心印)을 전해주었다.

원돈문은 교이다. 교는 여래가 입멸한 후에 일대(一代)에 설하신 경전을 아난과 여러 성중(聖衆)들이 패다라 나뭇잎에 결집한 것이다. 대장경은 8만 4000의 경전으로 매우 많지만, 그 의미에 따라 엮어보면 오교(五敎)를 벗어나지 않는다. 첫째는 인천교, 둘째는 소승교, 셋째는 대승입상교, 넷째는 파상교, 다섯째는 일승현성교이다.

염불문이다. 부처님이 계신 불국토가 티끌 수만큼이나 많지만 서방정토의 아미타불을 권념하는 것은 아미타불이 이 땅과 두루 인연이 있기 때문이다. 염불하여 왕생한 자는 이루 다 헤아릴 수가 없지만, 중국의 여산 혜원법사의 백련사와 우리나라 건봉사 발징화상의 만일회는 천하 사람들이 다 아는 것이다. 그러나 자성정토에 자심미타가 있음을 알아야 한다. 그런 연후에 왕생하는 것이다.

경절문은 선이고, 원돈문은 교이며, 염불문은 정토에 왕생하기 위한 수행문임을 말하고 있다. 경절문에서는 진귀조사를 언급함으로써 19세기 전반 백파 긍선(1767~1852)과 초의 의순(1786~1866)의 선 논쟁에서 보여준 조사선과 격외선에 대한 시대적 인식을 반영하고 있고, 원돈문에서는 중국 당나라 규봉 종밀(780~841)의 5교론(인천교－소승교－대승법상교－대승파상교－일승현성교)을 제시하여 화엄교학의 수행문임을 나타내고 있다. 그리고 염불문에서는 서방정토를 말하면서도 자심미타를 언급함으로써 서방정토와 유심정토를 함께 제시하고 있다.

18세기 이래 이름난 승려들은 대선사(大禪師)이면서 동시에 화엄강사(華嚴講師)로 존경받았으며 임종 시에는 염불 수행을 일과로 삼았다. 삼문은 각각의 수행이면서 한 사람이 일생 동안 수행해야 할 관문이었다. 그리고 이 삼문수행은 동아시아에서 한국 불교만의 독창적 전통으로 전승되었다.

5

# 선과 교의 병행과 유불의 접점

김용태 | 동국대학교 불교학술원 교수

## 선과 교의 복합적 계승

선뿐 아니라 교학의 전통을 함께 이어나가야 했던 조선 후기 불교계는 청허 휴정이 제시한 '간화선을 우위로 하는 선과 교의 겸수'를 수행체계의 바탕으로 삼았다. 간화선은 고려 후기 보조 지눌(1158~1210) 때 이미 수용되었지만, 14세기에 원의 임제종 법맥과 간화선풍이 고려에 본격적으로 도입되면서 크게 성행했다. 이후 간화선은 선 수행의 대표적 방안으로 자리를 잡았다. 교학의 경우 고려시대에는 화엄학을 내세운 화엄종과 유식학을 전공하는 법상종(자은종)이 교종의 양대 축이었고, 조선 초까지 종파로서 명맥을 유지했다. 그러다 세종 대에 조계종·천태종 등이 선종으로, 화엄종과 자은종 등이 교종으로 통합되면서 선과 교의 양종체제로 재편되었다. 당시 승과에서 선종은 선의 역사서인 『전등록』과 공안집인 『선문염송』, 교종은 화엄종에서 중시하는 『화엄경』, 그리고 『십지경』을 시험 보았다. 하지만 16세기 초 중종 대에 선교양종이 공식적으로 폐지되었고, 16세기 중반 명종 대에 약 15년간 일시 재개되기는 했지만 이후 국가가 공인한 승정 체계가 없어진 상황에서 교단 스스로 전통의 계승을 추구해야 했다.

16세기 후반까지도 수행 및 사상의 주도권을 둘러싼 선과 교의 갈등이 있었는데, 휴정은 이러한 난맥상을 타개하기 위해 양자를 아우르는 방안을 제시했다. 휴정은 당시 교학승과 선승의 병폐를 각각 지적하면서 선과 교의 일치를 주창한 당나라 종밀의 주장을 가져와 "교는 부처의 말씀이고, 선은 부처의 마음이므로 양자의 근원은 다르지 않다"라는 선교 일치를 내세웠다. 또 선과 교의 차이점을 말하면서도 법의 측면에서 양자가 동일하다는 점을 거듭 강조했다. 그는 선교 겸수의 방식을 인정하는 한편, 궁극적 수행 방안으로 간화선을 내세워 선과 교의 전통을 함께 계승·발전시키고자 했다. 이와 함께 선, 교, 염불의 삼문수행을 제시했는데 이는 제자 편양 언기에 의해 체계적으로 정립되었다.

휴정의 주저 『선가귀감』은 간화선 수행법, 선교 겸수의 지향, 염불과 계율, 선종 5가의 선풍과 임제종 종지를 설명하면서 선 수행의 요체를 드러낸 책이다. 그는 여기서 "마음의 성(性)과 상(相), 돈오와 점수의 두 문이 수행의 처음과 끝임을 판별한 후에 교의 뜻을 내려놓고 오로지 마음에 드러난 한 생각으로 선의 요지를 참구하면 반드시 얻는 바가 있을 것이다"라고 했다. 이는 입문으로서 교학의 필요성을 인정하면서도 일정한 단계가 되면 알음알이(지해)에 얽매이지 말고 간화선의 화두 참구로 나아가야 한다는 취지이다. 비록 휴정이 간화선의 뛰어남과 선 우위의 입장을 버리지는 않았지만, 그가 제시한 '간화선 우위의 선교 겸수'는 선과 교의 두 전통을 모두 이어가야 했던 시대의 요구에 부합하는 방법이었다.

17세기 전반에 구체적인 윤곽을 드러낸 승려 교육과정에도 선교 겸수의 지향이 녹아들어 있다. 이력과정의 구성은 선과 교를 함께 배우고 연마하는 내용으로 간화선 수행 방식과 화엄학을 각각 선과 교의 최고 단계로 위치시켰다. 이와 함께 선(경절문)과 교(원돈문)에 염불(염불문)을 추가한 삼문수행 체계가 정립된 것도 불교 전통의 종합적 계승에서 큰 몫을 담당했다. 그 결과 조선 후기에는 선 수행뿐 아니라 사찰에서의 교육과 연구를 뜻하는 강학이 성행했고, 나아가 염불 수행과 신앙이 확산되면서 불교 대중화의 길 또한 크게 넓혀졌다.

## 가흥장의 유입과 강학의 성행

조선 후기 불교계는 임제종의 법통을 내세워 선종으로서 자의식을 표명했다. 또한 휴정이 제시한 수행 방안에서도 볼 수 있듯이 간화선의 우위를 전제로 한 선과 교의 병행이 대세가 되었다. 이처럼 선은 조선 불교를 떠받치는 주축이었고, 수행과 사상의 기본 동력이었다. 편양파의 주류 계보를 이은 환성 지안은 화엄을 위주로 한 교학에도 정통했지만, 선의 종장으로 명성을 떨쳤다. 그는 『선문오종강요』를 써서 선종의 5가인 임제종, 운문종, 조동종, 위앙종, 법안종의 핵심 기풍을 잘 정리했다. 특히 법통과 간화선에서 드러나듯 5종 가운데 임제종이 가장 뛰어나다고 보았다. 이처럼 임제종과 그 수행법인 간화선은 조선 후기 불교의 정체성을 보여주는 상징이었다.

〈그림 5-1〉 **환성 지안**
자료: 국가유산포털.

그런 한편 강학 교육을 통해 이력과정 불서에 대한 이해가 깊어지고 그에 대한 주석서이자 일종의 강의록인 사기(私記)가 다수 저술되었다. 특히 18세기에는 화엄학 연구가 본궤도에 올라 많은 성과를 냈다. 화엄학은 신라의 의상 이래 고려를 거쳐 조선까지 주류 교학으로 이어져 왔다. 『화엄경』 또한 조선 전기 교종의 승과 시험 과목이자 조선 후기 이력과정의 마지막 단계인 대교과에 들어갔을 만큼 최고 권위의 경전이었다. 그렇지만 조선 전기에는 김시습(1435~1493)의 『화엄석제』와 『대화엄법계도주병서』 정도가 전할 뿐 17세기까지도 본격적인 『화엄경』 주석서가 나오지 않았다. 그런데 이 시기에 '화엄의 전성시대'가 다시 열린 것은 그러한 역사적 후광에 더해 어떤 우연한 사건 때문이었다. 1681년 6월 태풍을 만나 전라도의 임자도로 떠밀려 온 중국 상선에 실린 불서에 그 비밀이 숨어 있는데, 이 배는 중국의 최신 대장경인 가홍장 인쇄본을 싣고 일본으로 가던 무역선이었다.

부휴계의 백암 성총이 이 책들 가운데 400여 권을 입수했고 징광사와 쌍계사 등에서 197권 5000여 판을 찍어내어 널리 배포했다. 이 중 4분의 3이 이력과정과 관련이 있었고, 이때 『대승기신론소필삭기』가 유통됨으로써 이력과정의 사교과에서 『법화경』이 빠지고 대신 『대승기신론』이 들어갔다. 이 밖에도 성총이 직접 교감하고 주석을 붙여 펴낸 『정토보서』도 염불문의 대중적 확산에 기여했다. 이는 이력과정과 삼문수행 체계가 정착되어 그에 대한 서책의 수요가 매우 증가했음을 보여준다. 그런데 성총이 가홍장 불서 가운데 관심 있고 중요한 책들을 엄선하며 가장 심혈을 기울인 책은, 중국 화엄종 4조인 징관이 쓴 화엄학 주석서 『화엄경소초』였다.

『화엄경소초』는 『화엄경』에 대한 징관의 주석서 『화엄경소』, 또 그에 상세한 해설을 붙인 『연의초』를 합친 것이다. 성총이 1700년에 완간한 『화엄경소초』는 명대까지의 최신 교정본에 의거한 것이고, 더욱이 『연의초』는 당시 조선에서 쉽게 구해보기 어려운 상황이었다. 또한 『연의초』의 총론인 현담에 대해 원나라의 보서가 주석을 붙인 『회현기』도 이때 함께 들어와 간행되었다. 화엄학 이해의 길잡이가 되는 주요 주석서의 간행은 18세기 이후 강학의 활성화와 화엄에 관한 다수의 사기 저술로 이어졌다.

## 계파별 화엄학 연구의 양상

화엄에 대한 사기와 전체 구성을 도표로 나타낸 과문의 작성은 청허계와 부휴계를 가리지 않고 크게 유행했다. 가흥장 불서를 엄선하여 대규모로 간행한 백암 성총이 속한 부휴계에 대해 다카하시 도루(高橋亨)는 『이조불교』에서 '화엄의 법'이 특정 계보를 통해 이어졌다고 평가했는데, 이는 벽암 각성의 제자 모운 진언으로부터 이어진 법맥을 가리킨다. 모운 진언은 가흥장 『화엄경소초』가 들어온 직후 『화엄경칠처구회품목지도』를 지었고 그의 손제자 회암 정혜는 『화엄경소은과』를 썼다. 또한 무용 수연(1651~1719)은 1688년 송광사에서 스승 성총에게 『화엄경소초』를 전해 받아 정수를 얻었다고 하며, 석실 명안(1646~1710)도 성총에게 화엄 원융의 뜻을 전해 「화엄법계품」을 판각했다. 이후 18세기 후반 부휴계의 교학 종장인 묵암 최눌은 화엄의 대의를 총괄한 「화엄품목」을 지었고, 여러 경전의 요체를 정리한 『제경회요』를 찬술했다.

청허계의 주류 문파로 성장한 편양파에서도 화엄 연구는 매우 성행했다. 부휴계 묵암 최눌의 「불조종파도」에 특별히 소개된 편양파 주류 계보는 모두 교학에 밝고 화엄 강학으로 유명한 이들이었다. 먼저 월저 도안은 편양 언기와 풍담 의심의 유훈을 이어 『화엄경』에 대한 한글 음석 작업을 완수했는데, 성총에 의해 간행된 『연의초』와 『회현기』에 근거해 한글로 장과 구절을 나누었다고 한다. 도안은 화엄의 대의를 강구하고 화엄 법계(法界)에 뜻을 두었으며, 승속 1000여 명을 모아 경전을 간행했다. 그의 동문인 상봉 정원도 『화엄경』 과문 4과 가운데 없어진 3과의 누락 부분을 교정해 『화엄일과』

를 작성했고, 설암 추붕도 대둔사 강회에서 『화엄강회록』을 남겼다. 이처럼 교학적 이해가 깊어지면서 화엄법회가 큰 규모로 열렸다. 환성 지안은 1724년 무렵 금산사에서 1400여 명이 참여한 가운데 화엄 대법회를 개최했고, 상월 새봉도 1754년 선암사에서 1200여 명이 참가한 화엄 강회를 주관했다.

18세기 화엄 교학은 편양파의 설파 상언, 연담 유일, 인악 의첨에 의해 화려한 꽃을 피웠다. 설파 상언은 『화엄경』을 25차례나 강의했고, 『소초』의 글자를 해인사 대장경본과 하나하나 대조하여 교정한 『구현기』 1권과 『화엄은과』를 지었다. 상언은 또 『화엄경』 「십지품」에 관한 사기를 남겼는데, "근래의 화엄 종주이자 가르침의 바다를 이끄는 나침반"이라는 평을 얻었다. 연담 유일도 상언에게 배운 후 30여 년간 화엄을 가르쳤는데 상언의 주석서를 '조선 화엄의 금과옥조'라고 평가하고, 그 자신도 '유망기'라는 이름이 붙은 다수의 사기를 남겼다. 인악 의첨 또한 상언에게 수학했고 『화엄소초』에 대한 사기를 썼다. 이후 19세기 호남과 영남의 강학에서는 유일과 의첨의 사기를 각각 교과서처럼 활용했다고 하는데 화엄은 유일의 것이 자세하고, 이력과정의 사교과 주석은 의첨 것이 더 낫다는 후대의 평가도 나왔다.

조선 후기에는 선과 교가 병행했고 18세기에는 화엄학이 크게 성행했는데 그 중심에는 징관의 『화엄경소초』가 있었다. 일심을 매개로 선과 교를 나누지 않고 연결하려 했던 징관의 화엄 교학은 선과 교의 이중주라는 시대 분위기에 적합한 내용이었다. 나아가 성리학이 대세가 되고 이기(理氣) 심성론이 중시된 조선 사상계에서 이(理)와 사(事)의 법계를 펼쳐놓은 화엄학은 유교와 불교의 접점을 모색하는 데 중요한 연결고리가 될 수 있었다. 한편 선과 교의 결합 양상은 '서산(휴정)이 남긴 뜻'을 내세워 표충사를 세운 대둔사(대흥사)의 역사에서도 찾아볼 수 있다. 편양파와 소요파 법맥이 주축이 되어 일군 대둔사의 전통은 화엄 강학을 매개로 한 12대 종사와 강사를 배출했고 8도의 종원임을 자부했다. 이는 선과 교가 함께 중시된 시대상을 반영한 것으로 임제 법통과 화엄 교학의 공존 양상을 잘 보여준다.

## 19세기 선 논쟁의 향연

19세기에는 선을 분류하고 그 우열과 특징을 논하는 선 논쟁이 거의 100년 가까이 벌어졌다. 이는 18세기에 강학을 통해 화엄을 정점으로 한 교학 전통이 선과 함께 양대 축을 이룬 것과 밀접한 관계가 있다. 선교 겸수의 지향을 담은 이력과정이 갖추어지고 강학에서 교학이 중시되면서, 최상의 수행 방안인 간화선을 앞세워 주도권을 쥐어온 선종의 권위도 흔들리게 되었다. 이러한 상황에 선종의 정체성을 회복하려는 시도와 그에 대한 반론으로 시작된 것이 선 논쟁이었다. 또한 내용 면에서는 선의 우위를 내세우거나 선과 교의 병행을 주장하는 등 교학을 선의 체계 안에 어떻게 위치 지을 것인지가 주된 관심의 대상이었다.

선 논쟁의 빌미를 제공한 것은 호남에서 활동한 백파 긍선(1767~1852)이었다. 그는 화엄학자인 설파 상언에게 배우고 강학자로서 이름이 났지만 40대 중반부터 선 수행에 전념하면서 선의 우월성을 강조했다. 긍선은 진정한 깨달음을 얻기 위해서는 문자에 얽매이고 알음알이에 치우치는 교를 버리고 조사선을 행해야 한다고 주장했다. 『선문수경』에서는 선을 조사선, 여래선, 의리선의 3종으로 차등화하여 구분했다. 그는 가장 뛰어난 조사선과 다음 단계인 여래선이 틀을 벗어난 격외의 선임에 비해 교학을 포함한 의리선은 문자와 언어의 이해에 빠진 것이라 하여 낮게 보았다. 이는 조사선과 여래선을 격외선에 넣음으로써 교학을 가장 낮은 의리선에 배정한 것이다. 또한 부처가 가섭에게 선을 전한 방법이라는 삼처전심, 중국 임제종의 개조 임제 의현의 3구 등을 3종의 선에 대비시켰고, 선의 5종 가운데서도 임제종을 가장 높은 자리에 두고 운문종, 조동종, 위앙종, 법안종의 순으로 순위를 매긴 것도 주목된다.

〈그림 5-2〉 **초의 의순**

그런데 백파 긍선의 이러한 주장에 대해 대둔사의 초의 의순(1786~1866)은 『선문사변만어』를 지어 하나하나 반박했다. 그의 비판의 요지는 사람의 능력 차이를 가지고 선을 나누고 수직적으로 구분하는 것은 잘못이라는 것이다. 의순은 사람을 기준으로 하면 조사선과 여래선, 법을 잣대로 보면 격외선과 의리선으로 볼 수는 있지만, 이는 편의상의 분류일 뿐 양자 사이에 우열이나 차등이 없음을 분명히 했다. 조사의 격외선과 여래의 의리선은 다른 말로 하면 부처의 마음(선)과 말(교)로서, 동일한 근원에서 나왔기에 근본적으로 다르지 않다는 것이다. 나아가 그는 '조사선(격외선)'과 '여래선(의리선)' 사이에 우열이 없음이 전통적 통설임을 강조하며 선과 교에 본질적 차이가 없다고 보았다.

이들이 논란을 펼친 후 찬반 논의가 이어졌다. 우담 우행(1822~1881)은 『선문증정록』에서 의순의 설을 지지하며 조사선=격외선, 여래선=의리선의 구도를 재차 확인했다. 이어 설두 봉기(1824~1889)는 『선원소류』에서 "선에 관한 이론에는 '교외별전'이라는 선의 논지 외에 종류별로 요약 가능한 선에 대한 해석이 있다"라고 하여 조사인 백파 긍선의 선종 분류에 지지를 보냈다. 선 논쟁의 끝을 장식한 진하 축원(1861~1926)은 『선문재정록』을 써서 기존 논란의 문제점과 한계를 지적했다. 그는 교를 의리선에 넣어서 선에 배정함은 잘못이며, 3종 선 모두 교가 아닌 '교외'의 선이라고 보았다. 그러면서 의리선은 틀 안의 '격'에 매인 것이고, 조사선과 여래선은 '격외'라는 점에서 다르다고 했다.

한편 선 논쟁에는 부처가 조사선을 전해 받았다는 '진귀조사'가 등장하는데 이는 중국이나 일본에는 없는 한국만의 독특한 관념이었다. 부처가 진귀조사에게 별도로 전수한 것이 선이라는 인식은 선의 우월성과 정통성을 드러내기 위한 것이었다. 진귀조사설은 고려 말의 선 문헌에 처음 나온 이후 청허 휴정도 인용했고, 18세기 후반 충허 지책은 과거불인 연등불이 석가에게 전한 것이 교, 진귀조사에게 받은 것이 선이라고 이해했다. 이처럼 진귀조사설은 조선 후기에도 이어지며 교와 다른 선의 우위를 합리화하기 위해 선 논쟁에서 적극적으로 활용되었다.

조선 후기 불교계는 간화선 수행법을 앞세운 선, 그리고 화엄학을 정점으로 한 교가 병행했다. 18세기에는 '조사선=선, 여래선=교'로 이해하거나 강학의 성행과 함께 화엄과 조사선을 동등하게 보려는 시각도 확인된다. 19세기의 선 논쟁은 바로 선과 교가 함께 어우러진 이러한 역사적 배경에서 나온 것이었다. 선의 우위를 주장한 백파 긍선은 조선 불교의 법맥이 뿌리를 두고 있는 임제종과 조사선 제일주의를 선언했다. 반면 초의 의순은 선과 교의 근원적 일치를 강조하며 '격외선=조사선, 의리선=여래선'의 전통적 구도를 내세웠다. 이처럼 선 논쟁은 선과 교의 관계를 어떻게 볼 것인가 하는 입장 차에서 비롯되었다. 그리고 이는 '임제 법통과 간화선', '선교 겸수와 화엄교학'으로 요약되는 수행 및 사상의 이중구조에서 이미 예견된 일이었다.

## 유교 사회에서의 불교

조선시대 불교를 상징하는 대표적인 용어는 '숭유억불'일 것이다. 숭유억불은 근대기에 만들어진 조어이지만, 이후 학술적 담론으로 널리 쓰이게 되

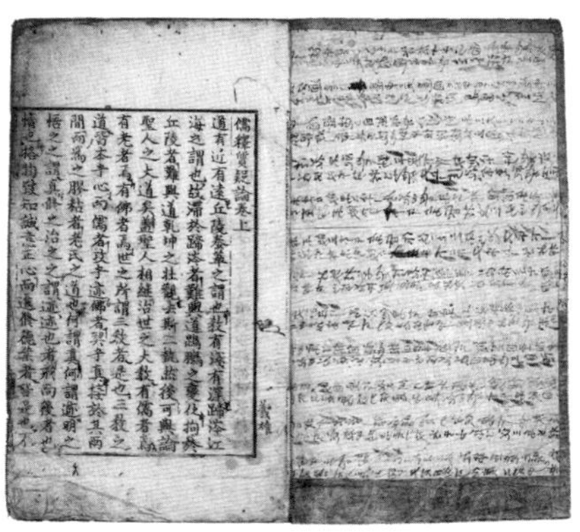
儒釋質疑論卷上

〈그림 5-3〉『**유석질의론**』

자료: 동국대학교 불교기록문화유산아카이브.

었다. 성리학이 수용된 직후인 여말선초기에는 정치와 사상 등 불교에서 유교로의 교체가 상부구조에서 일어났고, 불교는 조선 500년간 비판과 억압을 당하며 쇠퇴의 내리막길을 걸었다는 것이 통설이 되었다. 하지만 조선 개국과 동시에 사회 전체가 단번에 유교적 색채로 전환된 것은 아니었고, 15세기까지 고려 이래의 불교 전통이 굳건히 이어졌다. 태종과 세종 전반기에 종파의 통합이나 사원 경제력의 환수 등 억불 시책이 펼쳐지기도 했지만, 대대적 승려 환속이나 사찰의 폐지 같은 말 그대로의 폐불 조치는 아니었다. 조선이 본격적으로 유교 사회에 접어든 17세기 이후에도 왕실과 민간 차원에서 불교 신앙은 단절 없이 이어졌다.

그렇지만 유교 국가를 지향한 조선에서 유교가 주류 질서를 대변한 것은 사실이고, 비주류였던 불교는 유교와의 상생과 공존을 추구할 수밖에 없었다. 정도전의 『불씨잡변』을 비롯한 조선 초의 배불론을 보면, 윤회와 업보 등 불교의 내세관에 대해 세상과 백성을 근거 없이 속이는 것이라 비판했고, 충과 효의 윤리를 저버렸다고 공격했다. 이에 비해 함허 기화(1376~1433)의 『현정론』이나 『유석질의론』 같은 호불 논서에서는 불교가 정치와 교화에 도움이 되고 그 가르침이 유교와 크게 다르지 않다는 유불일치론을 주장했다. 조선 후기에는 국가의 정책에 대한 불교 측의 문제 제기와 적극적 대응도 나타났다. 8도 도총섭을 지낸 백곡 처능(1617~1680)은 현종 대에 일시적으로 취해진 억불 조치의 부당함을 지적하는 「간폐석교소」를 올렸다. 이는 당시의 불교 비판론을 하나하나 반박하면서 불교가 국가 운영에 기여해 왔고 나라에 큰 이로움을 주고 있다고 강조했다.

승려와 유학자 사이의 교류는 조선시대에도 매우 활발했다. 학승들은 고급 한문을 읽고 쓸 줄 아는 엘리트 계층이었고 유학적 소양도 갖추고 있었다. 청허 휴정의 경우 출가 전에 성균관에서 공부했고 유불도의 핵심을 담은 『삼가귀감』을 지었다. 휴정의 비문과 문집 『청허당집』의 서문을 써준 이들은 당대의 명문장가였던 이정구·이식·장유 등이었다. 사명 유정도 영의정을 지낸 노수신에게 노자와 장자, 당과 송의 시문을 배웠으며, 허봉·허균 형제와도 막역한 사이였다. 허균은 유학자 관료로서는 드물게 불교를 신앙했고 "위로는 유학을 높여 사대부의 습속을 맑게 하고 아래로는 불교의 인과와 화복으로 인심을 깨우치면 고르게 다스려질 것이다"라는 유불 공조론을 주장했다.

조선 후기에는 부계 중심의 종법이 중시된 시대상을 반영해 불교 상례집에서 세속의 예법인 『주자가례』의 오복제를 수용했다. 예학이 성행했던 17세기 중반에 간행된 『석문상의초』·『석문가례초』·『승가예의문』 등에서는 승려 사제 간의 관계를 세속의 친족과 마찬가지로 촌수로 규정해 놓았다. 또 17세기 초부터 문파가 형성되고 법맥 계보가 강조되면서 전답 상속과 제사 등 권리와 의무에 관한 기준과 준거 틀이 요구되었다. 이를 반영해 불교 상례집에서는 문파 내의 인적 관계망과 거리를 오복제와 촌수 같은 세속의 기준에 따라 규정해 놓았다.

18세기 호남의 학승 연담 유일(1720~1799)은 유학의 대의명분론과 중화 정통주의를 내세워 시대에 공감하는 지식인이었다. 그는 당송 이후 중국의 명

유들은 불교를 탐구하고 승려들과 이치 및 본성에 대해 논의하며 유교와 불교가 근본에서 같음을 알았으며, 주희 또한 성리학 사상의 형성에서 불교의 영향을 받았다고 보았다. 그에 비해 조선의 유학자들은 불교를 모르면서 허무하다는 비판만을 일삼고 또 과거 시험 공부에 몰두한 나머지 실천 수행의 공부가 부족하다고 지적했다. 이뿐 아니라 유일은 묵암 최눌과 일원적 절대성과 다원적 상대성을 둘러싼 불교 심성 논쟁을 펼쳤는데, 그는 "부처와 중생의 마음은 각각 원만하지만 본래는 하나이다"라는 입장이었다. 이에 비해 최눌은 "부처와 중생의 마음은 각각 따로 원만하며 원래부터 하나가 아니다"라고 했다. 이들의 논의는 화엄학의 성기(性起)와 연기(緣起), 리(理)와 사(事)의 법계(法界)와 관련이 있다. 또 당시 유행하던 이기심성(理氣心性)에 기반한 호락논쟁과 연동된 불교계의 대응 논리였다. 부처와 중생의 마음을 둘러싼 일원성과 다원성에 관한 인식은 호락논쟁의 성인과 범인의 마음의 같고 다름, 인성과 물성의 차이와 대비된다.

19세기에는 청에서 성행한 고증학과 서양 학문의 영향으로 사상계의 분위기가 바뀌었고, 조선의 사유 전통에 대한 종합적 정리와 이해가 시도되었다. 이규경의 『오주연문장전산고』와 같이 방대한 인용과 해설을 수록한 백과전서식 책도 나왔다. 또 변방의 유배지에서 고승과 명유의 교류가 펼쳐지면서 학술과 문예의 꽃을 피웠다. 강진에 온 다산 정약용은 승려들과 친분을 쌓으며 『대둔사지』 편찬을 지도했고, 불교 역사서인 『대동선교고』를 직접 지었다. 청에 가서 최신 사조와 학풍을 전수해 온 추사 김정희는 불교에 매우 해박했는데 초의 의순과 시와 차, 학문과 예술을 함께 나누고 즐긴 평생의 절친한 벗이었

〈그림 5-4〉 **추사 김정희**

다. 김정희는 백파 긍선과도 편지를 주고받으며 선 논쟁에 동참했는데, 그는 교학 공부의 중요성을 강조했다. 이처럼 19세기 사상계는 서로 대립하기보다는 전통의 안에 있던 유교와 불교가 새로운 시대적 지향과 가치를 함께 모색해 가는 분위기였다.

# 불교 의례와 신앙의 다변화

이종수 | 국립순천대학교 사학과 교수

불교 신앙의 바탕에는 죽음이 있다. 사람은 죽고 난 후 어떻게 되는가? 불교에서는 이에 대해 윤회설로 답한다. 즉, "모든 중생은 천상·인간·아수라·축생·아귀·지옥의 여섯 세상(六道)을 윤회하지만, 깨달음을 이루면 윤회하는 여섯 세상에로부터 벗어나 영원한 행복이 있는 극락세계에 태어난다"라고 한다. 이러한 가르침을 믿는 사람들은 다음 세상에서 극락세계에 태어나거나, 적어도 축생·아귀·지옥의 삼악도(三惡道)에는 태어나지 않기를 간절히 기원할 것이다.

## 천도 의례 주체의 변화

### 조선 전기 왕실의 천도 의례

불교 교리에 의하면 중생은 생유(生有)·본유(本有)·사유(死有)·중유(中有)의 네 기간을 거친다고 하는데, 칠칠재(七七齋)는 망자가 다음 세상에 태어나기

전 중유(中有)에 있는 49일 동안 살아 있는 사람들이 망자의 왕생극락을 기원하는 천도 의식이다. 그래서 지금은 칠칠재를 흔히 사십구재라고 부른다. 우리나라에 망자를 위한 사십구재가 정착한 시기는 분명하지 않으나 가장 빠른 기록은 고려 공민왕 대에 이달충(李達衷)이 찬술한 「김제학천처칠칠소(金提學薦妻七七疏)」이다. 이 글을 통해 고려 말 상례(喪禮)에서 사십구재가 설행되었음을 알 수 있다.

조선 건국 이후 국가적 불교 행사들이 축소되거나 폐지되었는데, 대표적으로 1월 혹은 2월에 행해지던 춘(春)연등회와 10월(서경)과 11월(개경)에 행해지던 동(冬)팔관회가 폐지되었다. 그에 비해 사회적 효용성을 갖는 상제례의 경우는 유교적 의례 체계가 갖추어지기 전까지 왕명으로 설행되었다. 가령 소재도량(消災道場)이나 기양의례(祈禳儀禮) 등 여러 불교 의례는 유교적 예제가 갖추어지면서 비교적 이른 시기에 소멸되었으나, 수륙재(水陸齋)는 『경국대전』에서 면세전으로서 국행수륙전(國行水陸田)이 인정되며 계속 설행되었던 것이다.

여섯 세상을 윤회하는 외로운 영혼을 위한 천도의례인 수륙재는 크게 두 가지 형태로 행해졌다. 하나는 주인이 없는 혼령의 명복을 기원하기 위한 천도 의식이고, 다른 하나는 주인이 있는 혼령을 위한 칠칠재·백일재·소상재·대상재 등의 천도 의식이다.

먼저 주인 없는 혼령을 위한 수륙재는 고려 마지막 임금인 공양왕과 그 아들들을 비롯한 왕씨들을 천도하기 위해 처음 개설되었다. 태조는 1394년에 삼척, 강화도, 거제에 나뉘어 수용되어 있던 왕씨와 여러 곳에 흩어져 있던 왕씨의 자손들을 수색해 처형하고 그들의 영혼을 위로하여 극락으로 인도하기 위해 그 이듬해인 태조 4년(1395) 2월에 『법화경』을 금으로 사경했다. 또한 삼척 삼화사, 개경 관음굴, 거창 견암사에서 매년 봄가을로 왕씨들을 위한 수륙재를 설행하도록 했다. 이 외에도 주인 없는 혼령을 위한 수륙재가

〈그림 6-1〉 **진관사 수륙재**

자료: 국가유산포털.

한강 변이나 북한산 진관사 등지에서 자주 설행되었다. 가령 진관사 수륙재는 태조에 의해 수륙사(水陸社)가 설치되고 공사가 끝나자 임금이 직접 행차하기도 했고, 세종 대에는 효령대군이 한강 변에서 7일간 수륙재를 설행하기도 했다.

다음으로 망자를 위한 칠칠재로서 수륙재는 태종의 비인 원경왕후 국상 이후에 기존의 사십구재가 수륙재로 정착되어 연산군 대 인수대비의 상례까지 이어졌다. 조선 건국 후 첫 국상은 태조의 정비인 신덕왕후의 상(喪)이었다. 당시는 아직 국상에 대한 예제가 정비되기 전이므로 고려의 전례에 따라 불교적으로 상례가 치러졌을 것으로 추정된다. 그 이후 태조가 승하하자 『주자가례』에 의해 상례를 치르도록 공표했지만 실제로는 사십구재, 백일재에서 법석(法席)을 펼치고 수륙재를 설행했다. 또한 정종의 원비 정안왕후와 정종의 사십구재에서도 법석을 펼쳤다. 승하 후 5일간 법석을 벌이고 7일이 되는 날 초재를 지내며, 회향 후 다시 5일간 법석을 벌이고 두 번째 7일이 되는 날 2재를 지내는 방식으로 일곱 번의 수륙재를 치렀던 것이다. 이때 49일간 지속된 법석과 수륙재에는 많은 비용이 들었고 매우 번거로웠기 때문에 국상의 간소화 요구가 제기되었다. 결국 1420년(세종 2) 태종 비 원경왕후의 국상부터는 법석을 폐지하고 7일이 되는 날 수륙재만 설행했다.

원경왕후 국상 이후 왕실 상제례는 '법석을 배제한 수륙재'로 간략하게 거행되는 방향으로 전개되었으며, 이러한 경향은 연산군 대 성종의 모후 인수대비의 상례까지는 대체로 준수되었다. 실제로 세종은 "칠칠재와 선왕의 기일재에는 간략하게 수륙재를 베풀어서 전례를 폐하지 않을 뿐"이라고 했다. 그리고 성종 국상 시 초재일의 실록 기록에는 "이날 승지 송질을 보내어 장의사(藏義寺)에서 수륙재를 설행했다"라고 하여 '초재'라 기록하지 않고, "수륙재"라고만 기록했다. 즉, 칠칠재·백일재·소상재·대상재 등에서 법석 등의 큰 행사는 생략되고 수륙재만 설행됨으로써 상제례가 간소화되었던 것을 알 수 있다.

이상에서 언급한 두 가지 형태의 수륙재 중 왕실 의례에서 먼저 폐지된 것은 주인 없는 혼령을 위한 수륙재였다. 주인 없는 혼령을 위한 수륙재는 유교 제례인 여제(厲祭)와 비슷한 의식이라는 인식이 있었다. 여제는 비명(非命)에 죽어 제사를 받지 못하는 귀신인 여귀(厲鬼)를 위해 거행하는 제사이므로 유사한 점이 있었던 것이다. 이미 태종도 "수륙재는 여제와 비슷하니, 추천(追薦)은 수륙재에 합하여 설행하라"라고 밝힌 바 있었다. 그런 시점에 조정 대신들은 불교 의식인 수륙재의 폐지를 주장하기에 이르렀다. 1432년(세종 14) 집현전 부제학 설순 등이 수륙재를 반대하는 상소를 올렸다. 그해 2월 한강 변에서 설행되었던 수륙재를 비판하며 폐지를 건의했던 것이다. 여제가 무주고혼을 위한 수륙재와 그 의미가 비슷하다는 인식이 있었고, 이미 1404년 6월 『홍무예제』에 의거하여 전국 각지에 여단(厲壇)을 건립하고 여제(厲祭) 의식 절차를 정했으며, 1440년에는 예조에서 『여제의주(厲祭儀註)』를 지어 바치기도 했다. 그리고 1453년(단종 1)에는 수륙재를 대신해 매년 봄가을에 여제를 지내도록 했다. 하지만 곧바로 여제가 설행되지는 못하고 성종 대에 처음 여제가 설행되었다. 1485년(성종 16) 황해도 극성에서 『국조오례의』에 의거해 여제를 올렸다. 이후 무주고혼을 위한 수륙재는 점차 여제에게 자리를 내어주었다.

또한 수륙재가 여제로 대체되는 과정에서 칠칠재로서 수륙재 역시 점차 유교적 의례로 대체되었다. 앞서 언급한 대로 태종 비인 원경왕후 사십구재부터 연산군 대 인수대비까지 사십구재가 수륙재로 설행되었지만, 그 이후 공식적으로 『주자가례』에 의거해 왕실의 상례를 치렀다. 성종 대에는 주인 없는 영혼을 위한 수륙재가 폐지되었고, 연산군 대에는 칠칠재로서 수륙재가 사실상 폐지되었다. 이후 국가의 왕실 의례는 유교 의례로 대체되고, 불교 의례는 지방의 왕실 원당(願堂)에서 별도로 설행되었다.

## 조선 후기 민간의 천도 의례

임진왜란 이후 국가에서 설행한 국행수륙재와 관련한 기록은 거의 보이지 않지만, 민간에서 설행한 수륙재 관련 기록은 여러 곳에서 발견된다. 유학자나 승려 문집에 수륙재 소문(疏文)이 다수 기록되어 있는데, 가령 조선 후기 총 22개의 승려 문집에 49편의 소문이 보인다. 이러한 기록은 민간에서 수륙재가 지속되었음을 확인시켜 주는 자료라고 할 수 있다.

한편 왕실 의례로서 수륙재가 점차 폐지되어 가는 시기에 수륙재와 별도로 생전예수재라는 명칭이 등장하기 시작한다. 고려시대에 이미 『불설예수시왕생칠경』이 전래되어 간행되었지만, 조선 명종 대 이전까지 생전예수재가 독립적으로 설행된 사례는 발견되지 않는다. 세종 대의 시왕재(十王齋)와 중종 대의 소번재(燒幡齋)에 관한 기록이 보이기는 하지만, 이를 생전예수재라고 보기에는 한계가 있다. 시왕재와 소번재가 생전예수재 성립에 영향을 주었다고 볼 수 있겠지만, 직접적인 연관성은 불분명하다. 생전예수재와 관련한 기록은 명종 대부터 보이기 시작하는데, 허응 보우(1515~1565)는 청평사에서 생전예수재를 설행하면서 「예수시왕재소(預修十王齋䟽)」를 남겼다.

> 삼가 저(나암화상)에게 명하여 청평도량으로 가서 절차에 맞는 의식에 따라 공경히 예수재를 설행하도록 하였습니다. …… 엎드려 바라건대, …… 비록 우리들의 죄가 산처럼 쌓였더라도 우리의 고통이 눈처럼 녹게 하시고, 과보가 다 없어지는 저녁에는 함께 아미타불을 뵈옵고, 목숨을 마치는 아침에는 극락세계에 함께 태어나게 하소서. 『나암잡저』

이 소문에는 생전에 미리 닦은 공덕으로 온갖 죄업 다 사라지고 임종할 때 아미타불을 따라 극락세계에 태어나기를 바라는 염원이 담겨 있다. 허응 보우는 명종 대 문정대비의 절대적인 신임을 받았고 선교양종판사를 지낸 바 있다. 그런 그에게 생전예수재를 설행하도록 했다면 그 주체는 왕실이었을 가능성이 높다. 왕실에서 보우에게 지내도록 한 생전예수재는 그 공덕으로 일체 중생이 함께 극락왕생하기를 기원하는 법회였을 것이다.

생전예수재 의식문으로서 가장 빠른 시기에 간행된 것이 1566년 평안도 영천사에서 간행한 『예수시왕생칠재의찬요(預修十王生七齋儀纂要)』이다. 이 시기는 앞서 언급한 허응 보우가 활동하던 때이다. 이로 볼 때 16세기에는 생전예수재가 수륙재와 분리되어 독자적으로 설행되면서 의식집이 편찬되었던 것 같다. 실제로 생전예수재의 의식과 수륙재는 많은 유사점이 보인다. 수륙재 의식은 54가지로 이루어져 있고 생전예수재 의식은 31가지인데, 대부분의 생전예수재 의식 절차는 수륙재 의식을 그대로 모방했다. 이는 수륙재에

〈그림 6-2〉 **개운사 감로도**

자료: 국가유산포털.

비해 후대에 정착된 생전예수재가 수륙재 의식을 차용하고 있음을 나타내는 것이라 생각된다. 주인 없는 영혼이나 망자를 천도하기 위해 설행된 수륙재가 언젠가 죽음을 맞이할 생자를 위한 생전예수재로 분화했기 때문이다.

수륙재와 생전예수재가 전국적으로 확산되는 과정에서 의식에 필요한 불화 조성도 늘어났다. 16세기부터 수륙재에 사용되는 삼장보살도(三藏菩薩圖)가 제작되기 시작했으며, 찾아오는 신도가 많아서 법당에서 의식을 설행하기 너무 좁아 10미터가 넘는 대형 괘불도(掛佛圖)를 그려 법당 앞 괘불대에 내걸었다. 그리고 주변에는 1미터 미만의 사직사자도(四直使者圖)나 오방오제위도(五方五帝位圖) 등을 그려 도량을 장엄했다. 당시 설행된 수륙재와 생전예수재의 부분적 모습이 조선 후기 감로도(甘露圖)에 보인다.

정리하자면, 고려 말 왕실과 귀족을 중심으로 설행된 칠칠재의 천도 의식이 조선시대까지 이어지며 수륙재가 널리 설행되다가 유교 의례가 정착하면서 왕실의 불교 의례는 점차 사라졌다. 반면에 왕실에서 설행되던 의식이 16세기부터 민간에서 설행되었으며 임진왜란 이후 전국으로 확산되었다. 또한 16세기에 처음 문헌에서 확인되는 생전예수재 역시 전국 각지에서 널리 설행되었다. 망자를 위해 설행된 사십구재 역시 고려 말부터 왕실과 귀족들이 설행하다가 조선 중기 이후 점차 민간으로 확산되었다. 그러므로 수륙재, 생전예수재, 사십구재는 조선 전기까지 왕실과 양반가를 중심으로 설행되다가 16세기부터 민간으로 전파되기 시작했고 임진왜란 이후 광범위하게 확산되어 하나의 민속 전통으로 정착되었다고 볼 수 있다.

## 신앙 내용의 다변화

### 사찰 구조의 변화

사찰 건축 공간 구성에서 통일신라 시대의 1탑 1법당 또는 2탑 1법당 양식이 대체로 고려시대에도 이어지지만, 고려시대에는 탑보다는 법당의 역할이 한층 강조되어 탑의 규모가 작아지고 그 위치도 사찰의 구석에 세워지는 경우가 많았으며, 때로는 탑 자체가 세워지지 않는 사찰도 등장했다. 또한 차츰 여러 법당으로 구성된 사찰 구조가 늘어났고, 각각의 법당이 대등한 위계로 병치되는 경우가 많았다. 이러한 경향은 조선시대에도 이어져서 탑을 세우지 않는 사찰이 점차 일반화되었고, 후대로 갈수록 불상을 안치한 전각이 다양해졌다.

그런데 각 전각이 대등한 위계로 병치된 고려시대와 달리 조선시대에는 주불전(主佛殿)을 중심으로 다른 전각들이 부속 전각으로 배치되는 경향이 있었다. 가령 대웅전을 중심으로 좌우에 나한전과 명부전이 있고, 아래 마당 양쪽에는 적묵당과 설선당이 배치되는 경우이다. 고려시대까지는 회랑으로 나뉜 탑과 금당의 의례 공간 안으로 승려의 생활공간인 승방(僧房)이 들어오는 경우를 거의 찾을 수 없는데, 조선시대 사찰은 회랑이 없어지고 그 자리에 승방이 대신 배치됨으로써 의례 공간에 승려의 생활공간인 요사채가 들어섰다. 즉, 불전 앞의 공간을 요사채와 누각이 'ㅁ 자형'으로 둘러싼 사동중정형(四棟中庭型)으로 구성되는 경우가 늘어났다. 그리고 법당으로 진입하는 공간도 고려시대 이전에는 대체로 사찰 입구의 남문(南門)과 예배 공간인 중문(中門)으로 이루어져 있었으나 조선시대에는 일주문(一柱門)－금강문(金剛門)－천왕문(天王門)－불이문(不二門)으로 정형화되는 양상을 보인다.

사찰의 의례 공간이 상징적 공간에서 탈피해 의식과 수행 공간으로 탈바꿈하면서 17세기 이래 대웅전을 비롯한 각종 전각의 법당 내 불단 위치가 뒤로 후퇴했고, 전돌이 있던 바닥에 마루가 놓여 신발을 벗고 들어가는 구조로 변화했다. 이로써 법당에서도 염불뿐만 아니라 좌선 및 대중 설법을 할 수 있게 되었다.

법당의 변화는 여기서 그치지 않고 상·중·하 삼단체제로 변화했다. 법당의 중앙에 불보살이 봉안(상)되고 그 좌우에 신중단(중)과 영단(하)이 조성되어 법당 내부에서 불보살을 향해 법회를 하고, 신중단을 향해 축원을 올리며, 영단을 향해 천도재를 지냈다. 그리고 많은 신도들이 모여 수륙재를 하는 날이면 법당 앞에 거대한 괘불을 내걸어 야단법석(野壇法席)을 벌였다. 법당은 점차 백성의 괴로움과 억울함을 호소하며 내생에 더 좋은 곳에 태어나기를 기원하는 축제의 중심이 되어갔다.

또한 조선 후기 사찰 건축 중에서 주목되는 것은 경기도를 중심으로 세워진 대방(大房) 건물이다. 주불전 맞은편 누각 자리에 건축되었던 대방은 그 기능에 대해 논란이 있지만, 대체로 신도들의 생활 공간이자 기도 공간이었을 것으로 추정된다. 서울의 흥천사와 화계사, 경기도 파주 보광사와 고양 흥국사 등의 대방이 대표적인데, 이 사찰들은 19세기 재가자들의 활동이 두

드러졌던 사찰로 알려져 있다. 대방이 세워지기 전에는 재가자들이 사찰에서 수행할 수 있는 공간이 사실상 전각에 한정되어 숙식을 하며 수행하기에는 적합하지 않았다. 그런데 대방은 건물 안에 주방과 온돌 시설이 설치되어 있어서 숙식하며 수행하는 것이 가능했다.

조선시대 사찰은 폐쇄적인 건물인 회랑을 제거하고 다양한 전각을 배치했으며 법당을 법회와 수행의 공간으로 탈바꿈시켰다. 이는 왕실과 사대부가가 독점하던 원당으로서의 사찰에 일반 백성까지 접근할 수 있게 되면서 생긴 변화였다고 여겨진다. 이로써 사찰에 민간의 새로운 신앙이 침투할 수 있는 여지가 생겨났다.

### 도교·산신 신앙의 습합

사찰의 기본적인 구조는 의례 공간, 수행 공간, 생활 공간으로 나뉜다. 의례 공간은 불보살을 봉안한 전각이 있는 곳이고, 수행 공간은 강원이나 선원 같은 건물로 구성되어 있으며, 생활 공간은 수행자들이 생활하는 요사채가 있다. 그런데 18세기 이후 사찰 전각에 불교 교리와 별로 관련이 없는 칠성각이나 산신각 등의 건물이 사찰 경내에 건축되면서 의례 공간이 확대되었다.

불교 신앙이 윤회의 고통으로부터 벗어나는 것을 목적으로 하는 내세 중심의 교리 구조를 가지고 있는 데 반해, 칠성신앙과 산신신앙은 수명 연장과 질병 치유의 현세 이익에 초점이 맞추어져 있다. 그래서 삼국시대 이래 국가에서 3산 5악의 산신에 제사를 지내왔고, 고려시대 이래 도교적 신앙이 습합된 치성광여래를 주불로 하는 불교의 소재도량(消災道場) 법회가 자주 개최되기도 했다. 또한 산신을 사찰로 초빙하여 제사를 지내기도 했는데, 『신증동국여지승람』에 "속리산 꼭대기에 대자재천왕사(大自在天王祠)가 있는데, 그 신이 매년 10월 범날[寅日]에 법주사로 내려오면 산중 사람들이 음악을 베풀어 신을 맞이해 제사하고 45일간 머물게 한 뒤 돌려낸다"라고 했다.

〈그림 6-3〉 **청도 성불암 소장 산신도**

자료: 국가유산포털.

그러나 칠성과 산신을 모시는 전각이 사찰 경내에 세워지는 것은 18세기부터 확인된다. 그 이유는 14세기 말까지 소재도량 개설의 주요 목적이 천재지변의 기양(祈禳)에 두고 있어서 고려의 전통을 이어가고 있었지만, 15세기 전반에 이르러 점차 왕과 왕실의 구병과 연수에 초점이 맞춰지고 있었던 것과 무관하지 않은 것 같다. 고려시대로부터 이어져 오던 각종 기양이나 추복(追福) 의례들이 16세기를 거치면서 거의 유교식으로 바뀌어갔다. 그 과정에서 도교의 제사를 담당하던 관청인 소격서(昭格署)가 혁파된 이후 불교에서 그 신앙을 수용하여 명맥을 이어갔다. 임진왜란 이후 현세와 내세의 복을 기원하는 신앙이 점차 불교로 통합되어 가면서 사찰 내부에 칠성과 산신을 모시는 전각의 성립으로 이어졌다.

사찰에서 이루어진 칠성 신앙 의례를 보여주는 불서로서, 1537년 하동 지리산 신흥사(神興寺)에서 간행된 『불설연명지장보살경(佛說延命地藏菩薩經)』이 주목된다. 그보다 앞선 1534년에 안동 광흥사(廣興寺)에서 간행된 『북두칠성공양문(北斗七星供養文)』에 보면 북두칠성에게 구병과 자손 번창을 기원하는 내용이 보이는데, 그러한 역할을 지장보살에게 투영시킨 것이다. 불교에서 지장보살은 지옥에서 고통받는 중생을 구제하는 역할을 담당한 보살이다. 사실 지장보살은 중생의 수명을 연장하기보다 윤회하는 가운데 가장 크게 고통받는 지옥 중생을 구제하는 역할을 맡은 보살이지만, 이 경전에서는 지장보살의 역할을 제목에서부터 연명(延命), 즉 수명 연장으로 규정하고 있다. 이는 도교적 신앙이 불교의 보살에 습합되어 간행된 최초의 사례라고 할 수 있을 것이다. 그러나 『불설연명지장보살경』의 간행 사례는 더 이상 보이지 않고, 이후 북두칠성을 보살 혹은 여래의 반열에 올려서 경전으로 간행하는 현상이 나타난다.

그 대표적인 경전이 『불설북두칠성연명경(佛說北斗七星延命經)』과 『태상현령북두본명연생진경(太上玄靈北斗本命延生眞經)』이다. 『불설북두칠성연명경』은 1580년 충청도 은진 쌍계사에서 간행되었고, 『태상현령북두본명연생진경』은 17세기 이후 여덟 곳의 사찰에서 간행되었다. 사찰에서 이러한 책들을 간행했다는 것은 북두칠성에 기도함으로써 수명 연장의 현세 이익을 이룰 수 있다는 백성의 믿음을 수용한 결과물이라고 할 수 있다.

산신신앙의 경우도 산신을 보살의 화신이라고 하여 수용했다. 19세기 응운 인전(1794~?)은 「산신각권선문(山神閣勸善文)」에서 다음과 같이 이야기한다.

> 산신은 보살이 큰 방편으로 불사(佛事)를 도와 교화하다가 중생을 위해 자비를 일으켜서 자취가 신위(神位)에 이르게 된 것입니다. 그렇기에 중생들이 복을 구하면 복을 주고 재물을 구하면 재물을 주고 자식을 구하면 자식을 주고 빈곤은 부유함으로 구제합니다. 하물며 전각을 세워서 봉안한다면 또한 좋지 않겠습니까?

산신은 보살이 중생 구제를 위해 임시로 변화한 신이므로 복을 주고 재물을 주고 자식을 주고 부유함을 준다는 것이다. 그렇기에 산신을 사찰에 모시는 것이 당연하다는 것이다. 더 나아가 때로는 마을의 산신제(山神祭)에 승려들이 적극 참여하기도 했다.

이렇게 북두칠성신이나 산신이 불국토에 이르는 길에서 만나는 또 하나의 신이자 보살로 수용되어 칠성각과 산신각이 사찰 내에 건립되었다. 사찰에서는 북두칠성신과 산신을 믿고 찾아오는 신도들을 불교로 끌어들여 부처의 가르침에 더 가까이 다가서기를 기대했을 것이다.

### 다양한 신들의 수용

불교에서는 원래 신(神)을 인정하지 않았지만, 여러 시대와 지역을 거쳐 전승되어 오면서 다양한 신을 수용했다. 우리나라 사찰에서 흔히 볼 수 있는 신으로는 물을 다스리는 용왕신(龍王神)과 불을 다스리는 조왕신(竈王神)이 있다.

용왕신은 바다의 우두머리이자 비를 다스리는 존재로 여겨졌으므로 농촌에서는 정초나 단옷날에 풍년을 빌고 어촌에서는 풍어와 무사함을 기원했다. 사찰에서는 비를 바라는 의미와 함께 화재를 막기 위한 단옷날의 용왕제가 성행했다. 목재 건물은 화재에 취약했으므로 물을 다스리는 용이 능히 불을 제압할 수 있다고 보았다. 그래서 양기가 왕성한 단옷날에 제사를 올려 화기(火氣)를 잠재우고자 한 것이다. 해마다 단옷날이면 용왕제를 올리고, 대웅전에서부터 공양간에 이르기까지 전각의 들보에 얹혀 있던 소금 단지를 모두 새 소금으로 교체했는데, 이는 바다를 상징하는 소금으로써 불기운을 누르고자 했던 것이다.

조왕신은 불을 다스리는 신으로 여겨졌으므로 사찰 부엌에 조왕탱화를 그려 모시거나, 탱화 대신 '나무조왕대신(南無竈王大神)'이라 쓴 위목(位目)을 모시기도 했다. 『석문의범』에는 104위 신중을 상·중·하로 구분해 위목을 나열하고, 집과 관련된 하단의 신 가운데 등장하는 조왕신의 역할을 "검찰인사

분명선악주(檢察人事分明善惡主)"라고 적었다. 즉, '사람의 일을 살펴서 선악을 분명히 밝히는 일을 주관하는 신'이라는 뜻이다. 이는 도교 경전 『포박자(抱朴子)』에 "매월 그믐밤 조왕신이 상제(上帝)에게 죄를 고해, 죄가 큰 자는 수명을 300일 감하고 가벼운 자는 3일을 감한다"라고 했듯이, 조왕신이 하늘에 올라가 인간의 죄를 알리는 역할을 한다고 보았기 때문이다. 따라서 불화에 묘사된 조왕신은 대개 머리에 관을 쓰고 문서를 들고 있는 모습이다. 이런 이유로 민간에서는 단오일이 되면 각별히 말을 조심하고 조왕신이 고자질을 하지 못하도록 부뚜막에 엿을 붙여 입을 막는 풍습이 전승되기도 했다. 지금도 사찰에서는 공양주가 매일 새벽 공양간으로 나와 제일 먼저 조왕단에 불을 켜고 하루의 무사를 기원한 다음, 아침공양을 짓게 된다. 이러한 일상의 섬김뿐만 아니라 섣달에 조왕신을 모시고 조왕불공을 올리기도 하는 것이다.

조선 후기 승려들은 사찰에만 머물지 않고 속세의 마을로 가서 전통적으로 내려오던 마을 제사를 주관하기도 했다. 그 대표적인 것이 산신제(山神祭)와 당산제(堂山祭)이다. 대체로 마을에 주산(主山)이 있으면 산신제를 지내고, 평야 지역에서는 오래된 나무나 바위 등을 모시고 당산제를 지냈는데, 산신제와 당산제에 승려가 참여하는 경우들이 있었다. 승려가 참여한 당산제를 예로 들면, 당산제는 대보름 전날에 지내지만 며칠 전부터 풍물패가 걸립굿으로 기금을 마련하고 용줄을 만들어 줄다리기를 하며, 집집마다 지신을 밟아주는 당산굿이 앞선다. 제사를 지내는 대보름 전날에 승려들이 집전하여 예경과 권공과 축원 등의 의식을 올리고 나면 주민들이 당산나무에 용줄을 감는다. 이어 유교식 제사를 지내고 소지(燒紙)와 음복(飮福), 다양한 문화행사와 공연이 따르게 된다. 이처럼 당산제는 사찰 승려와 마을 주민 등 수백 명의 사부대중이 동참하여, 마을과 역사를 함께해 온 당산나무를 보호하고 공동체의 평안을 빌며 치르는 대동제가 되었다.

# 3부

# 조선 불교와 사회, 출판

# 7 조선 왕실의 불교 신앙

탁효정 | 국립순천대학교 남도문화연구소 연구교수

## 왕실 불교 신앙의 배경

조선 왕조가 지속되는 500여 년간 왕실에서는 불교 신앙이 계속 유지되었다. 위로는 왕과 비빈들부터 아래로는 이름 없는 궁녀에 이르기까지 왕실의 다양한 구성원들은 불교 신앙을 이어나갔고, 이들의 신행 활동은 조선 불교계의 보호막이자 사찰경제를 지탱하는 한 축으로 역할을 했다.

유교를 숭상하는 국가 기조와는 별개로 조선 왕실 내에서 불교가 지속된 데에는 여러 요인이 있다. 그중에서도 가장 먼저 꼽을 수 있는 것은 조선 왕조의 개창자 태조 이성계의 불심이다. 이성계의 집안은 고려 대부터 대대로 불교를 깊이 신행한 가문이었다. 이성계의 선대 조상들은 강원도와 함경도의 여러 사찰을 원당(願堂)으로 삼으며 불교 신앙을 이어나갔다. 이성계 개인도 불교에 매우 우호적이었다. 이성계는 고려 말 불교계의 타락상에 대해서는 상당히 비판적 태도를 견지했지만 조선 개국 이전에는 각지의 사찰에서 왕조 개창 기도를 올렸고, 건국 이후에는 이 사찰들을 원당으로 지정해 조선 왕조의 안녕을 발원했다. 또한 개국 초의 민심 규합을 위해 수륙사(水陸社)를 설치하는 등 각종 불사를 이어나갔다. 그 배경에는 이성계 개인의 불심도 작용했겠지만, 고려인들의 민심을 조선으로 흡수·통합할 수 있는 가장 효과적인 방법으로 불교적 행사를 통해 새 왕조의 탄생을 선양한 것이라 할 수 있다.

신덕왕후 강씨를 비롯한 조선 전기 왕비들이 독실한 불교신자였던 점도 왕실에서 불교 신앙이 지속되는 주요 요인으로 작용했다. 조선 초의 왕비들은 대부분 고려의 권문세족 집안 출신으로, 이들의 친정 가문은 대대로 불교를 깊이 신행하며 원당을 보유하고 있었다. 불교를 신봉하던 구 귀족 가문의 여성들이 왕비로 간택됨에 따라 왕실 내에서는 자연스럽게 불교 신앙이 전승되었던 것이다.

왕실의 폐쇄성 또한 조선 왕실 내에서 불교가 전승되는 중요한 요인으로 작용했다. 일반인들의 출입이 금지되는 궁 안에서 불교 신앙은 왕실 특유의 종교문화로 전승되었다. 왕실 내에서 이루어지는 불사들은 주로 내명부 여성들을 중심으로 이루어졌으며, 어머니에서 자식으로, 시어머니에서 며느리로 자연스럽게 신앙이 전승되었다. 이러한 분위기 속에서 조선 초의 선왕 후궁들은 집단적으로 비구니가 되었고, 궁을 사찰로 개조해 출가 생활을 영위했다. 후궁들의 출가 행렬은 태종, 세종, 문종, 세조, 성종의 후궁에까지 이어졌다. 후궁들의 출가가 뒤늦게 조정에 알려질 때마다 신료들의 비난이 거셌지만, 왕실의 폐쇄적 구조로 인해 신하들의 직접적인 저지가 불가능했다.

조선 후기로 갈수록 신료들의 비난을 피하기 위해 왕실 비빈들은 상궁이나 내관들을 대신 사찰로 파견해 은밀하게 불사를 설행했으나, 비공식적인 불교식 추천 의례는 조선 말까지 계속 이어졌다.

또한 후사를 두지 못한 내관이나 상궁, 일반 궁녀들은 불교를 통해 사후 제사 문제를 해결하고자 했다. 의탁할 데 없는 늙은 여관들은 말년에 궁 안에 마련된 사찰에서 불공을 드리며 여생을 보냈다. 왕실의 폐쇄성은 조선 왕실 내에서 불교가 500여 년간 지속되는 큰 요인으로 작용했고, 왕실의 불교 신앙은 국가 이데올로기와 관계없이 계속 전승되었다.

하지만 이러한 이유만으로 조선 왕실의 불교 신앙을 모두 설명할 수는 없다. 1000여 년간 깊게 뿌리내린 불교 신앙을 유교가 하루아침에 대체할 수는 없었고, 내세를 등한시하는 유교의 종교적 한계는 왕실뿐만 아니라 조선 사회의 전 계층에서 불교가 계속 이어지는 요인으로 작용했다. 유교식 의례가 사회 전반으로 확산된 이후에도 망자 추복 의례는 여전히 불교의 영역으로 남아 있었다. 요절한 자식과 남편의 명복을 빌기 위해 왕실의 비빈들은 사찰 내에 원당을 설치해 극락왕생을 발원했다. 특히 불교를 대체할 유교식 의례 체계가 구비되지 못한 조선 초기에는 대부분의 왕실 상장례가 불교식으로 설행되었다. 삼국과 통일신라, 고려에 이르기까지 불교식 상장례는 왕실 의례의 기본 골격을 차지하고 있었다. 이를 계승한 조선 왕실 또한 7·7재, 백재, 소상재, 대상재 등의 불교식 추천 의례를 이어나갔다. 조선 중기 이후 유교식 의례가 체계화되면서 국가의례에서 불교식 추천재는 공식적으로 폐지되었지만, 왕실에서는 조선 말까지 불교식 추천 의례의 전통을 계속 이어나갔다.

1000여 년 이상 불보살의 가피에 의지해 삶의 허무와 죽음의 두려움을 극복해 온 불교 신자들은 유교국가 조선이 세워진 이후에도 불교적 세계관을 이어갔고, 특히 물리적으로나 문화적으로 폐쇄성이 강했던 궁궐 내에서는 왕실 비빈들을 중심으로 불교 신앙이 계속 지속되었다.

## 조선 전기 왕실 여성들의 출가

조선 전기 왕실의 불교 신앙이 계속 이어지면서, 다수의 왕실 여성들이 출가해 비구니가 되었다. 왕실 여성들의 출가는 내명부에 소속된 여성들의 출가와 내외 명부에서 제명된 여성들의 출가로 구분할 수 있다.

조선의 건국과 국가 정비 과정에서 수차례의 난이 발생했는데, 이 과정에서 다수의 여성들이 출가 비구니가 되었다. 태종 이방원이 일으킨 제1차 왕자의 난으로 신덕왕후 소생의 두 아들 방번과 방석이 살해되었고, 신덕왕후의 사위 이제 또한 처형되었다. 그리고 세조가 단종의 왕위를 찬탈한 계유정난, 연산군을 몰아내고 중종을 왕위에 올린 중종반정이 발발하면서 다수의 왕실 여성들이 내외 명부 직위를 박탈당했다. 제1차 왕자의 난으로 남편을 잃은 소도군부인 심씨, 경순공주, 세조의 왕위 찬탈로 남편을 잃은 단종 비 정순왕후 송씨, 계유정란 당시 수양대군에 반발하다 유배형을 받은 혜빈 양씨의 며느리 수춘군부인 정씨, 중종반정으로 남편을 잃은 연산군의 후궁 숙의 곽씨 등 왕실의 직위를 박탈당한 여성들은 정업원이라는 사찰에서 출가해 비구니가 되었다.

하지만 내명부에 소속돼 있으면서도 비구니가 된 여성들은 궁 안에서 수도 생활을 이어나갔다. 이들은 대체로 선왕의 후궁이나 연로한 여관들로, 궁 밖의 사찰로 나가는 대신 자신들의 궁을 사찰로 개조해 출가 생활을 이어나갔다. 태종의 붕어 직후 의빈 권씨, 신녕궁주 신씨를 비롯한 태종의 후궁들이 계를 받고 비구니가 되었다. 그리고 30년 뒤 세종이 붕어한 날에 신빈 김씨, 혜빈 양씨를 비롯한 세종의 후궁 10여 명이 또다시 머리를 깎고 비구니가 되었다. 문종, 세조, 성종의 붕어 직후에도 후궁들의 출가 행렬은 계속 이어졌다. 후궁들의 출가 사실이 알려질 때마다 조정에서는 후궁들의 출가를 막지 못한 왕을 비난하는 목소리가 높았지만, 왕조차도 선왕 후궁들의 출가를 막지 못했다.

왕과 조정 신료들의 반대에도 불구하고 태종, 세종, 문종, 세조, 성종 후궁들의 집단 출가가 계속 이어졌다는 사실은 조선 전기 왕실 내에서 불교문화가 매우 깊게 뿌리내리고 있었음을 단면적으로 보여준다. 하지만 연산군 대에 성종 후궁의 출가를 도왔다는 죄목으로 정업원 비구니들이 처벌받은 후 선왕 후궁들의 집단 출가는 중단되었다. 이후에도 왕실의 연로한 여관들은 왕실에서 운영하는 정업원·인수원·자수원 등의 비구니원에서 출가를 하거나 말년을 보냈고, 왕실비구니원은 현종 대까지 유지되었다.

## 궁궐 안의 불당들

### 내원당과 내불당

조선 전기 궁궐 내에는 왕이나 후궁들이 세운 다수의 불당이 있었다. 그중에서 왕이 세운 불당은 두 곳으로, 태종이 설치한 인소전 부속불당과 세종이 설치한 내불당이다.

태종은 1406년(태종 6) 창덕궁에 신의왕후의 진영을 봉안한 인소전(仁昭殿)을 다시 지으면서 부속불당을 설치했다. 이는 사찰 내에 선왕 선후의 진전을 설치하던 고려의 전통을 그대로 계승한 것이었다. 이후 1408년(태종 8) 태조의 초상화를 인소전에 함께 봉안하면서 인소전은 문소전(文昭殿)으로 개칭되었다. 문소전 부속불당은 주로 내원당이라 불렸는데, 이곳에는 7명의 승려가 소속돼 있었다.

창덕궁에 있던 문소전은 1433년(세종 15)에 경복궁으로 이전되었다. 선왕 선후의 초상화가 문소전과 광효전 두 곳에 흩어져 있는 것을 신하들이 문제 삼자, 세종은 창덕궁에 있던 문소전을 경복궁으로 이전하면서 불당을 폐지했다. 문소전 부속불당에 있던 불상과 기물은 모두 흥천사로 이안되었다.

하지만 15년 뒤인 1448년(세종 30)에 세종은 경복궁 내에 불당을 새롭게 건립했다. 세종이 내세운 건립 명분은 원래 있던 문소전 부속불당을 중건한다는 것이었지만, 사실상 세종의 불교 신앙에 기인한 불사였다. 재위 20년경부터 불교 공부에 심취했던 세종은 광평대군과 평원대군의 요절, 소헌왕후의 죽음을 겪으면서 종교적으로도 불교를 깊이 신행하게 되었다. 이에 따라 세종은 내불당을 재건하겠다는 계획을 발표했다. 조정 신료와 성균관 유생, 사부학당의 학생들까지 거세게 반발했지만, 세종은 문소전의 부속불당을 복설하는 것일 뿐이라고 주장하며 내불당을 다시 세웠다. 세종이 세운 내불당은 성종 대까지 유지되다가 성종 대에 장의동으로 이전되었다.

### 사찰로 개조된 궁

세종 대부터 연산군 대까지 집단 출가를 했던 선왕의 후궁들은 머리를 깎고 승려가 된 이후에도 궁을 나가지 않았다. 그 대신 이들은 선왕 후궁의 처소로 지정된 궁을 사찰로 개조해 살아갔다. 기록상으로 확인되는 궁궐 안 비구니원은 자수궁(慈壽宮)과 인수궁(仁壽宮)·수성궁(壽成宮)·혜빈궁(惠嬪宮)·창수궁(昌壽宮)·수진궁(壽進宮) 등이다.

자수궁은 무안대군 방번의 집으로, 무안대군 부인 왕씨 사후에 왕실로 귀속되었다. 1450년 문종은 무안대군의 집을 세종 후궁들의 거처로 삼고 자수궁으로 명명했다. 세종 사후 비구니가 된 후궁들이 이곳에 머물게 되면서 자수궁은 사찰로 개조되었다. 자수궁에는 종루와 나한전이 있었다.

인수궁은 이방원이 잠저 때 살던 집으로, 비구니가 된 태종의 후궁들이 머물렀던 곳으로 추정된다. 이후 인수궁은 선왕 후궁들의 별궁이자 궁인들의 질병가로 이용되었다. 명종 대에 인수궁은 정업원 터에 중창되었는데, 인수궁의 부속불당으로 정업원이 부설되었다.

혜빈궁은 세종의 후궁 혜빈 양씨가 머물던 곳으로, 겉은 궁이나 속은 불당이라는 비난을 받던 곳이었다. 혜빈 양씨는 세종 사후 출가를 했으나, 문종의 요청에 의해 단종의 양육을 담당했다. 양씨는 단종의 보위를 지켜내기 위해 수양대군에 맞서다 유배를 당했고 혜빈궁은 국고로 귀속되었다.

수성궁은 문종의 후궁들이 거처하던 곳으로, 문종 사후 비구니가 된 후궁들이 이곳을 불당으로 개조해 살아갔다.

창수궁은 세조의 후궁 근빈 박씨가 거주하던 곳이었다. 근빈 박씨는 세조 사후 자수궁의 비구니가 되었다. 성종이 박씨를 위해 창수궁을 별저로 내리자 근빈 박씨는 창수궁으로 불당으로 개조해 수행생활을 이어나갔다.

수진궁은 제안대군의 저택이었다가 비구니가 된 후궁들의 거처로 잠시 이용되었다.

## 궁궐 밖의 비구니 사찰

### 정업원

정업원은 원래 고려시대부터 왕실의 비구니원으로 운영되던 사찰이었다. 고려 말까지 왕실 비구니 사찰로 운영되던 정업원은 조선 건국 이후 조선 왕실 여성들을 위한 사찰로 계속 유지되었고 한양 천도와 함께 창덕궁 인근으로 이전되었다.

정업원을 통해 출가한 대부분의 왕실 여성들은 정치적 희생양이 된 내외명부의 구성원들이었다. 제1차 왕자의 난으로 남편을 잃은 소도군부인 심씨, 경순공주, 세조의 왕위 찬탈로 남편을 잃은 단종 비 정순왕후 송씨, 중종반정으로 남편을 잃은 연산군의 후궁 숙의 곽씨 등이 정업원에서 비구니가 되었다.

한때 인창방(현재 서울 창신동)에 위치하기도 했다. 연산군이 창덕궁 인근의 숲을 사냥터로 만들면서 이곳에 위치했던 민가와 정업원이 모두 철거되었다. 이때 정업원의 비구니들은 인창방에 정업원을 마련해 왕실비구니원의 명맥을 이어나갔다. 명종 초 문정왕후가 정업원 옛터에 인수궁을 세우고 정업원을 부속 불당으로 설치하면서 정업원은 다시 도성 안으로 이전되었다. 정업원은 임진왜란 당시 인수궁과 함께 전소되었으나 왕실과 정업원 비구니들의 중창 불사를 통해 재건되었다.

### 안일원

안일원은 정업원과 마찬가지로 고려시대부터 왕실 비구니원으로 역할을 했던 사찰이다. 『조선왕조실록』에는 안일원이 정업원의 이명이라는 기록도 있고, 정업원과 별개의 사찰이라는 기록도 있다. 정업원과 안일원이 모두 창덕궁 인근에서 비구니 승방을 유지하고 있었던 것으로 미루어 안일원은 정업원과 함께 왕실에서 운영하는 비구니원으로 추정된다.

### 인수원과 자수원

인수원과 자수원은 『현종실록』에 등장하는 비구니원이다. 조선 전기에 비구니가 된 선왕 후궁들의 별궁으로 이용되었던 인수궁과 자수궁에는 부속 불당이 설치돼 있었다. 하지만 임진왜란 이후 인수궁과 자수궁은 전소되었고, 인수궁의 부속불당이었던 정업원도 전소되었다. 임진왜란 이후 정업원은 왕실의 지원하에 비구니들의 원력으로 다시 복설되었다. 조선 후기 정업원의 명맥을 이어나간 비구니원이 인수원, 자수원으로 불렸던 것으로 추정된다. 하지만 1661년(현종 2) 인수원과 자수원이 혁파되면서 왕실 비구니원은 역사 속으로 사라졌다.

## 왕실의 원당 설치

조선 왕실의 불교 신앙이 조선 왕조 내내 이어졌다는 사실은 전국 각지에 설치된 원당을 통해서 명확하게 드러난다. 현재까지 확인되는 왕실 원당은 약 270여 개로 전국 각지에 왕실의 원당이 설치되었다.

왕실 원당은 왕릉 주인의 추복 시설로 설치된 능침사(陵寢寺), 능원묘의 제수를 담당한 조포사(造泡寺), 궁 안의 불당으로 유지된 내원당(內願堂), 왕실의 안녕을 발원한 위축원당(爲祝願堂), 태실의 보호 관리를 담당한 태실수호사찰(胎室守護寺刹) 등으로 구분할 수 있다. 조선 전기까지만 해도 선왕 선후의 명복을 비는 원당이 많이 설치되었던 반면, 조선 후기에 들어서는 왕자 탄생 기도처, 왕의 사친(私親)을 위한 원당이 많이 설치되었다.

조선 초까지만 해도 왕실의 의례는 대부분 불교식으로 설행되었다. 조선 성리학의 수준이 아직 학문적 단계에 머물렀고, 1000여 년간 불교식으로 치러지던 상장례 의식을 하루아침에 유교식으로 교체하는 것이 불가능했기 때문이다. 하지만 유학자들의 예학 이해가 깊어지고 사림정치가 본격화되면서 왕실의 의례는 대부분 유교식으로 교체되었다. 이에 따라 불교식으로 치러지던 기신재 등의 추천재는 모두 유교식 제사로 바뀌었다. 그리고 조선 후기에 들어 인수원과 자수원의 철폐 이후 도성 내 왕실 사찰의 명맥 또한 끊어졌다. 그럼에도 왕실 구성원들은 전국의 명산대찰을 왕실 원당으로 지정해 왕실의 안녕과 선왕 선후를 위한 명복을 발원했다.

조선 왕실의 불교 신앙이 계속 이어짐에 따라 왕실 원당 또한 500여 년간 지속적으로 설치되었다.

## 조선 왕실 불교의 역사적 의미

조선시대 왕실의 불교 신앙은 유교국가의 표상이라고 할 수 있는 왕실에서 500여 년간 불교가 유지되었다는 증거인 동시에 조선이 유교 일변도의 국가가 아닌 유교와 불교가 공존한 사회였음을 보여주는 중요한 근거 중 하나라고 할 수 있다.

유학자 관료들의 거센 압박과 반대에도 불구하고 왕실은 불교계의 외호세력을 자처하며 전국 명산대찰을 보호했다. 조선시대 왕실과 불교계는 상호 보완적 관계로 이어졌는데, 왕실 입장에서는 왕실을 추복해 줄 사찰과 승려가 필요했고, 불교계의 입장에서는 불교의 말살을 주장하고 승려를 하층민으로 취급하는 세력들로부터 불교를 보호해 줄 정치적 보호 장치가 필요했다.

이를 위해 왕실에서는 전국의 명산대찰을 원당으로 지정해 사찰 침탈을 저지하거나 왕실의 재를 설행한다는 명목으로 사위전을 지급하는 등 왕실과 관련된 사찰들을 보호하기 위한 여러 조치를 취했다.

특히 조선 후기에 이르면 조선 왕조는 전국 각지의 사찰들을 적극 활용해 왕실 제사와 관련된 각종 노동력을 제공받았다. 능원묘와 진전을 수호하고 제사를 돕는 사찰, 태실을 수호하는 사찰 등을 조포사로 지정해 왕실의 역을 제외한 나머지 잡역을 부과하지 못하도록 조치했다. 또한 사도세자, 숙빈최씨 등 종묘에 위패를 봉안하지 못하는 사친들을 위한 사당을 사찰 안에 조성함으로써 사찰을 제2의 추숭시설로 적극 활용했다.

조선 중기 이후 국가 공식 상장례에서는 불교식 의례가 모두 배제되었지만 왕실 구성원들은 조선 말까지 사찰에서 사십구재, 백재, 소상재, 대상재, 탄일재 등을 설행하며 불교식 상장례의 전통을 계속 이어나갔다.

이러한 왕실의 불교 신앙은 불교계를 보호하는 동시에 유교와 불교가 융합을 이루며 존속할 수 있는 완충재로도 역할을 했다. 또한 왕실의 후원하에 제작된 불화와 불상 등의 미술품들은 조선 문화를 향상하는 데 일조했다.

8

# 승도와 사찰의 사회적 존재 양상

양혜원 | 서울대학교 규장각한국학연구원 책임연구원

## 전통으로서의 불교

불교의 출가 수행자는 '승(僧)'이라 한다. 존칭으로 부를 때 '스님'이라 하며, 오늘날 흔히 사용하는 용어는 '승려(僧侶)'이다. 여기에서는 우리나라 기록류에 흔히 등장하는 사료 용어로서 '승', 혹은 복수형을 강조한 '승도(僧徒)'를 사용하고자 한다.

조선을 개국하고 갓 사흘이 지났을 때 사헌부는 시급한 개혁 사안 열 가지를 정리해 태조에게 아뢰었다. 그 내용에서 환관과 승니(僧尼)를 문제가 있는 존재로 거론하면서, 특히 불교의 종지에 충실하지 못해 사회 기강을 어지럽히는 불교의 출가자들을 걸러내야 한다고 강력히 주장한다. 승니란 불교의 남녀 출가자 전체를 지칭한다. 물론 당시의 사회적 분위기 속에 승니를 함부로 없애는 것은 쉽지 않은 일이어서 곧바로 시행될 수는 없는 과격한 개혁안이었다.

고려에서 조선으로의 왕조 전환은 정치·사상적으로 큰 변화를 일으켰다.

그러나 사회에 깊이 뿌리내린 불교적 전통을 일시에 소거하거나 변화시키기는 어려웠다. 4세기 한반도 유입 이래 천 년 동안 지배적 이념으로 작용하던 불교는 사상적인 면뿐 아니라 신앙, 학술, 의례, 관습 등 여러 면에서 굳건한 토대를 구축하고 있었기 때문이다. 조선이 개국할 무렵 불교는 외래 사상이라기보다 오히려 나라의 오랜 전통, 국풍(國風)으로 인식되고 있었다.

조선 전기의 불교적 상황을 이해하기 위해서는 불교가 깊이 숭상되던 고려의 분위기를 이해할 필요가 있다. 인간 내면의 수양을 위한 수단이자 지성인들의 교양이 되었던 불교적 지식은 고려대장경과 같은 불경의 간행으로 구체화되어 널리 유포되었다. 불교 행사와 각종 재의(齋儀)는 사회의 세시풍속이자 의례의 일환으로 자리 잡았다. 수행과 예배의 장소이자 승도의 거주처인 사찰은 도시와 산간을 가리지 않고 전국 방방곡곡에 건립되어 수천 기의 건물과 탑, 불상, 불화, 범종을 거느렸다. 사찰에서는 각종 불교용품이 제작되고, 이를 공급할 장인들이 육성되었다. 출가 풍조 역시 크게 유행해 아들이 있으면 한 명은 반드시 출가시킨다고 할 만큼 많은 승도가 양산되었다. 이렇게 현실 사회의 구체적 실체로 존재하는 불교의 물적·인적 요소는, 왕조 교체와 함께 소수 지배층의 정치·사상적 변화가 이루어졌다 한들 쉽게 없애기 어려운 현실이었다. 다만, 불교적 변화상을 파악하기 위한 사료는 관찬 자료가 대부분이므로 국가 시책을 중심으로 승도와 사찰의 추이를 파악해야 한다.

## 개국 직후 승도 수 과다의 현실

조선은 고려의 영토와 백성을 그대로 계승한 왕조로서 조선 사회는 개국 직후 "백성 가운데 3할이 승"이라고 지적될 만큼 승도 수 과다 상황에 직면해 있었다. 이러한 현상은 이미 고려시대부터 비판되던 것으로 이들을 제한하고 통제하기 위한 규정이 수차례 내려진 바 있다. 애초에 고려에서는 아들이 셋 있는 경우에 한해 그중 한 명의 출가를 허용하고 있었다. 출가자가 지나치게 증가하자 14세기 전반 충숙왕은 아들이 셋 있더라도 향리는 승이 될 수 없으며, 아들이 많더라도 관에서 도첩을 받지 못하면 출가할 수 없다는 규정을 새로 세웠다. 그러나 사회에 만연한 출가 풍조로 인해 이러한 규정은 잘 지켜지지 않았던 것으로 보인다. 특히 승도에게 주어지는 면역(免役) 특권을 노리고 역을 피하기 위해 출가하려는 이들이 급증하면서 승도의 양과 질이 모두 통제되지 않는 지경에 이른다. 이에 공민왕은 도첩을 발급할 때 정전(丁錢)을 부과하고, 역(役)을 가진 이들의 출가를 엄금한다.

출가자의 양과 질이 통제되지 않는 상황은 불교 교단의 질을 저하시키는 동시에 출가가 피역(避役)의 수단으로 인식된 결과, 국가 운영에도 큰 부담이 되었다. 이러한 현실을 타개하기 위해 고려 말 누차 출가 관련 규정을 개정·강화했으나 큰 실효를 보지 못했다. 곧, 조선 개국 후 맞이한 승도 수 과다 사회는 고려 말 상황의 연장이었던 것이다. 국가체제를 일신하고 재정을 확충하는 데 심혈을 기울이던 조선 초에 민의 3할이 승인 현실은 강력한 정치·사상적 명분을 동원해서라도 우선 시정해야 할 폐단으로 지목되었다.

오늘날의 눈으로 백성의 30퍼센트가 승이라는 지적은 대단히 상식 밖이다. 우리는 승이 30퍼센트를 차지하는 사회를 들어본 적도, 겪어본 적도 없기 때문이다. 이 믿을 수 없을 만큼 높은 수치의 근거는 무엇인가, 이들은 구체적으로 어떤 성격을 띠는 부류인가를 따져보는 것도 학술적으로 중요한 문제겠으나, 현재 학계에서 그보다 더 중요한 점은 그 사회 분위기 자체를 받아들이는 일인 것 같다. 우리의 시각으로 보아 지나치게 많은 숫자라고 해서 기록을 거짓이나 과장으로 치부하는 것은 타당하지 않다. 여말선초 국가의 운영자들이 지속적이고 반복적으로 엄청난 승의 규모를 거론하고 있다는 것은 우리가 잘 모르고 있을 뿐, 그것이 당시의 사회상일 것이기 때문이다.

## 국가와 승단, 피할 수 없는 갈등

어떤 부류의 백성이 3할 존재한다고 해서 다 사회적 문제가 되는 것은 아니다. 농부나 상인이 3할이 된다고 해서 국가 운영에 큰 문제가 될 일은 아닐 것이기 때문이다. 그러나 승은 동아시아에서 불교를 수용한 이래 꾸준히 문제적 존재로 지적되었다. 이는 근본적으로 불교 수행자로서 승이 갖는 특성에서 비롯된다.

승이 무엇인가? '출세간(出世間)'의 존재이다. 이들은 불교적 진리를 깨닫기 위해 수행하는 이들로, 오로지 수행에만 전념하기 위해 세속의 모든 것을 버리고 집을 나온다. 이것이 이른바 '출가(出家)'이다. 출가자들은 정식 수행자가 되기 위한 수습 과정으로 사미·사미니 단계를 거친 후 남성 250가지, 여성 348가지의 구족계(具足戒)를 받고 승이 된다. 보통의 사람이 세속 혹은 세간에 머무른다면, 출가자는 세속의 속박과 의무를 벗어던지고 세속 혹은 세간을 나간 '출(出)세간'의 상태가 되는 것이다. 이들은 승이 되어 그들만의 율(律)을 지키며 출가자 공동체의 질서를 유지한다.

국가의 형률(刑律)이 강제성을 띠는 것과 같이 승단의 율 역시 출가 공동체 내에서 강제성을 갖는다. 원론적으로 승은 국가의 율이 아닌 승단의 율을 따르는 존재라는 의미이다. 동아시아 문화권에서는 불교 전래 이전에 이미 중앙집권적 전제정치가 시행되고 있었다. 출가수행이 일종의 사회 관습으로 정착해 불교 탄생의 배경이 된 인도와 달리 국가의 통치체제를 벗어나 생산이나 역과 같은 사회적 의무를 등지는 원론적 승의 개념이 수용되기는 어려운 분위기였던 것이다. 그리고 바로 이 점이 갈등의 근원이 된다.

숭불 풍조가 동아시아 사회를 휩쓸면서 급격히 증가한 승도 수는 곧 심각한 사회 문제로 부상했다. 어쩌다 한 명이 출가하여 느슨한 전근대의 행정력에 걸리지 않는 규모라면 모를까, 열 집 중 아홉 집의 남자가 출가한다고 할 만큼 과열된 분위기 속에서 세간의 통치체제가 이를 모두 출세간으로 인정해 줄 수는 없는 일이다. 설사 거국적으로 불교를 숭신한다 할지라도 과다한 승의 규모는 용납되기 어렵다. 다수의 민이 생산과 역을 등지게 된다면 필연적으로 국가체제 운영의 건전성을 저해하고 승단을 부양해야 하는 사회 전체에 부담을 줄 것이기 때문이다. 결국 국가는 승도 수 증가를 저지할 제도적 해법을 모색하게 되는데, 그것이 바로 도승제(度僧制)이다.

### 도승제와 도첩승의 의미

도승제란 승을 배출하는 국가의 제도이다. 『경국대전주해(經國大典註解)』에는 '도승'의 의미에 대해 "민을 바꾸어 승으로 만드는 것(化民爲僧也)"이라 설명한다. 도승제의 시원은 중국 북위(北魏)까지 올라간다. 불교의 영향으로 출가 인구가 과다해지자 승이 국가체제로부터 이탈하는 문제를 해결하기 위해 고안해 낸 제도라고 할 수 있다. 도승자에게는 국가에서 증빙이 발급되는데 이를 '도첩(度牒)'이라고 한다. 도승제는 도첩을 발급하는 제도라는 면에서 도첩제라고도 불린다.

원래 출가란 자의로 이루어지는 것으로 개인의 발심과 결심이 수반될 뿐, 별다른 조건이 필요치 않다. 불교 교리적으로도 부모의 허락을 얻었다면, 또 세속에서 죄를 짓고 쫓기다가 승단으로 도망하려는 것이 아니라면 출가의 제한이 거의 없다. 그럼에도 불교 교단이 아닌 국가가 도승제를 운영한다는 것은 교리와 별개로 출가자들에 대한 세속적 기준을 적용한다는 것이며, 국가는 이를 통과한 자만 승으로 인정하겠다는 것이다. 바꾸어 말하면, 국가가 제도를 통해 승의 자격과 인원수를 통제할 수 있다는 의미이다.

도승의 결과, 국가가 발급하는 도첩은 세속에서 그 소지자가 합법적 출세간임을 증빙하며, 그 가장 중요한 효력은 역의 면제를 보장한다는 점이다. 전근대 사회에서 역은 신분 및 재정과 밀접하게 관련되면서 운영되었다. 그렇기 때문에 면역을 보장하는 도첩은 그 발급을 강력히 통제할 필요가 있었으며, 국가의 도승제 운영 역시 단순한 종교정책이라고만 볼 수 없다. 도첩 발급의 기준은 위정자들이 도첩승을 어떤 존재로 보고 어떤 지위로 규정하려 했는가와 직접적으로 연관되는 것이다.

도승제를 이와 같이 이해한다면 '제도적 관점'에서 도첩 소지 여부에 따라 승을 '도첩승(度牒僧)'과 '무도첩승(無度牒僧)'으로 나눌 수 있음을 알 수 있다. 바꾸어 말하면, 국가 입장에서 승은 도첩을 소지한 자와 소지하지 못한 자로 양분된다는 것이다. 국가가 역을 차정하는 데 도첩승만이 면제가 가능하며, 무도첩승은 면역자가 아니다. 도승제는 면역으로 상징되는 '출세간'의 승을 용인하되 국가 제도로 그 양과 질을 통제할 수 있다는 점에서, 불교가 치성한 사회에서 불교적 명분과 현실적 실리를 모두 챙길 수 있는 방법이었다고 볼 수 있다.

## 『경제육전』의 도승

우리나라에서 도승제 시행에 의한 도첩 발급 정황이 사료에 드러나는 시기는 14세기 전반부터 16세기 후반까지의 약 250년에 한정된다. 고려 말 승도 수 과다 상황에서 시행되는 도승제 개정의 방향성은 조선 개국 후에도 계승되며 도승의 조항으로 성립되어 법전에 수록되었다. 태조 6년(1397)에 편찬된 조선의 첫 번째 공식 법전 『경제육전(經濟六典)』에는 적어도 34개 조에 이르는 불교 관련 조문이 확인된다. 이 가운데에는 고려 말부터 정비되어 온 도승의 절차와 자격에 대한 상세한 규정이 포함되어 있다.

『경제육전』에서 밝히고 있는 도승 규정은 이러하다. 양반 자제 중에서 스스로 승이 되기를 원하는 이는 우선 부모나 친족이 승록사에 신고해야 한다. 이후 예조를 통해 왕의 허락을 얻게 되면 정전으로 오승포 100필을 납부하고 출가할 수 있게 된다. 이 과정에서 재행(才行)을 시험한다. 이 규정들은 신분적 기준과 관청에 신고해 예조를 통해 왕의 허락을 받아야 하는 까다로운 절차, 상당한 액수의 돈, 도승하려는 자의 자질까지 다양한 요건을 복합적으로 요구하고 있다.

무엇보다 이 규정의 핵심은 도승 대상을 '양반 자제'로 한정하는 것이다. 조선 초 양반은 말 그대로 문·무반 관료를 의미하여 조선 후기적 양반과는 다른 극소수의 존재이다. 경제력이나 재행의 연마 등은 후천적으로 대비할 수 있는 것이지만, 양반의 자제라는 신분 규정은 생득적인 것이다. 즉, 노력으로 얻을 수 있는 조건이 아니라는 것이다. 조선 초 관인층의 자제인 양반 자제는 소수일 수밖에 없는데, 이 규정은 그 가운데 승이 되기를 원하는 사람 중에서도 추가 요건을 충족하는 자에게만 도첩을 발급하겠다고 했다. 결국 도첩 발급을 소수로 제한하려는 목적이 강하다고 할 수 있다.

도첩을 받은 자들은 이른바 승과(僧科)를 통해 승직(僧職)을 받을 수 있었다. 승직자를 선발하는 승과는 관직자를 선발하는 과거 시험과 유사한 절차로 운영되고 있었다. 또, 승직을 지낸 승이 환속할 경우 능력이 있는 자는 과거 시험을 보지 않고 승직에 준하는 관리로 서용되는 특전이 주어졌다. 이와 같은 규정은, 도승과 승과를 거친 자는 과거시험 합격자와 동일한 자질을 갖추었다고 보았으며 도첩승을 지배층으로 간주했음을 의미하는 것이다.

이와 같은 『경제육전』 도승제가 의도한 가장 중요한 목적은 승을 제도적으로 도첩승과 무도첩승으로 구분하고, 제도적 출세간으로서 역에서 면제되는 도첩승의 기준을 명확히 하는 것이었다. 국가는 과다한 승이 존재하는 현실에서불교적 기준이 아닌 세속적 기준을 적용해 극도로 제한된 수의, 높은 신분의 면역 출가자인 '도첩승'을 규정하고자 한 것이다.

## 『경국대전』의 도승

조선의 개창 세력은 개국 후 체제 정비 과정에서 의욕적으로 법전을 편찬했다. 그 결과 탄생한 것이 『경제육전』이었다. 후에 『경제육전』의 단점을 보완하고 통치 질서의 틀을 확립하고자 성종 15년(1484) 조선의 두 번째 공식 법전 『경국대전(經國大典)』을 완성했다. 신왕조 조선의 성격을 법제적으로 압축했다고 평가되는 『경국대전』에는 불교 관련 사안을 직접 거론하는 조문 약 23개 조가 수록되어 있다. 그중 도승의 절차는 다음과 같다. 승이 된 사람은 석 달 안에 선종 혹은 교종에 신고해 『반야심경』, 『금강경』, 「살달타」 암송을 시험하고 예조를 통해 왕의 허락을 얻는다. 이후 정전으로 정포(正布) 30필을 내면 도첩을 발급한다는 것이다.

도승 규정에 있어 『경제육전』에서 『경국대전』으로의 가장 큰 변화는 도승 대상자에 대한 것이다. 『경제육전』에서 "양반 자제 중에서 스스로 승이 되기를 원하는 자"를 특정했던 것과 달리 『경국대전』에서는 그저 "승이 된 자"로 규정하고 있다. '양반 자제'라는 명확한 신분 제한 문구가 사라지고 "승이 되기를 원하는 자"가 아닌 "승이 된 자"를 대상으로 하는 것이다. 여러 절차를 거친 후 도첩을 받고서야 출가를 허락하던 『경제육전』 방식에서, 출가한 후 석 달 안에 도승을 신청한 자가 여러 절차를 거쳐 도첩을 받는 것으로 마무리되는 『경국대전』 방식으로 바뀐 것이다. 이는 도승제에 있어 큰 질적 전환이 발생했음을 의미한다.

또한 『경제육전』에서는 양반 자제라는 높은 신분 규정과 오승포 100필의

度僧 爲僧者三朔內告禪宗或敎宗試誦經(心經金剛經薩怛陁)報本曹(私賤則從本主情願)啓聞收丁錢(正布三十匹)給度牒(過三朔者族親隣近告官還俗當差知而不告者幷罪○度牒借者與者依懸帶闕防牌面律論)○禪敎兩宗每三年選試
禪宗則傳燈拈頌敎宗則華嚴經十地論各
取三十人○諸寺住持兩宗擬數人薦望報
本曹移文吏曹磨勘差遣三十朔而遞如有
所犯兩宗報本曹覈實治罪犯奸者幷坐薦
僧○住持遞代時傳掌有破失物徵納

〈그림 8-1〉『**경국대전**』 **도승조**

자료: 서울대학교 규장각한국학연구원.

정전 규정을 두고 이 두 가지를 우선적으로 만족해야 도첩을 주어 출가를 허락한 바 있다. 도첩승이 될 수 있는 중요한 기준을 신분과 경제력에 두었던 것이다. 이에 반해 『경국대전』에서는 이미 출가한 승을 대상으로 불경의 암송 여부를 우선 시험하고 있어, 도첩 발급의 일차적 기준을 그 자질에 두었다고 볼 수 있다. 즉, 『경국대전』에서는 "이미 출가한 자"를 대상으로 송경 시험과 정전 징수 등을 통해 도승의 자격을 가리되, 석 달 이내에 도첩이 나오지 않으면 환속하도록 규정하고 있다.

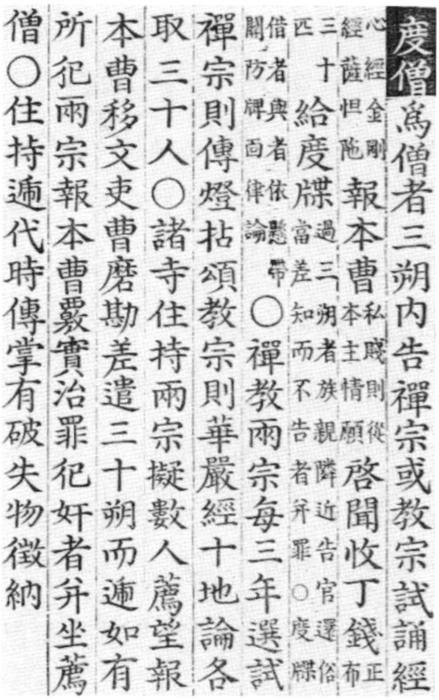

조선에서 승은 불교에 귀의해 출가 수행하는 자들로서 사회에 대규모로 광범위하게 존재하는 세력이었다. 이 같은 사회 전반의 숭불 풍조와 최상위 엘리트층의 강화된 유학 지향적 성향은 조선 전기 내내 갈등을 일으키며 불교 정책에서 일진일퇴의 공방을 거듭했다.

고려로부터 이어져 온 도승제는 개국 직후부터 관련 논의가 이루어져 법전에 성문화되었다. 그러나 도첩승의 면역은 군역자 수 확보에 어려움을 겪던 조선에서 조정의 큰 논란거리가 되었다. 이에 15세기 말에 이르면 국가의 필요에 의해 군역자를 많이 확보해야 할 경우 도첩 발급을 정지할 수 있다는 규정이 신설되기에 이른다. 당연하게도 군역 자원은 언제나 넉넉하지 못했으므로 이 조치는 도첩 발급을 크게 제한했던 것으로 보인다.

또한 조선 초에는 도승제를 통해 도첩을 받은 자에게 면역 혜택이 주어지고 승직에 올랐던 자가 환속한 경우에는 과거 시험을 보지 않고도 관직을 주는 특전을 부여했다. 그러나 도승자의 높은 사회적 신분과 위상을 반영하는 이 조치들은 조선 왕조의 통치체제가 공고해지고 입신의 수단이 과거제로 일원화되어 감에 따라 차차 축소되었다. 15세기 말 이래 시행과 정지를 반복하던 도승제는 승과와 더불어 16세기 후반 폐지되어 조선 후기에는 시행되지 않는다.

애초에 도승제와 같은 강력한 규제법을 시행한 까닭은 도첩을 받을 조건이 되지 않음에도 숭불의 분위기 속에 많은 사람들이 출가를 했기 때문이다. 기록에 의하면 독신으로 깊은 산속에서 수행하는 청정한 승도 있으나, 계율을 지키지 않고 재물과 여색을 탐하거나 아내를 맞이해 가족을 꾸리며 농사를 짓고 장사를 하는 사람들도 있고, 천민이면서 역을 피하기 위해 머리를 깎는 이도 있었다고 하니 실로 다양한 층위의 승이 존재했던 것이다. 단, 국가가 공식적으로 승이라 인정하는 부류는 결혼하지 않고 청정한 계율을 지키는 남성 출가자라는 전제가 항상 깔려 있었다. 이러한 국가의 입장은 도첩제가 시행되던 조선 전기나 승이 호적에 등재되는 조선 후기나 마찬가지였다. 『경국대전』 형전(刑典)에는 승이 간통하거나 아내를 얻어 자식을 낳으면 양인 소생이더라도 자식은 천이 되도록 규정되어 있었음을 볼 수 있다.

## 조선시대 사찰의 분포와 그 경제력

조선 사회에 승이 많았다는 것은 그들의 주된 활동 공간인 사찰 역시 많았음을 의미한다. 사찰의 전각은 탑과 함께 다층으로 올라가거나 대형으로 짓는 경우가 많은 데다 색색의 단청을 입히는 특성으로 인해 지역 사회에서 눈에 띄는 경관을 연출했다. 조선 전기의 경우 관찬지리지인 『동국여지승람(東國輿地勝覽)』에 수록된 곳을 근거로 1700개 가까운 사찰을 헤아릴 수 있어 사찰의 전국적 분포를 확인할 수 있다. 사찰이나 탑은 높고 화려한 외관을 통해 주요 지역 경관을 구성하고 있었을 뿐 아니라 관찬 사료에 수록된 곳 외에도 훨씬 많은 수가 존재하고 있었기 때문에, 이들의 구체적 변화가 언제 어떻게 일어났는지는 조선 사회의 변화와 직접적으로 관련된다.

〈그림 8-2〉 **다층의 법주사 팔상전**
유리 건판 사진.
자료: 국립중앙박물관.

개국 초 전국 사찰에서 경영하는 농지는 전국에 10만 결 이상 존재하여 전 농토의 8분의 1 정도가 되었을 것으로 추정된다. 또한 사찰에 소속된 노비도 8만을 훌쩍 상회했던 것으로 알려져 있다. 조선과 같은 농업사회에서 토지와 노비의 소유는 경제력의 핵심이라 할 수 있고, 불교계에 내려지는 경제력의 상당 부분은 국가로부터 주어지는 것이었다. 그렇기 때문에 조정 안팎으로 많은 비판과 논쟁을 불러일으켰고, 조선의 불교 정책은 불교계의 경제적 규모 제한에 주안점을 두고 시행되었다. 불교계의 경제력이란 결국 승도와 사찰을 기준으로 분정하는 것이었으므로 통치체제 정비 과정에서 국가 재정 확충이 급선무였던 조선은 이들에 대한 강력한 제한 조치를 시행하게 된다. 승도 규모에 대한 통제는 앞서 살핀 도승제를 통해 이루어졌으며, 사찰에 대한 규제 역시 감축과 제한이라는 비슷한 방향성을 가지고 진행되었다.

## 공인 사찰 수 감축을 통한 사사전 혁거

비대한 불교계의 경제력을 정리해 가는 작업은 순탄치 않았다. 조선 제3대 왕인 태종은 우선 국가 공인 사찰에 주던 비용을 감축하기 위해 과감한 정책을 시도했다. 사사전 정리의 기준을 『도선밀기(道詵密記)』 등재 여부로 삼아 밀기에 적힌 70사를 제외하고 그 나머지 사찰의 조(租)를 군자(軍資)에 영속시키고 그 노비는 각사(各司)와 주군(州郡)에 분속시키려고 한 것이다. 이는 고려 이래의 틀을 유지하면서도 대규모 사사전 혁파를 목적한 다소 과격한 방침이었는데, 당시 태상왕으로 물러나 있던 태조가 술과 고기를 끊으면서 극구 반대하는 바람에 시행되지는 못했다. 그러나 이후 지속된 정책들을 살펴보면 사찰 관련 비용을 감축하고 국가로 회수하려는 태종의 강력한 의지를 읽을 수 있다.

태종의 불교 정책 가운데 가장 핵심적이었다 할 만한 것은 국가 공인 사찰 수 감축을 통한 사사전 혁거였다. 태종은 조계종(曹溪宗)과 총지종(摠持宗) 합 70사, 천태소자(天台疏字)·법상종(法相宗) 합 43사, 화엄(華嚴)·도문종(道門宗) 합 43사, 자은종(慈恩宗) 36사, 중도(中道)·신인종(神印宗) 합 30사, 남산(南山)·시흥종(始興宗) 각 10사 하여 총 242사만 공인 사찰로 지정하고 이들에게만 사사전을 분급했다. 이 정책은 고려시대 이래 비보사찰(裨補寺刹)을 기준으로 정한 것이기는 하나, 절 하나에 지급하는 토지 최고액을 200결로 하되 나머지는 100결 - 60결 - 20결로 하여 사사전 총규모를 1만 1000결 정도로 제한한 것이다. 고려시대 사찰의 전체 토지 규모가 10만 결 이상이었음을 생각한다면 비약적 감축이라 할 수 있다. 이 정책이 얼마나 충격적이고 급진적이었던지, 불교계의 거센 저항이 이어졌다. 매일같이 수백 명의 승도가 몰려와 신문고를 치고, 당시 정승이던 하륜(河崙)을 사사전 개혁의 핵심 인물로 지목해 불교계에서 그를 살해할 모의를 꾸미다가 발각되기도 했다.

그러나 태종은 뜻을 굽히지 않고 사찰에 지원하는 비용 감축 조치들을 이어나갔다. 242사 지정 과정의 모순을 해결하기 위해 산수승처의 대가람 88곳으로 망폐사원을 대체했다. 이 88사는 기존에 설정한 242사에 포함되지 않은 곳들로, 고려 이래 비보사찰을 우대하던 오랜 원칙을 깨고 비보가 아닌데도 토지를 분급하는 경우가 생긴 것이다. 훗날 이 시책은 사찰과 사사전을 혁거해 기존의 10분의 1만 남긴 것이라며 후대에 태종의 가장 큰 업적 중 하나로 평가되기에 이른다.

## 조선적 공인 사찰체제의 성립과 운영

태종에 이어 즉위한 세종은 불교계와 사찰에 대해 보완적이면서 좀 더 과감한 정책을 시행했다. 우선 사찰의 경제력을 축소한다는 기존의 방향성을 이어받아 각 사찰에 소속된 사사노비를 혁거하고 불교계 내부적으로 승 상호 간에 물려주고 물려받던 개인 노비로서의 법손노비(法孫奴婢)까지 속공하는 파격적 조치를 취했다.

세종은 이에 멈추지 않고 불교 정책에서 눈에 띄는 몇 가지 조치를 연이어 시행했다. 고려시대부터 근 500년간 운영되어 온 불교 행정기구 승록사(僧錄司)를 혁파하고 선교양종으로 종파를 통합했으며 그에 따라 공인 사찰도 축소했다. 조계·천태·총남을 선종으로, 화엄·자은·중신·시흥을 교종으로 통합해 선교양종 체제를 확립하고, 양종 소속 각 18사씩 36사만 공인 사찰로 지정했던 것이다.

선종 18사는 홍천사·숭효사·연복사·관음사·승가사·개경사·회암사·진관사·대자암·계룡사·단속사·기림사·화엄사·흥룡사·유점사·각림사·정곡사·석왕사였으며, 이 선종 사찰들에는 모두 4250결의 토지를 분급했다. 교종 18사는 흥덕사·광명사·신암사·감로사·연경사·영통사·장의사·소요사·속리사·보련사·현암사·해인사·서봉사·경복사·표훈사·월정사·신광사·영명사였으며, 이 교종 사찰들에는 총 3700결의 토지를 분급했다. 그 결과, 태종 때 242사, 1만 1000여 결이던 사찰과 그 토지 규모를 36사, 7900여 결로 현저히 감축했다.

이와 같은 세종의 조치에서 주목할 점은 이 시기 공인 사찰 지정의 기준이 변화했다는 것이다. 태종 대까지는 공인 사찰 수 감축을 추진하면서도 그 기준이 이전 왕조였던 고려적 비보 체계를 완전히 벗어나지 못하고 사찰을 지정했다. 반면 세종 대 사찰 지정 방식은 그와 달랐다. 고려적 비보는 조선에서 더 이상 중요 사찰의 기준으로 작동하지 못하고 조선 왕실과의 연결 여부가 공인 사찰 지정에서 가장 선행되는 요건이 되었다. 이에 국가로부터 토지를 사여받는 사찰의 수는 격감했으나 현 왕실과 관련된 사찰이 지정되면서 양질의 비옥한 토지를 지급해 우대했다. 즉, 세종의 36사는 고려와 다른 조선적인 것이었다고 할 수 있다.

태종과 세종 대에 이루어진 수위 높은 시책들은 공인 사찰과 그 지급 토지를 강력하게 통제했다. 종파별 지정 사찰 수를 고정하고 사사전을 줄 때 새로운 민전을 주지 않고 기존 사사전 내에서 나누어 지급하는 방식을 택해 전체 사사전의 증가를 억제하려 한 것이다. 그러나 공인 사찰의 수를 일정하게 유지하려는 시도가 현실에서 관철되기는 어려웠다. 선왕이 몇 명 없는 국초와 달리, 시간이 지날수록 왕실과 관련을 맺는 사찰은 증가할 수밖에 없기 때문이다. 그에 따라 사찰에 지급되는 토지도 늘어날 수밖에 없고 사사전의 총액도 자연히 증가하게 되었다. 다만, 고려조 사찰경제 비대의 모순과 폐해를 학습한 조선에서는 이전과 같은 파행적 격증 현상은 나타나지 않았다.

이후 조선의 사찰은 왕실과의 관계 속에서 보호받고 통제되었다. 그러나 조선 후기로 갈수록 살림살이가 그리 넉넉해지지는 못했다. 불교계에 대한 국가의 공식적인 대규모 지원은 점차 사라져 갔다. 또한 조선의 통치체제 공고화와 행정력 강화, 관리의 착취 등으로 대민 수취가 더욱 촘촘해지고 사찰에 부과되는 각종 잡역도 갈수록 다양해져 갔다. 대동법 시행 이후 종이를 만드는 지역(紙役)은 사찰과 승도를 괴롭히는 대표적 역으로 거론되기도 했다. 조선 후기의 사찰은 국가의 지원 없이 개개 신도의 시주에 더욱 기대야 하는 상황이 된 것이다. 이에 사찰에서는 소액 시주자들을 위한 소규모 법회가 자주 시행되었다.

한반도에서 오랜 세월 신앙된 불교는 사회 깊이 자리 잡아 그 수행자인 승, 예배 및 수행 공간으로서의 사찰은 쉽게 사라지지 않았다. 특히 양란이라는 국가적 위기를 겪는 과정에서 자비행을 앞세운 승도와 사찰의 활약은 수많은 전설과 야담으로 회자될 만큼 대단한 것이었다. 대중의 삶 속에서 시시각각 마주하는 생로병사의 고통을 위로하고 간절한 소원을 받아주는 복전(福田)으로서의 승과 사찰은 조선시대 내내 토착화한 전통으로 면면히 이어졌다.

# 불교 서적 간행의 추이와 시기별 경향

손성필 | 조선대학교 역사문화학과 교수

## 조선시대 불서 간행의 양적 추이

조선시대에는 목판본 불교 서적이 다량 간행되었다. 현재 전하는 불서는 대부분 조선시대에 간행된 것으로, 주요 고전 문헌 소장처에서 조선시대에 간행된 불서를 어렵지 않게 접할 수 있다. 그러나 조선시대에 불서가 많이 간행되었다는 사실은 그리 널리 알려져 있지 않다. 그간 조선시대에 간행된 불서 판본에 대한 연구는 서지학계에서 적지 않게 이루어졌지만, 조선시대 불서 간행의 역사적 의미에 대한 연구는 최근에 이르러서야 이루어지기 시작했다. 서적 간행은 정치·사회·경제·사상·문화 등의 다층적인 의미를 지니는 역사 현상이라고 할 수 있다. 특히 근대 이전에는 서적 1종이 간행되었더라도 그 역사적 의미를 가벼이 보지 않는다. 가령 고려시대에 불서 1종이 목판본으로 간행되었다면 그 불서는 중요한 불교사 연구 자료로 여겨지며, 조선시대에 유교 서적 1종이 목판본으로 간행되었다면 그 역사적 의미를 비중 있게 해석한다. 그러나 조선시대 불서는 다종·다량 간행되었음에도 불구하

〈표 9-1〉 조선시대 세기별 불서 간행량

(단위: 판종)

| 15세기 | 16세기 | 17세기 | 18세기 | 19세기 | 계 |
|---|---|---|---|---|---|
| 182 | 524 | 510 | 284 | 116 | 1,616 |

고 그간 그 역사적 의미에 대한 연구가 거의 이루어지지 않아왔던 것이다.

불서는 간행 주체·시기·장소 등의 정보를 기재한 간기(刊記)를 정확히 새겨두는 특징이 있다. 이에 불서는 간행 사실을 조사하고 파악하기가 상대적으로 용이한데, 이를 통해 불서 간행량의 추이도 파악할 수 있다. 최근에 조선시대에 간행된 불서에 대한 종합적인 조사와 정리가 이루어졌고, 그 성과가 「조선사찰본서목」 DB로 구축되었다. 〈표 9-1〉은 이 DB를 바탕으로 조선시대 불서의 간행 시기를 분석해 정리한 것이다.

조선시대에는 1600종 이상의 불서가 간행되었다. 〈표 9-1〉의 수치 단위는 판종(版種)으로, 이는 한 종의 서적을 목판에 판각하거나 활자로 인출한 횟수, 곧 서적 간행 횟수를 의미한다. 물론 이 표의 수치가 당시에 이루어진 모든 불서 간행의 횟수를 의미하지는 않는다. 하지만 시간 경과에 따른 산실, 전란으로 인한 소실 등을 고려한다면 불서 간행량의 대략적인 추이를 살펴보는 데에 무리가 없다고 할 수 있을 것이다. 표를 통해 보면 조선시대에 불서 간행량이 상당히 많았다는 점, 15세기에 비해 16, 17세기에 불서의 간행이 크게 증가했다는 점, 18, 19세기에는 불서의 간행이 크게 감소하는 추세였다는 점 등을 파악할 수 있다. 한편 15세기 간행 불서는 관판(官版), 왕실판(王室版) 불서가 40여 건 간행된 반면, 16세기 이후의 간행 불서는 대부분 사찰판(寺刹版) 불서이다. 이에 15세기에는 국가나 왕실이 불서를 직접 간행하기도 했으나, 16세기 이후에는 전국의 여러 사찰에서 불서를 간행하여 그 간행량이 증가했다고 할 수 있다.

그런데 〈표 9-1〉의 조선시대 불서 간행량 추이는 조선시대, 한국 불교에 대한 기존의 일반적인 역사상에 비추어볼 때, 쉽게 이해하기 어려운 것이라고 할 수 있다. 일반적으로 조선의 불교는 15세기에 국가로부터 크게 탄압을 받았고, 16세기에 가장 침체했다가 임진왜란을 계기로 조선 후기에 부흥할 수 있었다고 이해되었다. 표의 불서 간행량 추이를 보면 이와 같은 기존의 조선시대 불교사 이해와는 전혀 부합하지 않는다. 불서 간행은 불교계가 가장 침체했다고 여겨지는 16세기에 가장 많이 이루어졌고, 불교계가 부흥했다고 여겨지는 조선 후기에 거시적으로 감소 추세였다. 그리고 일반적으로 조선은 개국 이래 국가와 사대부가 유교 서적을 보급해 유교 사회를 이루었다고 이해되어 왔는데, 전 시기에 걸쳐 이렇게 많은 불서가 간행될 수 있었던 데에 대해서도 적절한 설명이 필요해 보인다. 그러므로 조선시대의 불서 간행은 정치·사회·경제·사상·문화 등의 여러 측면에서 그 역사적 의미에 대한 해명이 필요한 연구 과제라고 할 수 있는 것이다.

## 불서 간행의 증감과 국가·사회

〈표 9-2〉는 조선시대 불서 간행량의 추이를 조금 더 구체적으로 파악하기 위해 불서의 연평균 간행량을 반세기별로 산출한 것이다. 표를 보면 16세기 후반에 불서 간행량이 크게 증가했다는 점, 18세기 후반 이후 불서 간행

〈표 9-2〉 **조선시대 반세기별 연평균 불서 간행량**

(단위: 판종)

| 15세기 전반 | 15세기 후반 | 16세기 전반 | 16세기 후반 | 17세기 전반 |
|---|---|---|---|---|
| 1.04 | 2.48 | 3.80 | 6.62 | 5.28 |
| **17세기 후반** | **18세기 전반** | **18세기 후반** | **19세기 전반** | **19세기 후반** |
| 4.88 | 3.52 | 2.10 | 0.54 | 1.74 |

〈표 9-3〉 **16세기 시기별 연평균 불서 간행량**

(단위: 판종)

| 연산군 대 (1495~1506) | 중종 전반 (1507~1525) | 중종 후반 (1526~1544) | 명종 대 (1545~1566) | 선조 전반 (1567~1591) | 임진왜란기 (1592~1598) |
|---|---|---|---|---|---|
| 2.00 | 1.53 | 6.32 | 6.05 | 9.28 | 0.43 |

량이 크게 감소했다는 점이 가장 주목된다고 할 수 있다.

〈표 9-3〉은 불서 간행량이 크게 증가한 16세기를 국왕의 재위·전란 등을 기준으로 시기를 구분해 불서의 연평균 간행량을 산출한 것이다. 표를 통해 보면, 중종 후반인 1530년대 전후에 불서 간행량이 크게 증가했으며, 명종 대에도 중종 후반의 간행량을 유지하다가, 선조 전반인 1570~1580년대에 다시 크게 증가했고, 임진왜란기에 현저하게 감소했다. 중종 후반은 불서 간행이 크게 증가하기 시작한 시기라는 점에서, 임진왜란 직전의 선조 전반은 조선시대를 통틀어 가장 불서 간행량이 많았던 시기라는 점에서 주목된다. 명종 대는 일반적으로 문정왕후에 의해 이른바 불교 중흥 정책이 시행된 것으로 이해되었는데, 표에서 볼 수 있듯이 명종 대에 불서 간행이 증가하기 시작한 것도 아니었고, 불서가 가장 많이 간행된 것도 아니었다. 기존의 이른바 '불교 정책'에 대한 이해에 따르면, 이와 같은 불서 간행량의 추이는 설명하기가 어려운 것이다.

일반적으로 조선은 불교를 억압하는 정책을 지향하고, 시행했다고 알려져 있다. 그런데 조선의 이른바 '불교 정책'을 제대로 이해하기 위해서는 각 정책의 대상·목적 등을 구분할 필요가 있다. 조선의 불교 관련 정책을 분석해 보면 그 대상이 크게 승정체제, 사찰, 승도로 구분되며, 각각 그 시행 목적·성격 등이 달랐다. 조선 초기의 승정체제 개혁은 국가체제에서 기존 승정체제의 규모를 축소하고자 한 것이었으며, 사찰 신창 규제는 사찰을 새로 건립하거나 중창하는 행위를 제한하기 위한 것이었고, 승도로의 출가 자격 규

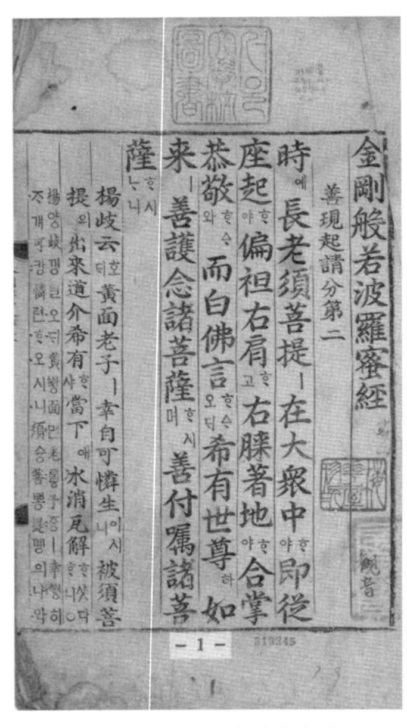

〈그림 9-1〉 **금강경삼가해**
1482년 교서관 인쇄, 금속활자본, 보물.
자료: 서울대학교 규장각한국학연구원.

정은 면역 계층이자 피역 계층인 승도의 수를 줄이기 위한 것이었다. 이 각각의 정책과 제도는 국가 운영을 위한 현실적인 목적에 따라 추진되었으며, 시기별 여건에 따라 변화되어 갔다.

승정체제 개혁은 기존에 가장 오해가 컸던 정책인 듯하다. 조선은 1406년, 1424년 개혁을 통해 고려의 승정체제를 대대적으로 축소했지만, 이 개혁에 따라 2종 36사의 승정체제가 성립했다. 이 조선의 승정체제는 세종 대부터 연산군 대에 이르기까지 80여 년간 안정적으로 운영되었는데, 승과 시행, 승계 수여, 승직 임명, 사사전 지급 등이 계속 이루어졌다. 이는 15세기에 조선이 국가체제에서 불교를 완전히 배제하지 않았고, 통치 수단으로 불교를 여전히 활용하고 있었음을 의미한다. 15세기의 승정체제는 연산군 말에 갑자기 폐지되다시피 했고, 중종 초에도 복구되지 못했다. 이에 16세기 전반의 중종 대에는 국가체제에서 승정체제가 없는 상태가 지속되었으며, 16세기 중엽 명종 대에 복구되어 15여 년간 운영되었다. 16세기 후반 선조 전반에는 다시 승정체제가 폐지된 상태가 20여 년간 지속되다가 임진왜란이 일어나면서 승군을 동원하고 통솔하는 시스템이 형성되었다. 조선 후기에는 이러한 전시의 승군을 계승해 승역이 점차 제도화되었는데, 이는 기존의 승정체제와는 성격이 다른 것이지만, 승도와 사찰을 관리하는 제도가 국가체제에서 계속 유지되었다고 할 수 있다.

기존에는 일반적으로 이 승정체제의 개혁이나 폐지를 불교 억압으로, 승정체제의 복구를 불교 부흥으로 해석해 왔으나, 승정체제 치폐와 불교계 활동의 상관관계는 그 실제에 대한 구체적인 검토가 필요해 보인다. 〈표 9-3〉을 통해 볼 때 국가의 승정체제 치폐와 사찰의 불서 간행 간에는 직접적인 상관관계가 별로 없다고 할 수 있다. 16세기에 관판·왕실판 불서는 거의 간행되지 않았으나, 사찰판 불서는 승정체제의 치폐와 상관없이 간행량이 증가하는 추세였다. 이는 승정체제의 운영과 폐지, 불교계의 부흥과 침체를 동일시해 온 기존의 불교사 해석 관행으로는 설명하기 어려운 현상이다. 기존에는 승정체제의 축소와 폐지를 불교계에 대한 억압으로 해석해 왔으나, 사실 승정체제에 대한 조치는 기본적으로 국가체제의 조직과 운영에 대한 것이었다. 그러므로 승정체제의 축소와 폐지가 국가체제의 불교적 기능, 상층 불교계의 영향력을 약화시킨 것은 분명하지만, 이를 불교계 전반에 대한 억압으로 해석하는 데에는 신중할 필요가 있어 보인다. 더구나 조선시대에 사찰에서 불서를 다량 간행했지만, 이를 국가가 제재한 사례는 확인되지 않는다.

16, 17세기 사찰판 불서 간행의 증가는 사찰의 사회경제적 기반 없이는 불가능한 현상이라고 할 수 있다. 조선시대의 서적 간행은 상당한 경제력과 인력을 필요로 하는 사업이었으므로 사대부, 서원 등에서도 추진하기 어려운 것이었다. 그러므로 불서 간행의 증가는 당시 사찰이 상당한 수준의 사회경제적 기반을 갖추고 있었음을 방증한다. 사찰의 불서 간행을 이해하기 위해서는 당시 다양한 성격의 토지, 시주, 승도 등과 같은 사찰의 사회경제적 기반에 대한 이해가 필요한 것이다. 사실 사찰은 사회경제적 기반 없이는 존립하기 어려운 시설이자 기관이었다. 사찰을 유지하는 것만도 상당 수준의 경제력과 인력이 필요했기 때문에, 고려시대에도 사찰은 전란, 재해, 승도의 이산, 경제 기반의 약화 등으로 인해 망폐하기도 했다. 그간 조선 초기의 승정체제 개혁에 따라 조선 사회에는 소수의 사찰만 존립할 수 있었다고 잘못 이해되기도 했으나 『실록』·지리지·문집·문서 등의 여러 자료를 통해 볼 때

조선 사회에는 여전히 상당히 많은 수의 사찰이 유지되고 있었다.

15세기 후반에 편찬되고 16세기 전반에 증보된 『신증동국여지승람』에는 전국 군현에 1650여 개의 사찰이 수록되었다. 그러나 이는 각 군읍별 주요 사찰을 선별 수록한 것이기 때문에, 당시에 현존하던 모든 사찰을 수록한 것이 아니었다. 실제로 16, 17세기에 편찬된 사찬 읍지들에는 『여지승람』에 수록된 것보다 많은 사찰이 수록되었다. 성종 대의 『실록』에는 당시 전국 팔도의 사찰 수가 9500개, 승도 수가 10만 5000~6000명에 이른다는 기사가 확인되기도 한다. 당시 사찰과 승도의 수는 그 파악 기준이나 방법 등에 따라 다를 수 있지만 15, 16, 17세기의 조선 사회에 1650여 개를 크게 상회하는 크고 작은 사찰이 존립하고 있었고, 그것을 유지할 만한 경제적 기반과 인적 기반이 있었음은 분명해 보인다. 당시 조선 사회의 많은 사찰들은 국가 승정체제의 치폐와는 무관하게 사찰을 계속 유지할 만한 사회경제적 기반을 갖추고 있었으며, 이를 통해 불서를 다량 간행할 수 있었던 것이다. 그러므로 16, 17세기 사찰판 불서 간행의 증가는 그 자체로 이 시기 불교계의 사회경제적 기반이 그리 취약하지 않았다는 데에 대한 근거라고 할 수 있는 것이다.

이에 18, 19세기 사찰판 불서 간행의 감소는 사찰의 사회경제적 기반이 약화된 데에 따른 것으로 보인다. 18세기 후반의 영조와 정조 대의 『실록』에는 승도의 수가 감소하여 사찰이 쇠잔하고 망폐한다고 하면서, 그 대책을 논의하는 기사가 다수 확인된다. 그 기사들에 따르면 당시 조정에서는 승도 감소, 사찰 쇠잔의 요인을 1750년 균역법 시행에 따른 것으로 파악하고 있었다. 균역법의 시행으로 일반 민에 비해 승도의 역 부담이 상대적으로 증가했는데, 이에 따라 출가가 감소하고 환속이 증가해 승도의 수가 감소했다. 그로 인해 사찰이 쇠잔하거나 망폐하게 되었다고 인식한 것이다. 물론 승도 감소, 사찰 쇠잔의 원인이 균역법 시행만은 아니겠지만, 균역법 시행이 그 주요 원인인 것은 분명한 듯하다. 문헌 기록이나 고고학, 미술사학의 여러 사례를 통해 볼 때, 실제로 18세기 후반 이후에 승도의 수가 감소하고 사찰이 쇠잔·망폐했던 것으로 보인다. 〈표 9-2〉를 통해 볼 수 있듯이 불서 간행도 18세기 후반 이후 뚜렷이 감소했다. 그러므로 18, 19세기 불서 간행량의 감소는 불교계의 사회경제적 기반이 상대적으로 약화된 데 따른 결과라고 할 수 있을 것이다.

## 불서 간행의 증감과 출판문화

그렇다면 16세기에 불서 간행이 증가한 이유는 무엇일까? 16, 17세기에 조선 사회에 다수 분포한 사찰의 사회경제적 기반으로 불서를 다량 간행하는 것이 가능했다고 할 수 있지만, 이것이 불서 간행이 증가한 이유라고는 할 수 없다. 〈표 9-3〉에 따르면 중종 후반인 1530년대 전후에 불서 간행이 크게 증가했으며, 선조 전반인 1570~1580년대에 다시 크게 증가했다. 이러한 불서 간행량의 추이는 정치사회적 배경으로는 설명하기가 어렵다. 〈표 9-3〉에서 볼 수 있듯이 승정체제의 치폐와 상관관계가 있다고 보기 어려우며, 사찰의 사회경제적 기반의 변화에 따른 것이라고 보기도 어렵다. 15세기에 비해 16세기에, 또는 중종 전반에 비해 중종 후반에 사찰의 사회경제적 기반이 크게 변화했다고 볼 만한 사정이 없어 보이기 때문이다. 이에 16세기 불서 간행의 증가 추세는 출판문화사적 변화에 따른 현상이 아닐까 추정되는 것이다.

널리 알려져 있듯이 고려는 우수한 출판문화를 향유했다. 그 대표적인 유산은 대부분 불교 서적인데, 원문을 엄밀하게 교감하여 판각한 고려대장경, 동아시아 불전의 주석서를 종합 정리한 교장, 현존하는 세계 최고의 금속활자본 『직지심체요절』 등을 들 수 있다. 고려의 출판문화는 조선에 계승되었다. 15세기에 조선은 금속활자 기술로 다양한 종류의 관판 서적을 인출해 보급했다. 고려대장경과 교장은 여전히 국가적으로 관리되었으며, 훈민정음 창제 이후 고려의 구결 전통을 계승해 불서의 언해가 이루어지기도 했다. 주지하다시피 고려시대에 사찰은 국가와 함께 서적 간행의 주요 주체였는데, 이는 조선시대에도 마찬가지였다. 15세기에도 사찰은 서적 간행의 주요한 주체였다. 그러므로 16, 17세기의 사찰판 불서 간행은 기본적으로 15세기 이전에 사찰에서 서적을 간행해 온 전통을 계승한 것이라고 할 수 있다. 실제로 16, 17세기에 간행된 불서의 판본 계열을 살펴보면, 기존에 전래 유통되던 고려판본과 원판본, 15세기 관판본과 사찰판본 등을 번각·개각하거나 새로 판서하고 편집하여 간행한 것이었다.

그런데 16세기에는 사찰의 불서 간행 방식에 특징적인 변화가 나타났다. 15세기 이전에는 사찰에서 한 번에 1~2종의 불서를 간행하는 것이 일반적이었으나, 16세기에 이르면 사찰에서 여러 종의 불서를 일정한 계획에 따라 단기간에 조직적이고 집중적으로 간행하는 양상이 나타났으며, 이는 17세기를 거쳐 18세기에도 지속되었다. 이렇게 다수 간행된 불서의 종류를 살펴보면 크게 경전류(經典類)·선서류(禪書類)·의식집류(儀式集類) 등으로 구분할 수 있는데, 이는 대체로 승도의 강학, 의례의 설행, 대중의 교화를 위해 간행된 것이었다. 이로써 볼 때 16세기 사찰에서는 승도의 강학, 의식의 설행, 대중의 교화를 위해 불교 서적을 다종·다량 간행하기 시작했으며, 이는 16세기에 불서 간행량이 증가하기 시작한 일차적 요인이라고 할 수 있을 것이다.

사실 서적 간행은 15세기에 이르기까지 국가가 주도했으며, 고위층이 향유한 고급 문화였던 것으로 보인다. 고려의 간행 서적은 간행 주체에 따라 관판·사찰판·사가판 등으로 구분하는데, 국가가 승정체제를 통해 주요 사찰을 지원·관리하던 시기의 사찰판을 민간 출판이라고 보기는 어렵다. 고려의 사가판도 대부분 최고위 관인이나 승인이 발원한 것이었으며, 국가나 사찰의 출판 시스템을 활용해 간행한 것이었다. 이는 15세기의 이른바 왕실판 또

〈표 9-4〉 **조선시대 세기별 사서 간행량**

(단위: 판종)

| 구분 | 15세기 | 16세기 | 17세기 | 18세기 | 19세기 | 계 |
|---|---|---|---|---|---|---|
| 논어 | 5 | 3 | 12 | 13 | 13 | 46 |
| 맹자 | - | 3 | 19 | 14 | 11 | 47 |
| 대학 | 1 | 2 | 14 | 15 | 13 | 45 |
| 중용 | 2 | 4 | 16 | 18 | 15 | 55 |
| 계 | 8 | 12 | 61 | 60 | 52 | 193 |

자료: 안현주, 「조선시대 '사서(四書)'의 판본 연구」, 전남대학교 문헌정보학과 박사논문(2007) 참고.

한 마찬가지로, 서적 간행의 발원 주체는 왕실 인사였지만, 실제로는 국가나 사찰의 출판 시스템을 활용해 간행한 것이었다. 이에 왕실판은 그 간행 경위에 따라 관판이나 사찰판으로 분류할 수도 있다. 이러한 서적 간행의 실제를 통해 볼 때, 15세기까지 서적 간행은 국가가 주도했고, 주로 고위층이 향유한 고급 문화였음이 분명해 보인다. 그러므로 국가 승정체제가 폐지된 16세기에 이르러 전국의 사찰에서 불서를 다량 간행하기 시작한 것은, 사찰이 민간 출판의 주체로서 서적 보급을 확대한 것이라는 점에서 주목할 만한 출판문화사적 현상으로 볼 수 있다.

일반적으로 조선시대에 서적의 간행과 보급은 국가가 주도했다고 이해되는 듯하다. 15세기에는 중앙의 주자소와 교서관을 중심으로 서적의 간행과 보급이 이루어졌고, 16세기 이후에는 지방의 감영과 군읍을 중심으로 서적의 간행과 보급이 이루어졌다. 민간의 상업 출판은 발달하지 못하다가, 18세기 이후에 방각본, 세책 등이 출현해 실용 서적이나 한글소설의 보급 확대에 기여한 것으로 이해된다. 그러나 이와 같은 조선시대 출판문화사에 대한 논의에서 불서 간행은 거의 거론되고 있지 않다.

〈표 9-4〉는 기존 연구를 바탕으로 대표적인 유교 강학 서적인 사서(四書)의 세기별 간행량을 정리한 것이다. 〈표 9-1〉과 〈표 9-4〉를 통해 조선시대

서적 간행량의 추이를 대략 비교해 보면, 불서는 16세기에 간행이 크게 증가했으나 사서는 17세기에 크게 증가했다는 점, 불서는 18세기 이후에 간행이 현저히 감소했지만 사서는 18, 19세기에도 지속적으로 다량 간행되었다는 점을 확인할 수 있다. 16세기 이후에 불서는 사찰에서 간행되었던 반면, 사서는 16, 17세기에는 대부분 지방 감영과 군읍에서 간행되다가 19세기에 이르러 상업 출판인 방각본으로 상당수 간행되었다는 점도 중요한 차이라고 할 수 있다. 중국의 경우에는 명말청초에 상업 출판이 발달하면서 서적의 간행과 보급이 크게 증가한 것으로 알려져 있다. 불서와 사서의 간행량 추이로 볼 때, 한국도 대체로 명말청초에 해당하는 16, 17세기에 서적 간행량이 크게 증가한 것은 공통적이라고 할 수 있다. 그런데 한국에서는 16세기에 민간 출판인 사찰판 불서의 간행이 먼저 크게 증가했고, 이후 17세기에 국가 출판인 관판 유교 서적의 간행이 크게 증가했다. 그러므로 한국의 출판문화사에서 16세기 사찰판 불서 간행의 뚜렷한 증가 추세는 가볍게 볼 수 없는 현상이자 연구 과제로 보인다.

## 15세기 불서 간행의 경향과 특징

조선시대 불서의 간행량이 시기별로 차이가 있었듯이, 시기별로 간행된 불서의 종류에도 차이가 있었다. 조선시대에 다수 간행된 불서의 종류는 크게 경전류·선서류·의식집류 등으로 구분할 수 있는데 대체로 경전류는 승도의 강학이나 대중의 교화를 위해, 선서류는 승도의 강학을 위해, 의식집류는 의식의 설행을 위해 간행되었다고 할 수 있다. 시기별로 간행 불서의 종류를 살펴보면 15세기에는 국가와 왕실이 불서를 간행했다는 점, 16, 17세기에는 승도의 강학을 위한 불서가 다량 간행되었다는 점, 18, 19세기에는 대중의 교화를 위한 불서가 다수 간행되었다는 점 등이 특징적인 것으로 보인다. 16, 17세기는 간행 증가로 불서가 다량 간행된 시기이며, 18, 19세기는 불서 간행량이 점차 감소해 간 시기이기도 했다. 이에 조선시대를 15세기, 16~17세기, 18~19세기로 구분해 각 시기별 불서 간행의 주요 경향과 특징을 간략히 기술해 보고자 한다.

15세기는 조선 국가체제의 일부로 승정체제가 운영된 시기였다. 고려에 비해 규모가 크게 축소되고 위상이 격하되기는 했지만 승과 시행, 승계 수여, 승직 임명, 사사전 지급 등이 계속 이루어졌다. 널리 알려져 있듯이 15세기에는 『월인천강지곡』과 『석보상절』의 편찬과 간행, 불교 서적의 언해와 간행, 간경도감의 설치와 운영, 대장경의 인출과 봉안, 교장의 중수와 인출 등이 이루어졌는데, 이는 국가체제의 일부로 승정체제가 운영되던 시기에 국가나 왕실이 주도한 사업이었다. 이에 15세기에는 주자서·교서관·간경도감 등에서 간행한 관판 불서, 국왕·왕비·대비·대군 등의 왕실 인사가 간행을 주도한 왕실판 불서의 비중이 전체 간행 불서의 4분의 1에 이를 정도로 적지 않았고, 당시 관판 서적 인쇄에 주로 쓰인 금속활자로 불서가 인출되기도 했던 것이다. 이 관판, 왕실판 불서가 당시 사찰에서 번각되기도 했으므로, 실제 그 영향력은 더 컸다고 할 수 있다. 그러나 기존에는 15세기 국가나 왕실의 불서 간행을 국왕과 왕실의 개인적인 신앙에 따른 사적이고 이례적인 행위로 해석해 온 경향이 있는데, 앞으로 이에 대한 비판과 재해석이 필요해 보인다.

〈표 9-5〉를 통해 15세기에 다수 간행된 주요 불서를 살펴보면 『법화경』·『금강경』·『능엄경』 등은 승도의 강학을 위해서도 대중의 교화를 위해서도 중시된 경전이며, 『육경합부』·『부모은중경』·『불설장수멸죄호제동자다라니경』·『지장보살본원경』·『불정심관세음보살대다라니경』 등은 불교 신앙에 따른 대중의 교화를 위해 간행된 경전류라고 할 수 있다. 『목우자수심결』·『불조

<표 9-5> 15세기 간행 주요 불서 목록

| 서종(판종) |
| --- |
| 육경합부(26), 법화경(19), 부모은중경(14), 금강경(10), 불설장수멸죄호제동자다라니경(8), 수륙무차평등재의촬요(8), 능엄경(6), 몽산화상육도보설(6), 지장보살본원경(6), 목우자수심결(4), 불정심관세음보살대다라니경(3), 불조삼경(3), 선종영가집(3), 영가진각선사증도가(3), 육조대사법보단경(3) |

삼경』·『선종영가집』·『영가진각선사증도가』·『육조대사법보단경』 등은 승도의 강학을 위해 간행된 선서류이며, 『수륙무차평등재의촬요』는 수륙재 설행을 위한 의식집이라고 할 수 있다.

이 중 『목우자수심결』·『불조삼경』·『선종영가집』·『영가진각선사증도가』·『육조대사법보단경』 등은 고려 중후기 선불교 전통의 대표적인 불서라고 할 수 있다. 『목우자수심결』은 고려 중기 보조 지눌(1158~1210)의 저술이며, 『선종영가집』은 고려 말 선승 나옹 혜근(1320~1376)이 중시한 불서였다. 『불조삼경』·『육조대사법보단경』은 고려 말에 큰 영향을 끼친 몽산 덕이(1232~?)가 편찬에 관여한 판본이었다. 그리고 15세기에는 국가, 왕실, 사찰의 불교 의례에서 수륙재의 형식과 절차가 확산되어 다양한 수륙재 의식집이 간행되기 시작했다. 그중 『수륙무차평등재의촬요』는 15세기 후반에 처음 간행된 이래, 17세기 말에 이르기까지 40여 판종 이상이 간행된 조선시대의 대표적인 수륙재 의식집이었다. 이처럼 15세기의 불서 간행 경향을 통해 볼 때, 15세기 불교계는 고려시대의 불교 전통을 계승하면서도 조선시대 불교 전통이 형성되고 있던 시기라고 할 수 있다.

15세기 후반에 국가나 왕실이 불서를 언해해 간행한 것도 특기할 만한 사실이라고 할 수 있다. 이때 간행된 언해불서로는 『능엄경』·『법화경』·『선종영가집』·『사법어』·『원각경』·『아미타경』·『몽산화상법어약록』·『목우자수심결』·『금강경』·『육조대사법보단경』 등이 있다. 이 언해불서의 종류를 살펴보면 대부분 15세기 국가, 왕실, 사찰에서 다수 간행되던 불서들로, 승도의 강학과 대중의 교화를 위해 중시된 경전이거나 승도의 강학을 위한 선서였다. 이는 15세기 후반에 국가와 왕실은 당시 불교계에서 중시된 불서 가운데 대중의 교화와 승도의 강학을 위해 보급이 필요한 불서를 언해해 간행했음을 의미한다. 15세기 후반에 간행된 이 언해불서들은 16세기 이후에도 계속 간행되어 조선 중후기 불교계에 적지 않은 영향을 미쳤다.

## 16, 17세기 불서 간행의 경향과 특징

16, 17세기에는 전국의 사찰에서 다량의 불서를 간행했다. 국가와 왕실은 불서를 간행하지 않았으나, 사찰의 불서 간행량은 크게 증가했다. 사찰의 불서 간행량은 16세기 중엽 이후에 뚜렷한 증가 추세였으며, 임진왜란 이후인 17세기에도 다량 간행되었다. 사찰의 불서 간행량이 크게 증가한 것은, 사찰에서 여러 종의 불서를 일정한 계획에 따라 단기간에 조직적이고 집중적으로 간행하는 양상이 나타났기 때문이다. 이에 사찰에서 함께 간행한 불서의 종류를 분석하면, 당시 사찰에서 어떤 목적으로 불서를 간행했는지 대략 파악할 수 있다.

〈표 9-6〉과 〈표 9-7〉을 통해 16, 17세기에 간행된 주요 불서를 살펴보면, 16세기에는 『법화경』·『부모은중경』·『금강경』·『지장보살본원경』 등의 경전, 『계초심학인문』·『몽산화상육도보설』·『고봉화상선요』·『대혜보각선사서』·『몽산화상법어약록』·『법집별행록절요병입사기』·『선원제전집도서』·『선종영가집』 등의 선서, 『수륙무차평등재의촬요』·『천지명양수륙재의찬요』·『제반문』 등의 의식집을 다량 간행했고, 17세기에는 『법화경』·『부모은중경』·『지장보살본원경』·『금강경』 등의 경전, 『법집별행록절요병입사기』·『선원제전집도서』·『고봉화상선요』·『계초심학인문』·『대혜보각선사서』 등의 선서, 『운

〈표 9-6〉 **16세기 간행 주요 불서 목록**

| 서종(판종) |
|---|
| 법화경(57), 부모은중경(34), 수륙무차평등재의촬요(26), 계초심학인문(25), 몽산화상육도보설(19), 천지명양수륙재의찬요(18), 고봉화상선요(15), 금강경(14), 대혜보각선사서(13), 몽산화상법어약록(12), 법집별행록절요병입사기(12), 선원제전집도서(12), 제반문(12), 지장보살본원경(11), 선종영가집(10) |

〈표 9-7〉 **17세기 간행 주요 불서 목록**

| 서종(판종) |
|---|
| 법화경(63), 운수단가사(24), 천지명양수륙재의찬요(22), 부모은중경(19), 제반문(19), 수륙무차평등재의촬요(18), 법집별행록절요병입사기(15), 선원제전집도서(15), 고봉화상선요(14), 계초심학인문(13), 예수시왕생칠재의찬요(12), 대혜보각선사서(11), 지장보살본원경(10), 금강경(9), 승가일용식시묵언작법(9) |

수단가사』·『천지명양수륙재의찬요』·『제반문』·『수륙무차평등재의촬요』·『예수시왕생칠재의찬요』·『승가일용식시묵언작법』 등의 의식집을 다량 간행했다. 이를 통해 볼 때 16, 17세기 불교계에서는 불서 간행을 통해 승도 강학의 체계화, 의례 규범의 정비, 대중 교화의 저변 확대를 지향했던 것으로 보인다.

16, 17세기 불서 간행 경향의 차이를 통해서는 불교계의 변화가 확인된다. 임진왜란은 16세기 불교계의 규모, 활력, 다양성 등에 심각한 피해를 입힌 것으로 보인다. 주지하다시피 임진왜란 이후 17세기 불교계는 청허 휴정(1520~1604)의 문도를 중심으로 재편되었는데, 그 문도를 중심으로 불서 강학체계인 이력(履歷)이 성립했다. 실제로 17세기에 다량 간행된 주요 불서를 살펴보면 이력의 사집(四集)에 해당하는 『법집별행록절요병입사기』·『선원제전집도서』·『고봉화상선요』·『대혜보각선사서』가 집중적으로 간행되었고, 휴정의 저술인 『운수단가사』도 다량 간행되었다. 반면 16세기에는 이력의 사집에 해당하는 불서가 다량 간행되기 시작했지만, 15세기에 중시된 『몽산화상육도보설』·『몽산화상법어약록』·『선종영가집』 등도 함께 다량 간행되고 있었다.

16세기 후반에 이미 휴정은 불교계에서 영향력이 상당했지만, 휴정 이외

〈그림 9-2〉 **몽산화상육도보설 목판**
1584년 서산 개심사 판각, 보물.
자료: 국가유산포털.

에도 영향력 있는 인물들이 있었던 것으로 보인다. 휴정은 명종 대 승정체제의 최고위직인 선종·교종 판사를 역임한 인물이었다. 그런데 근래에 알려진 바에 따르면 1556~1565년 황해도 서흥 귀진사에서 간행된 『화엄경』과 『십지경론』에는, 널리 알려진 보우(1509~1565) 외에도 선종·교종 판사를 역임한 인물로 천칙·일주·일웅·설매 등이 기재되어 있다. 이를 통해 볼 때 16세기 불교계에서는 상대적으로 다양한 불서가 간행되고 여러 유력한 인물이 활동했으나, 임진왜란 이후 17세기에는 불교계가 휴정의 문도를 중심으로 재편되면서 강학용 불서 또한 이력 교과에 해당하는 불서를 중심으로 간행되었던 것으로 보인다. 이처럼 16, 17세기 불교계에서는 기존의 불교 전통을 선별적으로 계승하고 체계화함으로써 조선 후기 불교 전통을 창출하고 있었다고 할 수 있다.

16, 17세기 불서 간행의 특징적인 사례를 살펴보자면, 우선 앞서 언급한 귀진사의 『화엄경』, 『십지경론』 간행은 중앙 불교계가 지방 사찰의 불서 간행에 직접 참여한 사례라고 할 수 있다. 『화엄경』과 『십지경론』은 교종의 승과에서 시취하도록 『경국대전』에 규정된 불서이다. 귀진사에서는 승정체제가 운영된 명종 대에 중앙 불교계의 주요 인사들이 참여해 승과에서 시취하는 불서를 간행했던 것이다. 반면 16세기에 강학용 불서 간행을 주도한 것은

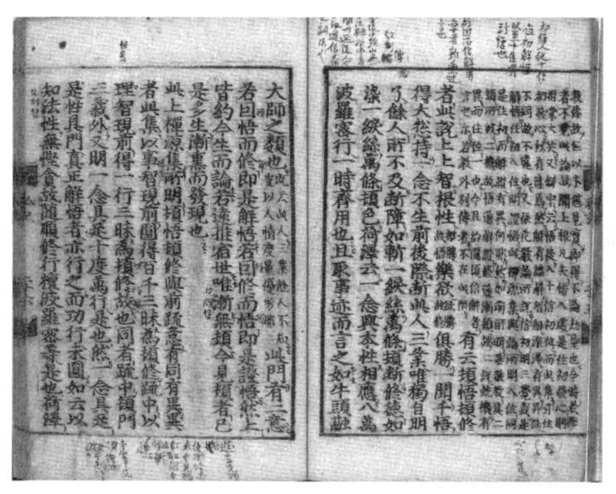

**〈그림 9-3〉 법집별행록절요병입사기**
1537년 지리산 신흥사 간행, 목판본, 유형문화재.
자료: 불교기록문화유산아카이브.

중앙 불교계가 아니었다. 16세기 전반에 여러 종류의 강학용 선서를 한 번에 다수 간행하기 시작한 사찰은 지리산 신흥사였는데, 1536~1539년 신흥사에서는 벽송 지엄(1464~1534)의 영향력 아래 부용 영관(1485~1571)이 참여해 『몽산화상법어약록』·『몽산화상육도보설』·『대혜보각선사서』·『법집별행록절요병입사기』·『선원제전집도서』·『고봉화상선요』 등을 집중적으로 간행했다. 16세기 전반에 『함허당득통화상현정론』·『유석질의론』·『동오사문은부현정론』·『호법론』 등과 같은 호불 논서가 간행되었다는 점도 주목할 만한 현상이라고 할 수 있다.

16세기는 언해불서가 가장 많이 간행된 시기이기도 했다. 16세기에 40여 종 이상의 언해불서가 간행되었는데, 주로 15세기에 국가와 왕실이 언해한 불서를 번각해 간행했지만, 불교계에서 불서를 새로 언해하여 간행하기도 했다. 16세기에 새로 언해된 불서로는 『법집별행록절요병입사기』·『부모은중경』·『십현담요해』·『성관자재구수육자선정』·『몽산화상육도보설』·『선가귀감』·『초발심자경문』 등이 있다. 이 중 특히 주목되는 것은 『부모은중경』의 언해이다. 『부모은중경』은 전주 지역의 사족 오응성이 처음 언해해 승도의 도움을 받아 간행되었다. 이 『부모은중경』 언해는 승도의 강학이 아닌 대중의 교화를 위해 언해·간행했다는 점, 순한글의 언해문을 수록했다는 점, 16, 17세기에 30판종 이상 다량 간행되었다는 점이 특징적인데, 일반인에게 한글을 보급하는 데에 적지 않은 기여를 했을 것으로 추정된다. 17세기에 고승 문집과 사찰 사적이 다수 편찬·간행되기 시작했다는 것도 주목할 만한 현상이라고 할 수 있다.

## 18, 19세기 불서 간행의 경향과 특징

18, 19세기에는 16, 17세기에 비해 불서 간행량이 감소했다. 특히 18세기 후반 이후에는 간행량이 크게 감소했다. 이는 이전 시기에 비해 승도가 감소하고 사찰이 쇠락한 데 따른 것으로, 앞서 언급했듯이 18세기 중엽 균역법의 시행이 주요 원인으로 보인다. 〈표 9-2〉를 통해 볼 때 19세기 후반에는 19세기 전반에 비해 불서 간행량이 다소 증가하기도 했는데, 19세기 후반에는 서울 인근의 사찰에서 간행한 불서가 2분의 1에 이르렀다는 점이 특징적이라고 할 수 있다. 18, 19세기에 승도의 수, 사찰의 수와 규모, 불서의 간행량 등이 감소한 것은 분명한 사실로 보이지만, 이는 16, 17세기에 비해 상대적인 것일 뿐이므로 18, 19세기 불교계를 쇠락한 역사상으로 인식하는 것은 바람직하지 않다.

〈표 9-8〉과 〈표 9-9〉를 통해 18, 19세기에 간행된 주요 불서를 살펴보면 18세기에 다수 간행된 『법화경』·『금강경』은 승도의 강학을 위해서도 대중의 교화를 위해서도 중시된 경전이며, 『부모은중경』·『육경합부』·『대방광불화엄경입부사의해탈경계보현행원품』·『불설고왕관세음경』·『지장보살본원

<표 9-8> 18세기 간행 주요 불서 목록

| 서종(판종) |
| --- |
| 법화경(18), 부모은중경(12), 금강경(10), 아미타경(9), 육경합부(7), 관세음보살영험약초(6), 대방광불화엄경입부사의해탈경계보현행원품(6), 불설고왕관세음경(6), 지장보살본원경(6), 대미타참약초요람(5), 불설수생경(5), 불설천지팔양신주경(5), 천지명양수륙재의범음산보집(5) |

<표 9-9> 19세기 간행 주요 불서 목록

| 서종(판종) |
| --- |
| 불설천지팔양신주경(7), 금강경(6), 아미타경(4), 원각경(3), 부모은중경(3), 육조대사법보단경(3), 지장보살본원경(3) |

경』·『불설수생경』·『불설천지팔양신주경』 등은 불교 신앙에 따른 대중의 교화를 위한 경전류이다. 『아미타경』·『대미타참약초요람(염불보권문)』·『관세음보살영험약초』 등은 염불수행, 정토신앙, 관음신앙을 통한 수행과 교화를 위한 불서이며, 『천지명양수륙재의범음산보집』은 수륙재 의식집이다. 19세기에 다수 간행된 『불설천지팔양신주경』·『금강경』·『아미타경』·『원각경』·『부모은중경』·『지장보살본원경』 등은 대중의 교화나 승도의 강학을 위한 경전이며, 『육조대사법보단경』은 승도의 강학을 위한 선서이다. 이처럼 18, 19세기에는 대중의 교화를 위한 불서가 상대적으로 다수 간행되었다.

18, 19세기의 전체 불서 간행 목록을 살펴보아도, 17세기에 다량 간행된 이력 교과의 강학용 선서는 18, 19세기에 거의 새로 간행되지 않았다. 그렇다면 18, 19세기에 불교계에서 강학이 활발하지 않았던 것일까? 목판본 불서는 목판을 처음 판각하여 인출한 이후에도 목판을 계속 보관하면서 필요에 따라 인출하기 때문에, 17세기 간행 불서는 대체로 18세기에도 지속적으로 인출되었을 것이다. 16세기 간행 불서는 임진왜란으로 인해 17세기에는 인출하기 어려웠을 가능성이 크지만 17, 18세기 사이에는 큰 정치사회적 변화가 있지 않았기 때문이다. 서적의 간행은 수요의 증가, 특정한 의도 등이

〈그림 9-4〉 **서울 봉은사 판전**

1856년 축조, 유형문화재.
자료: 국가유산포털.

있을 때 상당한 경제력과 인력을 투여해 이루어진 사업이었다. 이에 18세기에는 기존에 간행된 강학 불서의 공급이 충분했고 18세기 후반 이후 승도의 수와 불교계의 규모가 상대적으로 감소했기 때문에, 강학 불서를 더 판각할 필요가 없었던 것으로 보인다.

17세기에 휴정의 문도를 중심으로 형성된 강학, 수행, 의례의 전통은 대체로 18, 19세기에도 지속되었다. 18, 19세기에도 강학체계인 이력에 해당하는 불서의 강학이 활발하게 이루어졌다. 이에 이력 불서에 대한 주석서인 사기(私記)가 간행되기도 했다. 사기는 이력 불서에 대한 연구의 성과이자 강학의 지침이었다. 고승의 사기 저술은 19세기 말에 이르기까지 지속적으로 이루어졌는데, 고승이 저술한 사기의 간행은 주로 18세기 전반에 이루어졌다. 17세기 중후반에 벽암 각성의 『선원집도중결의』, 백암 성총의 『치문경훈주』 등이 간행되었고, 18세기 전반에 상봉 정원의 『선원제전집도서분과』, 모운 진언의 『화엄품목문목관절도』, 설암 추붕의 『선원제전집도서과평』과 『법집별행록절요사기과평』, 회암 정혜의 『선원집도서과기』와 『법집별행록절요사기해』 등이 간행되었다. 조선 후기 불교계의 수행체계인 삼문수행의 염불문에 해당하는, 염불수행과 정토신앙에 대한 저술도 18세기에 주로 간행되었다. 17세기 중후반에 저자 미상의 『참선염불문』, 백암 성총의 『정토보서』와 『정토찬』이 간행되었고, 18세기에 명연의 『염불보권문』, 기성 쾌선의 『청택법보은문』과 『염불환향곡』, 해봉 유기의 『신편보권문』 등이 간행되었다.

18, 19세기에는 중국으로부터 유입된 불서가 간행되면서 불교계에 큰 영향을 미치기도 했다. 1681년 일본으로 가던 중국 상선이 전라도 임자도에 표착하면서 가흥대장경의 일부가 조선에 유입되었다. 가흥대장경은 명말청초에 편찬·간행된 상업용 민간 출판의 방책본 대장경이다. 당시 불교계에서는 이 가흥대장경의 불서를 수습해 간행하기도 했는데, 17세기 말에 지리산 인근 지역의 사찰에서 여러 종이 간행되었고, 18세기 이후에도 여러 종이 간행되었다. 가흥대장경의 유입과 간행 사실은 근래에 구체적으로 밝혀지고 있는데, 이 불서들의 간행이 18세기 이후의 불교계에 상당한 영향을 미친 것은 분명한 듯하다. 특히 『화엄경소초』의 유입과 간행은 이력의 최고 교과인 『화엄경』에 대한 강학과 연구가 활성화되는 데에 크게 영향을 미친 것으로 보인다. 이 가흥대장경판 『화엄경소초』는 80권에 이르는 거질임에도 1690년에 전라도 낙안 징광사에서 처음 간행된 이래, 1775년 경상도 안음 영각사, 1856년 경기도 광주 봉은사에서 다시 간행되었다.

19세기 후반에는 동아시아에서 불서의 정리와 간행, 유통이 비교적 활발해지면서 중국 불서가 국내로 유입되었다. 이에 기존에 조선에 전하지 않던 저술을 수록한 불서가 편찬·간행되기도 했는데 『법해보벌』·『선문촬요』 등이 대표적이다. 이 불서들이 근대 불교계에 미친 영향이 컸으므로, 19세기 후반 중국 불서의 유입·편찬·간행 과정에 대해서도 구체적인 연구가 필요해 보인다. 이처럼 불서 간행은 조선시대의 정치·사회·경제·사상·문화 등의 측면에서 다각도의 의미 해석이 필요한 현상이자 연구 과제라고 할 수 있다.

10

# 불전언해의 역사와 문화적 지형

김기종 | 전북대학교 국어국문학과 교수

## 언해와 언해불전

언해(諺解)는 한글 창제(1443) 이후부터 갑오개혁(1894) 이전까지 사용된 용어로, 중국어를 한국어로 옮기고 한글로 기록하는 행위와 그 산물을 가리킨다. 언해의 대상은 반드시 한문 또는 백화문이어야 하고, 일방향의 번역 행위라는 특징이 있다. 그리고 조선시대의 번역서는 한문·백화문을 번역한 언해본과, 몽골어·청어(淸語)·왜어(倭語) 등을 번역한 역학서본(譯學書本), 외국어 음만을 번역한 음역본(音譯本)의 세 유형으로 나눌 수 있다.

서명에 '언해'가 명기된 최초의 문헌은 김안국의 『정속언해』(1518)이다. 이후 선조 대에 교정청에서 간행된 『논어언해』·『중용언해』 등의 언해경서는 모두 '~언해'라는 서명으로 되어 있다. 이 교정청 언해경서들의 보급으로 17세기 이후에 '언해'라는 용어가 보편화된 것이라고 할 수 있다. 그런데 언해불전(諺解佛典)의 경우 1762년에 간행된 『지장보살본원경언해』를 제외하고는, 그 서명이 '~언해'로 명기되어 있는 예가 전혀 없다. 언해불전의 서명은 한문본과 동일하다. 그렇지만 학계에서는 한문본과 구별하기 위해 원서명의 뒤에 '언해'를 붙여 사용하고 있다. 이 글에서 다루는 언해불전의 서명 역시 학계의 관례를 따른 것임을 밝힌다.

## 15세기

### 국가·왕실 주도의 불전언해

최초의 언해불전인 『석보상절』은 세종 29년(1447) 수양대군이 세종의 명으로 어머니 소헌왕후의 명복을 빌기 위해 편찬·간행한 석가의 일대기이다. 총 24권 가운데 권3, 6, 9, 11, 13, 19, 20, 21, 23, 24의 10권만이 현재 전한다. 『석보상절』은 『월인석보』와 함께 한문 원문 없이 국한문 혼용의 언해문만으로 되어 있고, 한자에는 독음이 달려 있다. 그리고 이 두 불서에는 중국의 대표적 불전(佛傳)인 승우의 『석가보』를 중심으로, 『법화경』·『대방편불보은경』·『약사경』·『지장경』 등의 여러 대승경전이 편입 및 번역되어 있다.

『월인석보』는 세종이 『석보상절』을 보고 지은 「월인천강지곡」을 본문으로 삼고 『석보상절』을 해설 삼아 합편한 것으로, 첨삭 및 증수 과정을 거쳐 세조 5년(1459)에 간행되었다. 총 25권 중 권3, 5, 6, 16, 24를 제외한 20권이 전하고 있다. 월인부와 상절부로 구성된 『월인석보』는 세종 당대에 간행된 『석보상절』 및 『월인천강지곡(상)』과는 다른 모습을 보인다. 특히 상절부와 협주에서 많은 변개가 이루어졌다.

불전 간행을 위한 간경도감의 설치는 도승법(度僧法)과 승인호패법(僧人號牌法)의 개정안이 마련된 세조 7년(1461) 3월과 8월의 중간 시기인 6월에 시행되었다. 세조 7년(1461) 6월 16일에 설치되어 성종 2년(1471) 12월 5일에 혁파될 때까지, 간경도감은 약 37종의 한문 불전과 9종의 언해불전을 간행했다.

간경도감은 총책임자로서의 도제조와, 제조·부제조·사·부사·판관 등의 구성원으로 조직·운영되었다. 11년의 존속 기간 동안 도제조와 제조로 임명된 인물은 15명 정도로, 대부분 세조의 측근이거나 집현전 출신이었다. 또한 부사와 판관에는 겸예문(兼藝文)의 유신(儒臣)들이 임명되기도 했다. 이에 비해 승려들은 간경도감 초기에는 그 참여가 배제되었으며, 참여 뒤에도 유신들을 보조하는 역할 이상은 없었다.

간경도감에서 간행한 언해불전은 현재 9종이 전하고 있다. 『능엄경언해』(1462)·『법화경언해』(1463)·『선종영가집언해』(1464)·『금강경언해』(1464)·『반야심경언해』(1464)·『아미타경언해』(1464)·『원각경언해』(1465)·『수심결언해』(1467)·『사법어언해』(1467) 등이 이에 해당한다. 『선종영가집언해』·『수심결언해』·『사법어언해』를 제외한 6종의 언해 불경은 모두 해당 경전의 주석서를 언해한 것이다. 불전의 구결은 대부분 세조가 직접 달았고, 언해는 주로 집현전 출신의 유신인 김수온·한계희와, 당시 불교계의 대표적 고승인 신미가 담당했다.

간경도감본 언해불전의 번역은 원문과 그 구결을 의식한 직역이다. 먼저 원전을 대문(大文)으로 나누고 한글로 구결을 쌍행으로 단 다음에, 국한 혼용의 언해문을 쌍행으로 잇따라 싣고 있다. 불전 및 주석의 원문과 언해문은 ○표로 구분되어 있고, 협주의 시작과 끝에는 흑어미가 있다. 원문의 한자에는 독음 표기가 없으나 언해문의 한자에는 『동국정운』에 따른 한자음이 부기되어 있고, 언해문의 한글에만 방점이 있다.

간경도감 간행의 언해불전은 그 이전의 『석보상절』·『월인석보』에 비해 번역의 체재가 다소 복잡해졌고, 원문의 대역으로 인해 직역이 강화되었다. 이러한 특징은 경전의 주석까지 번역되어 있는 점과 함께, 세조가 설정한 언해불전의 주요 독자층이 '일반 백성들'이 아니었음을 짐작하게 한다. 경전과 그 주석에 대한 정확한 이해를 필요로 하는 계층은 일차적으로 승려들이 될 수밖에 없는 것이다.

언해의 텍스트로 선정된 불전의 성격을 통해서도 간경도감본의 독자층을 짐작할 수 있다. 선행 연구에 따르면 『능엄경』·『법화경』·『금강경』·『아미타경』은 선종의 소의 경전들로, 이 경전들이 『선종영가집』·『수심결』 등의 선서(禪書)와 함께 언해된 것은 당시 불교계의 상황을 반영한 것이자 선사상의 보급에 그 목적이 있었다는 것이다. 그렇지만 태조 대의 11종이 선·교 양종으로 통합·축소된 세종 대 이후의 상황에서, 읽는 불전이 다를 정도로 선종과 교종의 구분이 명확했는지는 의문이다. 그리고 간경도감본의 선서는 선종이라는 종파적 입장이 아닌, 승려로서 읽어야 할 불교 입문서라는 측면에서 선정된 것으로 볼 수 있다.

여기에서, 간경도감이 설치되기 3개월 전에 제정되었던 도승법의 송경(誦經) 과목을 주목할 필요가 있다. 승려가 되기 위해 반드시 외워야 하는 경전으로 제시된 『반야심경』·『금강경』·『능엄주』(『능엄경』)는 공교롭게도 간경도감본 언해불전의 일부와 일치하기 때문이다. 예조 1년에 추가된 『법화경』까지 포함하면, 6종의 언해 불경 가운데 4종이 송경 과목의 경전인 것이다. 이 경전들이 도승(度僧)의 과목으로 선정되었다는 것은, 당시의 불교계에서 선종·교종의 구별 없이 읽고 외워야 할 기본 텍스트로 공인되었음을 의미한다.

결국, 간경도감의 언해불전 편간은 일반 백성이 아닌 당시의 승려들을 대상으로, 그들에게 불교의 기초 교리·지식을 보급하려는 데 일차적인 목적이 있었으며, '도승법'이라는 당시의 불교 정책과도 일정 정도 관련을 맺고 있다고 하겠다.

한편, 간경도감이 폐지된 이후에도 언해불전은 편찬·간행되었다. 성종 대의 『금강경삼가해언해』(1482)·『남명집언해』(1482)·『불정심경언해』(1485)·『오대진언언해』(1485)와, 연산군 대의 『육조법보단경언해』(1496)· 『시식권공언해』(1496) 등이 그것이다. 이 불전들의 편찬·간행은 세조의 아내인 정희왕후

(1418~1483)와 세조의 며느리인 소혜왕후(1437~1504)가 주도한 것이다. 대체로 간경도감본 언해불전의 체재와 번역 양식을 따르고 있어, 간경도감에서 추진된 언해 사업의 계속이라 할 수 있다.

이러한 점은 번역된 불전의 내용과 성격에서도 엿볼 수 있다. 『금강경삼가해』는 송나라의 선사인 야보·종경과 조선의 함허당 기화(1376~1433)의 『금강경』에 대한 해설을 모은 책이다. 『남명집』은 중국 당나라의 현각이 지은 『증도가』를 송나라 남명 선사가 해설한 것이고, 『육조법보단경』은 당나라의 육조 혜능의 법어를 제자들이 기록한 것이다. 『불정심경』·『오대진언』의 경우는 불교 의례에서 암송하는 진언(眞言)을 모은 것이고, 『시식권공』은 불교 의례의 절차를 정리한 책이다.

이상의 내용을 통해 성종·연산군 대의 언해불전은 간경도감의 언해불전과 마찬가지로 주요 독자층이 승려들이고, 편찬·간행의 목적 역시 승려의 교육에 있었음을 알 수 있다. 불교 의례는 재가신자들도 참여하지만, 불교 의례의 주관과 진행은 승려들이 담당하므로 불교 의례서의 일차적인 독자는 승려 계층이기 때문이다.

## 16세기

### 지방 사찰 편찬·간행의 언해불전

15세기의 언해불전은 모두 관판본(官版本)이고, 서울에서만 간행되었다. 그러나 16세기 이후로 관판본은 더는 편찬·간행되지 않았고, 지방 사찰에서 간경도감의 언해불전들이 복각·간행되었다. 간경도감본의 복각 외에도, 16세기에는 지방의 사찰을 중심으로 8종의 언해불전이 편찬·간행되었다. 대승경전과 선서로 양분되던 간경도감본과 달리, 비교적 다양한 성격의 불전들을 포함하고 있다.

『법집별행록절요언해』(1522)는 보조국사 지눌(1158~1210)의 『법집별행록절요병입사기』를 언해한 것이다. 지눌의 이 책은 규봉 종밀의 『법집별행록』에 대한 주석서로, 중요한 부분을 초록한 뒤 자신의 견해를 덧붙이고 있다. 언해본은 간경도감본의 체재를 따르고 있지만, 완역(完譯)이 아닌 원전의 약 3분의 1만을 초역(抄譯)하고 있으며, 원전의 일부가 언해본의 원문에서 다른 표현으로 바뀌기도 했다.

『은중경언해』는 『불설대보부모은중경』의 번역이다. 이 경전은 중국에서 찬술된, 이른바 '위경(僞經)'에 해당한다. 부모의 은혜, 특히 어머니의 은혜를 열 가지로 제시한 뒤, 지옥에 떨어지지 않기 위해서라도 그 은혜를 반드시 갚아야 함을 권하고 있다. 전라북도 완주의 선비 오응성이 인종 1년(1545)에 언해해 간행한 판본이 가장 이른 시기의 것이고, 이후 간행된 대부분의 판본들은 이 초역본(初譯本)을 복각한 것이다. 이 책은 한문 원문을 대문으로 나눈 뒤 순한글의 언해문을 배열하고 있는데, 원문에는 구결과 독음이 달려 있지 않다. 그리고 언해문의 주요 부분 아래에는 그 내용을 표현한 삽화가 실려 있다.

『십현담요해언해』(1548)의 저본은 김시습(1435~1493)의 『십현담요해』(1475)이다. 이 책은 『십현담』의 주석서인 청량 문익의 『동안찰십현담청량화상주』를 대본으로 하여, '십현담'의 요지를 해설한 것이다. 언해본은 『십현담요해』에 실린 청량 문익의 주석을 모두 삭제하고 있다.

『성관자재구수육자선정언해』(1560)는 뒤에서 살펴볼 『장수경언해』와 함께 밀교 계통의 불전이다. 이 언해본은 사찰이 아닌, 평안남도 평원군의 숙천부에서 간행한 것이다. 육자대명왕진언(六字大明王眞言)인 '옴마니반메훔'을 외우면 온갖 번뇌를 끊고 불과(佛果)를 얻는다는 내용으로 되어 있다. 언해의 체재는 한글로 구결을 단 한문 원문의 행에 나란히 한글로 독음과 구결을 쓴

행을 배열한 뒤, 한글만으로 된 언해문을 수록했다.

『몽산화상육도보설언해』(1567)는 중국 원나라의 임제종 승려인 몽산 덕이(1231~?)의 『몽산화상육도보설』을 언해한 것이다. 이 책은 일체유심조(一切唯心造)의 입장에서 대중이 업장을 참회하고 보리심(菩提心)을 내면 육도윤회를 끊고 성불할 수 있음을 강조하고 있으며, 이것이 고통에서 벗어나는 방법임을 설파하고 있다.

『선가귀감언해』(1569)는 청허 휴정(1520~1604)의 한문본 『선가귀감』을, 휴정의 문인(門人)인 금화도인 의천이 상·하 2권으로 번역한 책이다. 보통의 언해서와 달리 이 책은 원전에 앞서 간행되었다. 『선가귀감언해』는 휴정의 저술 『삼가귀감』(1564년 이전)의 '불교' 부분을 의천이 재편·번역하여 간행한 것이고, 한문본은 언해본을 전체적으로 재편해 10년 뒤인 1579년에 간행한 것이다.

『초발심자경문언해』(1577)는 신라 원효(617~686)의 「발심수행장」, 지눌의 「계초심학인문」, 고려 충렬왕 대(1274~1308)의 승려 야운 각우의 「야운자경서」를 한 권으로 묶어 언해한 것이다. 간경도감의 언해불전과 같이, 원문을 대문으로 나누고 한글로 구결을 달고 있지만, 언해문이 아닌 한문 원문의 한자에 독음을 부기하고 있다. 이 세 편들은 모두 출가한 지 얼마 되지 않은 승려들을 독자층으로 설정하고 있다.

『장수경언해』의 저본인 『불설장수멸죄호제동자다라니경』은 온갖 고통과 죄보에서 벗어나는 방법에 관해 설하는 밀교 계통의 경전이다. 언해본의 체재는 한문 원문과 그 한글 독음을 나란히 배열한 뒤, 순한글로 된 언해문을 쌍행의 소자(小字)로 수록하고 있다.

이상, 지방 사찰에서 편찬·간행된 16세기 언해불전의 특징적인 국면에 대해 살펴보았다. 이 불전들은 선서, 위경, 밀교 경전, 불교 입문서 등 비교적 다양한 내용과 성격을 보여준다. 그런데 『은중경언해』와 밀교 경전을 제외한 5종의 불전들은 모두 선종 또는 승려와 관련이 있는 것으로, 일반 백성들보다는 승려들을 대상으로 한 것임을 알 수 있다. 그리고 주석서 내지 연구서의 비중 또한 적지 않음이 확인된다. 곧 16세기 언해불전의 편찬 및 간행은 15세기의 간경도감본과 마찬가지로, '승려의 교육'에 그 일차적인 목적이 있는 것이다.

## 17~19세기

### 편집본 언해불전의 편찬과 조선 전기 언해불전의 유통

『권념요록』은 인조 15년(1637) 전라남도 구례의 화엄사에서 간행한 것으로, 서문에 의하면 책의 편자는 나암 보우(1509~1565)로 되어 있다. 그러나 언해문에는 17세기의 국어가 반영되어 있어, 보우가 언해한 것으로 볼 수 없다. 보우는 언해본이 아닌, 언해본에 수록된 한문 원문을 저본에서 초록한 한문본의 편자로 보는 것이 좋을 듯하다. 이 책은 한문 원문에 단락을 지어 한글로 구결을 달고, 그 뒤에 순한글의 언해문을 실었다. 구결문의 한자에는 독음을 달지 않았다.

『권념요록』은 11편의 왕생담과 「관법」·「인증」 등으로 구성되어 있다. 「왕랑반혼전」을 제외한 모든 글은 중국 원나라 왕자성의 『예념미타도량참법』의 관련 부분을 옮긴 것이다. 11편의 왕생담은 비구·우바새·우바이·악인의 순서로 배열되어 있고, 「관법」은 입으로 염불하고 마음으로 생각해야만 왕생할 수 있음을 강조하고 있다. 「인증」은 아미타불의 이름만 들어도 극락에 왕생할 수 있음을, 『약사경』·『다라니경』의 관련 부분을 인용하여 서술하고 있다.

다음으로, 『염불보권문』은 숙종 30년(1704) 경상북도 예천 용문사의 승려

명연이 편찬한 책으로, 원서명은 『대미타참약초요람보권염불문』이다. 여기에서 '대미타참'은 『권념요록』의 저본인 왕자성의 『예념미타도량참법』을 가리킨다. 그런데 『염불보권문』은 서명과 달리 『예념미타도량참법』뿐만 아니라 극락·염불과 관련된 비교적 다양한 글을 수록하고 있다. 편자인 명연이 직접 지은 글들을 포함해 여러 경전에서 발췌한 글들과, 염불의식 관련 진언·게송·발원문, 그리고 가사 작품인 「서왕가」·「인과문」 등이 실려 있는 것이다. 또한 표기의 측면에서도 한문 원문과 그 언해문을 함께 실은 것, 한문 원문에 한글 독음만 단 것, 순한글로 표기된 것 등 하나의 책 안에 다양한 모습을 보여주고 있다.

『염불보권문』은 수록된 글들의 출전과 내용에 따라 제1부 경전에서 뽑은 글, 제2부 『예념미타도량참법』 소재 왕생담, 제3부 염불의식문 등으로 구성되어 있다. 제1·2부는 구결이 없는 한문 원문과 순한글의 언해문이 함께 제시되어 있고, 제3부는 한문 원문에 독음이 달려 있거나, 한글로만 표기되어 있다.

『지장경언해』(1762)는 『지장보살본원경언해』의 약칭이다. 중국 당나라의 실차난타가 번역한 1권 13품의 『지장보살본원경』은 지장보살의 본생·본원·공덕과 지옥의 종류 및 고통 등을 그 주요 내용으로 하고 있다. 이 경전은 중생들이 고통받는 모습을 지옥고(地獄苦)를 통해 나타내 보이고 아울러 그들을 구제하는 방법을 제시하고 있다는 점에서, 주로 참회업장과 죄업소멸을 위한 목적으로 신앙되었다.

『지장경언해』는 용봉이 쓴 서문에 따르면 묘향산인 관송 장로가 후인들에게 『지장경』의 깊은 뜻을 알리기 위해 언해한 것으로 되어 있다. 그러나 이 책의 권수제에는 "지장보살본원경언히권샹/ 월린천강지곡제이십일/ 셕보샹제이십일"이라고 되어 있고, 제1~3장(張)은 『지장경』에 전혀 없는 것으로, 권수제의 표기대로 『월인석보』 권21에 있는 내용이다. 『월인석보』 권21의 이본은 현재 3종이 전하는데, 경상도·전라도·충청도의 여러 사찰에서 수차례 복각된 『월인석보』는 현전본 가운데 권21이 유일한 예에 속한다. 이 책에 편입되어 있는 『지장경』의 영향 때문이라 할 수 있다. 18세기 『지장경언해』의 판각 및 간행은 『월인석보』 권21의 복각본들과 함께, 지장신앙이 조선 중기 이후 대중 사이에서 널리 성행했음을 보여준다고 하겠다.

끝으로 『은중경언해』는 언해불전뿐만 아니라 조선시대 언해서 중에서 가장 널리 유통된 것으로, 현재 38종의 이본이 남아 있다. 16세기에 11종, 17세기 18종, 18세기 8종, 19세기에 1종이 간행되었고, 여러 사찰을 중심으로 전국적으로 널리 유통·향유되었다. 대부분의 판본들은 초역본의 구성 및 체재를 따르고 있다. 그런데 정조의 명으로 1796년에 판각된 '용주사판'은 초역본과 다른 모습을 보이고 있어 주목된다. 용주사판은 한문 원문이 없는 대신, 원문에 대한 음역문을 한글 구결을 붙여 제시하고, 그 뒤에 순한글의 언해문을 수록하고 있다. 또한 초역본 및 대부분의 판본들이 초역(抄譯)인 데 반해, 용주사판은 직역의 양식을 취해 완역했다.

정조는 『은중경언해』의 편간 이유로, 『은중경』은 부모의 은혜에 보답할 것을 설하고 있고 삽화가 있어 어리석은 백성이라도 쉽게 깨달을 수 있음을 들면서, 이 책을 읽는 사람에 대해 불경을 숭상하고 믿는 것으로 의심해서는 안 된다고 강조했다. 이러한 언급은 정조가 『은중경』을 '불경'이 아닌, '효'라는 유교적 덕목을 가르쳐주는 '교화서'로 인식하고 있음을 보여준다. 그리고 '교화서로서의 『은중경』' 인식은 용주사판 편간의 이유인 동시에, 『은중경언해』가 조선시대 언해불전 가운데 가장 널리 향유·유통된 이유로도 볼 수 있을 것이다.

## 불전언해의 정치·문화적 함의

지금까지 살펴본 대로, 언해불전의 편찬은 조선 전기인 15, 16세기에 집중적으로 이루어졌다. 조선 후기에는 15, 16세기의 언해불전이 활발히 복각·유통되었지만, 새롭게 편찬된 언해불전은 『권념요록』과 『염불보권문』 두 책뿐이다. 그리고 조선 전기와 후기의 언해불전은 그 편찬 배경과, 언해된 텍스트의 내용 및 성격에서 차이를 보인다. 특히 15세기의 언해불전은 국가의 불교 정책과 관련이 있다.

주지하다시피, 태종 6년(1406)에는 종전의 11종을 7종으로 병합했고, 세종 6년(1424)에는 7종을 다시 선·교 양종으로 폐합(廢合)한 뒤, 양종에 각각 18개의 사찰만을 허용했다. 그러나 이와 같은 정책에도 백성들뿐만 아니라 많은 사대부가 여전히 불교를 신앙으로 믿었고, 승려의 수와 사찰의 수 역시 크게 감소하지 않았다. 성종 대의 유신(儒臣)들은 당시의 승려 수를 40만 혹은 50~60만 명으로 인식하고 있으며, 『신증동국여지승람』(1530)이 편찬된 16세기 전반에는 1650여 개소의 사찰이 존재하고 있었다. 또한 개인 차원에서 설행된 불교 의례와 불사(佛事)는 고려시대 못지않게 성행하고 있었다.

세종은 1438년을 기점으로 그 이전과 달리, 불교에 대한 유화적인 입장을 취하기 시작한다. 이러한 변화는 무엇보다 불교에 대한 제도적 정비가 일단락되었고, 또한 예악과 문물제도의 정비를 통해 유교 국가로서의 안정된 기반이 이루어졌음에 기인한다. 불교에 대한 세종의 유화적인 입장은 불교가 여전히 신앙의 대상으로 숭신(崇信)되는 상황으로 인해, 더 적극적인 태도를 취했다고 여겨진다. 곧 세종은 유교 국가의 틀 안에서, 나라의 통치에 도움이 되는 방향으로 불교를 '순화(醇化)'할 방안을 모색했고, 이와 같은 모색이 현실화된 것이 바로 『석보상절』·『월인천강지곡』의 제작과 내불당의 중건이라는 것이다.

많은 대중이 모이는 장소에서 불리고 읽힐 것을 전제로 한 『석보상절』과 『월인천강지곡』의 제작에 있어, 세종은 다음 두 가지에 주안을 둔 것으로 보인다. 하나는 백성들에게 친숙하고 많은 백성이 믿고 있는 불교를 이용한 대중 교화이고, 다른 하나는 질적 수준이 저하되고 비행을 저지르는 승려들에 대한 문제였다. 전자는 국가의 통치에 도움이 되는 유불(儒佛)의 조화, 후자는 승려들에 대한 교육을 통해 불교계의 '순화'를 모색한 것으로, 그 목적은 불교의 중흥이나 불교 대중화가 아닌, 국가의 안정과 통합에 있었다고 여겨진다.

간경도감의 언해불전은 바로 이 같은 맥락에서 편찬·간행된 것으로, 그중에서도 '승려의 교육'이라는 의도에 기인한 것이라 할 수 있다. 세조 대에 개정된 도승법이 불교에 대한 제도적 정비라면, 불전언해는 불교계에 대한 일종의 문화 통제로 볼 수 있다. 이러한 추정은 15세기 이후의 한문 불서에 기입된 구결(口訣)의 양상이 모두 간경도감의 언해불전과 일치한다는 사실로도 뒷받침된다.

16세기의 언해불전은 언해의 텍스트 선정에 있어 선서의 비중이 확대되었고, 대승경전 주석서 대신 밀교경전이 새로 추가되었다는 특징을 보인다. 선서의 경우는, 승려로서 읽어야 할 불교 입문서의 측면이 강했던 간경도감본에 비해 더욱 전문화된 주석서 내지 연구서가 포함되어 있다. 이 언해불전들은 승려의 생활과 밀접한 관련이 있고, 승려들을 주요 독자층으로 설정하고 있다는 점에서 간경도감본과 공통점이 있다. 그리고 이러한 사실은 관판과 사찰판이라는 차이점이 있음에도, 조선 전기의 언해불전이 세종이 제시한 불교 순화 정책의 두 가지 방향, 즉 '대중의 교화'와 '승려의 교육' 중 후자의 측면을 계승·강화한 것임을 알게 한다.

한편, 조선 후기 언해불전의 특징적인 국면은 『권념요록』과 『염불보권문』의 편간, 『월인석보』 권21의 『지장경언해』로의 재편, 『은중경언해』의 유통 및 개각(改刻)이라는 세 가지 사항으로 정리할 수 있다. 재가자나 일반 백성들을 대상으로 하고 있는, 이 불전들의 유통과 그 성행은 조선 후기 성리학 사회에서 불교가 담당했던 역할 내지 불교의 존재 이유를 보여준다. 곧 부모에 대한 '효도'와, 지옥·극락으로 대표되는 '사후 문제'가 그것이다. 이 두 가지는 국가의 억압과 성리학자들의 비판에도 불구하고 조선시대의 불교계를 지속하게 한 이유라고 할 수 있다.

그런데 『은중경』의 '효' 뿐만 아니라, 『권념요록』·『염불보권문』·『지장경언해』에서 각각 왕생의 방법과 지옥행의 이유로 제시하는 항목들은 대체로 일상생활에서 지켜야 할 윤리 규범과 관련이 있다. 그렇다면 사후 문제에 대한 관심 역시 윤리·교화적인 측면과 연결될 수 있다. 이 불전들에 의하면 지옥에 떨어지지 않고 극락에 왕생하기 위해서는 삼보(三寶)에 대한 믿음 외에도 윤리적 규범을 지켜야 하기 때문이다. 다시 말해, 조선 후기에 널리 유통·향유된 4종의 언해불전은 모두 일종의 '교화서'로 볼 수 있다는 것이다.

결국, 조선시대의 언해불전은 전기와 후기라는 편간 시기에 따라 그 편찬의 목적이 다르고, 그 결과 각각 승려 교육을 위한 학습서와, 대중을 위한 교화서라는 성격을 띤다는 것을 알 수 있다. 언해불전의 이러한 이중적 성격은 공교롭게도 한글 창제자인 세종이 설정한, 불교문화 정책의 두 방향과 일치하므로 흥미롭다 할 것이다.

# 4부

# 불교문화와 예술

# 11 조선시대 왕실 발원 불상

유근자 | 국립순천대학교 남도문화연구소 연구교수

## 조선시대 불상의 시대 구분

조선시대 불상은 크게 임진왜란을 중심으로 조선 전기와 후기로 구분한다. 조선 전기에 조성된 불상은 주로 왕실에서 제작한 것이 대부분이고, 현존하는 자료는 많지 않다. 이에 비해 조선 후기, 특히 17세기에 조성한 불상은 많이 남아 있다. 17세기는 조선시대 불상 제작의 황금기였고 여러 유파를 형성한 승려 장인, 즉 조각승(彫刻僧)의 활동이 활발했다.

조선 후기 불교 조각은 조선 전기와 달리 대부분 승려 장인들에 의해 제작되었다. 17세기 전국 사찰의 재건과 함께 불상 수요가 증가하면서 승려 장인들은 그룹을 형성해 불상을 조성하기 시작했다. 17세기에 활약한 대표적 조각승 유파는 현진(玄眞)·청헌파(淸憲派), 응원(應圓)·인균파(印均派), 수연파(守衍派), 법령파(法令派), 무염파(無染派) 등으로 구분된다.

이 외에도 경상북도와 강원도에서 주로 활동한 단응(端應)·탁밀파(卓密派), 경상도 일대에서 석불상을 주로 조성한 승호파(勝湖派), 전라도 일대에서 활동한 색난파(色難派) 등이 있다. 이 유파들은 17세기 말에서 18세기 전반에 주로 활동했기 때문에 현재 조선시대 불상 연구는 대부분 17세기 승려 장인들의 활동을 중심으로 이루어지고 있다.

이 글에서는 조선시대 불상 가운데 왕실과 관련된 것을 중심으로 살펴보고자 한다. 조선시대는 억불숭유로 불교의 침체기라는 인식이 강하고 불교가 국교였던 고려시대와는 다른 면이 있는 것은 사실이다. 그러나 조선시대 불교는 고려를 계승하면서도 독특한 조선 불교의 성격을 띠고 있다. 억불숭유정책을 표방한 조선시대이지만 조선 전기부터 말기에 이르기까지 왕실에서는 끊임없이 사찰의 불사에 참여했다.

조선시대 왕실 발원 불상의 불사에 참여한 인물의 범주는 국왕·왕비·세자·대군·왕자·공주·옹주·부마 등 왕실의 인물뿐만 아니라 종친 또는 왕실과 관련된 상궁도 포함시켰다. 조선시대 왕실 인물이 불상을 조성한 목적은 억불숭유 정책과는 다른 면을 보여준다. 즉, 왕실 인물들은 불교를 통해 생로병사를 해결하려는 목적으로 조선 초부터 말까지 불상을 조성 또는 중수하는 데 참여했기 때문이다. 왕실 인물의 생전 안녕과 사후 극락왕생 발원은 그들이 불상을 조성 또는 중수하는 이유 가운데 하나였다.

이 글에서는 왕실과 관련된 조선시대 불상 가운데 조성에 관한 기록이 있는 불상을 중심으로 조선 전반기(1392~1608)와 조선 후반기(1609~1910)로 구분한 후, 조선 후반기는 제1기(1609~1724)와 제2기(1725~1910)로 세분했다.

## 조선 전반기(1392~1608) 왕실 발원 불상

조선 전기부터 말기에 이르기까지 왕실은 끊임없이 사찰의 중수와 각종 불사에 참여했다. 조선 전반기에 조성 또는 중수된 불상은 주로 세조 및 성종과

〈그림 11-1〉 **흑석사 목조아미타불좌상**
1458년.
자료: 불교중앙박물관.

관련이 깊다. 이 시기의 불상으로는 보령 금강암 석조미륵보살좌상(1412), 대구 파계사 건칠관음보살좌상 중수(1447), 견성암 약사삼존상(1456), 영주 흑석사 목조아미타불좌상(1458), 평창 상원사 목조동자문수좌상(1466), 경주 왕룡사원 목조아미타불좌상(1466), 해인사 법보전과 대적광전 목조비로자나불좌상 중수(1490), 김제 금산사 5층석탑 불상 중수(1492), 남양주 수종사 불상(1493) 등이 있다. 보령 금강암 석조미륵보살좌상은 사찰에 전하는 비편(碑片)을 통해 조성 시기와 주체를 알 수 있고, 나머지 존상은 모두 불상 조성 또는 중수에 관한 조성기 또는 중수기가 남아 있다.

조선 전반기 왕실 발원 불상의 시주자는 대비, 왕비, 후궁, 대군·왕자·공주 부부, 후궁의 자녀들이었다. 태종의 후궁 의빈 권씨는 친정 부모와 함께 1412년(태종 12)에 보령 금강암 석조미륵보살좌상을 조성했고, 1458년(세조 4)에는 영주 흑석사 목조아미타불좌상을 제작했다. 의빈 권씨는 일찍이 딸 정혜옹주를 잃고 세종의 아들 금성대군을 아들처럼 양육했다. 흑석사 목조아미타불좌상은 의빈 권씨가 단종 복위 운동으로 목숨을 잃은 금성대군의 영가천도를 위해 조성한 불상이다(〈그림 11-1〉).

조선 전반기 대군 가운데 가장 호불적인 인물은 효령대군으로 그가 시주자로 참여한 불상으로는 영주 흑석사 목조아미타불좌상(1458)과 경주 왕룡사원 목조아미타불좌상(1466)이 있다. 공주 가운데 독자적으로 불상을 조성한 인물은 세조의 딸 의숙공주이다. 의숙공주는 남편 정현조와 함께 오대산 상원사 목조동자문수좌상(1466)을 조성했다. 이 불상은 세조의 병 치유와 관

〈그림 11-2〉 **상원사 목조동자문수좌상과 보현사 목조문수보살좌상**
1466년 조성(왼쪽), 1599년 중수(오른쪽).
자료: 상원사 목조동자문수좌상(월정사 성보박물관), 보현사 목조문수보살좌상(저자 촬영).

련이 깊은 것으로 알려져 있으나 조성발원문에는 "자신이 속히 지혜로운 아들 얻기를 바란다(亦願己身速得智惠之男)"라고 그 목적이 뚜렷이 기록되어 있다. 이를 반영하듯 목조동자문수좌상에는 의숙공주 부부가 얻고자 한 지혜로운 아들의 이미지가 투영되어 있다. 신앙을 통한 득남(得男)의 염원은 고려 말 공민왕이 문수기도를 통해 아들을 얻고자 했던 것에서도 찾을 수 있다.

상원사 목조동자문수좌상은 1599년(선조 32)에 강릉 보현사 목조문수보살좌상과 함께 중수되었다. 두 중수발원문에는 '동자문수(童子文殊)'와 '노문수(老文殊)'를 중수한다는 내용이 기록되어 있다. 즉, 상원사 목조동자문수좌상 중수발원문에서는 '동자문수'를 앞에 기록한 반면, 강릉 보현사 목조문수보살좌상 중수발원문에서는 '노문수'를 먼저 언급하고 있다. 1599년의 중수발원문 내용처럼 목조동자문수좌상은 동자 모습을, 목조문수보살좌상은 노승 모습을 하고 있다(〈그림 11-2〉).

조선 전반기 왕실 발원 불상 가운데 탑 속에 봉안한 불상의 시주자로 왕실 인물이 참여하는 점도 주목된다. 금산사 5층석탑 중수와 불상 봉안은 세조

〈그림 11-3〉 **해인사 법보전과 대적광전 목조비로자나불좌상**
883년 조성(왼쪽), 1490년 중수(오른쪽).
자료: 국가유산포털.

의 서자 덕원군에 의해, 수종사 5층석탑 중수와 불상 봉안 및 중수는 성종의 후궁과 자녀들에 의해 이루어졌다. 금산사 5층석탑을 중수하고 불상을 봉안한 덕원군, 수종사 5층석탑을 중수하고 불상을 봉안한 성종의 후궁과 자녀들은 1490년(성종 21)에는 해인사 법보전·대적광전 목조비로자나불좌상 중수에도 동참했다. 이 불상의 중수에는 덕원군도 그의 어머니 근빈 박씨, 아들 연성군·덕진군과 함께 참여했던 것이다.

해인사 법보전과 대적광전 목조비로자나불좌상은 쌍둥이 불상으로 불릴 정도로 유사한 양식이 특징인데, 이 두 불상은 통일신라 후기에 나무로 만든 것으로 알려진다(〈그림 11-3〉). 해인사 법보전·대적광전 목조비로자나불좌상 중수와 관련된 기록은 조선 전반기에 이루어진 불사 가운데 왕실의 인물이 가장 많이 참여했음을 보여준다. 즉, 인수대비·인혜대비·정현왕후를 비롯한 선왕의 후궁을 비롯해 성종의 후궁과 자녀 등 다양한 왕실 인물이 참여했다(〈그림 11-4〉). 또한 성종의 유모인 봉보부인 백씨와 그녀의 남편, 내관까지 참여한 점이 특징이다.

해인사 법보전·대적광전 목조비로자나불좌상 중수발원문은 조선시대 선

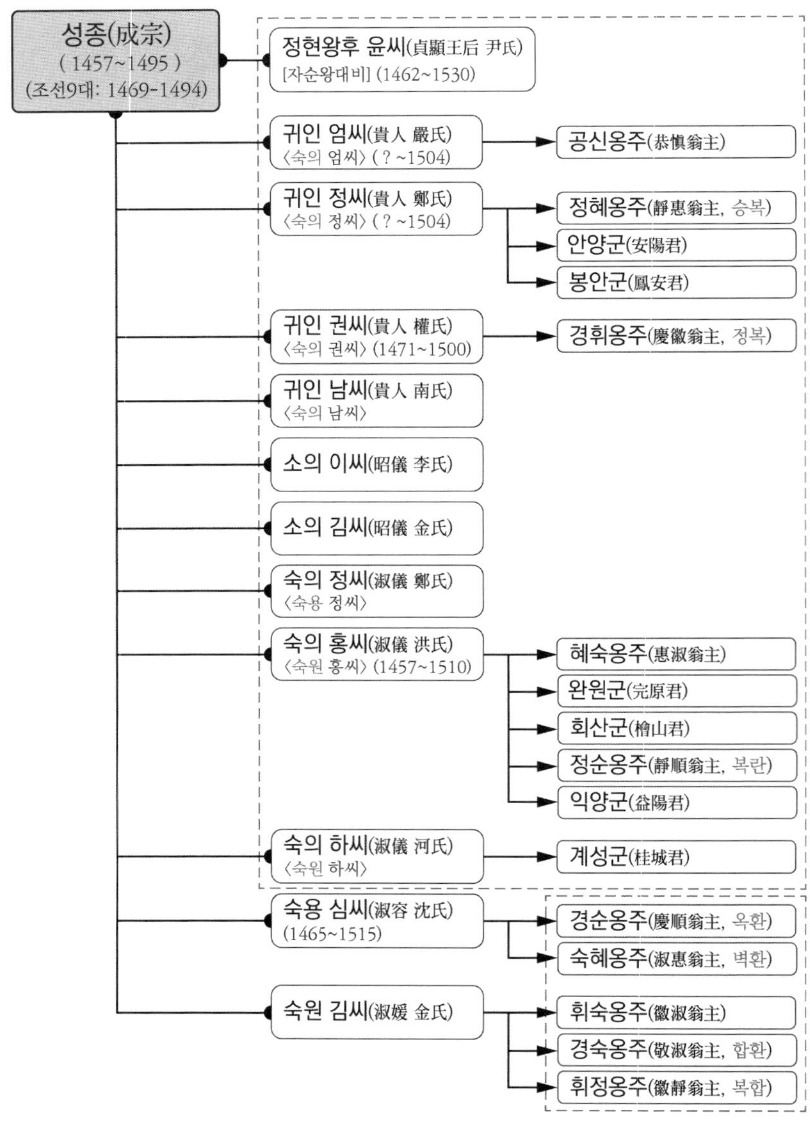


〈그림 11-4〉 **해인사 법보전과 대적광전 목조비로자나불좌상 중수에 참여한 왕실 인물**

왕의 후궁이 머물던 자수궁(慈壽宮)·수성궁(壽城宮)·창수궁(昌壽宮)의 면모를 파악하게 한 점에서 중요한 의미가 있다. 자수궁에는 예종의 후궁이, 수성궁에는 문종의 후궁이, 창수궁에는 세조의 후궁이 거처하고 있었던 것이다.

## 조선 후반기 제1기(1609~1724) 왕실 발원 불상

조선 후반기 제1기(1609~1724)는 광해군, 인조, 효종, 현종, 숙종의 재위 시기로 불상 조성이 가장 활발하게 이루어졌다. 이 가운데 특히 광해군의 비인 문성군부인 유씨와 선조의 계비 인목왕후가 조성한 불상이 주목된다. 현종 때 소현세자 및 그의 아들 경안군과 관련된 불상 역시 중요한 위치를 차지하고 있다.

조선 후반기 제1기 왕실 발원 불상으로는 서울 지장암 목조비로자나불좌상(현재 국립중앙박물관 소장), 서울 칠보사 목조석가여래좌상, 안동 선찰사 목조석가여래좌상이 1622년에 조성되었고, 남양주 수종사탑 금동불상군 23존(1628), 구례 화엄사 목조비로자나삼신불좌상(1634), 완주 송광사 소조석가여래삼불좌상(1641), 평창 상원사 목조제석천상 중수(1466년 조성, 1645년 중수), 서울 봉은사 목조약사·아미타불좌상(1651), 순천 송광사 목조관음보살좌상·목조석가여래좌상(1662), 구례 화엄사 각황전 목조3불4보살상(1703), 서울 봉원사 명부전 존상(1704), 서울 미타사 목조아미타불좌상(1707) 등이 있다.

조선 후반기 제1기에 조성된 왕실 발원 불상의 시주자는 왕비, 세자, 왕자, 부마, 옹주, 궁중 나인 등이다. 왕비로는 광해군 비 유씨와 선조의 계비 인목왕후가 있다. 광해군 비 유씨는 서울 지장암 목조비로자나불좌상, 서울 칠보사 목조석가여래좌상, 안동 선찰사 목조석가여래좌상을 1622년에 조성했다(〈그림 11-5〉). 인목왕후는 대비 시절인 1628년에 23존의 금동불을 조성해 수

〈그림 11-5〉 **지장암 목조비로자나불좌상**(왼쪽)·**칠보사 목조석가여래좌상**(가운데)·
**선찰사 목조석가여래좌상**(오른쪽)
1622년, 저자 촬영.

〈그림 11-6〉 **화엄사 목조비로자나삼신불좌상**
1634년, 저자 촬영.

종사탑에 봉안했다.

선조와 인빈 김씨 소생의 의창군은 구례 화엄사 목조비로자나삼신불좌상(1634)(〈그림 11-6〉)을 조성하는 데 대(大)시주자로 참여했다. 이때 선조의 부마 동양위 신익성과 인조의 아들 소현세자가 동참했다. 소현세자는 1625년에 왕세자로 책봉되었기 때문에 화엄사 목조비로자나삼신불좌상 조성에 참여했을 당시에는 이미 세자 신분이었다. 소현세자는 완주 송광사 소조석가여래삼불좌상(1641)을 조성하는 데에도 황금을 시주했다. 그가 1645년 세상을 떠나자 그의 어린 딸들과 왕실 인물들은 오대산 상원사 목조제석천상을 중수하면서 소현세자의 극락왕생을 발원했다.

〈그림 11-7〉 **상원사 목조제석천상**
1466년 조성, 1645년 중수.
자료: 월정사 성보박물관.

소현세자의 셋째 아들인 경안군은 1662년에 나인 노예성과 함께 송광사 목조관음보살좌상을 조성했다. 조선 후반기 제1기 불상 가운데 소현세자와 관련된 불상은 화엄사 목조비로자나삼신불좌상, 완주 송광사 소조석가여래삼불좌상, 평창 상원사 목조제석천상(〈그림 11-7〉) 등이고, 그의 아들이 시주자로 참여한 존상은 순천 송광사 목조관음보살좌상이다.

조선 후반기 제1기 불상 가운데 궁중 나인 노예성은 서울 봉은사 목조약사불좌상·아미타불좌상(1651), 순천 송광사 목조관음보살좌상·목조석가여래좌상(1662)의 시주자로 참여했다.

조선 후반기 제1기 불상 가운데 구례 화엄사 각황전 목조3불4보살상(1703)(〈그림 11-8〉), 서울 봉원사 명부전 존상(1704), 서울 옥수동 미타사 목조아미타불좌상(1707)은 숙종 때 조성되었다. 세 불상은 숙종의 제1계비 인현왕후와 후궁 소의 유씨의 영가 천도와 관련된다. 화엄사 각황전 존상과 봉원사 명부전 존상은 인현왕후의 극락왕생을 위해 왕실 인물이 시주자로 참여해 조성한 것이다. 특히 화엄사 각황전 존상이 봉안된 각황전을 건립하는 데 영조는 왕자 시절에 생모 숙빈 최씨와 함께 대시주자로 참여했다.

서울 봉원사 명부전 존상의 원봉안처는 양평 용문사로 1858년(철종 9)에 봉원사로 옮겨진 것이다. 이 존상은 구례 화엄사 각황전 존상이 조성된 1년 후에 조각승 색난(色難)에 의해 제작되었다. 화엄사 각황전 존상 조성발원문에는 인현왕후의 극락왕생을 발원한 내용이 있고, 봉원사 명부전 존상 조성

〈그림 11-8〉 **화엄사 3불4보살상**

1703년.
자료: (사)사찰문화재보존연구소, 저자 편집.

발원문에는 구체적으로 인현왕후 영가를 천도한다는 기록은 없다. 그러나 두 존상의 조성에 참여한 궁중 나인이 중복되었기 때문에 봉원사 명부전 존상 역시 인현왕후의 영가천도와 관련된다는 것을 알 수 있다.

조선 후반기 제1기 왕실 발원 불상은 조선 후기 불교계를 주도했던 부휴 선수계 승려들에 의해 주로 조성되었다. 부휴 선수의 제자인 벽암 각성과 그의 문도들이 왕실과 관련을 맺고 있었던 것이다. 광해군 비 유씨가 발원해 인수원·자수원에 봉안했던 서울 지장암 목조비로자나불좌상, 서울 칠보사 목조석가여래좌상, 안동 선찰사 목조석가여래좌상이 대표적이다. 이 외에도 벽암 각성이 주도한 화엄사 목조비로자나삼신불좌상과 완주 송광사 소조석가여래삼불좌상 조성에 왕실 인물로 의창군, 신익성, 소현세자가 시주자로 동참했다.

조선 후반기 제1기 왕실 발원 불상 가운데 화엄사 목조비로자나삼신불좌상 내부에서 조성발원문인 「시주질(施主秩)」이 수습되어 불상의 조성 목적, 제작 연도, 불상을 만든 조각승, 왕실 인물이 시주자로 동참한 사실 등이 구체적으로 밝혀졌다. 화엄사 목조비로자나삼신불좌상 조성을 주도한 승려는 조선 후기 왕실 발원 불상과 관련 있는 벽암 각성이었다.

## 조선 후반기 제2기(1725~1910) 왕실 발원 불상

조선 후반기 제2기(1725-1910)는 영조·정조·순조·헌종·철종·고종의 재위 시기로, 이때 가장 주목되는 것은 당대 최고의 조각가를 동원해 단기간에 조성한 수원 용주사 목조석가여래삼불좌상(1790)이다. 이 외에도 순조 비 순원왕후가 조성한 홍천사 석조약사불좌상(1829)은 이 시대를 대표할 만한 불상이다. 왕실 종친인 능양군 부부가 조성한 서울 봉은사 사천왕상(1746)은 조선시대 사천왕상 가운데 왕실과 관련된 유일한 존상이다. 서울 옥수동 미타사 건칠관음보살좌상(1769)은 영조와 영빈 이씨 소생의 화완옹주와 숙종의 셋째 아들 연령군의 양자인 낙천군의 부인 서씨가 시주해서 조성했다.

조선 후반기 제2기 왕실 발원 불사는 불상 조성과 중수 및 개금으로 구분된다. 대구 파계사 건칠관음보살좌상(조선 초 조성, 1740년 중수), 남양주 불암사 목조석가여래좌상(17세기 조성, 1743년 중수), 서울 사자암 목조아미타불좌상(17세기 조성, 1744년 중수), 보은 법주사 소조비로자나삼신불좌상(1626년 조성, 1747년 중수), 서울 옥수동 미타사 금보암 금동관음보살좌상(14~15세기 조성, 1862년 중수) 등은 왕실에 의해 중수된 경우이다.

이 시기에 새로 조성된 존상은 서울 봉은사 목조사천왕상(1746), 인제 백담사 목조아미타불좌상·서울 봉국사 목조석가여래좌상·고성 화암사 목조약사여래좌상(1748), 서울 미타사 건칠관음보살좌상(1769), 화성 용주사 목조석가여래삼불좌상(1790), 서울 홍천사 석조약사불좌상(1829) 등이다.

조선 후반기 제2기에 새로 조성된 화성 용주사 목조석가여래삼불좌상(〈그림 11-9〉)과 서울 홍천사 석조약사불좌상(〈그림 11-10〉)은 왕과 왕비에 의해 조성된 예이다. 조선시대 왕실 발원 불상 가운데 왕이 조성한 것으로는 용주사 목조석가여래삼불좌상이 유일하다. 앞서 말한 서울 홍천사 석조약사불좌상은 조선 후기 선정인 상태에서 약기(藥器)를 든 약사불 도상을 파악할 수 있다

〈그림 11-9〉 **용주사 목조석가여래삼불좌상**
1790년, 저자 촬영.

〈그림 11-10〉
**흥천사 석조약사불상**
1829년, 저자 촬영.

는 점에서도 중요한 의미가 있다.

조선 후반기 제2기 왕실 발원 불상에서 이목을 끄는 것은 왕실 인물들에 의해 중수됐다는 점이다. 대표적인 예로는 대구 파계사 건칠관음보살좌상 중수를 들 수 있다. 이 보살상을 중수하는 데 영조가 직접 참여하고 있는 점이 특징이다. 영조는 왕자 시절인 1702년과 1703년에 구례 화엄사 각황전 중건과 불상 조성에 생모 숙빈 최씨와 함께 대시주자로 동참했다. 1740년에는 직접 상의 1점(〈그림 11-11〉)을 복장물로 시주해 대구 파계사 건칠관음보살좌상을 중수했다. 이때 왕비 정성왕후 서씨, 후궁 영빈 이씨, 영빈 이씨 소생의 사도세자와 화평옹주 부부가 시주자로 동참했다.

영조와 영빈 이씨 소생의 화평옹주와 남편 박명원은 1743년에는 남양주 불암사 목조석가여래좌상을 중수했고, 1747년에는 법주사 소조비로자나삼신불좌상 중수에도 동참했다. 사도세자는 1740년 대구 파계사 건칠관음보살좌상 중수와 1747년 보은 법주사 소조비로자나삼신불좌상 중수에 참여했

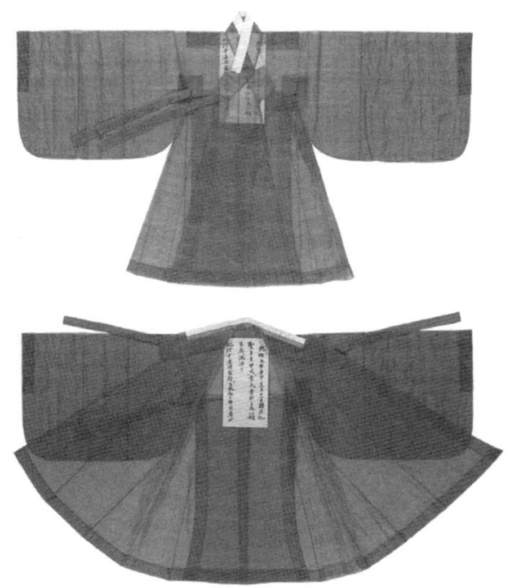

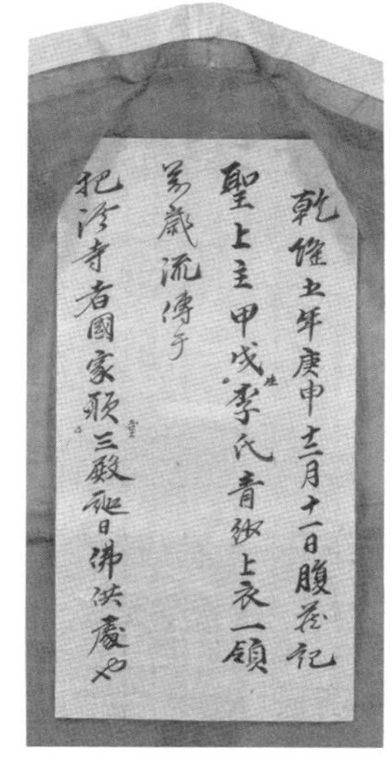



〈그림 11-11〉 **대구 파계사 건칠관음보살좌상 복장에서 수습된 영조의 도포**

1740년 중수.

자료: 국립중앙박물관.

〈그림 11-12〉 **봉은사 목조사천왕상**

1746년, 저자 촬영.

다. 1747년에는 혜경궁 홍씨와 혼인한 이후였기 때문에 부부가 함께 동참한 것이다.

조선 후반기 제2기에는 종친이 사천왕을 조성하는 데 시주자로 동참한 점이 주목된다. 서울 봉은사 목조사천왕상(〈그림 11-12〉)은 1746년(영조 22)에 조성되었는데, 이때 선조와 정빈 민씨 소생 인성군의 증손자인 능창군 부부가 시주자로 참여했다. 봉은사 목조사천왕상은 조선 전기에 명에서 유입된 『제불보살묘상명호경주』(1431)에 삽입된 사천왕 도상을 계승하고 있다. 즉, 비파를 든 북방천왕, 검을 든 동방천왕, 용과 여의봉을 든 남방천왕, 보당(寶幢)을 든 서방천왕 도상이 그것이다. 능창군은 중국에 사신으로 세 차례나 다녀왔기 때문에 중국 문물을 접할 기회가 많았다. 봉은사 사천왕 도상은 명나라 초기 선덕제에 의해 새롭게 정비된 사천왕 도상을 계승하면서도 다른 한편으로는 변화를 보이고 있다. 이것은 사천왕상 조성 당시 대시주자로 참여한 능창군의 안목이 반영되었을 가능성을 시사한다.

〈그림 11-13〉
**미타사 금보암 금동관음보살좌상**
14~15세기 조성, 1862년 중수.

조선 후반기 제2기에 이루어진 불상 중수 가운데 신정왕후 조씨에 의한 서울 미타사 금보암 금동관음보살좌상(〈그림 11-13〉) 중수가 주목된다. 신정왕후 조씨는 19세기 왕실 인물 가운데 사찰 불사에 매우 적극적이었는데, 1862년(철종 13)에는 며느리인 효정왕후 홍씨, 친정 조카인 조영하 부부와 함께 미타사 금보암 금동관음보살좌상을 중수했다. 신정왕후 조씨는 1877년(고종 14)에는 황해도 배천 강서사 명부전 존상을 서울 화계사로 옮겨 왔다. 서울 화계사 명부전 존상의 이운(移運)은 조선 후반기 제2기에 왕실 원찰에서 또 다른 원찰로 불상이 이동된 대표적인 사례이다.

## 조선시대 왕실 발원 불상의 특징

조선시대의 불교 조각은 조선 전기에는 주로 왕실에 의한 조성이 두드러지고, 후기로 갈수록 시주층이 다양하게 변화하는 것이 일반적인 현상 가운데 하나로 인식되었다. 그러나 왕실에서는 조선 초부터 말기에 이르기까지 지속적으로 불상을 조성하고 중수하거나 지방으로부터 옮겨 오는 불사를 적극적으로 후원했다. 특히 고종 때에 이르면 새로 불상을 조성하기보다 폐사되다시피 한 사찰의 영험한 상들을 도성 근처 또는 지방의 왕실 원찰로 옮겨왔다. 서울 화계사의 명부전 존상과 남양주 흥국사의 석가삼존상 및 나한상, 평창 상원사 영산전 존상 등이 대표적이다.

또한 조선 후반기 제2기에는 왕실과 사찰의 매개자 역할을 했던 상궁들의 시주 역시 두드러졌는데, 왕실의 대변자 역할과 함께 자신과 친가 식구들을 위한 불사의 목적도 있었던 것으로 짐작된다.

조선시대 왕실과 관련된 불상들은 생전의 병 치유 및 사후의 천도와 긴밀하게 연결되어 있다. 병을 치유하는 것은 약사신앙 및 관음신앙과 주로 연관되었고, 사후의 명복을 기원하는 것은 아미타신앙 및 지장신앙, 명부신왕과 관련되어 있었다. 특히 세조와 단종, 광해군과 영창대군, 인조와 소현세자 사이에 벌어진 왕실의 권력 싸움이나, 영조 시대의 당쟁에서 비롯된 사도세자의 죽음과 같은 비극적인 사건은 사찰과 왕실의 관계를 긴밀하게 했다. 이러한 사건이 일어난 뒤, 패배한 쪽에서는 불교로 위안을 받고자 불상을 조성했던 것으로 짐작된다.

조선시대 왕실 불사와 관련해 주목되는 것 가운데 하나는 왕실 인물들의 득남(得男) 기원이다. 대표적인 것이 세조의 딸과 사위인 의숙공주 부부에 의해 1466년에 조성된 오대산 상원사 목조동자문수좌상이다.

이상으로 조선시대 왕실 발원 불상을 간략히 살펴보았다. 조선시대는 초기부터 후기까지 왕실 인물의 불사 참여가 끊임없이 이루어졌는데, 이러한 내용을 확인할 수 있었던 것은 불상의 조성에 관한 불상조성기가 존재하기 때문이다. 따라서 불상조성기는 조선시대 불상 조성의 주체를 비롯한 다양한 내용을 이해하는 데 새로운 관점을 제공한다.

# 12 조선시대 불교 회화

이용윤 | 한국학중앙연구원 미술사학 교수

## 불화에 담긴 조선의 불교문화

성리학을 이념으로 한 조선시대의 불교는 고려시대와는 다른 양상으로 변화·발전했다. 불교가 국교였던 고려시대에 비해 사회적 위상이 변하고 정치적 영향력이 축소되었지만 신앙과 수행 체계를 유지하며 왕실 번영, 조상 천도, 고난 극복처럼 계층을 아우르는 종교로서의 역할을 지속하는 한편, 의승병(義僧兵) 활동과 공역(工役) 참여로 사회 구성체로서 존재 가치를 높여갔다. 변화된 시대 양상에 따라 고려 불화에서 볼 수 없는 다양한 주제의 불화가 조성되었고, 표현에서도 달라진 이목구비와 강렬한 색감을 띤 조선시대 불화가 제작되었다. 무엇보다 전각에 봉안된 상태로 전해지는 사례가 적지 않아 고려시대에는 파악할 수 없던 전각 안 불상과 불화의 관계를 이해하고, 벽화와 단청 속에서 조화를 이루는 조선시대 불화의 아름다움을 느낄 수 있다. 또한 제작 당시의 신앙과 사상, 불교 의식을 반영해 새로운 도상과 형식으로 그린 불화를 통해 조선시대에 형성된 불교문화의 다양성을 살펴볼 수 있다.

### 불화 봉안 방식의 정례화

오늘날 전통 사찰은 조선 후기에 지은 전각, 요사, 누(樓), 문으로 구성된 가람 구조를 유지하고 있다. 일주문·해탈문·정문·천왕문 등의 여러 문과 누를 지나면 중정(中庭)이라 불리는 마당이 나오고, 그 마당 좌우로 요사인 승당과 선당이 있다. 마당 위로는 사찰의 중심 전각인 주불전(주로 대웅전)이 있고, 그 좌우로 명부전·응진전·관음전·칠성각·삼성각 등의 부불전이 있다. 사세(寺勢)가 있는 사찰 주변에는 예불과 수행, 생활을 별도로 할 수 있는 암자들이 분포되어 있다.

조선시대에 건립된 사찰 전각에서 가장 눈에 띄는 특징은 불화를 불상이 봉안된 불단(佛壇)만이 아니라 좌우 벽에도 걸고 예경할 수 있게 단을 가설한 점이다. 사찰에서는 이 단에 모시는 존상과 용도에 따라 불단(佛壇), 신중단(神衆壇), 영단(靈壇)이라고 불렀다. 이러한 구조는 대웅전과 같은 주불전이나 암자의 법당에서 거행되는 일상 의례인 예불과 특수 의례인 천도 의식과 맞물려 전각 안의 주요 구조물로 설치되었고, 단에는 여러 불교 의식에 부합되는 불화가 모셔졌다.

전각에 가설된 단들의 성격과 봉안 불화의 종류는 조선시대에 거행된 의식과 밀접하게 관련되어 있다. 1496년에 간행된 의식집『진언권공(眞言勸供)』과 그 이후에 간행된 각종 불교 의식집에는 3개의 단을 삼단(三壇)이라 하며 각 단의 방위와 안치되는 대상을 설명한 도해(圖解)가 실렸고, 이는 실제 전각과 야외 의식에 불화를 안치할 때 주요 법식으로 적용되었다. 삼단은 예불·수륙재·예수재 등 조선시대에 거행된 의식 절차를 정리한 각종 의식에서 상단(上壇), 중단(中壇), 하단(下壇)으로 구분되었으며, 의식집에 따라 차이는 있지만 대체로 상단에는 불(佛), 중단에서는 제천(諸天) 혹은 보살(菩薩), 하단에는 왕과 왕후부터 무주고혼(無主孤魂)의 영가들이 모셔졌다.

주불전에 적용해 살펴보면 불상이 안치되는 불단, 즉 상단에는 단 위에 모신 불상에 맞춰 석가모니불, 아미타불, 삼세불, 삼신불이 설법하는 장면을 그린 여래설법도를 봉안했다. 신중단과 영단이라 불리는 곳에는 조석 예불을 비롯해 수륙재·예수재 등 불교 의식에서 불러들이는(奉請) 대상을 표현한 불화를 봉안하는데, 그 종류가 다양하고 복잡하다. 『진언권공』에서 중단 존상으로 제천(諸天)을 설명했으나 수륙재 관련 의식집에서는 삼장보살(三藏菩薩: 天藏菩薩, 持地菩薩, 地藏菩薩)과 그 권속, 예수재 관련 의식집에는 지장보살과 시왕 및 권속을 중단의 존상으로 설명했다. 이처럼 의식집에 따라 중단에 모시는 존상은 제천, 삼장보살과 권속, 지장보살과 시왕 등으로 달랐지만, 중단의 방위만은 모두 동일하게 동쪽을 봉안처로 언급했다.

조선시대에는 주불전에서 다양한 의식을 거행하기 위해 중단의 방위를 동쪽에 국한하지 않고 서쪽으로 확장했던 것으로 추정된다. 그 결과 주불전 좌우에 신중단과 영단을 가설하고 제천을 상징하는 신중도를 신중단에 모셨고, 수륙재의 삼장보살도와 예수재의 지장시왕도를 영단의 중단 불화로 봉안했다. 1724년에 조성된 동화사 대웅전의 신중도, 삼장보살도, 지장시왕도는 조선 후기에 신앙했던 중단불화를 일괄 제작해 신중단과 영단에 봉안된 사례로, 불단을 중심으로 오른편 신중단에는 제석천도를 걸고 맞은편 영단에는 삼장보살도와 지장시왕도를 나란히 걸었다.

하단에 모시는 대상은 죽은 이를 상징하는 신위(神位)이지만, 수륙재가 성행하면서 하단에서 봉청되는 대상을 그린 감로도 하단 불화로 제작되었다. 감로도에는 죽은 이를 천도하기 위해 차린 시식단(施食壇)과 작법승(作法僧)을 중심으로 그 주변에 천인(天人), 선인(仙人), 왕과 왕후, 장상, 승려를 비롯해 전쟁, 기아, 자연재해와 각종 사고로 죽은 무주고혼을 그리고, 화면 상단에 이들을 왕생시키기 위해 도량에 강림하는 불보살을 표현했다. 때때로 감로도에서 시식단과 작법승 장면이 생략되고 대신 그 자리에 아귀를 강조해 그리거나 죽은 이가 건너는 다리가 그려졌다. 무주고혼의 죽음 장면도 제작된 시기에 따라 조선시대나 근대의 생활상을 반영해 죽은 이들이 살던 시대의 모습을 재현해 표현했다. 원래 감로도는 의식이 있을 때마다 주불전과 마주한 누에 걸렸으나 점차 삼장보살도와 함께 영단에 걸리면서 영단을 대표하는 천도용 불화가 되었다. 영단에 봉안된 불화 중에는 지금은 종교적 의미조차 잊힌 현왕도가 있다. 현왕도는 죽은 이를 3일 만에 천도하는 의식인 현왕재에서 봉청되는 보현왕여래와 그 권속을 형상화한 불화이다. 이와 같이 영단은 조선시대, 특히 조선 후기에 성행했던 여러 의식에서 중단과 하단에 모셨던 존상들을 형상화한 불화들이 걸렸다.

### 탱화 제작의 일반화

조선 초에 제작된 무위사 극락보전 벽화에는 고려와 조선이라는 시대의 경계에서 일어났던 불화의 점진적인 변화가 반영되어 있다. 무위사 극락보전의 불단에 세워진 후불벽에는 앞면과 뒷면에 벽화가 그려져 있다. 그중 앞면 〈무위사 극락보전 아미타삼존도〉(1476)의 기품 있는 불보살의 얼굴 표현, 설

〈그림 12-1〉 **무위사 극락보전 후불벽 앞면의 아미타삼존도**
1476년. 자료: 국가유산포털.

법인을 한 아미타불과 두 손을 교차한 관음보살의 자세, 두건을 쓴 지장보살의 모습, 중간 색조의 고아한 색감 등은 고려불화를 연상시킨다. 그러면서도 주존불과 좌우 협시보살의 구성을 상하로 나누지 않고 대등한 위치로 배치하고 상단에 제자들을 추가하여 변화를 주었다.

〈그림 12-2〉 **무위사 극락보전 후불벽의 뒷면 백의관음보살도**
조선 전기. 자료: 국가유산포털.

후불벽 뒷면에는 연잎을 탄 백의관음보살과 참배하는 장년의 선재동자가 그려져 있다. 〈무위사 극락보전 백의관음보살도〉는 주불전 후불벽 뒷면에 관음보살도가 그려진 가장 이른 사례로 벽화가 그려진 이 공간에서 관음 의식을 거행했을 것으로 추정하고 있다. 후불벽 뒷면에 벽화로 그렸던 관음보살도는 임진왜란과 병자호란의 피해를 복구하는 과정에서 전승되었지만 관련된 의식은 점차 사라졌다. 조선 후기에는 주불전 후불벽 뒷면에 관음보살도를 그리는 전통은 점차 사라지고 야외 의식에서 사용하는 괘불도를 보관하는 함을 모셔두는 새로운 전통이 생겨났다.

〈무위사 극락보전 아미타삼존도〉(1476)와 함께 〈봉정사 대웅전 영산회상도〉(15세기)는 삼국시대부터 이어져 온 사찰 벽화의 전통이 조선시대에도 지속되었음을 보여준다. 조선시대에는 사찰 불화의 제작 방식이 벽화에서 점차 바탕천에 존상을 그려 벽에 거는 족자형 불화, 즉 탱화(幀畵)로 대체되었다. 물론 고려시대에도 족자형 불화가 사용되었으나, 〈부석사 조사전 제석범천 및 사천왕도〉나 〈수덕사 대웅전 화훼도〉의 사례처럼 불보살을 포함한 존상들과 각종 불교적 주제를 그린 벽화가 사찰 불화의 주류를 이루었다. 조선 후기에는 불상처럼 예경 대상이 되는 불화로서 탱화를 제작하여 불단, 신중단, 영단에 모시는 경향이 뚜렷해지는 반면 벽화는 단청과 함께 전각을 장

〈그림 12-3〉 **불국사 대웅전 영산회상도와 사천왕벽화**

1769년. 자료: 국가유산포털.

엄하는 장식 기능이 강화되었다.

불상이 안치된 불단의 후불벽 불화가 벽화에서 탱화로 전환되는 시기는 16세기 전후로 추정되며, 그 변화의 단계적 과정은 봉정사 대웅전과 불국사 대웅전 후불벽 불화를 통해 유추해 볼 수 있다. 봉정사 대웅전 불단에는 1713년 족자로 제작한 〈아미타불회도〉가 걸려 있으며, 이 탱화 뒤 후불벽에는 벽화로 그린 〈영산회상도〉가 남아 있다. 이 벽화는 대웅전이 건립되던 15세기에 조성된 것으로 18세기에 후불벽 불화를 새로 제작할 때에는 더 이상 벽화를 그리지 않고 탱화를 제작해 걸었다. 1769년에 조성된 불국사 대웅전 후불벽 불화는 탱화와 벽화를 동시에 사용했다. 특이하게 후불벽 중앙에는 불보살이 그려진 영산회상도를 탱화로 제작해 걸고 좌우 벽에는 사천왕과 호법신을 벽화로 그려 존상의 위계(位階)를 탱화와 벽화로 구분했다. 불국사 후불벽 중앙에 주존불을 그린 탱화를 봉안했다는 것은 벽화가 더 이상 중심 예경 대상을 표현하는 불화의 제작 기법으로 선호되지 않았음을 보여준다(〈그림 12-3〉). 후불벽 불화를 벽화로 그리는 방식은 〈선운사 대웅전 삼세불도〉(1840) 이후로 더 이상 제작되지 않았다.

조선 후기에는 주불전만이 아니라 부불전에도 거는 불화인 탱화를 모시는 것이 보편화되었고, 이를 안치할 때에는 불상과 동일하게 복장, 점안 의식이 거행되었다. 불화 복장을 안립하는 방식은 불화의 장황 방식과 맞물려 있다. 불화 장황은 19세기부터 족자보다는 병풍처럼 화면을 사방 나무틀에 고정하는 액자형 불화가 선호되었다. 이 장황 방식은 오늘날까지 불화에 널리 사용되고 있다.

### 야외 의식의 성행에 따른 괘불도 조성

조선 후기에 성행했던 불교 의식을 상징하는 대표적인 불화가 괘불도(掛佛圖)이다. 사찰에서 대규모 야외 의식을 거행하면 주불전을 비롯해 좌우 요사와 누, 문에 이르기까지 가람 전체는 의식의 공간으로 전환되고 주불전은 그 자체가 상단이 된다. 괘불도는 평소에는 주불전 후불벽 뒤 공간에 모셔두었다가 의식이 거행되면 밖으로 이동해 주불전 앞에 있는 괘불대에 장대를 세운 후 괘불도를 펼쳐 높이 내건다(〈그림 12-4〉). 괘불도의 크기는 사찰의 규모

〈그림 12-4〉 **화엄사 영산회괘불도**

1650년. © 정명희.

에 따라 5~12미터로 차이가 난다.

조선 후기 괘불도의 주존불은 17세기에는 석가모니불·미륵불·노사나불·비로자나불·삼세불·삼신불 등을 다양하게 표현했다. 18세기에는 『오종범음집(五種梵音集)』(1661)에 수록된 불보살을 형상화한 괘불도가 전라도와 경상도 일부 지역에서 유행했다. 17세기 괘불도의 주존불 자세는 전각에 걸린 영산회상도, 삼신불도, 삼세불도처럼 앉아 있는 자세였으나 점차 야외 의식에서 많은 사람들에게 선명하게 보일 수 있고 도량에 강림하는 효과를 나타내도록 서 있는 자세를 한 주존불 표현이 일반화되었다.

야외 의식에는 괘불도만이 아니라 사보살도(四菩薩圖)·팔금강도(八金剛圖)·오여래도(혹은 칠여래도)·오군제도(五君帝圖)·사사자도(四使者圖) 등 크기가 작은 불화 수십여 점이 도량에 걸렸다. 전각을 넘어 하늘에 가깝게 펼쳐지는 괘불도의 위세와 도량을 감싸는 수십여 점의 도량옹호불화는 의식에 참여한 승려와 신도에게 신앙으로 하나 된 결속력을 부여하는 한편, 각자가 기원하는 현세의 이익이 성취될 수 있다는 믿음을 주었을 것이다.

### 불화의 신성성, 복장 의식과 복장

한국 사찰에서 불상과 불화를 전각에 봉안할 때에는 복장 의식을 거행하고 복장(腹藏)을 안립(安立)한다. 복장 의식은 물질로 제작된 부처의 형상에 생명력과 신성성을 부여하는 의식으로 우리나라에서는 고려시대에 조성된 불상 내부에서 의식을 통해 안립된 여러 복장 물목이 발견된다. 불화에는 언제부터 복장을 안치했는지 알 수 없으나 조선시대, 주로 18세기와 19세기에 제작된 불화에서 복장이 확인된다.

불화 복장은 불상 내부에 복장 물목을 안립하는 불상 복장과 다르게 복장낭이라 불리는 주머니에 넣어 화면 맨 위에 걸거나 화면 뒷면에 둔다(〈그림 12-5〉, 〈그림 12-6〉). 불상인 경우 후령통(喉鈴筒)을 고정하기 위해 많은 양의 다

〈그림 12-5〉 **개심사 관경변상도의 복장주머니**

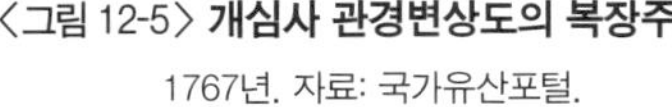

1767년. 자료: 국가유산포털.

〈그림 12-6〉 **법계사 연화장세계도의 복장**

1911년. 자료: 안성맞춤박물관.

라니와 경전, 직물과 의복, 장신구 등을 불상 내부에 넣는다. 불화도 복장낭에 불상과 마찬가지로 후령통을 고정하기 위해 다라니, 경전, 천 조각 등을 넣으며, 화면 뒷면에 안립할 때에는 오로지 황초폭자에 싼 후령통만을 사용한다. 불화에서 복장 납입 물목의 차이는 이를 안립하는 위치와 안립 공간에 영향을 받았다. 복장의 핵심은 후령통이다. 후령통 안에는 오방, 오색에 맞춰 곡식·보석·약·향 등의 108종 물목이 들어가며, 후령통 밖에는 지방(地方), 연화(蓮花), 천원(天圓)을 표현한 그림을 두어 통 전체를 감싼다. 후령통의 안과 밖의 다양한 물목은 불교의 생명력과 우주관을 상징한다. 불화 복장의 후령통은 형태, 후령통의 납입 물목과 체재가 불상과 동일했으나 19세기부터 액자형 불화가 유행하면서 불상에는 둥근 형태, 불화에는 네모난 형태로 구분하여 사용했다.

한편 불화는 불상과 다르게 화면 앞면과 뒷면에 복장 의식에 사용되는 범자와 다라니를 적었다. 이 범자와 다라니는 복장 의식과 점안 의식에서 신성

성과 생명력을 부여하고 상징하는 진언(眞言)이다. 조선 후기에 활동한 화승들 중 의겸처럼 불교 의식에 해박한 지식을 가진 화승은 때때로 자신이 제작한 불화에 그려진 불보살의 얼굴과 신체에 생명력을 부여하는 범자를 적기도 했다.

조선 후기 불화 복장은 불상의 복장과 그 흐름을 같이하면서도 안립 공간에 따라 복장 물목이 달라지고 후령통의 형태도 원통형에서 방통형으로 변화했으며, 화면에 복장 의식에 사용되는 범자와 다라니를 적어 의식을 시각화하는 등 불상 복장과는 다른 양상으로 발전했다.

## 불화에 반영된 신앙과 사상

### 극락세계로 가는 매개체, 용선과 벽련대

조선시대에는 죽은 이가 극락세계에 왕생하는 방식에 변화가 있었고, 달라진 인식을 반영한 불화가 제작되었다. 그 이전까지 죽은 이는 인로왕보살(引路王菩薩)의 인도를 받으며 극락세계로 가거나 극락세계의 연지에 핀 연꽃에서 화생(化生), 또는 아미타불이나 아미타삼존(아미타불, 관음보살, 대세지)이 왕생자를 직접 맞이하여 극락세계로 데리고 가는 방식이었다. 이처럼 불보살의 인도나 접인(接引)을 받거나 연꽃을 매개로 죽은 이가 극락왕생하는 방식은 조선시대에 이르러 관경16관변상도에서 용선(龍船)이라는 배를 타고 가거나, 감로도와 구품도에서 벽련대(碧蓮臺)로 불리는 대좌·가마를 타고 가는 표현으로 변모했다.

고려 말~조선 초에 제작된 일본 호린지(法輪寺) 소장 〈관경16관변상도〉를 보면, 아미타불의 정토인 극락세계에 왕생하는 방식을 그린 관경16관변상이 화면 가득 그려져 있다. 이 불화에서 주목되는 부분은 하단으로 고려 관경16관변상도에서 볼 수 없었던 아미타불이 왕생자를 용선에 태우고 고해의 바다를 건너 극락세계로 향하는 장면이 등장한다(〈그림 12-7〉). 용선을 살펴보면 용머리를 형상화한 뱃머리에 한 사람이 올라가 있고, 배 안에는 여러 명이 앉아 있다. 이들은 신앙과 공덕을 쌓은 왕생자이다. 아미타불은 왕생자 사이에 서서 극락세계로 맞이한다는 의미를 내포한 오른손을 내민 내영(來迎) 자세를 하고 있다. 용선에 많은 이들을 태워 왕생하는 장면은 신앙이 깊고 공덕을 쌓은 이들은 누구나 아미타불의 인도를 받으며 용선에 몸을 실어 극락세계로 안전하게 왕생할 수 있다는 당시의 왕생관을 반영하고 있다.

**〈그림 12-7〉 일본 호린지 소장 관경16관변상도**
고려 말~조선 초, 저자 촬영.

한편 많은 이들이 아닌 특정인 한 명만을 용선에 태워 왕생하는 장면을 그린 불화도 있다. 1582년 비구니 혜명이 혜빈(惠嬪) 정씨를 위해 조성한 일본 라이코지(來迎寺) 소장 불화에는 화기에 '서방구품용선접인회도(西方九品龍船接引會圖)'라는 제목이 적혀 있다. 그 제목에 맞게 화면 상단에는 아미타불을

〈그림 12-8〉 **은해사 염불왕생첩경도**

1750년, 저자 촬영.

중심으로 관음보살과 대세지보살 및 여러 보살과 권속이 있고 그 아래에는 극락세계에 구품왕생 하는 장면이 표현되어 있다. 서방구품 장면 아래에는 아미타팔대보살이 단 한 명의 왕생자를 용선에 태워 접인하는 장면이 있다. 아미타불이 내민 손 아래에 앉아 있는 귀부인은 혜빈 정씨로 알려져 있다. 죽은 이가 용선을 타고 극락세계로 간다는 생각은 1576년에 제작된 일본 세이잔분코(靑山文庫) 소장 〈안락국태자경변상도〉에서도 잘 드러난다. 이 불화의 화면 오른편에는 용선을 탄 아미타불, 귀부인, 동자가 있다. 이 장면은 안락태자가 백골이 된 어머니인 원앙부인을 위해 아미타불을 부르자 아미타불이 용선을 타고 와 이들을 태워 극락왕생했다는 이야기를 표현한 것이다. 용선을 타고 극락왕생한다는 인식은 1577년 용복사에서 간행한 『불설아미타경』에서 권수 변상도에 용선을 탄 왕생자를 맞이하는 아미타삼존이 표현될 정도로 확산되었다.

관경변상과 용선접인이 결합된 형식은 조선 후기에 조성된 〈은해사 염불왕생첩경도〉(1750)로 계승되었다(〈그림 12-8〉). 〈은해사 염불왕생첩경도〉에서 화면 왼편에는 왕생자를 맞이하는 아미타삼존과 극락세계가 있고 그 맞은편에는 구름을 탄 아미타불의 인도를 받으며 관음보살과 대세지보살이 노를 젓는 용선을 타고 왕생자들이 극락세계로 향하는 장면이 그려져 있다. 조선 후기에 용선접인 장면은 탱화보다는 벽화로 많이 제작되었다. 안성 청룡사 대웅전의 내부 서벽이나 제천 신륵사 대웅전 서쪽 외벽, 통도사 극락전 외부 북벽에는 벽화로 그린 극락세계로 향하는 용선접인 장면이 있다. 왕생자를 태운 용선은 자항(慈航)으로 불렸으나 점차 '반야용선'이라는 용어가 일반화되었고 특정인보다는 다수의 왕생자들이 용선에 가득 탄 모습으로 표현되었다. 이러한 장면은 선업을 쌓으면 누구든 소망하는 서방 극락세계로 갈 수 있는 희망과 염원을 불러일으켰을 것이다.

벽련대(碧蓮臺)는 조선 후기 불화에서 죽은 이가 어떤 대우를 받으며 극락에 왕생하는지를 보여주는 도상이다. 전통적으로 연꽃은 극락세계의 연화화생을 상징한다. 조선 후기에는 죽은 이를 실어 극락세계로 접인하는 매개체로 벽련대가 불화에 표현되었다. 〈은해사 염불왕생첩경도〉(1750)에는 용선을 타고 극락세계로 향하는 왕생자들 외에도 용선 위로 주악천녀의 호위를 받으며 화려한 가마를 타고 왕생하는 장면이 등장한다. 이 가마에는 금과 은으로 된 연대(蓮臺)가 있는데 이는 극락세계에 왕생할 때 최고 단계인 상품상생(上品上生)을 상징한다. 가마에 실린 연대로 상징화된 상품상생 접인도상은 이후 〈직지사 심적암 구품도〉(1778), 〈동화사 염불암 구품도〉(1842)(〈그림 12-9〉),

**〈그림 12-9〉 동화사 염불암 구품도**
1842년, 저자 촬영.

〈표충사 구품도〉에서 극락왕생하는 최고의 단계로 상징화되어 화면 하단 좌우에 크게 표현되었다.

16관경변상도와 구품도에 연대가 등장하게 된 배경에는 조선시대에 거행된 수륙재와 이를 시각화한 감로도와 연관이 있다. 수륙재에서는 맑은 영혼을 극락세계로 인도하고 죽은 영혼을 벽련대반(碧蓮臺畔)으로 인도해 주는 인로왕보살에게 귀의하는 증명청(證明請)이 진행된다. 이 의식에 착안해 일부 감로도에는 인로왕보살의 인도를 받는 벽련대가 표현되었다. 감로도의 벽련대는 〈보석사 감로도〉(1649)에서 인로왕보살 뒤 연지에 핀 연꽃으로 표현되다가 〈쌍계사 감로도〉(1728)에서는 인로왕보살 위로 떠 있는 연화대좌처럼 표현되었고, 〈국청사 감로도〉(1755)에서는 인로왕보살의 인도를 받으며 천인들이 호위하는 모양새로 변했다. 이후 〈봉정사 감로도〉(1765)에서는 인로왕보살이 인도하는 표현은 생략되고, 벽련대의 모양도 〈은해사 염불왕생첩경도〉와 같이 천인에 의해 운반되는 이중 보개형 탁자에 연화대좌가 있는 형태로 변모했다. 무엇보다 〈봉정사 감로도〉부터 벽련대는 화면 좌우 한 쌍으로 표현되었으며 이러한 구성은 18세기 후반부터 19세기에 걸쳐 제작된 구품도에 적용될 정도로 극락왕생을 상징하는 도상으로 자리매김했다.

### 조선 후기 교학과 삼문수행의 상징, 화엄칠처구회와 연화장세계도

조선 후기 불교계는 선을 중심으로 교와 염불을 함께 수행하는 방식이 보편화되었다. 승려들은 전문교육 기관인 강원에서 사미과, 사집과, 사교과, 대교과를 이수하면서 선과 교, 염불을 익혔다. 이 시기 가장 두드러진 특징은 『화엄경』을 중심으로 한 교학의 발흥이다. 조선 후기에 전국 강원에서는 대교과 과목인 『화엄경』 강의가 성행했고, 수많은 대중이 운집하는 화엄법회가 개최되었다. 또한 『화엄경』 체재를 분석한 과목서(科目書)인 『대방광불화엄칠처구회품목지도』(모운 진언, 1622~1703), 『화엄청량소은과』(설파 상언, 1707~

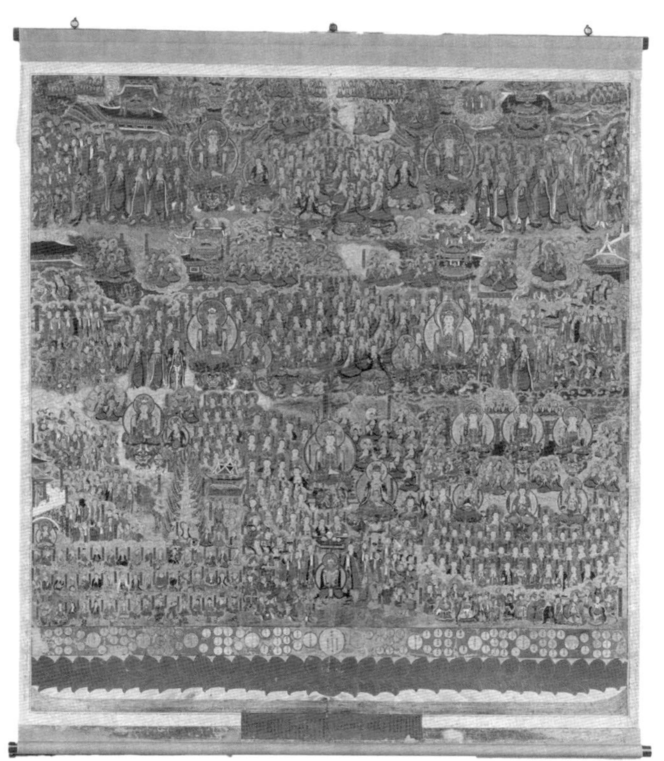

〈그림 12-10〉 **송광사 화엄칠처구회도**
1770년. 자료: 송광사성보박물관.

1791), 『화엄과목』(묵암 최눌, 1722~1795) 등과, 경전의 잘못된 구절을 바로잡고 주해(註解)를 더한 사기(私記)인 『화엄현담사기』(연담 유일, 1720~1799), 『화엄사기』(인악 의첨, 1746~1796) 등이 저술될 정도로 화엄학에 대한 관심이 고조되었다. 당시 불교계의 사조와 맞물려 복잡하고 난해한 『화엄경』의 내용을 시각적으로 쉽고 명료하게 보여주는 화엄칠처구회도와 연화장세계도가 조성되었다. 화엄칠처구회도와 연화장세계도는 신앙적 상징성보다는 『화엄경』의 체재가 어떻게 구성되고 전개하는지를 이해할 수 있게 구성되어 있다.

〈송광사 화엄칠처구회도〉(1770)는 조선 후기에 제작된 화엄칠처구회도

중 선행되는 불화로, 설법처에 따라 천상은 상단, 지상은 하단으로 설법회를 나누고 각 회가 서로 연결될 수 있도록 유기적으로 구성했다(〈그림 12-10〉). 〈송광사 화엄칠처구회도〉(1770) 화면 하단에는 지상에서 설한 1, 2, 7, 8, 9회를 배치하되 설법처에 따라 중앙에는 첫 설법처인 보리도량회를 두고 그 왼편에는 보광명전에서 설한 2, 7, 8회를 모아 표현했다. 오른편에 표현한 9회 서다림회는 장소에 따라 급고독원의 대장엄중각에서 설한 근본법회와 문수보살이 복성에서 설한 지말법회로 나누고, 지말법회에서는 문수보살과 선재동자를 만나 행한 그 유명한 53선지식 구법 장면을 하나하나 묘사했다. 각 설법회의 주불은 세존이 깨달은 순간에 화현(化現)한 보신(報身) 노사나불과 세존을 대신해 설법을 하는 설주보살(說主菩薩), 그리고 설법을 듣기 위해 모여든 여러 보살들과 신중으로 구성되어 있으며, 이 기본 도상과 형식은 1635년에 판각된 송광사 『대방광불화엄경소』에 수록된 변상도에 근거한다. 18세기 후반에는 〈송광사 화엄칠처구회도〉를 모본으로 한 〈선암사 화엄칠처구회도〉(1780), 〈쌍계사 칠처구회도〉(1790)가 연속으로 제작되었다.

한편 19세기 전반 통도사에서는 새로운 형식의 화엄칠처구회도가 제작되었다. 〈통도사 화엄칠처구회도〉(1811)는 송광사 계열과 전혀 다른 검은 바탕에 금니를 이용한 선묘불화로, 제작 기법만이 아니라 칠처구회를 설명하듯 친절하게 도설하는 송광사 계통의 화엄칠처구회도와 다르게 화면 상단 중앙에 노사나불을 크게 그리고 좌우와 아래에 각 회를 배치하되, 보광명전 중심에 설주를 석가불로 두는 방식을 채택했다. 또한 주존불인 노사나불과 같은 크기로 그린 천수보살과 준제보살을 화면 하단에 배치했다(〈그림 12-11〉). 노사나불과 천수·준제관음의 구성은 화엄사상만이 아니라 염불신앙을 염두에 둔 표현이다.

이와 같이 서로 다른 도상과 형식은 화엄칠처구회도가 봉안된 전각의 용도와 관련이 깊다. 〈송광사 화엄칠처구회도〉는 『대방광불화엄경소』 목판을

〈그림 12-11〉 **통도사 보광전 화엄칠처구회도**

1811년, 저자 촬영.

비롯한 수많은 경판을 보관하기 위해 건립된 화엄전에 봉안하는 불화로 제작하여 화면 구성이 『화엄경』의 체재와 요체를 이해할 수 있게 정리한 칠처구회의 과목서를 보듯 일목요연하다. 이에 비해 〈통도사 화엄칠처구회도〉는 선승들의 수행 공간인 보광전에 봉안하기 위한 불화로 제작했기 때문에 화면에 등장하는 노사나불과 칠처구회는 『화엄경』은 교(敎), 천수관음과 준제관음보살은 염불을 상징한다. 이처럼 선방에 교와 염불을 의미하는 불화를 봉안했다는 것은 조선 후기 선, 교, 염불을 함께 수행하기를 강조했던 삼문수행(三門修行)의 영향으로 해석된다.

연화장세계도는 비로자나불의 원력으로 완성된 거대한 세계를 형상화한 불화로 그 내용은 『화엄경』의 「화장세계품」에 실려 있다. 연화장세계는 풍륜이 받치고 있는 향수해의 큰 연꽃 안에 펼쳐져 있다. 연꽃 안의 세계는 111개의 찰종(刹種)이 존재하며 111개의 찰종마다 다시 20개의 세계가 중첩되어

〈그림 12-12〉 **용문사 연화장세계도**

19세기. 자료: 용문사성보박물관.

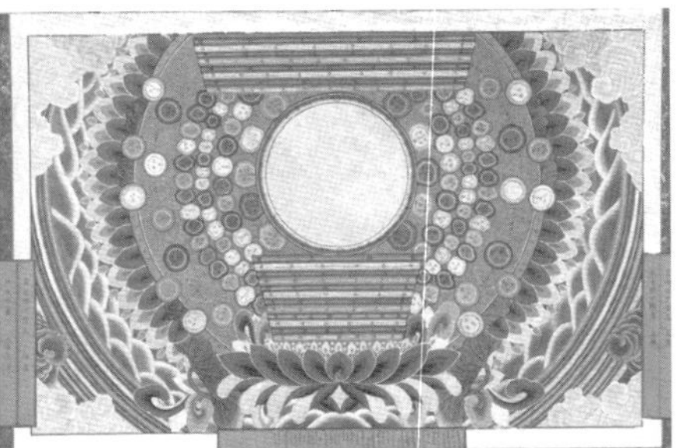

〈그림 12-13〉 **통도사 연화장세계도**

1899년, 저자 촬영.

있다. 111개 찰종에서 정중앙에 위치한 찰종이 비로자나불이 주재하는 사바세계가 있는 곳이며, 그 위치는 중첩된 20개의 세계 중 13번째에 자리한다. 이 광대하고 복잡한 세계는 중국 원나라 승려인 보서(普瑞)에 의해 『화엄현담회현기』에 그림으로 표현되었다. 이 책은 1690년대 쌍계사에서 목판본으로 제작되어 유포되면서 경전에 수록된 변상도도 알려지게 되었다. 이 책에 수록된 변상도는 19세기 후반 화승들에 의해 불화로 제작되면서 회화성이 더해졌다. 서울역사박물관 소장 〈비로화장지도〉(19세기)를 포함해 〈용문사 연화장세계도〉(19세기 말), 〈통도사 연화장세계도〉(1899)는 경전에 수록된 2개의 세계를 응용해 찰종마다 여래를 그리거나 2개의 세계를 상하로 배치 또는 13번째 세계를 중심으로 2개의 세계를 연결해 표현했다(〈그림 12-12〉, 〈그림 12-13〉).

연화장세계도가 봉안되었던 전각은 지금은 소실된 용문사의 영남제일강원과 1899년에 고려대장경을 봉안했던 통도사 장경각(현재 해장보각)으로, 교학을 상징하는 의미로 불단에 모셨을 것이다.

## 승려 문중 속 승려 장인, 그들이 조성한 불교미술

### 조선 후기 승려 문중의 발전과 사찰 불사

조선 후기의 불교계는 승려 문중을 중심으로 조직화되면서 전국 사찰에는 사명 문중, 소요 문중, 벽암 문중, 편양 문중 등 주요 승려 문중이 세거(世居)하는 양상이 확연해졌다. 17세기 전반에 사명 유정, 소요 태능, 정관 일선, 편양 언기, 벽암 각성 등은 그들의 스승인 서산 휴정과 부휴 선수가 부용 영관(1485~1571)의 제자이고, 자신들 역시 두 스승을 오가며 함께 수학했기에 문파 의식이 희박했다. 그러나 세대가 거듭되면서 이 문중 사이에는 계파에 대한 인식이 싹트기 시작했다. 계파 인식이 형성되는 것과 맞물려 17세기 후반~18세기 전반 승려 문중 간의 세력 변화도 일어났다. 17세기 서산 휴정과 사명 유정, 부휴 선수와 벽암 각성으로 대변되던 승려 문중의 활동 양상은 17세기 후반 점차 사명 문중이 약화되고 서산계 편양 문중이 신흥 세력으로 대두했다. 18세기에는 부휴계 벽암 문중, 서산계 소요 문중, 서산계 편양 문중 등이 불교계를 주도하는 문중으로 부상했으며, 18세기 후반부터 19세기에는 편양 문중이 전국에 걸쳐 수많은 계파를 형성하며 불교계 최대 승려 문중으로 발전했다.

조선 후기에 승려 문중은 17세기 초 전란으로 소실되거나 피해를 입은 대찰을 중심으로 가람을 중창·복원하기 위해 모여들었고 18세기 이후에는 전각 중수, 불상과 불화 조성, 불서 간행 등 크고 작은 사찰 불사를 주도했다. 조선 후기 사찰 불사의 특징은 불사를 준비하고 진행하는 것만이 아니라 조성까지 모든 과정을 승려들이 담당했다는 점이다. 불사의 역할 분담은 구성원의 자질과 재능에 따라 부여되었다. 승려 장인은 예술적 자질을 갖춘 전문 예능인이지만, 불교 전체 구성에서 보면 그들 역시 승려 문중을 구성하는 일원이기에 자신들이 속한 승려 문중의 활동과 사상에 영향을 받았다. 따라서 불상과 불화 등의 조성을 의뢰하는 사찰은 승려 장인의 출신 승려 문중이 운영하는 곳일 가능성이 높으며 더 나아가 발원문이나 화기에 기록되는 증명(證明), 화주(化主) 등의 소임을 맡은 승려들은 승려 장인의 법사(法師), 사형·사제일 가능성이 높다.

사찰 불사에서 예경 대상인 불상과 불화는 종교 특유의 보수성을 띠며 도상과 형식이 그대로 전승되기도 하지만 때로는 승려 문중이 공유되는 사상과 신앙에 의해 새로운 도상과 형식을 갖춘 불상과 불화로 제작되기도 했다. 이처럼 조선 후기 불상과 불화에서 보이는 보수성과 신경향은 불사를 주관하는 승려 문중의 신앙과 사상, 그리고 이를 형상화했던 승려 장인의 예술성이 결합한 결과물이라 할 수 있다.

### 벽암 각성과 소영 신경의 사찰 불사

벽암 각성(1575~1660)은 조선 후기 불교사만이 아니라 불교미술에도 지대한 영향을 미쳤던 인물이다. 그는 스승 부휴 선수를 모시고 순천 송광사를 중창한 이후 화엄사, 쌍계사, 완주 송광사, 법주사 등지에 주석하면서 전각을 다시 짓거나 수리하고 그곳에 봉안할 불상과 불화 제작을 주도하는 등 전란에 피해를 입은 사찰을 복원하는 데 노력을 다했고, 각종 불서 간행에도 적극적으로 참여했다.

벽암 각성은 불교 의식에도 관심이 높아 제자 반운 지선이 지은 『오종범음집』(1661년 간행)을 감수했다. 이 의식집에서는 불교 의식에서 미륵불과 석가불을 혼용해 모시는 것을 경계하기 위해 영산작법(靈山作法)의 유래를 설명하며 법주사와 금산사에서 영산작법을 행하면서 미륵불도를 모시는 것은 잘못된 일임을 지적했다. 또한 기존 의식집에서 화엄, 법화, 아미타, 약사, 미륵 등 여러 신앙에 의거해 거불(擧佛)되었던 불보살들을 법화신앙, 즉 석가불을 중심으로 한 의식으로 단일화했다. 이와 같은 의식의 변화는 『오종범음집』의

〈그림 12-14〉 **화엄사 각황전 목조삼불좌상과 목조사보살입상**
1703년. 자료: 국가유산포털.

교정자였던 벽암 각성의 사상과 관련이 있다.

석가불을 중심으로 한 신앙 체계는 벽암 각성과 그의 제자들이 전란 이후 피해를 입은 사찰을 복원하는 불사를 추진하면서 형성되었고, 17세기 후반부터 불상과 불화로 형상화되었다. 벽암 각성은 1630년대 화엄사 중창 불사를 시작하면서 화엄사상에 의거해 비로자나불, 노사나불, 석가불로 구성된 삼신불좌상을 주불전에 모시면서도 전각 이름만은 석가불을 상징하는 대웅전으로 했다. 이후 20년 뒤인 1653년에 화엄사 마당에서 거행되는 야외 의식에 모실 괘불도를 제작할 때에는 촉지인을 한 석가모니불을 주존불로 한 영축산 설법 장면을 그린 〈화엄사 영산회상괘불도〉를 조성했다(〈그림 12-4〉 참고). 야외 의식에 영산작법을 거행하고 석가불을 주존으로 한 괘불도를 모셔야 한다는 벽암 각성의 생각은 17세기 중엽 충청도에서 활동하는 벽암 각성의 제자인 제하 연특, 백파 처능에게도 영향을 끼쳤다. 이들은 보살사, 안심사, 비암사에서 진행하는 괘불도 조성에 주요 인물로 참여했고, 이때 제작된 괘불도는 촉지인을 한 석가불을 주존불로 하는 영축산 설법 장면을 주제로 하고 있다.

〈그림 12-15〉 **내소사 영산회괘불도**
1700년. 자료: 국가유산포털.

벽암 각성이 『오종범음집』에서 주창했던 석가불을 중심으로 한 불보살의 구성 방식은 계파 성능에 의해 완성되었다. 계파 성능은 1699년에 왕실의 후원을 받아 화엄사 각황전을 중창하고, 1703년에 불단에 삼불좌상과 사보살입상을 봉안했다(〈그림 12-14〉). 이때 각황전에 봉안된 삼불의 존명은 삼세불인 석가불·약사불·아미타불이 아니라 석가불·다보불·아미타불이다. 그리고 사보살은 문수보살, 보현보살, 관음보살, 대세지보살이다. 이 삼불과 사보살의 조합은 벽암 각성이 감수한 『오종범음집』에서 의식을 거행할 때 도량에 봉청하는 불보살이다. 이처럼 〈화엄사 영산회괘불도〉(1650)와 〈화엄사 각황전 목조삼불좌상과 목조사보살입상〉(1703)은 벽암 각성이 주창했던 석가불을 중심으로 한 불교 의식을 시각적으로 조형화한 결과이다. 『오종범음집』에서 언급한 석가불, 다보불, 아미타불을 비롯한 사보살로 구성되는 불보살은 18세기에 화엄사 각황전 불상 봉안 사례에 그치지 않고 18세기 괘불도에도 영향을 미쳤다. 천신이 『오종범음집』에 의거해 〈내소사 영산회괘불도〉(1700)(〈그림 12-15〉)를 완성한 이후 18세기 전반에 활동한 의겸은 이 도상을 자신이 제작하는 괘불도에 적용해 하나의 형식으로 정립했다. 의겸은 〈청곡사 영산회괘불도〉(1724)(〈그림 12-16〉)부터 〈개암사 영산회괘불도〉(1749)에 이르기까지 촉지인을 한 석가불을 중심으로 문수보살과 보협보살이 협시하고 다보불, 아미타불, 관음보살, 대세지보살로 구성된 괘불도를 꾸준히 제작했다. 이 형식은 전라도에서 활동하는 화

〈그림 12-16〉 **청곡사 영산회괘불도**
1724년. 자료: 국가유산포털.

〈그림 12-17〉 **선석사 영산회괘불도**
1702년. 자료: 국가유산포털.

승들에게 영향을 미쳤다.

18세기에 전라도 일대에서 의겸이『오종범음집』에 의거해 새로운 형식의 영산회괘불도를 조성하기에 앞서, 경상도 중북부에서는 부휴 선수와 벽암 각성이 판각한 〈묘법연화경 변상도〉에 착안해 염화미소를 상징하는 꽃을 든 석가불을 표현한 〈선석사 영산회괘불도〉(1702)(〈그림 12-17〉)와 〈용문사 영산회괘불도〉(1705)가 제작되었다. 〈선석사 영산회괘불도〉 조성에는 벽암 각성의 후손 청봉 수영과 그의 후원을 받는 화승 탁휘가 참여했고, 〈용문사 영산회괘불도〉은 벽암 문중 출신 화승 성징이 제작을 맡았다. 이처럼 18세기 벽암 각성이 주석하거나 그의 법손들이 세거하는 사찰에서는 벽암 각성의 사상을 괘불도로 조형화하는 양상이 확인된다.

17세기 후반에는 목각탱, 구품탱이라 불리는 나무 재질에 조각 기법을 적용해 회화적으로 표현한 목각구품회도가 특정 문중에 의해 제작되었다. 이 새로운 장르를 창출한 이들은 편양계의 법손인 소영 신경, 조각승 단응과 탁밀이다. 흥미로운 사실은 소영 신경과 단응, 탁밀의 관계가 단순히 불사에 참여한 증사와 조각승, 주문자와 제작자의 관계가 아니라 같은 문중 출신의 스승과 제자 사이라는 점이다. 소영 신경은 〈영조사 아미타삼존불감〉(1694)를 제작하면서 발원문에 원불(願佛)로 아미타·관음·지장 등 여러 성상(聖像)을 제작할 계획을 세워 문인(門人)에게 명하자 제자 중 솜씨 좋은 단응·탁밀·보웅·종인이 이를 맡아 완성했다는 내용을 남겼다.

발원문에서 알 수 있듯이 소영 신경 제자들 중에는 단응, 탁밀과 같은 조각에 뛰어난 승려 장인이 있었으며, 소영 신경은 이들을 통해 자신의 신앙과 수행관을 반영한 예경 대상을 조성했다. 그 가장 대표적인 예가 바로 관법을 통해 아미타불의 극락세계로 왕생하는 장면을 조형화한 목각구품회도이다. 조선 후기 목각구품회도는 〈대승사 목각구품회도〉(1675), 〈경국사 목각구품회도〉(1684), 〈용문사 목각구품회도〉(1684)(〈그림 12-18〉), 〈남장사 관음선원 목각구품회도〉(1692), 〈남장사 보광전 목각구품회도〉(17세기 말~18세기 초), 〈실상사 약수암 목각구품회도〉(1782) 등이 알려져 있으며, 이 중 〈실상사 약수암목각구품회도〉를 제외하고 단응과 탁밀이 조성했거나 그의 영향을 받은 조각승이 제작한 것으로 알려져 있다.

〈용문사 목각구품회도〉(1684)에는 이 독특한 기법을 적용한 불화가 누구에 의해 제작되어 전각에 봉안되었는지를 기록한 〈용문사금당시창복장기(龍門寺金堂始創腹莊記)〉가 전한다. 이 기록에 의하면 용문사를 방문한 소영 신경이 남긴 뜻에 따라 그의 제자인 홍택·정심 등이 아미타삼존불좌상과 목각구품회도의 조성을 발원하고 이를 조각승이자 제자인 단응·탁밀 등이 완성했다. 조선 후기에 조성된 목각구품회도는 그림으로 그리던 존상들을 나무로 조각하는 새로운 후불도 형식으로, 제작만이 아니라 전각에 봉안하는 문제까지 여러 난제가 있었을 것이다. 그림이 아닌 나무를 조각해 만든 이 실험적인

〈그림 12-18〉 **용문사 대장전 목조아미타삼존상과 목각구품회도**

1684년. 자료: 용문사성보박물관.

불화를 제작하고 예경 대상으로 불상과 함께 전각에 봉안할 수 있었던 배경에는 〈용문사 목각구품회도〉의 복장기에서 알 수 있듯이 문중 어른인 소영 신경의 뜻을 실현하고자 했던 제자들의 노력과 스승의 신앙과 사상을 이해하고 이를 성공적으로 구현하고자 했던 조각승이 존재했기에 가능했다.

### 선사의 반열에 오른 화승 퇴운당 신겸

퇴운 신겸은 18세기 후반~19세기 전반 사불산화파라 불린 화승 집단을 이끌던 수화승이다(〈그림 12-19〉). 그는 불화 조성만이 아니라 단청과 불상 개금 등의 다양한 불사에 화승으로 참여했고 경전 필사를 통해 수행자로서의 공덕을 쌓았다. 특히 불화를 제작할 때에는 새로운 도상과 구성을 시도한 밑그림인 초본(草本)을 그려 기존에 전승되어 오던 불화 형식에서 벗어나 자신만의 독창적인 불화를 완성했다. 퇴운 신겸이 새로운 도상과 화풍으로 자신만의 불화를 제작할 수 있었던 것은 그가 속한 편양계 승려 문중의 사상적 공유와 활동에 대한 뒷받침이 있었기에 가능했다.

불상과 마찬가지로 예경 대상인 불화 역시 종교화 특유의 도상과 형식의 보수성이 강하게 나타난다. 불화의 보수성은 초본에 의해 전승되지만, 때로는 초본에 의해 새로운 도상과 형식이 창출되기도 한다. 새로운 도상과 형식으로 제작된 불화가 전각에 봉안되기 위해서는 불사 운영 주체인 승려 문중을 대표하는 증사나 화주 등의 신앙과 사상에 부합되어야 하며, 또한 수화승 역시 이들이 추구하는 신앙과 사상을 충분히 인지하고 조형화할 수 있어야 한다. 승려 문중의 사상과 이를 조형화하는 승려 장인이라는 관점에서 조선 후기 화승들 가운데 앞서 언급한 퇴운 신겸의 활동을 살펴볼 필요가 있다.

〈그림 12-19〉 **김룡사 퇴운신겸 진영**

19세기, 저자 촬영.

퇴운 신겸은 개성 강한 화풍으로 불화를 그리고, 도상과 형식에 다양한 변화를 주었다. 그가 그린 불보살의 얼굴은 다른 화승이 그린 불화의 존상 얼굴과 구별될 정도로 특징적인 이목구비를 하고 있으며 진채와 금박을 사용하여 색 대비가 강렬하고 화려했다. 영산회상도를 제작할 때에는 전통적으로 계승되어 온 불화의 도상과 형식을 답습하지 않고 사자와 코끼리를 탄 문수보살과 보현보살을 적극적으로 표현하면서 아미타팔대보살인 지장보살을 추가해 석가신앙과 아미타신앙을 융합했다(〈그림 12-20〉). 관음보살도나 지장시왕도를 제작할 때에도 전형적인 표현에서 벗어나 다른 화승들의 불화에서 볼 수 없는 새로운 도상과 형식이 결합한 불화를 창출했다.

새로운 도상, 형식, 표현으로 그린 퇴운 신겸의 불화가 사찰의 의뢰를 받

〈그림 12-20〉 **대전사 주왕암 영산회상도**
1800년, 자료: 불교문화재연구소.

아 제작되고 전각에 봉안될 수 있었던 이유는 그가 편양계 환성 지안의 후손이라는 점과 수년에 걸친 경전 필사를 통해 실현한 수행자다운 행보와 관련이 있다. 퇴운 신겸은 불화를 제작하면서 1807~1815년 사이에는 9년 동안 80권에 이르는 『대방광불화엄경소초』를 필사하고, 1821~1823년에는 7권의 『묘법연화경요해』 2질을 필사하는 사경 작업을 지속하며 수행자의 면모를 드러냈다. 이에 동료들과 제자들은 사경 불사에 결집하듯 시주자(施主者)로 참여해 그의 수행 활동을 지지하고 존경을 표했다(〈그림 12-21〉). 또한 염불계 활동으로 경상도와 충청북도, 강원도 등지에 분포된 편양계 환성 문중의 여러 계파와 폭넓은 관계를 유지하면서 고운사의 백련암을 중창하는 등 환성 문중의 일원으로 역할을 다했다. 이러한 퇴운 신겸의 활동은 그를 불화를 잘 그리는 화승이라는 한정된 역할에서 벗어나 환성 지안의 후손이자 경상북도에서 영향력이 높던 괄허 취여의 후계자이며, 김룡사와 고운사에서 이름을 떨친 용계 달옥과 호암 최선을 배출한 선사로서 자리매김하기에 충분했다.

〈그림 12-21〉 **묘법연화경요해**
1821~1823년, 자료: 불교문화재연구소.

퇴운 신겸 이후 사불산화파에서는 의우 자우, 동호 진철 등이 화승이자 선사의 반열에 올랐으며, 근대 불교계에 사상가이자 행정가로 유명한 퇴경 권상로도 김룡사 대성암 불화 조성에 화승으로 참여해 그 맥을 이었다.

## 사찰 벽화, 전각에 담고자 한 불교 이야기

조선시대에 거는 불화인 탱화가 전각에 봉안되는 예경 대상으로 정착되면서 벽화는 점차 종교적 상징성이 약화되고 단청과 함께 전각의 내부와 외부를 장엄하는 기능적 역할을 하게 되었다. 사찰 벽화가 지닌 종교적이면서 기능적인 측면은 예경 대상으로 도상과 형식에서 보수성이 강한 탱화로는 그려내지 못하는 불교 설화와 경전 이야기, 더 나아가 조선 사회에 유통되는 도석인물(道釋人物), 사서(史書)와 소설의 삽화(揷畵)가 표현되는 것을 가능하게 했다.

사찰 벽화는 전각 구조에 맞춰 후불벽, 측벽, 포벽에 그려졌다. 이 중 주불전 후불벽 뒷면에 그린 벽화는 앞면에 걸린 탱화에 버금갈 정도로 예술성을 갖추고 있다. 주불전 후불벽 뒷면에 그려지는 대상은 관음보살로 15세기 전반에 조성된 무위사 극락보전 후불벽 백의관음보살도부터 19세기 말~20세기 초에 조성된 것으로 추정되는 마곡사 대광보전 후불벽 관음보살도에 이르기까지 조선시대 전반에 걸쳐 지속적으로 제작되었다. 후불벽 관음보살도는 흙벽에 회사(灰沙)를 발라 고른 표면에 그림을 그리는 화장(化粧) 방식이 일반적이지만, 종이에 그려 이를 흙벽에 붙이는 첩부(貼付) 방식이 사용되기도 했다. 첩부 벽화는 17세기 말에 조성된 흥국사 대웅전 후불벽과 양산 신흥사 대광전 후불벽, 마곡사 대광보전 후불벽 뒷면의 관음보살도에서 확인된다.

조선 후기에 조성된 후불벽의 관음보살도는 관음보살이 측면보다 정면을 바라보고 있으며, 입상보다는 보타낙가산에 앉아 있는 좌상으로 그려졌다. 존상 구성은 관음보살과 그에게 가르침을 구하는 선재동자가 표현되는 것이 일반적이나 조선 전기에 중국에서 유입된 『불정심다라니경(佛頂心陀羅尼經)』의 영향으로 직지사 대웅전 후불벽 관음보살도처럼 선재동자와 용왕이 좌우 협시처럼 표현되기도 했다(〈그림 12-22〉). 주불전 후불벽의 관음보살도는 사찰의 역사와 조선 후기에 유통된 화보의 영향을 받아 전형적인 형식에서 벗어난 새로운 유형이 제작되기도 했다. 관음보살과 함께 관음의 화신이라 불린 달마대사를 후불벽에 나란히 그린 운문사 대웅전 후불벽화는 운문종과 가지산문의 전통을 보여주는 벽화이다. 중국 명청 시대에 유행한 어람관음보살(魚籃觀音菩薩)이 표현된 불국사 대웅전과 신흥사 대광전의 후불벽화는 중국의 32현(現), 53현에 관음보살 화보가 사찰에도 영향을 미쳤음을 보여준다.

주불전 후불벽에 이어 조선 후기 사찰 벽화가 지닌 사상적 요소와 예술적 측면을 살펴볼 수 있는 곳이 전각 좌우의 측벽화들이다. 대표적인 사례로 통

〈그림 12-22〉 **직지사 대웅전 후불벽 관음보살도**

18세기. 자료: 직지성보박물관.

도사 영산전 서벽에 그려진 보탑도, 신흥사 대광전 서벽에 그려진 아미타불회도, 직지사 대웅전 동서 측벽에 그려진 문수보살도·관음보살도·천인도, 마곡사 대웅보전의 북벽에 그려진 도석인물도와 나한도 등을 꼽을 수 있다.

통도사 영산전의 보탑도는 『묘법연화경』에서 석가의 설법이 여법함을 증명하기 위해 땅에서 솟아오른 보탑에서 몸을 내보이시는 증명다보불을 표현한 것이다. 양산 신흥사 대광전 서벽의 벽화는 측벽 전체를 이용해 맨 위와 중간 벽에 아미타삼존과 팔대보살 중 6명의 보살을 배치하고 하단에 사천왕을 배치하여 한 폭의 아미타불회도를 완성시켰다. 서벽 맞은편 동벽에는 약사불회도로 추정되는 벽화가 일부 남아 있다. 직지사 대웅전의 동서 벽에는 사자를 탄 문수보살과 용을 타고 바다를 건너는 관음보살, 날개 달린 용을 탄 동자, 천녀 등이 표현되어 있다. 용을 타고 바다를 건너는 관음보살은 중국

〈그림 12-23〉 **직지사 대웅전 측벽화**

18세기. 자료: 직지성보박물관.

에서 유통되던 32현, 53현 관음도상에 영향을 받은 것으로 보이며, 날개 달린 용을 탄 동자는 『산해경(山海經)』과 관련이 있을 것으로 추정된다. 직지사 대웅전 벽화는 중국에서 간행된 관음화보집들과 더불어 『산해경』에 수록된 다양한 도상이 조선 후기 사찰에 폭넓게 유포되고 수용되었음을 보여준다(〈그림 12-23〉).

불교 이외의 내용이 벽화로 표현된 사례로 마곡사 대웅보전 북벽에 그려진 도석 인물이 있다. 도석 인물은 조선 후기 삼장보살도의 선인(仙人) 도상으로 차용될 정도로 불교화된 도상으로 예경불화만이 아니라 용주사 대웅전을 비롯해 많은 사찰의 포벽화 소재로 활용되었다. 마곡사 대웅전 북벽에는 도석 인물이 상당한 크기로 그려져 있는데 이 가운데 이름이 확인되는 선인은 이철괴(李鐵拐)와 유해섬(劉海蟾)이다.

사찰 벽화에 즐겨 사용된 가장 대표적인 소재는 나한이다. 마곡사 대웅전을 비롯해 천은사 극락보전 등 많은 사찰에서 측벽의 상단 벽화나 포 사이에 표현되었다. 조선 후기 사찰 벽화로 그려진 나한의 이미지는 당시에 도화원과 일반 화원들이 활용했던 『삼재도회(三才圖會)』에 수록된 화보에서 차용한 것이다. 『삼재도회』에 수록된 나한의 모습은 홍국사·선암사·송광사 등 전라도 일대 사찰에서 적극 수용되어 예경 대상인 16나한도, 33조사도로 표현되었다.

『삼재도회』처럼 조선 후기에 사찰에 유통된 화보집, 특히 불교 화보집 중 벽화의 소재로 가장 많이 사용된 책이 『석씨원류응화사적(釋氏原流應化事蹟)』이다. 이 책에는 석가모니의 일생과 행적, 중국에 불교가 전래된 사연과 고승들에 얽힌 고사 등이 400개의 그림과 설명으로 정리되어 있다. 이 그림들은 통도사 영산전, 대구 용연사 대웅전, 불국사 대웅보전 등의 전각에 천장과 벽을 연결하는 상벽이나 포벽의 벽화로 즐겨 그려졌다.

이처럼 조선시대 사찰 벽화에는 지금은 잊힌 신앙 형태와 공간을 통해 형성하고자 했던 불교의 세계관, 그리고 종교를 초월해 당시 사람들이 공유했던 다양한 문화 양상이 반영되어 있다.

# 불교 건축과 불탑

손신영 | 한국미술사연구소 책임연구원

조선시대 들어 유교 제일주의 정책에 따라 불교가 위축되기는 했지만 명맥이 끊어지지 않았듯, 불교 건축 역시 명맥을 이어갔다. 시기별로 부침이 있었으나 단절되지 않고 오늘에 이르고 있다.

현재 문화재로 지정된 불전(佛殿)들은 조선 후기에 조성된 것이 대부분이다. 17세기에는 임진왜란과 병자호란 당시 피해당한 불전들이 재건되었고, 18세기에는 이들을 포함한 불전들이 중수·중건되었다. 특히 18세기부터는 온갖 장엄으로 꾸며지는 불전이 늘어나, 19세기에 이르면 이러한 장엄이 하나의 형식이 되었다.

## 조선 전기

### 한양도성 안의 사찰

성리학적 이상사회 구현을 목적으로 개국된 조선은 불교를 이단시하고 배척하는 정책을 시행했다. 그러나 과도기였던 초기에는 한양 도성 안에 여러 사찰이 새로 지어졌다. 홍천사·지천사·홍복사·홍덕사 등이 대표적이다.

홍천사는 1397년(태조 6), 태조 계비 신덕왕후 강씨의 무덤인 정릉의 원찰로 세워졌다. 당시 위치는 현재 정동 인근으로 추정되고 있다. 권근이 쓴 「정릉원당조계종본사홍천사조성기(貞陵願堂曹溪宗本寺興天寺造成記)」에 따르면 "언덕과 산이 감싸서 풍수가 길하게 호응하는 길지에, 금빛 채색이 찬란"할 뿐만 아니라 규모도 170여 칸에 달해, 백성들은 물론 외국 사신들도 한 번 보기를 원할 정도로 한양의 볼거리였다. 창건 이듬해 지어진 3층 사리전 내부에는 사리를 넣었다 뺐다 할 수 있는 독특한 구조의 사리탑이 세워졌다. 1409년(태종 9) 정릉이 현 위치로 이전되면서 능침 수호 기능은 사라졌지만, 왕실 원찰이자 교종 수사찰로서의 기능은 유지되었다. 그러나 화재로 인해 1504년(연산군 10)에는 사리각만 남았다가 1510년(중종 5)에는 재가 되고 말았다.

지천사는 화엄종 사찰로, 홍천사 인근에 자리하여 태조가 이 두 곳을 하루에 방문하기도 했다. 건립 연대는 불분명하지만, 세종이 "경복궁의 지리적 결함을 보완하기 위해 세워진 것"이라 설명한 것을 보면, 한양 정도 이후 홍천사 창건 무렵 세워진 것으로 추정된다. 규모가 작지 않았으며, 태종 대에는 소속된 승려가 500여 명이었고 군사 2000여 명을 동원해 대장경을 옮겨둘 정도로 사세(寺勢)가 있었지만, 향화는 10여 년 만에 꺼졌다. 1408년(태종 8), 태평관에서 사신을 수행하는 반인(泮人: 관에 소속된 사람)의 관사로 바뀌면서 폐사되었기 때문이다. 홍복사는 조선 개국 이전부터 존재했던 곳으로, 위치는 현재 탑골공원 자리이다. 이 자리는 경복궁과 창덕궁 사이로, 지세가 넓고 평평하며 앞쪽으로 시전(市廛)이 있어 사람들의 왕래가 많았기에 1424년(세종 6) 무렵 불교 교단이 정리되자 관청으로 활용되었는데 1457년(세조 3)에는 악학도감이 들어서기도 했다. 1464년(세조 10)에는 사찰로 고쳐진 후 '원각사'라고 칭하게 되었다. 1467년(세조 13)에는 석탑(서울 원각사지 10층 석탑)이 세워졌다. 그러나 1505년(연산군 11)에 장악원이 들어서며 기생을 가르치는 곳이 되어 사찰의 기능을 잃고, 1512년(중종 7)에는 사대부들에게 터가 분배되면서 석탑(서울 원각사지 십층석탑)과 비석(서울 원각사지 대원각사비) 등만 남게 되었다. 홍덕사는 한양 재천도 이후인 1407년(태종 7), 태상왕이 된 이성계에 의해 창건되었다. 위치는 창덕궁 동북쪽에 자리한 성균관과 혜화문(한양도성 동북쪽의 작은 문) 사이로 추정되지만, 규모와 구체적인 양상은 알 수 없다.

조선 초기 한양의 사찰들은 지천사를 제외하면 창건과 폐지를 반복하며 연산군 대까지 존속되었다. 즉, 조선 개국 이후 약 100여 년 동안, 불교 사찰은 한양도성에도 새롭게 조성되었는데, 수가 적음에도 불구하고 규모와 위상이 고려시대 개성 못지않았다.

### 왕실 원찰의 T자형 배치

15세기에는 도성 이외 지역에서도 왕 또는 왕실의 후원으로 여러 사찰이 세워졌는데 이전에 볼 수 없는 독특한 배치로 형성되었다. 그 양상은 거의 현존하지 않지만, 김수온의 『식우집(拭疣集)』을 통해 묘적사(1448), 오대산 상원사(1465), 원각사(1467)·봉선사(1469)·정인사(1471)·회암사(1473) 등의 배치를 유추할 수 있다. 이 중 오대산 상원사를 제외하면 모두 동일한 배치로 여겨진다. 중앙에 정문이 들어선 긴 회랑(回廊)이 중심 일곽 전면에 세워지고, 정문 앞쪽으로 종루가 세로로 배치되었다. 그리고 종루 앞에는 또다시 문이 있는 회랑이 세워졌다. 결과적으로 주불전이 자리한 중심 일곽 앞쪽은 T자형으로 건물이 배치되었던 것이다. 이러한 배치는 조선 초 능침사찰에 등장한 이후 왕릉 정자각 배치에도 원용되었다. 능침사찰은 왕실 후원으로 조성된 능을 수호하는 원찰이므로, T자형 배치는 조선 전기 왕실 원찰의 특성으로 여겨진다.

한편, 낙산사는 1468년(세조 13)에 왕명으로 원통보전, 7층 석탑, 담장 등

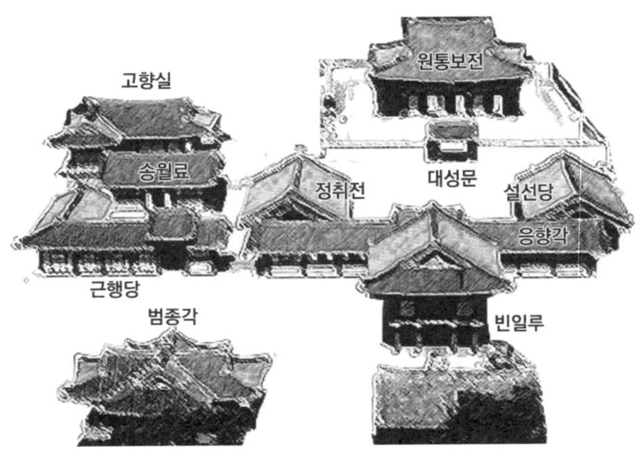

〈그림 13-1〉 **낙산사 원통보전과 발굴·복원된 빈일루 일곽 전경**

으로 이뤄진 중심 일곽이 조성된 것으로 여겨져 왔다. 그러나 2005년 화재로 전소되어 이뤄진 발굴조사 결과, 원통전 일곽 전면에 정문이 들어선 회랑과 빈일루가 T자형으로 배치되었던 것이 드러나, 복원되었다. 하지만 같은 시기 왕실 원찰인 양평 상원사와 오대산 상원사는 정문과 종루가 T자형으로 배치되지 않았다. 또 고려 말에 중창되어 이성계가 머물렀고 세조 연간 정희왕후가 후원한 양주 회암사의 배치도 이와 다르다. 즉, 왕실 원찰의 배치는 T자형과 T자형이 아닌 두 개의 배치가 공존했던 것이다. 전자로는 정인사·낙산사·원각사·봉선사 등이, 후자로는 양평 상원사, 오대산 상원사, 양주 회암사 등이 해당된다.

## 다포 형식의 확산

고려 말부터 등장한 다포 형식은 조선시대 들어 점차 확산되었다. 예컨대 태조 이성계와 관련된 함경도 안변의 석왕사 호지문은 조선 초기 다포 형식의 대표적 사례이다. 또한 세종의 원찰인 여주 신륵사의 조사당을 비롯해 순천 송광사 약사전이나 창녕 관룡사 약사전도 규모가 작긴 하지만 다포 건축의 면

서산 개심사 대웅전
자료: 국가유산포털.

여주 신륵사 조사당
자료: 위키피디아, ⓒ Jjw.

〈그림 13-2〉 **조선 전기 다포 형식의 불전**

모를 잘 간직하고 있다. 이들은 다포 형식이라는 점 외에 팔작지붕이라는 점에서도 공통적이다. 한편, 1484년(성종 15)에 중창된 서산 개심사 대웅전도 다포 형식이긴 하지만 맞배지붕이면서 구조부재가 유사하다는 점에서 1430년(세종 12)에 창건된 주심포 형식의 강진 무위사 극락보전과 비교되고 있다.

## 비주류가 된 주심포 형식

조선 전기 주심포 형식은 지방 사찰의 주불전이나 큰 사찰의 소규모 불전에서 볼 수 있는데, 고려시대 주심포 형식을 계승하면서도 불전마다 조금씩 달리 구성되어 있다. 부재 세부가 고려 말기 양상과 유사하고 보의 단면이 항아리 모양이며, 대공이 놓일 자리에 소슬합장이 결구된 점이 공통적이다. 이 시기 주심포 형식은 헛첨차(기둥머리를 뚫고 나와 주두 위에 결구된 초제공을 받치는 부재) 유무를 기준으로 하면 두 형식으로 구분할 수 있다. 헛첨차가 있는 경우 규모가 작고 첨차도 한두 단만 있는 간소한 불전이 대부분이다. 예컨대 영암 도갑사 해탈문, 순천 송광사 국사전 및 하사당이 해당된다. 헛첨차가 없는 사례는 강진 무위사 극락전이 대표적인데, 살미가 여러 단으로 겹치고

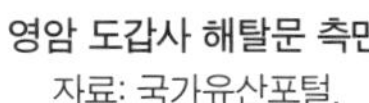

영암 도갑사 해탈문 측면
자료: 국가유산포털.

순천 송광사 국사전 측면
자료: 국가유산포털.

〈그림 13-3〉 **헛첨차가 있는 사례**

안동 개목사 원통전
자료: 국가유산포털.

강진 무위사 극락보전 측면
저자 촬영.

〈그림 13-4〉 **헛첨차가 없는 사례**

지붕 처마도 위로 높이 솟아 있어 당당한 인상을 주고 있다. 구조적으로는 고려시대 주심포 형식인 부석사 무량수전의 결구 방식을 계승하면서 세부적으로는 수덕사 대웅전과 닮았다. 한편, 안동 개목사 원통전은 전후면 공포가 다른 형식으로 조성되었다. 전면은 출목(出目)이 없고 후면은 출목이 있는 주심포 형식으로 보이는데 세부적으로는 익공계와 유사하다. 이처럼 전후면 공포가 다른 유형의 불전은 조선 후기에 다수 세워졌다.

### 익공 형식의 등장

고려시대 주심포 건축에 쓰인 헛첨차가 조선시대 들어 익공부재로 변형되어 형성된 익공 형식은 합천 해인사 장경각과 춘천 청평사 회전문이 대표적이다. 해인사 장경각은 수다라장과 법보전 두 동으로 구성되어 있는데 수다라장은 초익공식(익공부재 하나가 기둥머리에 결구되어 창방과 직교되는 형식), 법보전은 몰익공식(익공부재 끝부분이 소의 혀처럼 돌출되지 않고 둥글게 마감된 형식)이다. 청평사 회전문은 주심포 형식이 익공 형식으로 변하는 과정을 보여주고 있어 의미 있다.

## 조선 후기

### 17세기~18세기 초, 대형 불전 조성

임진왜란과 병자호란 당시 수많은 불전들이 파괴되어 17세기에 재건되었는데, 대형 불전 상당수가 이 시기에 조성되었다. 대부분 충청도 이남 지역에 남아 있는데, 중층(2층)으로는 보은 법주사 대웅보전, 부여 무량사 극락전, 구례 화엄사 각황전 등이 대표적이다. 단층으로는 경주 기림사 대적광전, 고

무량사 극락전
자료: 국가유산포털.

화엄사 각황전
자료: 국가유산포털.

법주사 대웅보전
자료: 저자 촬영.

〈그림 13-5〉 **17세기~18세기 초 대형 불전**

창 선운사 대웅보전, 공주 갑사 대웅전 등이 세워졌다. 완주 송광사 대웅전, 김제 귀신사 대적광전, 고창 선운사 영산전 등은 중층으로 조성되었다가 18세기 들어 중수되면서 단층으로 개조되었다.

### 부불전 조성 성행

조선 후기에는 명부전·나한전·관음전 등의 부불전이 다수 세워졌다. 이 중 명부전(지장전 또는 시왕전)은 사후 세계와 관련된 불전으로 대다수 사찰에 세워졌는데, 대체로 주불전보다 작은 규모로 조성되었다. 이 밖에 사찰의 수호신으로 사천왕상을 봉안한 천왕문도 빈번하게 조성되었는데, 임진왜란 이후부터 18세기 초에 중창되는 사찰에 주로 세워졌다.

**양산 통도사 관음전**
자료: 국가유산포털.

**영주 성혈사 나한전**
자료: 국가유산포털.

**하동 쌍계사 명부전**
자료: 국가유산포털.

〈그림 13-6〉 **조선 후기의 부불전**

### 정문(正門) 조성

조선 후기 들어 야외 의식으로서 수륙재 설행이 본격화되자 사찰에서는 설행을 위해 공간이 구획되었다. 상단·중단·하단의 3단으로 나눠 상단은 부처님, 중단은 신중(神衆), 하단은 구천을 떠도는 외로운 영혼들이 머무는 공간으로 정해졌다. 공간적으로는 괘불대가 마련된 야외의 불단이 상단, 신중들이 모셔지는 마당이 중단, 정문이 하단에 해당되었다. 이 중 15세기 이래로 18세기 전반까지 빈번하게 조성되던 정문은 수륙재 설행 시 사찰 안팎을 구분하는 경계였다. 형태는 2층 문루로 지어진 경우가 많은데, 아래층은 문이 달린 통로로, 위층은 누마루로 조성되었다. 그러나 17세기에는 문루와 별개로 지어진 경우도 적지 않았다.

### 익공 형식 대유행

두 차례의 대규모 전쟁 이후 물자가 부족한 상황에서 불전이 재건되어, 부재를 덜 들이면서도 쉽고 빠르게 지을 수 있는 익공 형식이 선택되었다. 사찰의 중심 불전은 다포 형식에 팔작지붕으로 조성되었으나, 부불전 이하는 익공 형식으로 지어진 것이다. 한편, 17세기에는 주심포식에서 익공식으로 이행되어 가는 과정을 보여주는 부산 운수사 대웅전과 같은 주불전도 세워졌고, 고창 선운사 영산전처럼 1출목2익공 형식의 부불전도 세워졌다. 근기지역(서울과 경기도 지역)에서는 19세기 들어 주불전은 다포 형식, 부불전은 익공 형식으로 조성되는 경향이 일반화되었다. 그 양상은 돈암동 홍천사, 수유리 화계사, 남양주 홍국사, 고양 홍국사 등에서 파악된다.

### 유교식 사당과 왕실 원당 조성

조선 후기 들어 임진왜란 당시 공로를 세운 청허 휴정, 사명 유정 등을 충신으로 기리는 유교식 사당이 주요 사찰에 세워졌다. 1738년(영조 14) 밀양 표충사의 사명대사 사당, 1788년(정조 12) 해남 대흥사의 서산대사 사당, 1794년(정조 18) 묘향산 보현사의 서산대사 사당이 대표적이다. 대체로 담장으로 둘러싸인 일곽에 사당, 조사전, 비각, 내삼문이 들어선 모습이다. 한편, 왕·왕비·세자 등을 축원하는 원당도 여러 사찰에 세워졌다. 보은 법주사 선희궁 원당, 합천 해인사 경홍전, 순천 송광사 성수전, 의성 고운사 연수전 등이 대표적이다. 보은 법주사 선희궁 원당은 영조의 후궁이자 사도세자의 어머니 영빈 이씨의 위패를 봉안하기 위해 세워졌는데, 건립 연대는 1765년 무렵으

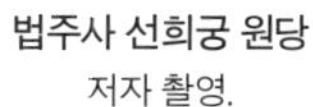

법주사 선희궁 원당
저자 촬영.

순천 송광사 성수전(현재 관음전)
저자 촬영.

해인사 경홍전
저자 촬영.

〈그림 13-7〉 **조선 말기 왕실 원당**

로 추정되고 있다. 한때, 조사각으로 사용되다가 현재는 나한전으로 활용되고 있다. 합천 해인사 경홍전은 1892년 고종, 민비, 세자(순종)의 만수무강을 기원하는 삼전위축소(三殿爲祝所)로 지어졌다. 그러나 1946년 경학원으로 변경되어 역대 고승들의 진영이 봉안되었다가 1975년부터는 승가대학 도서관으로 활용되었는데, 근래 들어 다시 진영전으로 활용되고 있다. 순천 송광사 성수전은 1903년 고종황제의 망육순(51세)을 맞아 편액을 하사받아 황실기도처로 세워졌는데 현재 관음전으로 활용되고 있다. 의성 고운사 연수전은 1902년 고종의 기로소 입소를 기념하며 어첩을 봉안하기 위해 세워졌다. 이들 왕실 원당은 솟을삼문과 담장으로 둘러싸인 독립된 공간에 형성되었을 뿐 아니라 기단과 계단이 잘 다듬어진 돌로 구성되어 있어, 일반 불전과 차별화된다.

### 사동중정형 배치의 보편화

17세기 이후 재건되거나 중건된 사찰들은 대부분 사동중정형(四棟中庭形) 배치로 형성되었다. 중심 영역 일곽의 마당을 사동의 건물이 둘러싸고 있는 모습이다. 마당 북쪽에 주불전, 남쪽에 누문, 동서쪽에는 각기 생활 및 수행 공간이 들어서 있다. 예컨대 17세기 전반 중건된 완주 화암사에는 극락전 맞은편에 우화루, 그 좌우로 적묵당과 불명암이 배치되어 마당의 사방으로 건물이 들어서 있다.

사동중정형은 조선 초기 왕실 원찰의 중심 영역에서 측면 회랑이 해체되어 승당과 선당 등으로 바뀌고 전면 회랑이 누문으로 바뀌면서 등장하게 된 것으로 보이지만, 삼문수학 수행 경향과 관련된 것으로 추정되기도 한다. 삼문수학이 확립되면서 전각, 마당, 요사채가 각기 의식이 거행되는 공간, 수행 및 생활이 이뤄지는 공간으로 정형화되면서 형성된 가람배치로 볼 수 있기 때문이다.

### 불전 내부 공간 확대

불전 내부에서는 불단을 측면 기둥 열보다 뒤로 물리고, 불단 앞부분에는 기둥을 세우지 않는 경향이 확산되었다. 기둥을 세우지 않아 확보된 넓은 공간에서는 의식을 비롯한 여러 실내 행사가 치러질 수 있었다. 불전 내부가 실내 예불 공간으로 본격적으로 활용되기 시작한 시기는 16세기부터이다. 이전까지 불전은 불상이 봉안된 비개방 공간이었고, 대중이 모여 행하는 예불 의식은 야외에서 치러졌다. 그러나 불교가 억압되면서 대규모 야외 법회 횟수가 줄어들자, 적은 수의 신도들과 실내에서 예불을 올려야 했다. 그 결과 불전 내부가 바뀌었다. 창호를 크게 하여 실내를 밝게 하고, 불단의 폭을 줄이고 불단 앞 기둥을 세우지 않아 예불 공간을 넓혔다. 예컨대 고창 선운사 대웅보전은 정면 5칸, 측면 3칸 규모인데도 불단 뒤 후불벽을 지지하는 4개의 고주 외에는 실내 기둥이 없어 불단 앞 공간이 넓다. 예불 의식을 실내에서 봉행하게 되면서 나타난 또 다른 결과는 불단과 천장의 양상이다. 야외 법회가 성행했던 고려시대에 조성된 부석사 무량수전은 외관이 장중하면서도 정교한데 실내는 소박하고 어두운 편이며, 바닥에 전돌이 깔려 있다. 실내 예불이 고려되지 않은 결과이다. 그러나 16세기 이후 실내예불이 보편화되면서 내부 공간 확보를 위해 대들보를 들어 올리고 천장을 높이는 양상이 보편화되었다. 아울러 실내의식에 참여하는 신자들의 시선이 머무는 불단과 천장에 온갖 장엄이 더해졌다. 영천 은해사 백흥암 수미단과 전등사 대웅전 수미단이 대표적이다.

### 장엄의 만연화

실내 예불이 정착되면서 불전 안팎을 꽃살문·용두·봉두·벽화 등으로 장엄하는 경향이 두드러졌다. 꽃살문은 주로 주불전의 정면에 구성되었는데, 논산 쌍계사 대웅전, 부안 내소사 대웅보전, 영주 성혈사 나한전 등이 대표적이다. 특히 논산 쌍계사 대웅전은 정면 5칸의 각 칸마다 2짝씩 꽃살문이 구성되어 있는데 연꽃·난초·모란·국화·매화·작약·무궁화 등이 조각되어 있다. 용두는 외부에서는 귀공포에 결구되거나 안초공으로 조성되고, 내부에서는 닫집 내부나 충량머리 등으로 조성되었다. 17, 18세기에는 주로 팔작지붕의 주불전에만 용두 조각이 결구되었으나, 19세기 말에 이르면 돈암동 흥천사 명부전이나 수유리 화계사 명부전처럼 귀공포가 형성되지 않는 맞배지붕의 부불전에도 결구될 정도로 보편화되었다. 봉두는 닭 머리 형상으로 조각되었는데 공포의 형식이나 불전의 위계를 가리지 않고 제공의 가장 윗부분에 결구되었다.

불전 외벽에는 심우도나 반야용선도 등의 벽화가 그려졌다. 내부에서는 포와 포 사이에 형성된 포벽이나 천장의 가장자리에 형성된 빗천장에 선인화나 민화풍 그림이 그려졌다. 이러한 불전 장엄은 17세기부터 두드러지기 시작하여 18세기를 거치며 확산되고 19세기에 이르러 하나의 형식으로 자리 잡았다.

### 주택풍 불전 등장

19세기 들어 산간의 소규모 암자나 근기 지역의 사찰에는 새로운 유형의 불전이 세워졌다. 예컨대 안동 봉정사 영산암은 중심 불전인 응진전을 동쪽으로 치우치게 배치해 정형화된 배치를 따르지 않았는데, 전면에 위치한 정면 5칸의 누각도 일반적인 사찰 누각과 다른 양상이다. 특히 툇마루가 가설된 승방이 누와 연결된 모습은 안동 지역의 주택과 유사하다.

주택풍불전은 근기 지역에서도 세워졌다. 이른바 '대방'이라는 복합 기능의 건물이 주불전 맞은편에 들어선 것이다. 6칸의 넓은 방을 중심으로 좌우에 그보다 작은방과 부엌, 누마루가 조성되었다. 특히 넓은 방은 불단이 조성된 예불 공간으로, 상궁·나인들이 왕실 발원 기도를 하던 곳이었다. 조선 말기 왕실 원찰이던 돈암동 흥천사, 수유리 화계사, 파주 보광사, 남양주 흥국사, 고양 흥국사에 남아 있는데, 20세기 들어 근기 지역에 만일염불회가 성행하자 염불당으로 전용되기도 했다.

### 승장의 활약과 소멸

조선시대 들어 유교제일주의 정책이 자리 잡게 되면서 사찰들은 자급자족으로 불사를 해야만 했다. 고려시대에는 일부 사찰에 불과했던 승려들의 불전 조영 활동이 보편화된 것이다. 그중 뛰어난 기량을 갖춘 이는 관영공사에 차출되기도 했다. 14세기 말, 조선 초기 남대문 창건 당시 대목을 맡은 법륜사 각희(覺希)와 18세기 말 수원화성 장안문·방화수류정 등의 편수를 맡은 강원도 금사 굉흡(宏洽)이 대표적이다. 특히 굉흡은 중층 목조건축 기술을 이해하면서 다포 건축을 지을 수 있는 장인으로 초청되어, 팔달문을 지은 윤사범(창덕궁 인정전을 비롯한 궁궐 영건에 참여했던 목수)에게 영향을 준 것으로 보인다. 19세기 중반 이후로는 전국 곳곳에서 이루어진 왕실 후원 중건 불사에서 도편수를 담당한 침계 민열(枕溪敏悅)의 활약이 두드러진다. 문경 김룡사에 주석했지만, 1856년 봉은사 판전 신건 당시 도편수를 맡은 이래로 약 37여 년 동안 대전 동학사, 서울 화계사, 문경 김룡사, 김천 직지사, 구미 도리사, 고성 건봉사, 도봉산 회룡사, 상주 남장사, 합천 해인사 경홍전 신건 불사에서 도편수를 맡았다.

한편, 18세기 말부터 공사 내용과 양에 따라 노임이 지급되면서 건축장인도 전문직으로 성장했다. 그 결과 민간 장인은 활동 영역을 넓혀 불사까지 맡게 되었다. 이로써 승장은 여러 대중이 주석하는 대찰(大刹)에서도 점차 사라져 19세기 말에 이르면 활동상을 거의 찾아볼 수 없게 되었다.

## 불탑의 흐름

### 석탑의 조성 축소 및 활발한 중수

현존하는 조선시대 석탑은 10여 기에 불과하다. 조선의 유교제일주의 정책으로 불교가 위축되고, 대부분의 사찰에 앞 시대에 세워진 탑이 남아 있었기 때문이다.

새로 조성되는 탑의 숫자는 확연히 줄었지만, 석탑의 중수는 활발히 이뤄졌다. 예컨대 통일신라시대에 세워진 장흥 보림사 남북 3층석탑은 1478년(성종 9), 1555년(중종 30), 1684년(숙종 10) 등 여러 차례 보수되었다. 고려시대에 세워진 정암사 수마노탑도 1653년(숙종 4), 1719년(숙종 45), 1773년(영조 49), 1874년(고종 11) 등 여러 시기에 걸쳐 보수되었다.

### 석탑 조형 전통 계승

석탑의 형식은 크게 통일신라시대 이래 유지된 일반형과 특수형으로 나뉜다. 일반형 석탑으로는 양양 낙산사 7층석탑, 여주 신륵사 다층석탑, 의정부 회룡사 5층석탑, 안성 청원사 7층석탑, 가평 현등사 3층석탑, 청주 보살사 3층석탑, 함양 벽송사 3층석탑, 산청 대원사 다층석탑 등이 대표적이다.

이들은 불국사 3층석탑(석가탑)에서 확립된 비례 형식을 잘 유지하고 있다. 이 중 낙산사 7층석탑은 고려시대의 석탑 조형과 조성 기술을 계승하려 노력한 흔적이 남아 있다. 창건 당시에는 3층이었는데 1467년에 중창되면서 7층으로 높아졌다.

〈그림 13-8〉
**서울 원각사지 십층석탑**
자료: 국가유산포털.

특수형 석탑으로는 원각사지 10층석탑(1467), 수종사 8각5층석탑(1493년 하한), 묘적사 8각다층석탑 등이 있다. 이들 역시 고려시대 석탑 양식을 계승했다. 원각사지10층석탑은 아(亞)자형 평면의 3층 기단 위에 동일한 평면으로 구성된 탑신을 3층까지 구성하고 4층부터 10층까지는 방형평면으로 이루어져 있다. 각층 탑신석에는 아랫부분에 난간을 만들고 면석마다 12회상이 조각되어 있다. 각 면석은 모서리마다 표면이 용으로 장엄된 원형 석주가 새겨져 있다. 옥개석 아랫부분에는 다포식 공포가 정교하게 조각되어 있고, 낙수 면에는 기왓골이 세밀하게 새겨져 있다. 전반적으로 고려시대 말에 조성된 경천사지 10층석탑과 매우 유사하다.

## 목탑

현존하는 목탑은 법주사 팔상전이 유일하다. 화순 쌍봉사 대웅전은 1984년 4월 불에 타서 문화재로서의 가치는 상실되었지만, 1962년 해체 당시 발

〈그림 13-9〉 **법주사 팔상전**
저자 촬영.

견된 상량문과 실측된 도면이 있어, 조선시대 목탑 자료로서 의미가 있다. 법주사 팔상전은 정면 3칸, 측면 3칸의 5층 목탑이었다. 정유재란 당시 불에 타, 17세기 초 재건되면서 사방으로 한 칸씩 확장되었다. 재건은 사명당 유정대사의 주도로 진행되었는데, 약 20여 년에 걸쳐 이뤄져 각 층마다 구조 수법이 달라진 것으로 보인다. 방형 단층 기단의 사방 중앙에 계단이 형성되고, 5개 층으로 이루어진 탑신부는 1, 2층이 사방 5칸, 3·4층이 사방 3칸, 5층이 사방 2칸 규모이다. 2층과 4층의 퇴칸은 아래층에 비해 절반으로 줄었다. 전체적으로는 윗면으로 갈수록 칸수가 줄어, 안정적인 체감비를 보인다. 공포는 1층에서 4층까지는 주심포, 5층은 다포 형식이다. 외부에서는 층이 나뉜 모습이지만 내부로 들어서면 3층까지 뚫린 통층 구조이다.

쌍봉사 대웅전은 매우 낮은 단층 기단에 방형 평면으로 이루어진 3층 목탑이다. 계단은 정면에만 있다. 탑신부는 각층이 사방 한 칸인데, 1층에 비해 2,

3층의 높이가 매우 낮다. 1층 처마는 활주가 받치고 있고, 공포는 다포식이며, 내부는 역시 통층 구조이다. 1962년 수리 당시 종도리에서 발견된 묵서상량문을 통해 1609년(숙종 16)과 1724년(경종 4)에 중수된 바를 알 수 있다. 1984년 화재 이후, 과거 작성된 실측 도면을 토대로 1986년에 재건되었다.

이 밖에 현존하지 않지만 조선 전기 한양 도성 내에 세워진 홍천사의 3층 사리전도 목탑으로 추정되고 있다.

조선시대 불탑은 앞 시기에 비해 수적으로는 매우 적지만, 통일신라시대부터 이어져 온 탑 조형의 전통이 시대와 통치 이념을 달리하면서도 계승되어 왔다는 것을 웅변하고 있다.

# 조선시대 불교문학

김종진 | 동국대학교 불교학술원 교수

조선시대 불교문학은 조선시대 불교사와 시공간을 함께할 뿐 아니라 문학 창작과 수용의 주체가 불교사를 일구어간 주체와 다름없다는 점에서 상호 관련성이 깊다. 고승 대덕들은 자신의 깨달음과 사상적 지향을 선시나 선적 가요에 담아냈고, 교학 탐구의 결과를 직간접적으로 문학 형식에 담아 개진하기도 했다. 대중화된 불교가요의 전달자나 수용자들은 당대 불교 신앙과 문화를 일구어간 또 다른 주체로서 인정된다. 불교사의 전개 과정에 보조를 맞추어 불교문학은 산출되었다. 시대에 따른 문화 풍토의 변화에 맞춰 새로운 장르가 불교계에서 수용되었고, 이렇게 이루어낸 한 편 한 편이 모여 전통문화 내지는 조선시대 불교문화사를 풍부하게 했다.

## 조선 초 악장문학

조선시대에 등장한 시가 장르로는 악장(樂章)과 가사(歌辭)가 있다. 조선 초

새로운 왕조의 정통성을 확보하고 홍보하려는 궁중 음악의 필요성에 따라 악장이 다수 제작되었다. 조선 초 악장에는 새로운 양식으로 된 신체(新體) 악장과 고려 중후기부터 유행했던 음악 양식에 따라 제작한 속요체(俗謠體) 악장, 경기체가체(景幾體歌體) 악장, 한시체(漢詩體) 악장이 있다.

함허 기화(涵虛己和)의 「미타찬(彌陀贊)」, 「안양찬(安養贊)」, 「미타경찬(彌陀經贊)」과 말계 지은(末繼智誾)의 「기우목동가(騎牛牧童歌)」는 경기체가체 악장으로서, 경전의 요지를 당시 유행했던 가요 양식에 담았는데, 미타정토 신앙과 관련한 의식에서 구연되었을 가능성이 크다. 논설 「적멸시중론(寂滅示衆論)」에 첨부되어 있는 말계의 작품은 본문 내용을 12개의 단락으로 요약해 제시한 경기체가 형식의 가요이다. 보조 지눌(普照知訥)의 선사상을 계승하면서 중생구제의 방향에서 이를 풀이한 작품으로, 이 역시 법회에서 구연되었을 가능성이 있다.

「월인천강지곡」은 「용비어천가」와 함께 한글 장편 서사시로서 조선 초 창작한 대표적인 악장이다. 이 작품들은 문학사에서 유래를 찾기 어려운 신체 악장으로 그 의의가 크다. 수양대군이 세종의 명을 받아 기존의 『석가보(釋迦譜)』를 참조해 『석보상절(釋譜詳節)』을 제작했고, 이를 훈민정음으로 번역한 것이 언해불서 『석보상절』이다. 세종은 수양대군이 제작한 석가일대기의 내용에 따라 우리말 시가 형태로 찬송을 지었는데 이 작품이 「월인천강지곡(月印千江之曲)」이다. 「월인천강지곡」은 「용비어천가」와 같은 형식의 신체 악장으로 모두 583장이며 서사(1, 2장), 본사(3~582장), 결사(582, 583장)로 구성되어 있다. 세조는 『석보상절』과 「월인천강지곡」을 다듬어 운문 + 산문 형태의 『월인석보』로 재편했는데, 이는 경전 구조를 변형한 불교문학 텍스트라는 의의가 있다.

세종은 「월인천강지곡」 외에도 5언 6구의 한시체 악장 9편도 직접 창작했다. 김수온(金守溫)이 찬한 『사리영응기(舍利靈應記)』는 내불당(內佛堂) 창건 과정과 사리분신(舍利分身)의 이적을 기록한 것이다. 1448년(세종 30) 7월 19일 세종이 내린 교지로부터 시작하여 불당의 준공과 불상의 안치, 법회에서 사리가 출현한 과정이 날짜순으로 기록되어 있다. 세종은 불당 준공에 맞춰 친히 새로운 악곡 7곡을 지었고, 그 곡에 담아 부를 가사로 악장 9편을 창작했다. 작품은 「귀삼보(歸三寶)」, 「찬법신(贊法身)」, 「찬보신(贊報身)」, 「찬화신(贊化身)」, 「찬약사(贊藥師)」, 「찬미타(贊彌陀)」, 「찬삼승(贊三乘)」, 「찬팔부(贊八部)」, 「희명자(希冥資)」 등이다. 이는 음악, 노래, 춤(樂歌舞)이 동시에 공연되는 정재(呈才)의 하나로 창작된 것이다.

## 불전(佛典)계 소설에서 판소리계 소설까지

15, 16세기는 한국 서사문학사에서 본격적인 소설이 등장하는 시기이다. 최초의 한문소설집인 김시습(1435~1493)의 『금오신화(金鰲新話)』, 한글소설의 초기 작품인 채수의 『설공찬전(薛公瓚傳)』(1511년경), 허균(1569~1618)의 『홍길동전(洪吉童傳)』 등 형식적 완결성을 갖춘 소설이 등장했다.

그런데 그에 앞서 조선 초에 제작된 언해불서 등에 소설적 구성을 갖춘 불교 서사가 다수 포함되어 있다는 점에 주목하기도 한다. 『석보상절』, 『월인석보』 소재 불경고사는 그 자체로 드라마틱한 서사물이라 해도 과언이 아닌데, 이를 독립적인 서사로 보고 각각 제목을 붙여 한국 소설 문학의 형성기 작품으로 보고자 하는 견해이다.

「안락국태자전(安樂國太子傳)」(『석보상절』; 『월인석보』 권8; 『월인천강지곡』 기 220~250), 「목련전(目連傳)」(『석보상절』; 『월인석보』 권23), 「선우태자전(善友太子傳)」(『석보상절』; 『월인석보』 권23), 「사리불항마기(舍利弗降魔記)」(『석보상절』 권6), 「인욕태자전(忍辱太子傳)」(『월인석보』 21), 「녹모부인전(鹿母夫人傳)」(『월인석보』 11), 「아육왕전(阿育王傳)」(『석보상절』 24) 등과 「금우태자전(金牛太子傳)」(『석가여래십지수행기』 제7지), 「보시태자전(報施太子傳)」(『석가여래십지수행기』 제9지) 등이다.

이 이야기들의 근원은 중국 전래의 불경으로서, 조선 초 석가 일대기를 제작하면서 유입된 것이다.

앞서 소개한 언해불서 소재 이후 이 문헌들이 대중화되고 한글이 널리 보급되면서, 이와 함께 구전 과정을 거쳐 대략 16, 17세기 초부터는 한글소설로 (재)창작되는 과정을 거치게 된다. 「안락국전」, 「금송아지전」(「금우태자전」에서 유래), 「금강공주전」(『현우경』, 『잡보장경』 외), 「적성의전」(「선우태자전」에서 유래), 「나복전」(「목련전」) 등이 이에 해당한다.

불전계 소설은 동아시아 불경의 전래 과정에서 흥미 있는 스토리의 독립된 이야기가 번역되고 번안되면서 한국의 소설로 편입·발전하게 되는 과정에서 산출되었다. 이 역시 한국의 서사문학을 발전시키는 다양한 갈래의 하나로 인정할 수 있다.

조선 중후기에는 개별 작가에 의해 불교계 소설이 등장했다. 17세기에는 허응 보우(虛應普雨)가 찬한 『권념요록(勸念要錄)』에 실린 「왕랑반혼전(王郎返魂傳)」(작자 미상), 영허 해일(暎虛海日)의 「부설전(浮雪傳)」도 불교적 서사를 줄거리로 한 대표적인 작품이다. 이 외에 김만중(金萬重)의 「구운몽(九雲夢)」과 「사씨남정기(謝氏南征記)」, 조위한(趙緯韓)의 「최척전(崔陟傳)」 등이 등장했다.

19세기에는 남영로(南永魯)의 「옥루몽(玉樓夢)」, 서유영(徐有英)의 「육미당기(六美堂記)」 등이 창작되었다. 불전(佛典)이나 불교 설화를 바탕으로 성립된 불교 소설로는 작자 미상의 「심청전(沈淸傳)」, 「옹고집전(壅固執傳)」, 「삼생록(三生錄)」 등이 있다.

다만 소설은 허구와 상상의 구조물이어서 목적성이 강한 교술문학에 비해 불교와의 연결고리가 개방적이고 간접적이다. 특히 후반기 불교 소설에는 오로지 불교적인 해석만 가능한 것은 아니다. 이 소설들은 독자의 상상력과 사유의 폭을 넓혀 결과적으로 불교문학의 대중성을 확장하는 데 기여했다.

## 조선 후기 국문 시가의 다양성

가사(歌詞, 歌辭)는 고려 말 발생한 시가 장르인데 현전하는 최초의 작품은 「나옹화상서왕가(懶翁和尙西往歌)」이다. 나옹 혜근의 이름으로 전승되는 이 작품은 실제 나옹의 생애(1320~1376)와 『보권염불문』 목판에 새겨진 시기(1704)가 300년의 차이가 나서 실제 나옹의 작품인지 실증하기 어렵다. 다만 고려 말 원나라에서 임제종 선사에게 인가를 받고 온 선승들에 의해 원나라 선가(禪歌)의 전통을 따라 우리말 가사를 지은 것으로 보는 시각이 있다. 불교가사는 실제로는 조선 후기, 즉 17세기 말과 18세기 초엽에 문집과 염불 의례서에 수록된 이후 비로소 포교문학으로 재확산되었다.

조선을 대표하는 장르 중 시조는 사대부의 이념과 세계관을 반영하는 장르였고, 양반 사대부가 주도한 문화 현장에서 구연하던 가요였기 때문에, 근원적으로 불교적 세계관을 반영하기 어려웠다. 시조가 선비의 흥취를 담아낸 서정(抒情) 장르라면, 가사는 교술(敎述) 장르로서 객관적인 지식과 다양한 이념을 전달하는 장르라는 점에 본질적인 차이가 있다. 불교문학 가운데 시조가 거의 없는 것은 이러한 이유 때문이다.

불교가사는 선 수행의 지난한 과정과 득도의 열락을 노래하되, 결사에서는 염불 공덕을 권장하는 것으로 마무리하는 경향이 있다. 1704년 수도사본 『보권염불문』에 최초로 판각된 「나옹화상서왕가」는 이러한 참선 가요의 전범이 되었고, 조선 후기에 이와 비슷한 내용과 정서를 담은 「낙도가」, 「증도가」, 「수도가」가 나옹화상의 이름으로 등장했다.

17세기 말 침굉 현변(枕肱懸辯)이 지은 「태평곡(太平曲)」, 「귀산곡(歸山曲)」은 당대의 불교 현실을 비판하며 수행인의 자세를 바로잡자는 현실 비판적 주제를 담았다.

19세기 중엽 영암(靈巖) 화상이 지은 「토굴가(土窟歌)」에는 출가 후 토굴로 2차 출가한 주인공이 득도 후 열락을 누리는 한편, 궁극에는 중생 구제를 위해 세속으로 시선을 돌리는 수행인의 자세가 담겨 있다. 이 작품들은 근대에 「참선곡」이 등장하는 기반이 되었다.

18세기 이후 교학 탐구의 풍토가 널리 확산하면서 19세기에는 불교 경전을 가사에 담은 교학적 불교가사가 등장했다. 18세기 말 인혜신사(印慧信士) 지형(智瑩)의 「전설인과곡(奠說因果曲)」, 19세기 중엽 동화 축전(東化竺典)의 「권왕가(勸往歌)」는 각각 『육도가타경(六道伽陀經)』과 정토 경전류를 번역한 것이다.

조선 후기에 염불신앙의 확산, 참선의 열풍, 교학의 심화와 함께 불교가사는 다양한 주제를 확보하게 되었다. 불교문화의 원심력이 미치는 시정에서는 불교와 민속이 결합하는 다양한 양태를 보여주는데, 「회심곡(回心曲)」·「보렴(報念)」 등 불교가사 혹은 불교계 잡가가 민간의 노래로 널리 유행했다.

## 한문학 문집의 간행 확산

이처럼 불교문학에 국문시가의 전통이 뚜렷하지만, 근대 이전에는 국문시가가 노래(歌)로 인식되었을 뿐이었고, 본격적인 문학으로 인식되지는 않았다. 당시 문학의 주류는 한문학이었다. 『백운화상어록(白雲和尙語錄)』·『태고화상어록(太古和尙語錄)』·『나옹화상어록(懶翁和尙語錄)』 등 고려 말에 어록 형태로 집성된 고승의 구술과 창작 문학작품은 조선 초 『함허당득통화상어록(涵虛堂得通和尙語錄)』(1440)이 간행된 후에는 대부분 유가 문집의 체재로 수렴되면서 '○○집'과 같은 제목으로 편찬되었다.

이 과정에서 법어·가송 등의 명칭은 사라지고 '시'와 '문'이라는 일반 문학의 명칭이 준용되었다. 문집은 서문, 시, 문, 발문의 순서에 따라 구성되었다. 서문은 당대의 명망 높은 관료, 문인의 글을 받아 사회적 존재감을 인정받으려는 의지를 반영했고, 발문은 제자 등 승려가 제작하는 경우가 일반적이다.

앞부분에 배치된 시 작품은 유가의 문집과 같이 시체(詩體)별로 편집했다. 고시, 오언절구, 칠언절구, 오언율시, 칠언율시의 순서이며, 때로는 장시 형태의 '가(歌)'를 추가한 경우도 있다. 이는 어록의 '가' 전통을 계승한 것이다. 오도시(悟道詩)·전법게(傳法偈)·임종게(臨終偈) 등 불가의 고유한 전통을 담은 내용의 시가 있는 데 비해 자연을 읊은 서경시나 기행시·교유시같이 유자와의 교유를 통해 산출한 작품도 일정한 비중을 차지한다. 불가의 문집은 개인적 정서 표출, 법맥의 확립과 불교계 내 위상 제고, 유교 사회에서의 지적 교유 및 사회적 위상 제고 등 복합적인 의도와 목적에서 제작되었다.

문집에 수록된 산문 양식에는 서(書)·기문(記文)·전(傳) 등이 있다. 이 산문들 역시 불가 내의 필요에 의한 것과 사대부와의 교유 과정에서 산출된 것이 두루 분포되어 있다. 사찰 내의 공간에서 산출된 기문으로는 소(疏)·제문(祭文)·발원문(發願文)·모연문(募緣文)·상량문(上樑文)·중수기(重修記) 등이 있다.

이 기문들은 문장 자체의 미학도 중요하지만, 불교사의 흐름을 미시적으로 반영하고 증명하는 사례로서도 의미가 있다. 인물 정보, 사찰 운영 정보, 문중의 흐름, 그리고 지역문화의 양상까지 살펴볼 수 있다. 시와 기문, 잡저(雜著)가 편철된 불가문집은 그 자체가 사상적 텍스트이면서 문학적 텍스트, 문화 콘텐츠로서 복합적 성격을 띤다.

불가문집은 15세기에는 『함허당득통화상어록』이 유일하고, 16세기에는 지엄의 『벽송당야로송(碧松堂野老頌)』, 허응당 보우의 『허응당집(虛應堂集)』 정도가 출간되었을 뿐이다. 17세기(15종)와 18세기(28종)에 가장 널리 간행되었고, 19세기(14종)에는 17, 18세기보다 오히려 문집의 수가 줄어드는 경향을 보인다.

임진왜란 이후 청허 휴정의 활동이 기폭제가 되어 불교사가 이전 시기와 다르게 전개된 것과 마찬가지로 문집 간행에서도 활발한 움직임이 드러난다. 불교문학 전개사에서도 청허 휴정의 위상은 아무리 강조해도 지나치지 않는다. 『청허당집』과 『사명당대사집』이 간행된 이후 그 제자를 중심으로 다채로운 불가문집이 활발하게 간행되었다. 물론 이는 목릉성세로 지칭되는 선조·광해군·인조 대 사족의 활발한 문예 창작 기풍과 밀접한 관련성이 있다.

17세기를 대표하는 인물의 문집으로는 청허 휴정(淸虛休靜)의 『청허당집(淸虛堂集)』(1612, 1630), 사명 유정(四溟惟政)의 『사명당대사집』(1612), 부휴 선수(浮休善修)의 『부휴당대사집(浮休堂大師集)』(1615년 초간), 정관 일선(靜觀一禪)의 『정관집(靜觀集)』(1641), 편양 언기(鞭羊彦機)의 『편양당집(鞭羊堂集)』(1647), 기암 법견(奇巖法堅)의 『기암집(奇巖集)』(1648), 백곡 처능(白谷處能)의 『대각등계집(大覺登階集)』(1683년 초간), 침굉 현변(枕肱懸辯)의 『침굉집(枕肱集)』(1695), 월봉 책헌(月峯策憲)의 『월봉집(月峯集)』(1703) 등이 있다. 이 시기 불가문집은 수행인의 정서를 표출하는 본연의 내용 외에 불교 억압의 현실을 폭로하고, 억압에 따른 불교계의 질적 하락에 대한 비판의 목소리를 담아내는 등 복합적인 양상을 보여준다. 『월봉집』에는 심성론과 선교 논쟁의 첨예한 논리가 시문에 반영된 특징이 있다.

18세기에는 정비된 이력과정을 바탕으로 화엄 교학이 발전했다. 함월 해원(涵月海源)의 『천경집(天鏡集)』(1821), 묵암 최눌(默庵最訥)의 『묵암대사시초(默庵大師詩抄)』, 연담 유일(蓮潭有一)의 『연담대사임하록(蓮潭大師林下錄)』, 인악 의첨(仁嶽義沾)의 『인악집(仁嶽集)』 등은 화엄 교학의 연찬에 헌신한 승려가 문학 창작을 겸수한 성과물이다. 이 시기에는 전국적으로 중창불사가 성행하면서 다양한 기문이 필요했고, 이 과정에서 모연문·권선문·중수기·상량문 등이 다수 제작되었다. 특히 상량문에는 사륙변려문이 주요 문체로 쓰여 불가문집의 한 특색을 이루었다.

18세기 이후 문집의 행장에는 작가가 청허당·편양당·부휴당의 법손이라는 법맥이 강조되는 경우가 많은데, 한편으로는 특정한 지역을 기반으로 하여 지역 문사들과 교유하는 승려들이 남긴 문집도 다수 있다. 불가문집은 종적으로는 계보 내 법맥 전승의 징표이면서 횡적으로는 지역 문학과 연결될 가능성이 열려 있는 복합적 텍스트로 해석된다.

19세기 인물의 문집으로는 아암 혜장(兒庵惠藏)의 『아암유집(兒庵遺集)』(1920), 월하 계오(月荷戒悟)의 『가산고(伽山藁)』(1852), 초의 의순(草衣意恂)의 『일지암문집(一枝庵文集)』(1890), 범해 각안(梵海覺岸)의 『범해선사문집(梵海禪師文集)』(1921), 『범해선사시집(梵海禪師詩集)』(1921) 등이 있다. 앞 시기보다 양적인 면에서는 위축되었지만, 이 시기 불가문집은 선리와 선취의 형상화를 기본으로 하되 추사(秋史) 김정희(金正喜)와의 교유를 통해 펼쳐간 유불 교유의 성과를 반영했고, 『주역』 등 외전에 대한 침잠도 보이는 등 개성 있는 면모를 보여주고 있다.

20세기 초에는 경허 성우(鏡虛惺牛)의 『경허집(鏡虛集)』, 금명 보정(錦溟寶鼎)의 『다송문고(茶松文稿)』, 『다송시고(茶松詩稿)』 간행으로 그 맥이 이어진다. 특히 『경허집』은 간화선 참구 과정에서 산출한 시문이 다수 포함되어 근대 선풍 회복 운동의 구심점이 되었다는 의의가 있다.

조선시대 불교문학은 그 시대의 불교인이 창조한 사상, 문학, 문화의 다양한 성과가 담겨 있는 지적 결과물이다. 대승 경전의 문학적 연구가 보편 문학에 대한 연구로서 가치가 있듯, 조선시대에 이 땅에서 불교인이 일구어낸 다양한 영역과 성과물은 한국 불교의 독자성을 드러낼 수 있는 자료로서 의의가 있다. 최근 한문으로 된 한국 불교 전서가 상당수 한글로 번역되고, 원문과 함께 불교기록문화유산아카이브(kabc.dongguk.edu)에 제공되고 있어 신진 학자들은 선배 세대보다 더 쉽게 불교문학의 보고에 접근할 수 있다. 많은 부분에서 아직 날것으로 흩어져 있는 자료를 깊이 있게 해석하고 종횡으로 엮어 우리 문화를 풍부하게 창조하는 일은 후학의 과제가 될 것이다.

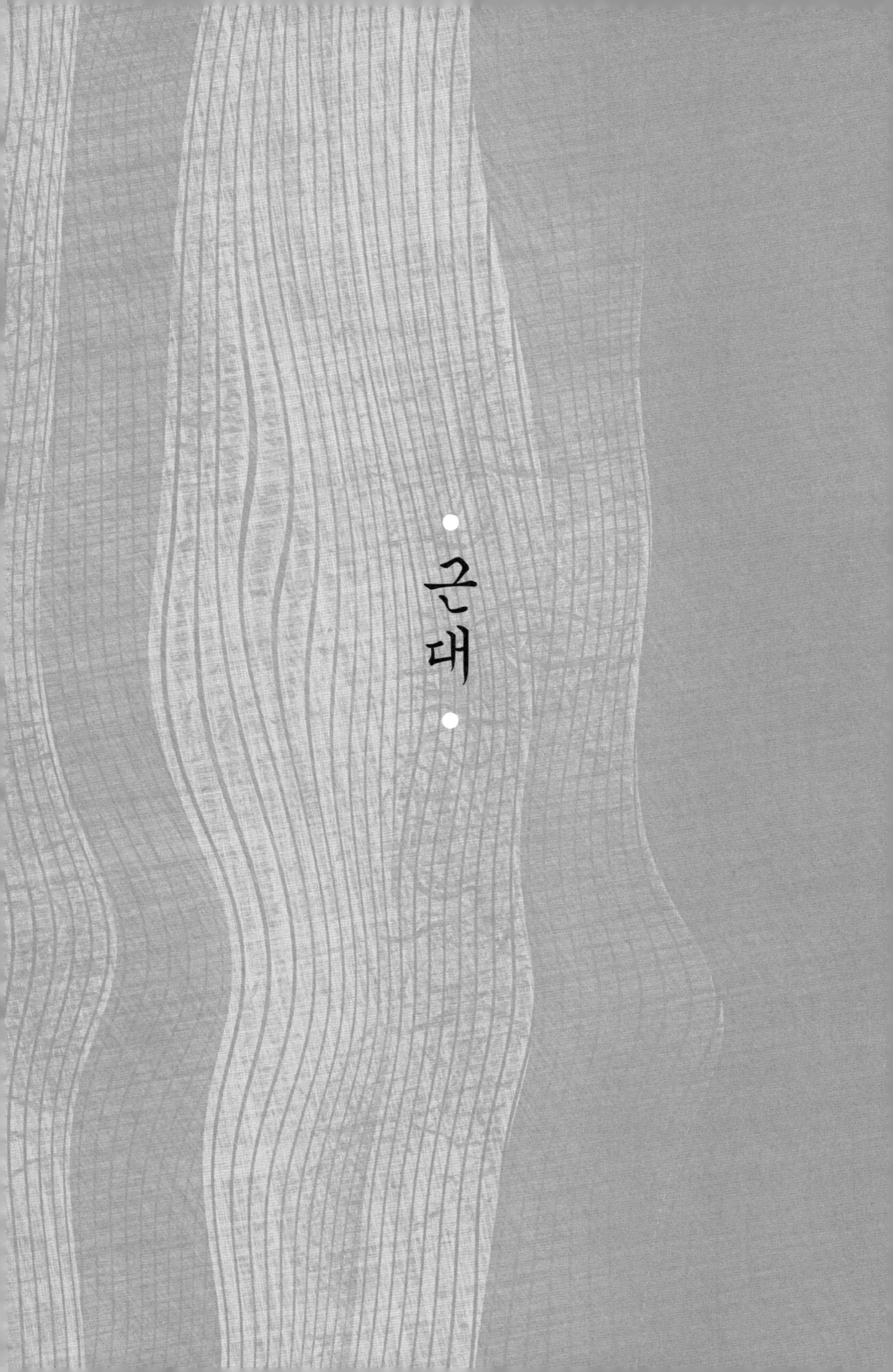

# 근대

# 1부

# 근현대 불교계의 동향

# 1 대한제국의 불교 정책과 불교계의 변화

이승윤 | 서대문형무소역사관 학예연구사

## 억불 기조 완화와 도성 출입 금지 해제

1876년 개항 이후 조선 정부는 개화 정책을 통해 신문물을 수용했고, 이는 정치·경제·사회·문화 전 영역에 걸쳐 다양한 변화로 이어졌다. 종교 사상적 측면에서 보면 천주교·개신교 등 외래 종교의 포교가 허용되면서 숭유억불을 기조로 한 종교정책에 영향을 끼쳤다. 개항 직후인 1877년 일본 진종 대곡파 부산별원이 설립된 것을 시작으로 일본 불교가 한반도에서 포교 활동에 나섰으며, 1884년 미국 북장로회와 북감리회의 선교사들이 내한하면서 공식적인 선교가 시작되었다. 오랫동안 박해의 대상이었던 천주교도 1886년 조선 정부와 프랑스와의 통상조약이 체결되면서 공식적인 활동이 가능해졌다. 이러한 변화는 정부의 불교 정책에도 영향을 미쳤다. 외래 종교의 유입으로 종교 사상적 지형이 변화하는 가운데 유독 자국 불교에만 억압적 정책을 펼 필요가 없었던 것이다.

가장 먼저 나타난 변화는 치영(緇營)의 폐지이다. 치영이란 승군(僧軍)이 머물던 병영을 말한다. 검게 물들인 승려들의 옷, 즉 치의(緇衣)에서 유래한 명칭이다. 임진왜란과 병자호란 때 의승군(義僧軍)이 활약했던 것을 계기로 1624년(인조 2) 승군을 상설제도로 전환해 270여 년간 운영해 왔는데, 1894년 갑오개혁으로 이를 폐지한 것이다. 이는 군제 개편의 일환이었지만, 승려들의 군역 부담을 해소하는 계기가 되었다.

이어 1895년 3월에는 승려의 도성 출입 금지가 해제되었다. 당시까지 승려들은 한양 도성에 출입을 하지 못했다. 승려의 도성 출입 금지는 세종 대에 시작되어 연산군, 인조, 순조를 거쳐 정례화되며 대표적인 억불정책으로 인식되어 왔다. 승려들은 도성 출입이 금지된 이래 조선 불교가 쇠퇴했다고 평했고, 불교 발전을 저해하는 족쇄로 인식하기도 했다. 그렇기 때문에 도성 출입 금지가 해제되었을 때 승려들은 이를 권익 신장의 계기로 여기며 기뻐했다.

해제 조치가 단행된 상황은 『승정원일기』에 짧게 언급되어 있다. 총리대신 김홍집(金弘集)이 고종에게 "지금부터 승려들의 도성 출입을 해제하는 것이 어떠하겠습니까?" 하고 아뢰자 고종이 "그대로 윤허한다"라는 칙명을 내린 것이다. 오랫동안 승려들을 속박해 왔던 조치가 이처럼 쉽게 해제된 것은 조선 정부의 억불 기조가 더는 유효하지 않음을 말해준다.

물론 이를 통해 승려에 대한 차별과 억압적 분위기가 일거에 해소된 것은 아니다. 세간에서는 승려들이 도성 안을 돌아다니는 것에 반발하는 분위기가 만연했고, 이후 여러 차례 도성 출입이 금지되기도 했다. 1905년 7월에 가서야 승려의 도성 출입 금지가 최종적으로 해제될 수 있었다. 불교와 승려에 대한 정부의 정책적 변화(또는 사회적 시선)는 그만큼 더디게 이루어졌으나, 치영 폐지와 도성 출입 금지 해제는 조선 정부의 억불 기조가 종료되었다는 첫 신호탄으로 평가할 수 있다.

## 대한제국의 불교 정책

### 원흥사와 사사관리서

국가의 적극적인 불교 정책이 나타나는 시점은 1902년이다. 동대문 밖에 원흥사(元興寺)와 사사관리서(寺社管理署)를 설립해 전국 사찰을 총괄적으로 관리하려 한 것이다.

원흥사 창건은 대한제국 설립과 관련이 깊다. 1897년 고종은 황제로 즉위했고, 이와 동시에 국호를 대한제국으로 고쳐 대내외에 선포했다. 이를 통해 대외적으로는 대한이 자주독립국가임을 재천명했고, 대내적으로는 황제권 강화를 도모했다.

원흥사는 당초 국가의 안녕과 황실의 기복을 위해 창건된 사찰이다. 대한제국 황실은 원흥사 창건을 위해 내탕금 20만 냥을 하사했고, 사찰 내부에는 고종황제 즉위를 축원하는 전각과 명성황후의 명복을 위한 원당(願堂)이 건립되었다. 1902년 1월 4일 거행된 개당법회는 정부 관리와 승려 500여 명, 신도 300여 명이 참여해 성황을 이루었다. 이후 원흥사에서는 황제와 황실 가족의 탄신일이나 치병 등을 축하하는 법회를 주최해 황실의 권위를 대외적으로 과시하고 복을 기원하는 역할을 했다.

다만 원흥사가 황실의 기복사찰로만 역할을 한 것은 아니었다. 대한제국 정부는 원흥사를 거점으로 전국 사찰을 총괄하여 관리하고자 했다. 종교 환경의 변화에 따라 국가 차원에서 불교를 체계적으로 관리할 필요가 있었던 것이다. 이를 위해 1902년 4월 11일 원흥사 안에 사사관리서를 설치했다. 사사관리서는 황실에 관한 여러 업무를 총괄하던 관청인 궁내부(宮內府)에 소속되어, 주로 전국 사찰과 승려 그리고 산림과 성곽에 관한 사무를 담당했다. 책임자로는 군부(軍部)에서 군사과장과 포공국장(砲工局長) 등을 역임한 권종석(權鐘奭)이 임명되었다. 황실 근위 세력인 전형적인 무관을 사사관리서 책임자로 임명한 것은 고종이 궁내부하에 관리서를 둠으로써 사찰과 산림에 대한 황실 주도권을 강화하고자 했던 의도를 보여준다. 또한 사사관리서에서 다루고 있는 대상이 사찰 외에 성곽 시설과 산림까지 포함하므로 군사적 목적을 전혀 배제하기도 어렵다.

책임자 이하 10여 명의 직원으로 직제를 갖춘 사사관리서는 먼저 전국 사찰 현황에 대한 조사부터 실시했다. 조사위원을 전국에 파견해 사찰에 소속된 산림의 규모와 승려의 실제 인원수, 사찰에 소속된 재산 목록 등을 조사했다. 이와 함께 사찰 관리 법령인 「국내사찰현행세칙(國內寺刹現行細則)」을 만들어 발표했다. 관리 법령을 제정한 취지는 다음과 같이 밝혔다.

> 모든 승려 무리들에 대해 일찍이 규제하는 법령이 없었다. 우리나라가 세워진 지 500여 년에 미쳐 성인의 감화와 다스림이 크게 행해졌음에도 불가의 옛 도에는 미치지 못했다. 승려들의 온갖 폐단이 생겨나고 승려들이 어리석어 불도를 돌아보지 않고 혹 산을 팔고 땅을 엿보아 절은 쇠하고 암자는 폐하게 되었으니 어찌 민망하지 않겠는가. …… 승려의 무리라고 하여 어찌 교화의 대상이 아니며 황폐해진 사찰과 흩어진 승려들을 방치할 수 있겠는가. 이에 관리서를 세워 여러 도의 사찰을 총괄하고 그 폐한 곳은 조사하여 승려의 무리를 바로잡아 감화시키고자 하니 …….

취지서에는 승려를 어리석은 존재로 보는 정부의 부정적인 인식이 그대로 표현되어 있다. 또한 승려의 '교화(敎化)'와 사찰의 보존을 위해 사사관리서를 세우고 규제하는 법령을 만든다고 했다.

「국내사찰현행세칙」은 총 36개 조항으로 구성되었는데, 주된 내용은 원흥사를 전국 사찰을 관할하는 수사찰(首寺刹) 대법산(大法山)으로 하고, 전국 16개 사찰을 도별 수사찰 중법산(中法山)으로 정해 일원적으로 관리한다는 것이다. 도별 수사찰의 목록은 다음과 같다.

경기좌도 봉은사(광주), 경기우도 봉선사(양주), 경기남도 용주사(수원)
충청남도 마곡사(공주), 충청북도 대법주사(보은)
전라남도 송광사(순천), 전라북도 금산사(금구)
경상우도 해인사(합천), 경상남도 통도사(양산), 경상좌도 동화사(대구)
강원남도 월정사(강릉), 강원북도 유점사(고성)
함경남도 석왕사(안변), 함경북도 귀주사(함흥)
평안도 보현사(연변), 황해도 신광사(해주)

이와 함께 승직(僧職) 제정 문제를 중요하게 다루고 있는데, 대법산 수장인 좌교정(左敎正)을 승려들이 선출할 수 있도록 규정해 불교계에 일정한 자율권을 보장했다.

승려의 공인 신분증인 도첩(度牒) 발급, 의무금 납부와 활용에 대해서도 규정하고 있다. 도첩은 승려가 출가할 때 국가가 그 신분을 공인해 주던 제도로 본래 승려의 수를 억제하려던 목적에서 시행한 것이었다. 그러나 조선 중기 이후 공식적인 도첩 발행은 폐지되고, 주로 국가 토목공사에 동원된 부역승들에게 도첩을 지급하는 방식으로 활용되었다. 도첩은 승려들의 신분을 보장해 주는 유일한 수단으로 여겨졌기 때문에 이를 다시 부활하는 것은 승려의 지위 신장과 직결된 문제였다. 그 밖에 각 사찰의 재산 및 유물 조사와 관리, 승려 교육, 잡역 혁파 등에 대해 규정했다.

그러나 1904년 1월 관제 개편에 따라 사사관리서는 폐지되었고, 사찰 사무는 내부(內部)로 이관되었다. 이후 「국내사찰현행세칙」은 폐기되었고, 불교 정책은 회귀하는 양상을 보였다. 원흥사는 수사찰로서의 위상을 잃었고, 전국 사찰은 다시 관리 부재 상태가 되었다. 이러한 가운데 사찰에 대한 경제적 침탈은 더욱 증가해 유력자나 관리가 마음대로 사찰 토지를 사용하거나 사찰이 관리하는 봉산(封山)에 금광을 만드는 사건 등이 발생했다.

비록 불안한 정치 상황 속에서 좌절되었지만, 「국내사찰현행세칙」은 불교에 대한 최초의 관리 법령이라 할 수 있다. 불교를 정부의 통제하에 두려 했다는 점은 문제이지만, 이를 통해 불교 발전의 토대를 구축하고 가능성을 열었다는 점에서 의의를 찾을 수 있다.

## 불교연구회와 신교육운동

근대기 사회 전반에 걸친 변화 속에서 승려의 도성 출입이 허용되고 사회적 차별도 철폐되어 갔지만, 승려들에 대한 인식은 여전히 부정적이었다. 계몽운동이 확산되면서 승려들을 무당 등과 묶어 '경이나 읽고 미신이나 행하는' 존재로 인식하는 경향이 강하게 나타났다. 《독립신문》에는 승려에 대해 "신수가 멀쩡하고 이목구비와 사지가 온전하지만 일하기 싫어 이리저리 떠돌아다니며 빌어먹는 존재"로 표현되기도 했다.

반면 승려 사회 일각에서는 개화를 적극적으로 받아들이고, 유대치·김옥균 등 개화파 인사들에게 개혁의 방향을 제시한 선각자도 존재했다. 개화승 이동인(李東仁)과 탁정식(卓挺埴)은 개항 직후 일본으로 건너가 메이지 유신 이후 발전된 일본을 돌아보고 한국으로 돌아와 개화파 인사들에게 변화하는 일본의 정세와 근대화 양상 등을 소개했다. 이후 정부 인사들의 신망을 얻어 일본 조야 정치인을 알선하거나 일본 시찰단 파견 등을 맡아 추진했다. 미국과의 수호조약 체결에도 크게 기여했다. 그러나 이동인이 갑작스럽게 사라지고, 탁정식마저 때 이른 죽음을 맞이하며 이들의 근대사상은 불교계 내부로 계승되지는 못했다.

불교계에 다시 근대화의 움직임이 생동한 것은 1906년의 일이다. 그해 2월 이보담(李寶潭)·홍월초(洪月初) 등 서울·경기 지역 승려 9명이 불교연구회를 만들어 신학문의 교육 방침을 연구한다는 취지로 정부에 설립 인가를 청원했다. 승려를 위한 교육기관의 필요성은 이미 1902년 무렵부터 제기되었던 바, 근대화가 빠르게 진행되는 서울 인근 사찰의 승려들은 누구보다 그 필요성에 절감하고 있었다. 또한 불교연구회의 설립에는 일본 불교 정토종 승려의 영향도 작용했다. 개항 이래 한국에서 꾸준히 세력을 확장하던 일본 불교 종파 중 상당수는 한국 승려에게 호의를 베풀며 환심을 사고자 했다. 자주 왕래하며 선물을 하는 등 한국 승려의 환심을 사 포교에 유리한 고지를 점하고자 했던 것이다. 일본 불교 정토종 개교사 이노우에 겐신(井上謙信)이 불교연구회 설립을 제안한 것도 이러한 맥락이며, 그는 후일 명진학교 학생들에게 일본어를 가르치며 긴밀히 교류했다.

불교연구회는 곧바로 불교계 최초의 근대식 학교인 명진학교를 설립해 서울 인근 청년 승려들을 교육하기 시작했다. 4월에는 전국 주요 사찰에 학교 설립 소식을 알리고 학생을 선발해 보내달라고 요청했다. 이와 함께 각 사찰 내에 신학문 교육을 위한 학교 설립을 권유했다. 명진학교에는 우수한 청년 승려들이 모여들어 성황을 이루었다. 그중에는 한용운·권상로 등 근대 불교계를 이끈 인재들이 다수 포함되어 있었다. 입학생 기준을 전통 불교 교육을 상당 부분 이수한 자로 정했기 때문에 명진학교에서는 불교학보다는 신학문 및 타 종교 서적과 외국의 풍속·산술·어학 등을 위주로 교육했다.

한편 명진학교 설립 이래 전국 주요 사찰에도 많은 학교가 설립되었다. 건봉사 봉명학교, 해인사 명립학교, 통도사 명신학교, 범어사 명정학교 등 1906년부터 1910년까지 설립된 학교의 수만 해도 30개소가 넘는다. 이처럼 학교 설립이 폭발적으로 이루어진 것은 불교연구회의 영향이기도 하지만, 1905년 이래 전국적으로 확산된 교육구국운동의 영향도 적지 않다. 국권 상실의 위기감이 고조되는 가운데 교육을 통해 실력을 양성하고, 이로써 국권을 회복하자는 운동이 전국적으로 확산되어 약 3000여 개의 사립학교가 설립된 것이다. 불교계 학교에서도 '구국'을 교육 목적으로 내세우는 경우가 많았다. 건봉사 봉명학교에서는 '나라를 회복시킬 방법'을 구하는 데 교육의 목적이 있다고 설립 취지를 밝혔으며, 홍월초 역시 승려들이 국권 회복에 힘쓰다 보면 자연스럽게 승려의 지위가 회복되고 불교도 부흥할 것이라고 기대했다. 이에 대부분의 학교에서는 승려뿐 아니라 인근 아동·청년들을 모집해 함께 교육했다.

신학문 교육의 목적은 불교 부흥에 있었다. 불교연구회가 각 수사찰에 보낸 통문에는 불교가 피폐해지고 승려가 핍박받는 이유에 대해 승려 스스로 세계의 학문에 통달하지 못하고 사물의 이치를 등한시했기 때문이라고 서술했다. 신학문을 배워 승려가 스스로 역량을 성숙시키고 불교 발전을 도모해야 한다는 것이었다. 산중불교에서 벗어나 적극적으로 사회에 참여하고자 했다. 불교연구회는 대한매일신보 지사 사무를 담당하며 승려들의 활동 모습을 적극적으로 홍보했고, 불교와 승려들에 대한 세간의 부정적인 인식을 개선하기 위해 노력했다.

1907년 국채보상운동이 일어났을 때에도 승려들은 국민의 일원으로 적극 참여했다. 일본에 진 빚을 갚아 경제적 독립을 유지하자는 국채보상운동은 1907년 1월 말 대구에서 시작되어 전국으로 확산되었다. 그해 3월 3일 불교연구회에서는 국채보상 문제를 전국 사찰에 알리고 승려들도 힘닿는 대로 의연금을 납부하자고 결의했다. 승려들은 국민의 일원으로 나라를 지키는 데 동참한다는 자부심을 가지고 적극적으로 참여했다. 전국에서 52개 사찰에서 1287명이 참여했으며, 총모금액은 817원 97전에 달했다. 승려 인원수를 기준으로 전국 전체 승려의 20% 이상이 참여한 것이다. 특히 학교를 설립한 사찰 승려들의 참여 경향이 두드러졌다. 건봉사·석왕사·범어사·화장사·

해인사·유점사·용주사 등은 학교 설립과 국채보상운동 참여가 모두 확인되는 사찰들이다. 그만큼 사찰 내 진취적이고 역동적인 분위기가 자리 잡았고, 사회참여 의지도 높았던 것이다.

불교연구회와 명진학교 설립으로 시작된 불교계의 교육운동은 승려들의 의식 성장과 실력 양성으로 이어졌고, 이를 통해 한국 불교계는 새로운 발전을 기대할 수 있게 되었다.

## 종단 설립 운동

### 원종과 임제종

불교연구회 홍월초는 승려 교육에서 한발 더 나아가 불교 종단의 수립을 고민하고 있었다. 한국 불교 종단이 부재하여 통일적인 발전을 도모하기도 어렵고, 일본 불교의 침투 등에 대응해 한국 불교의 정체성을 바로 세워야 한다고 생각한 것이다. 이에 전국 사찰을 다니며 학교 설립을 독려하고 회비를 징수하는 등의 활동을 했다.

그러나 지방 사찰에서는 홍월초가 무리한 요구를 한다며 비판하는 여론이 일어났다. 1907년 6월 개최된 불교연구회 총회에서 새로운 회장으로 이회광(李晦光)이 선출됨에 따라 홍월초는 일선에서 물러났다.

이회광 역시 교육을 목적으로 설립된 불교연구회로는 불교계의 발전을 도모하기 어렵다고 판단하고 종단 체제로의 전환을 도모했다. 그만큼 종단 설립은 당시 승려들이 지향하는 바였다. 이윽고 1908년 3월 원종(圓宗) 종무원이 설립되었다. 「원종종무국취지서」에는 각국 불교가 모두 흥하는데 우리 불교만 홀로 보잘것없는 상황에 통탄하면서, 교육과 연구를 주목적으로 표방하는 불교연구회로서는 한국 불교계를 조직적으로 통할할 수 없기에 교육과 포교를 더욱 활성화하고 나아가 전체 불교계를 강력히 통솔할 수 있는 조직으로 변화한다며 설립 목적을 소개했다. 또한 장차 종무원이 전국 사찰의 총람기관이요, 전국 승려들의 원동력이 될 것이라고 당당하게 밝히고 있다.

원종 종무원은 대종정 이회광을 주축으로 총무 김현암(金玄庵), 교무부장 진진응(陳震應), 서무부장 김석옹(金石翁)·강대련(姜大蓮), 고등강사 박한영(朴漢永) 등 지방 유력 사찰에 적을 둔 주지 혹은 강사로 구성되었다. 서울 경기에서 시작된 불교계의 변화를 이제 지방 유력 사찰들이 주도하게 되었음을 알 수 있다.

종무원은 기왕의 교육과 포교 사업을 확대했다. 명진학교 내에 측량강습소를 설치하여 승려와 일반인을 대상으로 측량교육을 실시했고, 1910년에는 명진학교를 3년제 불교사범학교(佛敎師範學校)를 개편하여 인재 양성에 주력했다. 서울 안에 포교당 건립을 추진하여, 1910년 10월에는 한국 불교 최초의 포교당인 각황사의 완공을 보게 되었다.

그러나 원종 종무원은 큰 숙제를 안고 있었다. 바로 원종에 대한 인가 문제였다. 이회광과 종무원 승려들의 종무원의 정착과 승려 사회의 안정을 위해 정부의 인가를 받고자 했다. 인가를 통해 불교와 승려가 사회적으로 인정받고, 세간에 만연한 사찰 재산 침탈에 대해서도 능동적으로 대처할 수 있으려면 공인받은 기구여야 했다. 또한 공인 종단이라는 사실은 대내적인 지도력을 발휘하는 데에도 유리했다. 이에 종무원에서는 설립 이후 인가를 받기 위해 노력했다.

이때에 일진회 회장이자 시천교 교주인 이용구(李容九)가 접근해 왔다. 이용구는 원종이 인가를 받기 위해서는 반드시 일본 불교의 도움을 받아야 한다고 회유하며, 일본 조동종 승려 다케다 한지(武田範之)를 소개한다. 이회광은 다케다를 종무원 고문에 임명했고, 그의 도움을 받아 인가 청원서를 작성해 정부에 제출했다. 그러나 인가를 받을 수는 없었다. 그러자 이번에는 일본으로 건너가 조동종 관장의 도움을 받자고 제안한다. 다케다의 중재로 일본으로 건너한 이회광은 원종 설립 인가를 알선한다는 조건으로 원종을 일본 불교 조동종에 부속시키는 맹약을 체결했다.

이 사실이 전국 사찰에 알려지면서 비난 여론이 형성되었다. 한용운(韓龍雲)·진진응(陳震應)·박한영(朴漢永)·오성월(吳惺月) 등은 이회광의 행위를 '한국 불교를 일본에 팔아먹은 매종 행위로 규정하고 계약 실행 저지를 위한 활동에 나섰다.

그 결과로 탄생한 것이 임제종(臨濟宗)이다. 임제종 운동을 주도한 한용운 등은 한국 불교가 일본 불교가 다르며, 우리 불교의 전통은 임제종에 있음을 강조했다. 선암사·송광사를 근거지로 시작한 임제종 운동은 곧 경상도까지 확대되었고, 임시종무원은 범어사로 이전했다. 아울러 삼보사찰인 통도사·해인사·송광사를 3본산으로 정하고 한국 불교 전통 수호를 위해 나섰다. 그러나 대한제국의 국권을 완전히 병탄한 일제는 1911년 「사찰령」을 발표하여 한국 불교를 완전히 장악하고, 원종·임제종 두 종단에 대한 해체를 명령했다. 이에 따라 원종 종무원과 임제종은 철폐되고, 한국 불교는 또 다시 종단이 없는 상태로 조선총독부의 직접적인 통제를 받게 되었다.

대한제국 시기 불교계의 종단 설립운동은 일본 불교의 간섭과 일제의 국권 강탈로 실패했으나, 이후에도 자율적인 종단을 만들겠다는 운동은 꾸준히 계속되었다. 또한 한국 불교 전통의 수호를 내세운 임제종 운동은 불교계 개혁운동과 민족운동의 정신적 근원이 되었다.

# 2 일제의 불교 정책과 불교계의 대응

김순석 | 한국국학진흥원 수석연구위원

## 근대 불교계의 변화

한국 근대 불교사가 언제부터 시작되었는가에 대해서는 여러 가지 설이 있지만, 대체로 1876년 개항과 더불어 시작되었다고 본다. 불교계는 유교를 국가 운영의 근본이념으로 하는 조선 왕조가 존속되는 세월 동안 갖은 탄압과 수탈에 시달려왔다. 개항으로 문호가 열리고 서구 세력이 들어오면서 그동안 이단으로 취급받던 천주교와 기독교가 선교의 자유를 얻게 되었다. 이 여파로 불교계도 제한적이나마 포교의 자유를 얻어 원종이라는 종단을 설립하고, 중앙에 근대식 교육기관인 명진학교를 세워 인재를 양성할 수 있었다. 그런데 당시 원종의 종정이던 이회광이 일본 불교의 한 종파인 조동종과 연합을 획책하는 움직임이 세상에 알려지자 한용운·박한영·진진응 등 민족주의 계열 승려들은 이회광의 책동을 규탄하며 임제종(臨濟宗)이라는 종단을 세워 한국 불교의 독자성을 천명했다. 불교계의 이와 같은 자주적인 모습은 일제가 「사찰령」과 「사찰령시행규칙」이라는 통제 일변도의 법령을 시행하자

좌절되었다.

일본은 무력을 앞세워 강제로 조선을 점령한 뒤 조선인들의 정치적 권리를 박탈하고 식민지 지배질서에 복종할 것을 강요했다. 그러면서 자원 약탈을 당면 목표로 삼았다. 일본 불교계는 정치권의 침략을 합리화하는 데 앞장섰고, 조선인들의 저항 의식을 약화시키는 역할을 자임하면서 조선 침략에 일조했다. 일제강점기 불교사 이해는 일본의 식민지배 정책과 연관되어 이해되어야 한다. 이 말을 자칫 잘못 이해하면 이런 오해를 할 여지도 있다. 우리 역사를 왜 일본의 식민정책과 연관시켜 이해해야 한다는 말인가, 종속적이고 몰역사적인 말이 아닌가?

물론, 그렇지 않다. 역사적으로 어느 시기이건 국민들의 삶을 규정하는 것은 국가가 국민을 대상으로 시행하는 정책과 제도 및 법령이었다. 불행하게도 식민지 시대 한국인의 삶을 규정하는 정책과 제도 및 법령은 일본이 제정하고 시행했다. 식민지 지배정책은 피지배민족의 저항 강도와 밀접히 관계되는데 정책이 강하면 저항은 약화되고, 정책이 이완되면 저항은 강한 모습을 띠게 된다. 이 시기 불교사를 이해하려면 먼저 한국사 전반에 대한 이해가 선행되어야 하고, 나아가서 세계사의 흐름을 어느 정도 파악하고 있어야 한다. 왜냐하면 모든 역사적 사건은 여러 가지 원인이 얽혀서 그 결과가 한 현상으로 나타나고 그 현상이 또 다른 원인으로 작용하기 때문이다.

불교사는 한국사의 한 부분이기 때문에 일제강점기 불교사를 제대로 이해하기 위해서는 그 시대의 정책과 흐름에 대한 이해가 선행되어야 한다. 이 시기의 불교사는 크게 세 시기로 나누어볼 수 있다. 제1기는 1910년부터 1919년 3·1 운동 이전까지로, 이른바 무단통치 시기이다. 이 시기는 「사찰령」과 「사찰령시행규칙」이라는 악법에 의해 통제를 받았다. 제2기는 1919년 3·1 운동 이후부터 1937년 7월 중일전쟁 발발까지 이른바 문화정치 시기이다. 이 시기 불교계는 재단법인 조선불교중앙교무원을 설립하고 제한적이나마 교육과 출판·문화 사업 등을 추진할 수 있었다. 이 기관은 총독부로부터 대표성을 인정받아 불교계를 대표하는 역할을 했다. 제3기는 중일전쟁 이후부터 해방 직전까지 시기이다. 이 시기는 전시체제기로, 일제는 전쟁에 광분해 남성들을 전쟁터로 내몰고 여성들은 정신대와 위안부로 끌어갔다. 일제의 수탈정책으로 불교계는 국방헌금을 납부하고, 군용기를 헌납했으며, 법당 안에서 사용하던 범종과 촛대 등 금속으로 된 기물들을 수탈당했다. 또한 지원병제에 따라 군 입대를 자원하는 승려들도 있었고, 창씨개명에 호응해 본사 주지들을 비롯해서 많은 승려들이 이름을 일본식으로 개명하기도 했다.

불교계에도 각 시기마다 식민지 지배체제에 저항하는 항일 승려들이 있었고, 1919년 3·1 운동기에는 전국의 주요 사찰에서 만세 시위가 일어났다. 불교계의 독립운동은 아직도 제대로 조명되지 않고 있다. 그 원인은 근대 불교사를 연구하는 연구자의 수가 적기 때문이다. 이뿐만 아니라 일제강점기 불교가 친일이라는 오명에서 자유롭지 못한 탓도 있다. 식민지 시기를 살았다는 사실이 죄가 될 수는 없다. 인간의 출생은 자신의 의지와 무관하기 때문이다. 하지만 주어진 삶을 어떻게 살았느냐 하는 문제는 또 다른 문제이다. 일제강점기를 살았던 사람들에 대한 평가 또한 엄정할 수밖에 없다. 문호가 개방되면서 시작된 근대 불교사에 무슨 일들이 어떻게 전개되었는지 살펴보기로 하자.

## 개항기 불교계의 모습

근대 불교사의 시작은 조선 후기 불교를 간략히 서술하는 데에서 시작해야 하지만, 지면 관계상 언급할 수는 없는 한계가 있다. 그런 까닭에 조선시대 불교는 유교를 숭상하고 불교를 억압하는 정책에 따라 혹심한 탄압받았다는 한 줄로 대신한다. 한국 불교사에서 근대 모습은 언제, 어디에서 찾을 수 있을까? 여기에서 근대 모습이라고 하는 것은 왕조 체제가 무너지고, 사상적으로 자유로운 생각을 표현할 수 있으며, 더 이상 신분제의 억압이 작용하지 않고, 경제적으로 자유무역체제가 자리 잡은 그런 사회체제를 말한다. 불교계에서 이런 모습이 나타난 시기는 아마도 해방 이후가 될 것이다. 그렇다면 우리 불교사에는 근대가 존재하지 않는 것일까? 굳이 그런 도식적인 틀로 근대 불교를 정의할 필요는 없다고 본다. 왜냐하면 앞서 말한 것처럼 불교사는 한국사의 한 부분이기 때문에 한국 사회가 근대 사회로 진입한 시기를 근대 불교사의 출발로 보아도 문제가 없을 것 같다.

그런 까닭에 근대 불교사의 시작을 개화승들의 활동에서 찾는 것은 불교계에서 이들이 최초로 근대 문물과 접촉한 승려들이었기 때문이다. 이동인·탁정식과 같은 승려들은 문호개방 직후 개화파의 주역이었던 김옥균·박영효·서광범·서재필 등과 긴밀하게 연결되어 있었다. 개화파 인사들은 서대문 밖 봉원사와 동대문 밖 화계사에 자주 모여 개화 문제를 놓고 토론을 벌이고, 외국에서 수입된 근대 서적들을 읽었다. 이동인은 개화파 인사들에게 재정적으로 후원을 받아 일본으로 밀항해 서구의 근대 사상이 담긴 서적들을 전달해 주었다. 이동인은 고종 16년(1879) 6월 서울에서 출발해 부산을 거쳐 일본으로 밀항하여 교토의 혼간지(本願寺)에 체류하면서 일본 사회를 살피고 도쿄로 가서 일본의 정치가들과도 접촉했다. 1880년 수신사로 왔던 김홍집을 만나 그의 신임을 받게 된 이동인은 귀국하여 김홍집의

〈그림 2-1〉 **개화승 이동인**
자료: 『한국불교 100년』(민족사, 2000).

소개로 민영익을 알게 된다. 이동인은 민영익의 사랑방에 거처하며 그의 주선으로 국왕을 배알하고 일본의 국정과 세계 각국의 형세를 상주해 국왕의 특별한 총애를 받았다. 1881년 2월 이동인은 통리기무아문 참모관으로 임명되어 신사유람단이라는 일본 시찰단 파견을 추진했다. 그는 이해 3월 이원회와 함께 일본에 파견되어 총포와 군함을 구입하는 임무를 맡았으나 출발 직전 갑자기 자취를 감추었는데, 반대파에 의해 암살된 것으로 추정된다. 탁정식은 법명이 무불(無不)인데 화계사에서 김옥균을 만난 이후 개화당의 일원이 되어 이동인과 함께 활동했다. 그는 이동인이 실종되자 신사유람단 선발대 13명을 이끌고 일본으로 건너갔다가, 울릉도로 목재를 운반하기 위해 배를 구입하러 갔던 고베(神戶)에서 병을 얻어 급사했다. 이로써 개화승들의 활동은 끝이 난다. 이러한 개화승들의 활동은 개화파와 연결되어 근대화를 이루려 했다는 점에서 평가되어야 한다. 이들의 노력과는 별개로 일본 불교 종파들은 개항과 더불어 포교사들을 조선으로 파견해 포교를 시작했는데, 그 과정을 살펴보면 이렇다.

일본 불교 종파의 고위층은 정치권과 연결되어 처음부터 계획적이고, 단계적으로 포교 사업을 시작했다. 이들은 조선과 일본 사이에 큰 정치적 사건이 있을 때마다 조금씩 입지를 강화해 나갔다. 그중 대표적인 종파는 정토 진종 대곡파 동본원사파로 1877년 부산에 동본원사 별원을 설립하고 오쿠무라 엔싱(奧村圓心)과 히라노 게이스이(平野惠粹)를 파견했다. 이들은 부산·원산·광주 등 개항장과 인근 지역에서 활동했다. 1881년에는 일련종이 건너왔고 이후 조동종·임제종·진언종 등이 별원 또는 포교소를 개설하고 포교 활동을 시작했다. 이렇게 일본 불교 종파들은 개항장을 중심으로 점차 내륙 지방으로 포교소를 넓혀가면서 세력을 확장해 갔다. 일본 불교계의 이러한 세력 확장은 조선 왕조 정부에 승려들의 도성 출입 해금을 청원하는 형태로 나타났다.

조선시대 승려들은 억불정책의 영향으로 동서남북에 있는 서울의 출입 관문, 다시 말해 동대문·서대문·남대문·홍지문 4대문 안으로 들어갈 수가 없었다. 여기에는 불교가 수도 한복판에 전파되는 것을 금하려는 의도가 내재되어 있었다. 승려들의 도성 출입은 1895년 일본 정토종 승려 사노 젠레이(佐野前勵)의 건의로 가능해졌다. 그 과정을 살펴보면 이렇다.

〈그림 2-2〉 **사노 젠레이**
김홍집 내각에 승려 도성 출입 금지 해제를 요청한 일본 일련종 승려이다.
자료: 『한국불교 100년』(민족사, 2000).

당시 중국을 통해 유입되기 시작한 천주교는 왕권을 부정하고 모든 사람이 평등하다고 주장했으므로, 왕조 사회에서 극심한 탄압을 받았다. 그렇지만 서구의 무력 앞에 문호를 개방해야 했던 조선은 천주교와 기독교의 포교를 묵인할 수밖에 없었다. 이러한 추이를 본다면 승려들의 도성 출입 해금은 머지않아 해소될 수 있는 상황이었다. 실제로 사노의 도성해금이 단행되기 한 해 전인 1894년에 일어난 동학농민전쟁은 안으로 부패한 정권을 타도하고, 밖으로는 외세의 침략에 맞서 국권을 수호하려는 아래로부터의 혁명이었다. 동학농민군들이 제시한 폐정개혁안을 시행하기 위해 설치한 군국기무처의 개혁안 가운데 승려의 도성 출입을 금하는 법 폐지도 들어 있었다. 또한 『고종실록』 1895년 3월 29일(양력 4월 3일) 자에 따르면 김홍집 내각의 내부대신 박영효 등이 "승려들의 입성금지령을 완화할 것을 상주하여 윤허를 받다"라고 되어 있다. 승려들이 도성을 마음대로 출입하게 허용된 것은 불교계에서는 분명 큰 사건이었다. 승려들의 도성 출입 해금은 조선 왕조 정부가 불교의 공식적인 포교를 허용한 것이기 때문이다.

불교계가 정부로부터 공식적으로 포교를 허용받은 지 얼마 지나지 않은

〈그림 2-3〉 **원흥사**
1902년에 건립된 수사찰로 사사관리서를 두고 전국 사찰을 총괄했다.
자료: 『한국불교 100년』(민족사, 2000).

1902년, 불교계는 동대문 밖에 원흥사라는 사찰을 창건했다. 조선 정부는 원흥사에 사사관리서(寺社管理署)를 설치하고 가선대부 권중석을 관리자로 임명했다. 황실의 안녕을 기원하고, 13도 사찰을 총괄하려는 목적으로 건립된 것이다. 1902년 7월 권중석은 「국내사찰현행세칙」 36개조를 발표했다. 이 법령은 여전히 봉건적인 요소가 남아 있었지만, 승단의 자율권을 어느 정도 보장해 준 법령이었다. 이 법령이 허용하는 범위 안에서 원흥사라는 수사찰(首寺刹)을 중심으로 명진학교(明進學校: 동국대학교의 전신)라는 근대 불교학교를 건립해 불교 교리와 근대 서양 학문을 교과목으로 채택하여 근대화를 꾀했다.

1908년 3월 불교계 대표 52명이 원흥사에 모여 원종(圓宗)을 설립하고 종정으로 당시 해인사의 대강백 이회광을 추대하고 각 부서장을 선임해 근대 종단으로서의 면모를 갖췄다. 그런데 이회광은 조선 불교가 발전하려면 반드시 일본 불교의 도움을 받을 필요가 있다고 생각했다. 그는 전국 72개 사찰에서 위임장을 받아 일본으로 건너가서 일본 조동종과 절충 끝에 같은 해 10월 6일 '연합맹약 7개조'에 합의했다. 이 '연합맹약'은 형식적으로는 연합이었지만, 실질적인 내용에서는 일본 조동종에 원종을 예속시키는 것이나 다름없었다. 원종은 최초의 근대 종단이었지만, 종정 이회광의 그릇된 판단에 따라 일본 불교 조동종에 예속되는 결과를 초래했다. 이회광의 경솔한 행동이 불교계에 알려지자 민족적 성향이 강했던 박한영·진진응·한용운 등과 같은 승려들이 중심이 되어 이회광을 규탄했다. 이들은 조선 불교 원종과 일본 불교 조동종의 연합맹약 체결을 매종(賣宗) 행위로 규정하고, 조선 불교의 정통성을 사수하고자 했다. 이들은 경상도와 전라도에 있는 각 사찰에 통문을 돌려 1911년 1월 15일 송광사에서 승려대회를 열어 임제종을 탄생시켰다. 임제종 설립의 주역들이 조동종과의 연합을 반대한 까닭은 조선 불교의 종지는 선종으로 임제종 계통이라 조동종과 같은 선종이기는 하지만, 계파가 다르다는 것이었다. 그러나 실제 이유는 이회광이 체결한 연합맹약의 내용이 굴욕적이라는 점이었다. 임제종 설립은 조일불교 연합 책동의 차원을 넘어서 조선 불교의 정통성을 천명했다는 데 그 의의가 있다.

그러나 조선 불교의 정통성 수호를 고집하던 임제종이 국권을 상실한 일제 치하에서 오래 존속하기는 어려웠다. 조선총독부는 1911년 6월 「사찰령」을 공포해 전국의 큰 사찰 30개를 본사로 지정하고, 본사가 속한 지역의 작은 사찰들은 말사로 삼아 본사의 지휘·감독을 받게 하는 이른바 30본사 체제를 시행했다. 종명은 '조선불교선교양종'을 표방해 조선시대로 회귀했다.

## 「사찰령」과 「사찰령시행규칙」은 어떤 법이었을까?

일제강점기 불교계는 「사찰령」과 「사찰령시행규칙」이라는 법령의 통제를 받았다. 「사찰령」과 「사찰령시행규칙」은 식민지 시기 동안에 몇 차례 통제가 강화되는 방향으로 부분적인 개정은 있었으나 일본이 패망하는 순간까지 그 골격은 변하지 않았다. 「사찰령」 제1조는 사찰의 병합과 이전에 관한 사항을 규정하면서 창립에 관한 규정을 두지 않았다. 사찰 창립에 관한 규정은 「사찰령시행규칙」에도 없다. 어떤 집단이건 후속 세대가 이어갈 새로운 조직에 관한 조항을 두지 않는 것은 현상 유지에 초점을 맞추기 때문일 것이다. 「사찰령」 제1조에서 일제는 불교계의 성장과 발전을 원하지 않았다는 것을 알 수 있다. 따라서 조선총독부가 불교를 보호·육성하기 위해 「사찰령」을 제정했다는 것이 허구임을 제1조는 명확히 드러냈다. 제2조는 사찰은 전법, 포교, 법요집행 및 승려의 거주 목적 이외에 사용할 수 없도록 규정했다. 이 조항에 따르면 불교 신도들이 사찰에 머무르면서 신앙생활을 하려면 지방장관의 허가를 받아야 했다. 여기에는 독립운동가들이 사찰에 은신하는 것을 방지하려는 목적이 있었다. 제3조는 본사와 말사의 관계와 사법(寺法)에 관한 규정, 제4조는 주지의 권한에 관한 사항을 명시했다. 제5조는 사찰의 재산을 매각할 때는 총독의 허가를 받도록 명시했다. 제6조는 승려에 대한 처벌 규정을 명시했으며, 제7조는 「사찰령」에 나타나지 않은 예기치 못한 사안이 발생했을 때 총독은 임의로 법을 제정해 통제를 가할 수 있도록 되어 있었다. 「사찰령시행규칙」은 「사찰령」을 시행하기 위한 구체적인 시행세칙으로 1911년 7월 8일 자로 공포되었다. 「사찰령시행규칙」은 사찰의 책임자인 주지를 정하는 방법, 주지의 교체 절차 및 임기 중에 사망하거나 기타 사고를 당했을 경우 사찰 업무 취급 방법을 명시했다. 그리고 전국의 사찰 가운데 30개의 큰 절을 본사로 지정해 이른바 30본사 체제를 구축했다.

30본사 체제는 1924년 11월 20일 자로 전라남도 구례 화엄사를 본사로 승격시킴으로써 31본사 체제가 된다. 본사 주지는 총독의 인가를 받아야 취임할 수 있었고, 말사 주지는 지방장관의 인가를 받아야 했다. 「사찰령」 체제에서는 관청에 주지인가권이 있었기 때문에 사찰에서 선거를 통해 적임자를 선출했더라도 관청의 비위에 맞지 않으면 인가하지 않는다는 무언의 압력이 내재되어 있었다. 「사찰령시행규칙」에는 주지 취임 후 5개월 이내에 사찰에 소속된 토지, 삼림, 건물, 불상, 석물, 고문서, 고서화, 범종, 경권(經卷), 불기(佛器), 불구(佛具) 및 기타 귀중품 목록을 작성해 총독에게 제출하도록 명시했다. 이렇게 제출된 재산의 증감이나 이동 사항이 있을 때는 5일 이내에 행정 관청에 변동 상황을 제출하도록 규정했다.

「사찰령」과 「사찰령시행규칙」은 사찰에서 발생하는 모든 일에 대해서 관청의 허가를 받아야만 무슨 일을 할 수 있도록 규제한 법령이었다.

이 법령의 시행을 두고 불교계는 찬반양론으로 분열되었다. 찬성하는 측은 대개 총독부 권력과 밀착된 본사 주지들이거나 관변 지식인층들이었다. 이들은 불교계의 주류 세력이었고, 「사찰령」을 빈사 상태에 빠진 불교계를 회생시킬 수 있는 양약인 것처럼 인식했다. 하지만 저항하는 세력 또한 적지 않았을 것이나 당시 모든 출판물을 인쇄하기 전에 사전 검열을 받아야 했던 시기이므로 기록 자료가 거의 남아 있지 않다. 반대하는 사람들은 「사찰령」의 통제적인 의미를 파악하고 강도 높은 이의를 제기했다. 이들 가운데는 「사찰령」을 조선 사찰의 권리를 빼앗아 승려를 박멸하려는 의도가 담긴 악법이라고 비판하는 사람들도 있었다.

총독부는 「사찰령」과 「사찰령시행규칙」을 1911년 9월 1일 자로 시행했다. 불교계는 이 법령에 따라 본사 주지를 선출해야 했다. 정부 총감은 각 도 지방장관에게 주지 선거와 사법인가, 사찰의 재산 목록을 작성·제출하라는 통첩을 시달했는데 그 요지는 이러하다. 지방장관은 9월 1일부터 3개월 이내에 관내 사찰에 일제히 선거를 통해 주지를 선출하라고 지시했다. 또한 30본사 주지가 적법한 절차를 통해 선출되었는지 또 당선된 자가 주지로서 자격이 있는지를 조사해서 보고하라는 공문도 발송했다. 이러한 절차에 따라 1911년부터 1913년 4월까지 30본사 초대 주지들이 모두 임명되었다. 본사 주지들이 선출되자 30본사는 각기 사법(寺法)을 제정했다.

사법 초안은 총독부 내무국 지방과 촉탁으로 있던 와타나베 아키라(渡邊彰)가 일본 승정(僧政)을 참고해 만든 것이었다. 30본사는 초안에 따라서 각 본산의 연원과 법맥 체계만 조금씩 다르게 하여 사법을 만들었다. 각 본사의 모든 사항을 망라한 사법 초안을 총독부에서 만들어 제시한 것은 불교계 운영을 총독부의 지시에서 벗어날 수 없도록 한 것이었다. 불교계를 이렇게 재편한 총독부는 본사 주지들을 회유하기 위해 그들의 위상을 높여주었다. 본사 주지들은 불교계를 대표하는 지위로서 천황에게 상주해 재가를 받는 주임관 대우를 했다. 그들은 매년 정월 총독 관저에서 열리는 신년하례회에 초청을 받았고, 본사 주지들은 공식 연회에 종교계 요인으로 초대받는 등 우대를 받았다.

## 3·1 운동과 불교계의 독립운동

일제가 조선을 강제로 점령한 지 10년이 지난 1919년에 일어난 3·1 운동은 200만 명이 넘는 사람들이 만세 시위에 참여했고, 7500여 명이 넘는 사람이 사망한 일제강점기 최대의 독립운동이었다. 불교계에서도 3·1 운동에 적극적으로 참여했지만 기록이 제대로 보존되지 않아 상황을 파악하는 데 어려움이 있다. 불교계 3·1 운동은 한용운이 불교계 대표로 백용성과 함께 민족대표로 참여하면서 시작된다. 그는 중앙학림학생들을 통해 3·1 운동을 전국으로 확산시키는 데 기여했다. 한용운은 1919년 2월 28일 밤 교동에 있는 유심사로 평소 자신을 따르던 중앙학림 학생들을 불렀다. 이 자리에서 한용운은 그간에 준비해 온 독립선언에 관한 경과를 학생들에게 설명하고 독립선언서 배포와 만세 시위에 나서줄 것을 당부했다. 이 자리에 참석한 학생들은 자리를 인사동 범어사 포교당으로 옮겨 세부적인 실행 계획을 논의하고

〈그림 2-4〉 **≪유심≫**

불교 잡지 ≪유심≫은 한용운이 자택이었던 서울 종로구 계동 43번지 유심사에서 발행했고, 대중 계몽의 성격을 띠었다.
자료: 『한국불교 100년』(민족사, 2000).

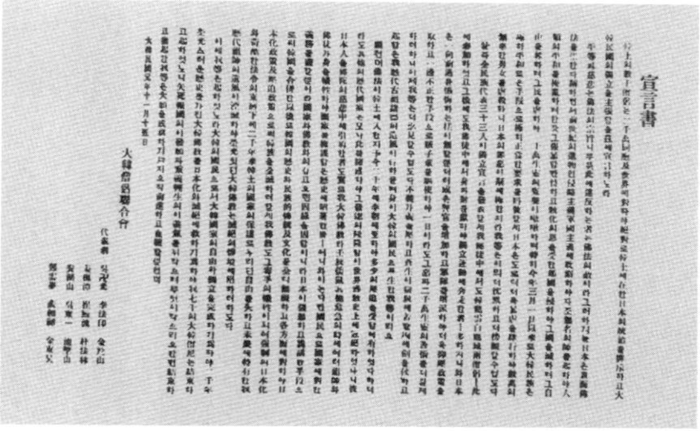

〈그림 2-5〉 **「대한승려연합회 독립선언서」**

1919년 11월 상해에서 12명의 승려들이 가명으로 발표한 독립선언서이다.
자료: 독립기념관.

흩어졌다. 다음 날 3월 1일 중앙학림 학생들은 탑골공원 만세 시위에 참여하여 독립선언서를 배포했고, 만세 시위를 주도했다. 그날 밤 청년 학생들은 자신이 맡은 바 연고가 있은 지역으로 내려가서 만세 시위를 주동했다. 불교계의 지방 만세 시위가 전개된 대표적인 사찰을 보면, 봉선사(경기도 광주)·해인사(경남 합천)·통도사(경남 양산)·범어사(부산 동래)·표충사(경남 단장)·동화사(대구)·도리사(경북 선산)·김용사(경북 문경)·대흥사(전남 해남)·송광사(전남 순천)·쌍계사(경남 하동)·화엄사(전남 구례)·마곡사(충남 공주)·법주사(충북 보은)·신광사(황해도 해주)·석왕사(함남 안변) 등이며, 이 밖에도 전국 사찰에서 많은 불교도들이 참여했다. 불교계의 3·1 운동은 사찰이 깊은 산속에 있기 때문에 대중 집회를 하기에는 한계가 있었지만, 청년 승려들과 불교도들은 치밀한 계획을 세워서 많은 군중이 모이는 장날, 장터에서 만세 시위를 전개했다. 전국 사찰 가운데 만세 시위가 격렬하게 진행되었던 사찰로는 해인사·범어사·통도사·표충사·동화사·봉선사 등을 들 수 있다. 서울에서 내려온 청년 학생들은 독립선언서를 사찰이나 산속에서 등사하고, 조를 나누어 장터로 잠입해 선언서를 배부하여 약속된 시간에 만세 시위를 실행하는 방식으로 전개했다.

불교계는 3·1 운동에 참가했을 뿐만 아니라 이후 중국 상해(上海, 상하이)에서 성립된 임시정부 지원 활동과 무장투쟁 및 군자금 모집 등의 항일운동을 전개했다. 중앙학림 학생들 가운데 지방으로 내려가서 만세 시위를 주도했다가 귀경한 사람들은 4월 하순 상해에 임시정부가 성립되었다는 소식을 들었다. 이들 가운데 신상완·백성욱·김대용·김법린 등은 밀항해 상해로 가서 임시정부 요인들을 만났다. 신상완과 백성욱 등은 불교계의 주요 인사들을 고문으로 위촉하고자 하니 원로들을 추천해 달라는 임시정부의 요청을 받고 귀국했다. 신상완은 여러 동지들과 협의한 결과 중앙학림 강사를 지냈던 김포광을 대표로 밀파했다. 신상완은 이종욱·김봉신·백성욱·김법윤 등과 협의한 후 승려들의 단결을 도모할 목적으로 대한승려연합회 명의로 「임시의용승군헌제(臨時義勇僧軍憲制)」를 만들어 독립투쟁을 전개할 계획을 수립했다. 「임시의용승군헌제」는 승려들로 구성된 승군(僧軍) 조직으로 총령부 산하에 비서국·참모국·군무국·군수국·사령국의 체제를 갖추었다. 총령부는 임시정부와 승군 간의 연락기관으로서 임시정부 산하 조직으로 활동하려고 했다고 한다. 그러나 이 계획은 실천 단계에 이르지 못하고 신상완이 일경에 체포되면서 무산되었다. 불교계는 군자금 모집에도 참가했다. 1919년 10월 무렵 김상호·김상헌·김석두 등은 범어사의 원로였던 이담해·오성월·김경산, 그리고 중견이었던 오리산 등과 협의해 거액의 군자금을 모아서 김상호를 통해 상해임시정부에 전달했다. 상해임시정부는 이담해·오성월·김경산 세 원로를 고문으로 추대했다. 김상호는 세 승려의 임시정부 고문 추대장을 가지고 돌아와 국내 불교계에서 비밀 통신사무를 담당했다. 이 밖에도 1919년 3·1 운동 당시 통도사 주지를 지냈던 김구하는 임시정부에 군자금을 전달했다는 기록이 있다. 그는 독립운동 자금으로 1만 3000원을 보냈다고 한다.

불교계의 독립운동 가운데 빼놓을 수 없는 것은 1919년 11월 15일 자로 상해에서 12명의 승려들이 가명으로 발표한 「대한승려연합회 독립선언서」이다. 한글, 한문, 영문으로 작성된 이 선언서는 임시정부에서 발행하던 기관지 《독립신문》에 '불교선언서'라는 제목으로 게재되었다. 이 선언서의 요지는 대체로 이렇다. '평등과 자비는 불법의 종지이다. 일본은 겉으로는 불법을 숭상한다고 하면서 지난 세기의 유물인 침략주의, 군국주의에 빠져서 명분 없는 전쟁을 일으켜 인류의 평화를 교란시켰으며 그 강포(强暴)함만 믿고 과거에 은혜를 받은 이웃나라를 침략해 멸하고, 그 자유를 빼앗고, 국민을 학대해 2000만의 원성이 드높다. 이에 우리는 대한의 국민으로서 대한 국가의 자유와 독립을 완성하고, 대한불교가 일본화되는 것을 구하기 위하여 우리 7000의 대한 승려는 결속하고 일어섰으니 큰 소원을 성취하기까지 오직 전진하고 피로써 싸울 뿐이다.'

이 선언서에는 조선총독부가 「사찰령」이라는 가혹한 법령을 시행함으로써 불교계는 국가로부터 얻은 자유를 잃고 참혹한 지경에 빠졌으며, 일본이 조선에서 실시한 통치정책의 잔혹성과 불교계가 저항한 사실들이 함축적으로 담겨 있다. 이에 7000의 승려들은 일본의 식민통치에 대항해 조국이 해방되는 순간까지 혈전을 선언한다고 했다. 종래 산간 불교의 한계를 극복하고 현실에서 고통받는 사람들을 위해 불교도들이 나서야 한다고 강조했다. 이러한 행위가 불교 교리에 부합하느냐와는 별개로 불교계가 현실에 고통받는 중생들을 외면하지 않았다는 데 그 의미가 있다고 본다.

3·1 운동이라는 한민족의 거족적인 저항을 경험한 일본은 더는 무력을 앞세운 강압정치로 조선을 지배할 수 없다고 판단해 이른바 문화정치로 통치방식을 바꾸었다. 문화정치란 문화 면에서 제한적으로 일부 자유를 허용하면서 민족진영 내부에 친일파를 양성해 저항을 약화시키는 분열정책을 말한다.

〈그림 2-6〉 **재단법인 조선불교중앙교무원 전경**
자료: 『한국불교 100년』(민족사, 2000).

이러한 상황 속에 전국의 31개 본사가 연합해 재단법인을 구성한다. 재단법인을 구성하는 과정에서 민족주의적 성향이 강했던 총무원과 본사 주지들 중심의 교무원이 대립하는 가운데 결국은 총무원이 와해되고 교무원 중심으로 31본사가 참여한 재단법인이 설립된다. 31본사는 규모와 재정 상황에 따라 각기 분담금을 납부해 총 60만 원의 기금으로 재단법인 조선불교중앙교무원을 설립했다. 이 재단법인 체제는 1941년 조선 불교 조계종 총본사 태고사가 만들어질 때까지 존속하면서 불교계를 이끌어가게 된다.

또한 1920년대 불교계에서는 청년들을 중심으로 「사찰령」을 폐지하고 불교계의 자율권을 확보하려는 청년운동이 전개되었다. 불교계의 청년운동은 1930년대 항일 비밀지하조직이었던 만당(卍黨)으로 이어졌다. 또한 일본 불교의 유입으로 대처승들이 늘어나는 상황에서 선학원이라는 비구승 중심의 사찰을 건립해 조선 불교의 정통성을 수호하려는 노력도 있었다. 이뿐만 아니라 불교계의 총의를 수렴하기 위해 전국의 승려대회를 개최하여 불교계의 독자성을 천명하기도 했다. 불교계 독립운동에 관한 더 많은 정보는 지면의 제한으로 서술이 어려운 까닭에 참고문헌의 도움을 받기 바란다.

## 전시체제하에서 불교계

일본은 1931년 만주사변을 도발한 이후 중국을 석권하려는 야욕을 품고 이른바 그들이 말하는 15년 전쟁에 돌입하게 된다. 전시체제하에서 조선 민중의 삶은 극도로 피폐했고, 종교 또한 국민들의 삶에 위안이 되지 못하고 오히려 고통을 가중시켰다. 일본은 1937년 7월 중일전쟁으로 전쟁을 확대해 수탈을 강화하고 조선인들에게 전쟁 참여를 강요했다. 이 무렵 황도불교라는 말이 등장하는데, 황도불교란 조선인을 일본인화하는 황민화 정책을 불교계에 적용한 말이다. 황민화 정책은 조선인을 일본 천황의 충실한 신민으로 만드는 것으로, 조선인을 일본인으로 만드는 동화정책이다. 이 정책의 실상은 조선인의 생활을 경제·문화적으로 일본인 수준으로 향상시키는 것이 아니라 조선인을 일본 사람들이 부리기 편한 하수인으로 만드는 것이었다.

불교계는 황민화 정책에 어떻게 대응했을까? 승려들과 불교도들은 전쟁터로 출정하는 병사들을 전송하고, 부상병들을 위문했다. 또한 위문금을 모금했고, 국방헌금을 납부했다. 승려들은 집집마다 방문해 탁발을 하는, 이른바 탁발보국을 하여 국방헌금으로 기부했으며, 근로보국대를 조직해 농어촌의 일손을 돕는 일, 시국강연회를 열어 비상시국 대처 방안을 선전하는 일, 창씨개명 상담소를 운영하고 선전하는 일 등을 했다.

당시 불교계의 통일 기관 역할을 했던 재단법인 조선불교중앙교무원 간부 승려들은 전사자의 영전에 분향하고 독경함으로써 억울하게 죽어간 젊은 넋을 위로했다. 승려들이 위로한 그 젊은 영혼은 대일본제국을 위해 용감하게 싸워야 한다고 역설한 설법을 듣고 전장으로 나갔다가 죽은 청년일지도 모른다.

1940년 2월 11일부터 일본은 조선인의 창씨개명을 실시했는데, 창씨개명은 조선 청년들의 지원병제 실시와 관련이 있다. 창씨개명의 목적 가운데는 조선인이 일본 군대에서 일본식 이름이 아닌 조선인 이름으로 불릴 때 나타나는 군대 내에서의 이질감을 해소하기 위한 측면이 있었다고 한다. 아버지에게 이어받은 성을 바꾼다는 것은 상상을 초월하는 일이었다. 그런 까닭에 창씨개명 실시 후 실제로 나타난 상황은 총독부의 기대에 못 미쳤다. 조선총독부는 창씨를 하지 않는 이들의 자녀는 학교 입학을 허가하지 않았고, 각 행정관청에서는 사무 처리를 거부했으며, 더 나아가 식량과 그 밖의 다른 물자를 배급받을 수 없게 했다. 이뿐만 아니라 우편과 화물도 조선식으로 성명과 주소를 써서 발송할 경우 수송을 전면 금지하는 등 일상생활 전반을 극심하게 탄압하고, 창씨개명을 하지 않는 호주는 '비국민', '후테이센징(不逞鮮人)'이라는 낙인을 찍어 노무 징용의 우선 대상으로 삼았다.

이러한 상황에서 1941년 조선총독부는 더 효과적으로 전쟁을 수행하기 위해 불교계의 통일 기관인 조선불교조계종 창립을 종용했다. 이 조계종은 오늘날 대한불교조계종의 전신이며, 일제 말기에 불교계의 친일 행각을 지휘했던 본산이었다. 초대 종정 방한암은 불교계의 상징적인 존재로, 오대산 상원사에 칩거를 하고 있었다. 그렇지만 종정마저도 야마가와 주겐(山川重遠)으로 이름을 바꾸지 않을 수 없었으며, 조선불교조계종의 주요 간부들 모두 이름을 일본식으로 개명했다.

총본사의 설립은 불교계의 염원이기는 했으나 그 시기가 전쟁 말기 일원적 통제가 필요한 시기였고, 총독부에서 종용했다는 점에서 자주성이 강했다기보다는 타율적인 면이 강했다. 총본사의 명칭을 태고사로 정하고 조계종의 법통을 고려 말 태고화상과 연결시킨 것은 조계종의 연원이 선종이었다는 것을 의미한다. 1940년 11월 31본사 주지들이 모여서 종명 개정에 관한 회의를 열어 종래 '조선불교선교양종'이라고 했던 것을 '조선불교조계종'으로 개정할 것을 결정하고, 총독부에 인가를 신청했다. 총독부는 1941년 4월 23일 자로 「사찰령시행규칙」을 개정해 조선불교조계종을 인가함으로써 조계종단이 탄생했다. 불교계는 이제 총본사, 본사, 말사로 분류되었고, 총본사는 전국의 본·말사를 통괄·지휘 감독하게 했다. 총본사 태고사는 31본사를 총괄하는 최고 기관임에도 종정에게 31본사 주지 임면권이라든지, 사찰 재산 처분권을 인가하는 등의 실질적인 권한은 부여하지 않았다. 이것은 총독부가 총본사를 설립함으로써 31본사를 원활하게 통제해 더 효율적으로 전쟁을 수행하고자 한 의도와 맞지 않았기 때문이다. 태평양전쟁이 시작되고 인력 및 물자 부족의 위기 상황을 맞은 일본은 이를 타개하기 위해 '국민총력체제'를 실시했고, 이 체제 아래 총본사 태고사는 '총후보국(銃後報國)'을 수행하는 데 협력하지 않을 수 없었다.

## 근대 불교계의 특징

지금까지 한국 근대 불교사를 국가 정책과 불교계의 대응이라는 관점에서 살펴보았다. 개항기 조선 정부는 무력을 앞세운 서구 세력의 유입으로 천주교와 기독교의 포교를 허용하지 않을 수 없었다. 서구 종교에 대한 유화정책은 불교계에도 영향을 미쳐 승려들의 도성 출입 금지가 해제되고, 국가에서 불교를 종교로 인정하고 포교를 허용했다. 이에 불교계는 전국의 대표들이 모여 원종이라는 종단을 설립하고, 근대 교육제도를 도입해 명진학교를 세워 인재 양성에 힘을 기울였다. 불교계의 자주적인 발전을 향한 노력은 일제 강점기로 접어들면서 좌절된다.

조선총독부는 강제병합 직후 「사찰령」과 「사찰령시행규칙」이라는 통제 일변도의 법령을 시행함으로써 조선 불교계를 장악했다. 총독부는 불교계를 30본사제도로 재편하고 본사 주지의 임면권을 조선총독에게 부여했으며, 불교계의 재산을 매각하고자 할 때는 사전에 관할 관청의 인가를 받게 함으로써 인사권과 재정권을 장악했다. 강압 일변도의 불교계 통제책은 1919년 3·1 운동이라는 거족적인 저항을 겪고 나서 유화책으로 바뀌었다. 이에 따라 1920년대 들어서는 불교계의 재산을 지킬 수 있는 재단법인 설립의 길이 열렸다. 전국의 31본사가 참여한 재단법인 조선불교중앙교무원이 설립되어 불교계를 대표하는 역할을 수행했다. 이 시기는 불교계의 청년들이 중심이 되어 자주권을 확보하고 「사찰령」을 폐지하려는 움직임이 지속적으로 전개되기도 했다. 이렇게 불교계의 자주권을 확보하려는 노력은 1930년대 들어서면서 일본이 대륙을 석권하려는 야욕을 중국 침공을 도발해 현실화하면서 지속하기 어려워졌다.

일본은 1937년 중일전쟁을 시작하면서 조선인에 대한 통제를 강화하고, 물자 수탈과 인력 동원 체제를 강화했다. 일제는 조선인의 이름을 일본식으로 바꾸는 창씨개명과 조선인을 충량한 일본 신민으로 만드는 황민화 정책을 시행했다. 불교계도 이러한 일본의 수탈 정책을 수용하지 않을 수 없었다. 31본사 주지들은 대부분 창씨개명을 했고, 국방헌금과 금속류를 헌납하지 않을 수 없었다. 한국 근대 불교사는 암흑기였던 조선시대를 거치면서 승려의 자질은 하락했고, 조선 정부로부터 숱한 무명잡세와 갖은 고역을 겪으면서도 좌절하지 않았다. 이미 근대화에 성공한 서구 세력의 침입으로 시작된 근대화를 이루는 과정에서 끊임없는 외압에 시달리면서도 시련을 극복하고 교계의 자주권을 확보하기 위해 노력했다. 그 과정에서 있었던 승려들과 불교도들이 독립을 쟁취하기 위해 헌신한 행적을 발굴해 후세에 알리는 것은 중요하다. 이뿐만 아니라 대중 강연이나 라디오 방송, 각종 기고문 등을 통해 친일 연설을 하거나 친일 논설을 기고함으로써 민중의 삶을 힘들게 했던 친일 행적을 찾아내는 작업도 계속해야 한다. 대중을 위해 조건 없이 봉사하는 무주상보시의 공덕이 위대하고, 많은 사람들을 고통 속으로 몰아넣는 악행은 그에 상응하는 과보를 받아야 한다. 근대 불교계가 온갖 질곡을 극복하고 발전을 지향해 온 결과 오늘의 모습이 만들어진 것이며, 현재도 새로운 모습으로 거듭나기 위해 지난한 개혁 작업이 진행 중이다. 그렇기 때문에 과거·현재·미래 그 어느 한순간도 잡을 수 없다는 것이 진리인 것처럼 역사는 쉼 없이 흐르는 것이지만, 주어진 순간에 어떤 삶을 살았느냐 하는 것 또한 중요한 문제이다.

# 근대 불교 교단의 형성

김성연 | 동국대학교 K학술확산연구소 연구초빙교수

조선시대 불교는 중앙 교단이 부재한 상태에서 지역별·문파별 발전을 이어왔다. 조선 전기 국가가 기존 종파들을 선교양종으로 통폐합시킨 이래 국가 차원에서 단행한 구체적인 불교 정책은 찾아보기 어렵다. 그렇기에 조선시대 불교는 정책적 방임 상태에 놓여 있었다고 볼 수 있다. 1876년 개항 직후에도 크게 달라지지 않던 이러한 상황은 1895년이 되어서야 변화를 맞이한다. 조선시대 승려가 공식적으로 도성에 출입할 수 없었던 금지 조치가 그해에 해제되었던 것이다. 승려의 도성 출입을 허용한 법적 조치는 불교의 근대적 변화와 활동이라는 측면에서 시사하는 바가 크다. 그리고 그에 앞서 개항 이후 한반도에 진출해 도심 포교 활동에 박차를 가하던 일본 불교와 서구 기독교의 선교 활동 및 사회사업은 조선 불교의 근대화 의지 확산에 촉매 역할을 하기에 충분했다.

국가 정책상 승려의 지위와 활동상의 자유 보장은 여타 종교와 경쟁하며 포교 활동을 전개할 수 있는 사회적 여건이 비로소 마련됐다는 것을 의미한다. 이로부터 불교계의 가장 큰 목적은 근대 종교로서의 지위 확보와 함께 교단을 형성해 발전을 도모하는 것이었다고 해도 과언이 아닐 것이다. 그러면 근대 이후 '교단의 형성'이라는 측면에서 어떠한 정책적 배경과 불교계의 노력 및 활동이 있었는지 살펴보기로 한다.

## 대한제국의 불교 정책과 원종 및 임제종의 창종

대한제국 정부는 1899년 동대문 밖에 원흥사를 창건했다. 원흥사는 전국 사찰을 총괄하는 '수사찰(首寺刹)'로서, 13도에 하나씩 선정된 '수사(首寺)'들을 총괄했다. 그리고 1902년 정부는 궁내부에 사사관리서를 설치하고 국내사찰현행세칙 36개조를 반포했다. 원흥사를 대법산(大法山)으로, 전국 16개 사찰을 중법산(中法山)으로 편제함으로써 중앙의 원흥사를 정점으로 하는 전국 사찰의 관리체계가 수립되었다. 국가적으로 혹은 불교 자체적으로도 전국 사찰을 연결하는 관리 시스템이 마련된 점은 근대화의 관점에서 충분한 의미를 지닌다. 더구나 국내사찰현행세칙은 사찰 및 승려가 공식적으로 국가 정책의 일환이 되었음을 명문화한 것이다. 그렇기에 승려들은 국가가 불교를 간섭하고 통제한다고 생각하기보다는 불교가 오랜 침체기를 거쳐 제도권에 편입되었다고 인식했다. 아무튼 불교는 대한제국의 불교 정책에 힘입어 타 종교와의 경쟁 속에서 근대 종교로 발돋움할 수 있는 발판을 비로소 마련했다고 할 수 있다.

그러나 사사관리서는 그 운영 과정에서 관리의 사욕 및 도첩의 암거래 등으로 2년 만인 1904년에 폐지되었다. 당시 불교계는 근대화의 조류 속에서 자체적인 역량이 미비했기 때문에 정부의 불교 정책에도 불구하고 자주적인 변화와 성장을 이끌어내기엔 한계가 있었다. 그러나 불교계는 교단을 정비하고 근대화를 이루고자 하는 목표가 뚜렷했고, 1906년 2월 홍월초·이보담

등이 불교연구회를 설립하면서 교단 운영의 초석을 마련했다. 원흥사에 본부를 둔 불교연구회는 각 지방 사찰에 지부를 두었으며, 교육사업으로 경성에 최초의 근대 학교인 명진학교를 세웠다. 오늘날 동국대학교가 바로 이 명진학교에서 시작된 것이다. 그런데 불교연구회 설립에 일본 불교 정토종의 영향이 크게 작용한 탓에 일각에서 비판 여론이 생겨나자, 1908년 3월 각 도 사찰 대표 52명이 원흥사에 모여 새롭게 원종(圓宗)이라는 종단을 설립했다. 이때 불교연구회 회장이자 명진학교 교장 이회광이 대종정에 선출되었다. 원흥사에는 종무원이 설치되고, 대종정 이하 총무 김현암과 6부장 및 고등강사가 원종의 사무를 담당했다. 이회광은 1910년 도심 한복판에 각황사를 건립하고 근대 최초로 중앙포교당을 열었다. 이후 각황사는 조선불교조계종 태고사가 새로 건립되기 전까지 교단 집행부와 각종 단체 및 기관이 머물었던 대표 사찰로서 조선 불교의 중심이 된다.

그런데 원종은 명목상 전국의 대표 승려들이 모여 설립한 것이기는 하지만, 그 전에 일본 조동종 승려인 다케다 한시(武田範之)가 개입한 정황이 뚜렷하다. 다케다는 1907년에 일진회의 이용구에게 편지를 보냈는데, 전국 중요 사찰의 승려들을 모아 경성에 회무소를 설치케 하자는 조선 불교의 재흥 대책을 제안했다. 따라서 이러한 내용이 불교연구회 회장 이회광에게 전해졌고, 원종의 설립으로 이어졌다고 보기도 한다. 원종의 설립에 다케다가 직접 개입한 정황은 찾을 수 없지만, 설립과 함께 그가 고문으로 추대되고 있는 것을 보면 그의 영향을 무시할 수도 없을 것 같다.

더욱이 1910년 10월 이회광은 일본 조동종과 연합조약을 체결하려 했다. 식민 정부로부터 원종 종무원의 인가를 받지 못하자, 일본 조동종과 연합을 통해 돌파구를 마련하고자 했던 것이다. 그러나 이 사실이 12월경에 전국 사찰에 알려지자, 조선 불교를 일본 불교에 팔아먹는 "'매종역조(賣宗易祖)'의 망동"이라고 비판이 일며 강력한 거부운동이 일어났다. 1911년 1월 박한영·진진응·한용운 등은 송광사에서 총회를 개최하고 원종과 조동종의 연합에 반발하며 임제종을 설립했다. 임제종은 통도사, 해인사, 송광사를 3본산으로 하고 범어사에 임시 종무원을 세웠으며, 동래·초량·대구·서울 등지에 포교당을 설립해 원종에 대응할 만한 조직을 갖추어나갔다. 임제종의 설립은 일본의 조동종이 조선 불교와 계통 및 성격이 다르다는 종법상의 이유로 연합을 반대하면서 조선 불교의 자주성을 지키려는 운동이었다.

이렇게 일제 강점 직후 조선 불교계는 종단의 주도권과 여러 이해관계 속에서 두 세력으로 양분되었다. 이능화는 『조선불교통사』에 이 당시 원종과 임제종의 대립을 "북당과 남당의 대립"이라고 서술했다. 그러나 아이러니하게도 이러한 갈등 양상은 일제의 불교 정책에 의해 강제 종료된다. 총독부는 원종뿐만 아니라 임제종 또한 정식으로 인가하지 않았다. 일제는 조선 불교가 독자적으로 세력화하는 것을 용인할 수 없었을 것이다. 이에 총독부는 「사찰령」을 반포하고 전국 사찰을 30본산(1924년부터는 31본산)과 말사로 분류해 직접 통제·관리하는 정책을 시행했다. 원종과 임제종은 모두 폐지되었고, 종명은 조선시대의 공식 명칭이었던 '선교양종'으로 되돌아갔다. 이로써 근대에 새로 등장하며 종단 구축의 포석을 열었던 원종과 임제종은 총독부에 의해 종말을 고하고, 불교계도 식민지 권력의 통제 속에 놓이게 되었다.

## 「사찰령」의 시행과 31본산 체제의 성립

7개 조항으로 구성된 「사찰령」은 총독이 조선 불교의 인사권과 경제권을 장악한다는 내용이 핵심이다. 사찰과 관련한 일체의 권리와 제반 사항에 대해 조선총독과 각 도 장관의 인허가를 받아야 한다는 내용으로 구성되어 있다. 이것은 조선 불교의 자주성과 자율성을 완전히 강탈한 것이었으며, 총독을 정점으로 하는 식민지적 행정 체계에서 불교도 하나의 통치수단이었음을 의미하는 것이었다. 「사찰령」과 함께 반포된 「사찰령시행규칙」은 총 8개조로 구성되었다. 대체로 30본산과 그 주지에 대한 규정 등을 담고 있다. 나중에 승격된 화엄사를 포함한 31본산은 다음과 같다.

경기도: **봉은사, 봉선사, 용주사, 전등사**

충청도: **법주사, 마곡사**

경상도: **동화사, 은해사, 고운사, 김룡사, 기림사, 해인사, 통도사, 범어사**

전라도: **위봉사, 보석사, 백양사, 선암사, 송광사, 대흥사, 화엄사**(1924년 승격)

강원도: **건봉사, 유점사, 월정사**

황해도: **패엽사, 성불사**

평안도: **영명사, 법흥사, 보현사**

함경도: **석왕사, 귀주사**

처음 지정되었던 30본산은 조선 불교를 대표하는 사격(寺格)을 지닌 사찰임이 분명하다. 그러나 본산이 공개적인 합의나 타당한 근거에 의해 지정된 것이 아니라, 총독부에서 임의로 결정한 것이라는 점에서 문제가 있었다. 당시 말사로 분류된 사찰들이 반발하며 총독부에 탄원서를 제출하는 사례가 빈번했다. 그중 대표적인 사찰이 화엄사다. 화엄사는 선암사의 말사로 분류되었다가 지속적인 인가 신청, 선암사와의 잦은 마찰 끝에 1924년에 31번째 본산으로 승격되었다. 전국에서 본산과 대등한 사격을 지닌 말사들의 반발은 어쩌면 당연한 수순이었을지도 모른다.

그리고 본산 주지는 「사찰령」을 근거로 총독에 의해 임명되었다. 본산 주지는 그 배경으로 사찰의 온갖 실권을 장악했고, 심지어 일부 주지는 사찰재산을 사리사욕과 주지 재임의 목적으로 횡령하기도 했다. 이러한 모습은 다름 아닌 「사찰령」이 낳은 폐단으로서 총독부가 조선 불교의 전통과 정체성을 무시하고 사찰과 승려들을 단지 식민지 경영을 위한 행정적 수단으로 생각했음을 말해주는 것이다. 이처럼 조선 불교는 강점 직후 마련된 「사찰령」과 시행규칙에 의해 31본산 체제로 정립됨으로써 일제 식민지에 완전 귀속되었다.

그러나 「사찰령」 시행 초기 조선 불교계는 총독부 시책에 대해 강한 반발을 보이거나 거부운동을 전개하지 않았다. 원종과 일본 조동종의 연합 사건에 대한 반발로 임제종 운동이 즉각 일어났던 것을 생각하면 의외의 반응이라 하지 않을 수 없다. 오히려 일부 잡지를 보면, 「사찰령」으로 인해 쇠퇴한 종풍을 일으키고 승려의 기강을 바로 잡을 수 있는 계기가 마련됐다는 인식을 엿볼 수 있다. 또 「사찰령」 시행과 함께 각 본산은 사법(寺法)을 제정했는데, 이를 통해 승려들이 종지를 높이 떠받들고 포교의 자유를 보장받게 됐다고 찬양하는 글도 보인다. 식민지 초기 불교계는 대체로 「사찰령」이 식민통치의 일환이라는 생각을 하지 못하고, 조선시대에 억압받던 불교가 비로소 사회제도 안에 편입됐다고 인식했던 것 같다. 그러나 근대교육을 받은 진보적 승려들이 점차 늘어나면서 일제 식민통치의 실상을 파악하게 되었고, 3·1운동에 민족대표로 한용운·백용성이 참여하고 불교계의 청년 승려들이 동참하면서 「사찰령」 철폐를 주장하는 목소리도 점차 늘어갔다.

## 교단 중앙기구의 변천과 조선불교조계종

식민지 불교 정책으로 새롭게 재편된 조선 불교계는 '선교양종'이라는 명분상의 종명은 있었지만 종정이나 별다른 집행부가 구성되지 못하고, 명실상부한 종단으로서 형태를 갖추지는 못했다. 그러나 교육·포교 사업과 같은 불교계 공통의 사회사업을 운영하기 위해서는 중앙 조직이 필요했고, 그 역할은 각 본산 주지들이 맡아 회의를 통해 결의·진행되는 방식으로 정착되었다. 원종과 임제종이 폐지된 직후인 1912년, 본산 주지들은 '조선선교양종 각본산주지회의원'을 설립해 기존 종무원의 역할을 수행했다. 주지회의원은 본원에 원장 이하 총무·감원·서기 등을 두었고, 별도로 중앙포교당이 있었으며, 기관잡지를 발행하는 불교사를 두었다.

1915년에는 주지회의원이 폐지되고 '30본산 연합사무소'가 설립되었다. 연합사무소는 위원장 이하 본산 주지로 구성된 7명의 상치원으로 운영되는 시스템이었는데, 이때도 주요 안건은 주지회의를 통해 결정되었다. 따라서 주지회의원에서 연합사무소로 체제가 변경되었다고는 하지만, 근본적으로 30본산 주지들에 의해 교무행정이 이루어진 형태였다고 볼 수 있다. 이전과 달라진 점은 감사원이 신설된 것이다. 감사원은 본산 주지의 투표로 세 명이 선출되었으며, 매년 연합사무소의 회계를 심사해 주지회의에 보고했다. 연합사무소는 1922년 주지총회에서 폐지된다.

연합사무소가 폐지되고 교단 집행부는 보수 성향의 교무원과 진보 성향의 총무원으로 나뉘어 잠시 주도권 경쟁을 벌이기도 했다. 이들의 갈등은 1924년에 보성고등보통학교를 운영하는 문제를 두고 타협점을 찾아 '재단법인 조선불교중앙교무원'으로 통합되면서 해소되었다. 재단법인 교무원은 서무부, 교학부, 재무부의 3부와 각 본산 주지 및 주지사무 취급자로 구성된 평의원회, 감사 3명, 이사 7명으로 조직과 임원이 구성되었다. 재단법인의 감사와 이사는 민법 규정에 의해 반드시 선발해야 하는 임원이었다면, 평의원은 민법 규정과는 별도로 교무원 자체에서 구성한 임원이었다. 각 본산 주지는 반드시 평의원에 포함되었으며, 그 외 각 본말사 주지회에서 한두 명을 추가 선발했다. 평의원 시스템은 본산 주지 외에 일반 승려들도 교단 운영에 직접 참여했던 것으로서, 교단 운영의 주체가 점차 확대되고 있음을 보여준다.

그러나 재단법인 교무원은 여전히 각 본산의 연합체 성격을 넘어서지 못한 것이었다. 불교 교단을 이끌고 책임질 종정이나 총무원장과 같은 대표자가 없었고, 그로 인해 중앙의 통제력과 사업의 추진력에도 일정한 한계가 있을 수밖에 없었다. 결국 이러한 문제점은 강력한 통제 권한을 지닌 자주적 종단을 세우고자 했던 승려들의 염원과 함께 1929년에 전조선승려대회를 개최하는 계기가 되었다.

승려대회는 1920년에 조직되었던 조선불교청년회가 그 준비 과정부터 큰 역할을 담당했다. 1920년대 초반 「사찰령」 철폐를 주장했던 진보 성향의 불교 청년들은, 자주적 교정(教政) 운영에 대한 요구가 무르익어 가는 때에 맞추어 전면에 등장했다. 백성욱·김법린·도진호·조학유·김태흡·이용조 등은 모두 유럽과 일본에서 유학을 마친 엘리트 승려들로서 승려대회의 준비위원으로 활약하며 교단 개혁에 발판을 마련했다. 이 불교 청년들은 이후로도 총본산 건설운동 및 조계종 창종의 주역으로 활동하며 불교계 중심인물로 성장했다.

1929년의 승려대회에서는 '조선불교선교양종'이라는 종명은 그대로 둔 채 종헌(宗憲)을 제정하고, 입법·행정·사법부에 해당하는 종회·조선불교중앙교무원·법규위원회를 설치했다. 그 외에 중앙교무원칙·교정회법·법규위원회법·종회법·승니법 등 각종 법규도 제정했다. 이로써 불교계는 헌법이라 할 수 있는 종헌을 마련하고 삼권분립의 조직을 구성함으로써 형식적이나마 근대적 종단 형태를 갖추게 되었다.

그러나 아직도 해결해야 할 문제는 많았다. 우선 새로 구축된 종단 집행부와 재단법인 교무원과의 모호한 관계가 가장 큰 문제였다. 재단법인 교무원은 여전히 각종 사업을 담당했고, 교단 운영비를 관리했다. 반면 종단의 집행부는 종회원의 회비 외에 별다른 수입원이 없었으며, 사업 운영 주체도 되지 못했다. 재단법인 교무원의 역할과 권한을 생각하지 않고 승려대회를 개최해 급하게 종단 구성을 마친 격이 된 것이다. 이와 같은 종단 조직의 부조화는 비효율적인 운영 방식과 함께 재정 확보의 어려움이 더해져 몇 해 지나지 않아 유명무실해질 수밖에 없었다. 반면 재단법인 교무원은 1940년 조선불교조계종이 창종될 때까지 교단의 집행기구로 역할을 수행했으며, 그 이후에는 조계학원으로 변경되어 학교 운영을 담당했다.

그런데 매년 초 재단법인의 평의원총회와 선교양종 종회, 조선불교청년총동맹의 정기총회가 세 기구의 협의하에 연속하여 각황사에서 개최되고 그 임원(회원)을 동시에 맡는 경우가 많았던 만큼, 조직 구성의 조정과 함께 사업의 운영 체제를 정비했더라면 상황은 달라졌을지도 모를 일이다. 그러나 「사찰령」하에서 모든 행정 및 사업 운영이 총독의 인허가를 바탕으로 이루어졌던 만큼, 종단 구성원에 대한 신속한 통제와 장악은 어려운 일이었다. 어쩌면 식민지라는 현실 속에서 자주적 종단 건설은 비현실적인 계획이었을지도 모른다. 그럼에도 불구하고 불교계는 끊임없이 강력한 통제 기관을 설립하고자 했다.

조선 불교의 대표기관 설치에 대한 논의는 1930년대 후반에 다시 본격적으로 진행된다. 1935년 8월 심전개발기념사업을 논의하기 위해 개최된 31본산 주지회의에서 총독부의 양해를 얻어 총본산을 설치하자는 의안이 제출되었다. 이 의안은 1937년 2월 주지회의에서 다시 논의되었고, '조선불교선교양종 총본산 각황사'를 건설하자는 구체안이 상정되었다. 바로 이어서 총본산의 건물 신축이 결정되었다. 같은 해 3월에 전라도 정읍에 있는 보천교 십일전 건물을 매입하여 경성으로 부재를 옮겨와 착공을 시작해 1938년 10월 10일 대웅전 건물을 준공했다. 총본산 대웅전의 건립은 그 규모와 비용 면에서도 총본산의 권위를 내세울 수 있는 사업이었고, 차후 조계종이라는 종단 설립으로 이어질 수 있는 발판을 마련했다는 점에서 불교계에 의미 있는 사건이었다.

대웅전이 완공된 후 사명(寺名)은 태고법손임을 표방하는 의미에서 태고사로 정했고, 1940년 7월 총독부로부터 최종 인가를 받았다. 그 후 종명(宗名)이 논의되었다. 총본산은 역사와 전통을 지니면서 조선 불교의 정체성을 표방할 수 있는 새로운 종명이 필요했다. 그래서 결정된 것이 '조계종'이다. 조계종은 일찍이 승려들 사이에서도 인정받던 명칭이었다. 예를 들어 김영수는 일본의 선종 3파(임제·조동·황벽)와 뚜렷이 구별되면서 조선의 정체성을 담보할 수 있는 조계종이 가장 적합한 종명이라고 주장했다. 당시 종명과 관련해서는 선교양종에서 조계종으로의 개정을 언제 인가받느냐가 문제였지, 종명 자체에 대한 이의 제기는 그리 많지 않았던 것 같다. 오히려 종조(宗祖)를 두고 태고종조론과 보우종조론, 도의종조론이 제기되면서 해방 이후 통합종단이 들어설 때까지 열띤 논쟁 양상을 띠었다.

총본산은 최종적으로 '조선불교조계종'이라는 종명으로 1940년 12월에 인가를 받았다. 이듬해 4월에는 「사찰령시행규칙」이 개정되고 태고사 사법이 인가되었으며, 6월에는 제1회 종회가 개최되어 종정으로 방한암이 선출되었다. 조계종의 종무행정은 '총본사 태고사 종무원'이 담당했고, 종무총장으로 월정사 주지 이종욱이 선출되었다. 종무원은 재무·교무·서무부의 3부로 구성되었다. 종무총장과 각 부장은 종정이 임명했는데, 종무총장은 총독의 인가를 받아야 했다. 그동안 교단의 살림을 맡아왔던 재단법인 교무원은 1942년 5월에 '조계학원'으로 명칭이 변경되어 학교 운영만 담당하게 되면서, 조계종의 전반적인 살림과 재정 운영은 태고사 종무원이 담당하게 되었다.

한편 일제 강점 이후 일본 불교의 대처 및 식육 풍조가 조선 승려들 사이에 만연하자, 선원 수좌들은 수행 전통을 지켜나갈 목적으로 1921년에 선학원을 창설하기도 했다. 송만공·오성월·김석두·백용성·김남전 등 근대 선풍의 진작과 부흥을 이끌어 근대 선(禪)의 중흥조로 불렸던 경허선사의 제자들이 선학원 건립에 주도적으로 참여했다. 1922년에는 전국 수좌들의 조직체로서 선우공제회가 설립되어 선학원에 본부를 두고 선원이 있는 지방 사찰에 지부가 조직되기도 했다. 하지만 재정상의 문제로 운영난에 처하자 1924년 이후 활동을 중단했다. 선학원이 다시 재건되어 활동을 시작한 것은 1931년 김적음에 의해서이다. 그는 수좌대회를 개최하고 선교양종 종회에 중앙선원의 설치를 건의하는 등 다시금 선수행의 기풍을 마련하고자 노력했다. 이후 선학원은 튼튼한 재정 확립과 안정적인 운영을 위해 1934년 12월에 재단법인 선리참구원으로 전환하고, 곧이어 독자적으로 '조선불교선종'이라는 종명을 표방하며 종단을 설립했다. 선학원의 운영은 일제의 불교 정책과 일본 불교의 영향에서 벗어나 조선 불교의 전통과 정체성을 회복하고자 했던 운동이었다. 그러나 시국이 전시체제로 접어들자 선학원 승려도 황군 위문이나 창씨개명에 협력하고, 총독부의 인가를 받은 조선불교조계종 임원으로 다수의 인사들이 포섭되기도 했다. 조선 불교의 전통을 수호하고자 했던 선학원마저 식민지라는 현실 속에 회유와 굴절을 겪지 않을 수 없었다.

## 교단의 교육·포교 사업과 재정 운영

일제 강점 이후 전국 사찰과 승려들의 연합에 의해 중앙기구가 설립되고 교단 차원에서 시행한 주요 활동은 다름 아닌 교육과 포교 사업이다. 교육을 통해 배출된 인재들이 포교 일선에서 불교의 대중화와 근대화를 이끄는 주체가 된다는 점에서, 불교계는 이 두 분야를 매우 중요하게 인식했다.

1906년에 경성 한복판에 설립된 명진학교는 불교계가 세운 최초의 근대 학교이자, 최상위 과정의 전문학교였다. 이후 불교사범학교(1910), 불교고등강숙(1914), 불교중앙학림(1915), 불교전수학교(1928), 중앙불교전문학교(1930), 혜화전문학교(1940)로 발전을 거듭하고, 해방 이후 동국대학교로 계승된다.

이 외에도 동광학교·보성고등보통학교 등을 경영했고, 각 본산별로 보통학교, 중등학교 및 강원 등을 유지하며 인재 양성에 힘을 기울였다.

그중 1915년의 중앙학림 단계에서는 차례로 보통학교와 지방학림(강원)을 졸업한 자만이 중앙학림으로 진학할 수 있는 시스템이 갖춰졌다. 즉, 단계별 교육 시스템이 마련되며 승려 교육의 새로운 체제가 정착되어 간 것이다. 승려가 강원교육에서 배우는 불교 지식뿐만 아니라 보통교육을 병행해야만 최고 학부에 진학할 수 있었다는 얘기다. 그리고 이 학교들에서는 전통적 강원교육 과목이 아니라, 근대불교학과 보통 학문을 교수했다. 이처럼 전통 종교인 불교는 점차 근대 종교로 발돋움하기 위한 체제 개선을 차근차근 진행해 나갔다.

학교 경영은 앞서 살펴보았던 교단 집행기구들이 가장 역점을 둔 사업이었다. 이때 가장 중요한 문제가 바로 재정 확보였다. 사실 1920년대 재단법인의 설립도 학교 경영을 위한 법적인 고려가 전제되어 이루어졌던 조치 중 하나였다. 특히 처음 60만 원(1종 재산)의 재단에서 1920년대 후반 100만 원의 재단으로 확대를 단행하는데, 이는 불교학교를 전문학교 등급으로 승격시키기 위한 조치였다. 그래서 학교는 1930년 중앙불교전문학교로 발전했지만, 이때 재단 규모를 키우면서 각 본산별 재정 문제와 종헌의 실시 문제 및 종단 운영의 여러 문제가 뒤섞였다. 그로 인해 1929년에 승려대회를 통해 새로 구성된 선교양종 체제가 유명무실해지기도 했다. 그만큼 학교 경영은 교단 운영의 성패가 좌지우지될 정도로 비중이 큰 사업이었다.

사업을 수행하기 위한 교단 집행기구의 재정 확보 방식은 시기별로 차이를 보인다. 먼저 1910년대에는 주로 각 본산의 분담금에 의존했다. 30본산을 경제력에 따라 1~9등지로 분류하고 각 등급별로 차별을 두어 분담금을 거두었다. 이때 가장 많은 분담금을 냈던 1등지 본산은 경남3본산인 범어사, 통도사, 해인사였고, 9등지 사찰은 영명사와 법홍사였다. 이러한 등급은 약간의 차이가 있지만, 1920년대에 재단법인의 자산을 마련하는 데에도 적용되었다. 이론적으로는 재단법인 교무원이 각 본산으로부터 1종재산을 수납하면, 거기에서 발생하는 이자금인 2종재산을 통해 사업을 운영하는 시스템이다. 그러나 1종재산은 완납된 적이 없었으며, 각 본산은 미납금에 대한 이자를 매년 납부해야 했다.

총본산이 건설되고 조선불교조계종이 수립된 1940년 이후에는 보다 안정적인 재정책을 마련했다. 각 본산이 소유한 토지와 산림에 대해 무상양여율을 정하고 일률적으로 그것을 총본산에 기부하도록 했던 것이다. 예를 들어 토지는 각 본산이 소유한 토지의 법정 가격에서 1할을 기부하도록 했는데, 당시 31본산의 전체 소유 토지는 법정 가격이 330여만 원이었다. 따라서 1할인 33만 원 정도에 상당하는 토지가 총본산의 기본 재산으로 기부되는 것이었다. 이러한 방식으로 기부받은 토지와 산림에서 연 9만 원 이상의 세입을 확보할 수 있다는 계산이었다. 기본 재산 외에 전답(田畓)에 대한 소작료도 주요 수입원 중 하나였지만, 그 수입은 매년 고정적이지 않았다. 아무튼 불교계의 재정 수입은 기본적으로 전국 본산의 기부금이 중심을 이룬 가운데, 보다 안정적인 확보를 위해 점차 이자나 토지 경영 및 소작 등을 통한 이윤 발생으로 발전해 갔음을 알 수 있다.

대표적인 포교 사업으로는 포교당의 건립과 포교사 운영, 불교 잡지의 간행 등을 들 수 있다. 불교계는 일찍이 1910년부터 경성에 각황사 중앙포교당을 설립하고 포교사 양성 및 대중 포교를 시행했다. 『조선총독부통계연보』를 보면, 전국 본산의 지역별 포교당 수는 매년 꾸준히 늘어났고, 1938년부터는 300개가 넘는 포교당이 있었음을 확인할 수 있다. 이러한 통계는 교단 운영체제의 안정적인 정착과 학교 경영을 통한 인재(포교사)의 양성이 어느 정도 성과를 내고 있었음을 증명하는 것이다.

그리고 또 다른 포교 사업으로 교단의 기관지, 즉 잡지의 간행을 살펴볼 수 있다. 1910년대에는 《원종》·《조선불교월보》·《해동불보》·《불교진흥회월보》·《조선불교계》·《조선불교총보》 등이 기관지로 간행되었다. 1920년대엔 재단법인 교무원이 『불교』를 1924년부터 1933년까지 108호를 간행했고, 휴간기를 거쳐 1937년부터 1944년까지 경남삼본산협회 및 총본산 태고사가 속간 《불교》를 67호까지 간행했다. 전국 본산에 배포된 이러한 기관 잡지들은 대중에 불교를 알리는 최초의 언론매체였으며, 가히 불교 포교 방식의 혁신이라 할 만했다. 잡지의 내용에는 시대 인식을 들여다볼 수 있는 논설부터 불교 교학, 근대불교학, 불교문학, 각종 소식 등 다양한 장르가 망라되어 있어 정보의 전달뿐만 아니라 교단의 중앙과 지역별 각 본산과의 연락망이 되기도 했다. 식민지의 열악한 출판 상황과 자금 문제로 인해 대부분 단명한 잡지가 많았지만, 기관지 외에도 개인이나 단체에서 간행된 잡지가 20여 종을 헤아릴 정도로 적지 않게 간행되었다.

# 해방 이후 불교계의 동향

김성연 | 동국대학교 K학술확산연구소 연구초빙교수

일제로부터의 해방은 주권을 되찾는 일이자 자주적 국가발전의 동력을 얻는 일이었다. 그러나 열강들의 이해관계 속에서 남과 북이 갈라서게 되는 또 다른 아픔의 시작이기도 했다. 식민지 시기에 31본산의 긴밀한 협조 체계 속에서 뒤늦게 종단을 설립한 불교계도 새롭게 조직을 정비하고 체제를 개선할 필요가 있었다. 게다가 사회 전반적으로 민족국가 건설을 위해 일제 잔존 세력과 왜색을 떨쳐내고자 하는 분위기가 들끓고 있었다. 그에 따라 일본 불교와 마찬가지로 결혼을 한 대처승(帶妻僧)의 비중이 높았던 종단 간부진과 각 본산 주지들은 이제 친일 승려라고 비판받는 입장에 놓이게 되었다. 반대로 소수에 불과했던 비구승(수좌)들은 수행 공간의 확보를 위해 종단의 요직을 차지하고 있던 대처 측과 줄곧 부딪치게 되었다.

이러한 동향 속에서 이승만 정권이 개입해 비구승의 입장을 두둔하자, 힘을 얻은 비구 측이 이른바 "불교 정화"를 주장하며 종단의 주도권을 되찾기 위한 싸움을 전개했다. 결과적으로 비구 측이 교단 운영의 주도권을 쟁취하며 대한불교조계종이 되었고, 대처 측은 새로 한국불교태고종을 설립했다.

그에 따라 1950~1960년대 전개되었던 불교 내 분규 양상에 대한 두 종단의 해석은 상이하다. 조계종에서는 '정화운동'으로, 태고종에서는 '법난'이라고 규정한다. 현재 많이 사용되는 표현은 '불교정화운동'이다. 이는 현재 조계종이 가장 큰 종단이기 때문이기도 하지만, 당시 비구승단이 주장한 한국 불교의 정체성 회복과 수행 풍토의 진작이 사회적으로도 공감대를 얻을 수 있는 내용이었기 때문일 것이다. 내용 이해의 혼란을 방지하고 서술의 편의를 위해 이 글에서도 불교계 분규 및 분쟁 등의 표현과 함께 정화운동이라는 용어를 사용하기로 한다.

해방 이후 불교계는 두 세력으로 나뉘어 종단의 주도권 경합과 화해를 반복하며 진통을 겪었다. 해방공간기 식민지적 요소를 벗어던지기 위한 불교 개혁의 양상과 그 과정에서 싹튼 불교정화운동으로 대한불교조계종과 한국불교태고종이 갈라서게 되는 과정을 간략히 살펴보기로 한다.

## 해방 직후 교단 개혁과 불교정화운동의 태동

8·15 해방은 불교 교단에도 큰 변화를 일으켰다. 교단은 해방과 동시에 식민지 불교 정책과 그 속에서 이루어진 조직 구성을 일체 부정하고 새로운 교단 체제로의 변화를 꾀했다. 9월 22~23일 38선 이남 승려 60여 명은 태고사에 모여 전국승려대회를 개최했다. 이 대회에서 조선불교조계종 집행부의 간부진은 모두 퇴진했다. 그리고 총독부에서 인가받은 종명(조선불교조계종)과 「사찰령」, 태고사법, 본말사 제도 등을 모두 폐지하고, 새롭게 '조선불교'라는 종명을 표방하며 교구제를 채택했다. 그에 따라 중앙에 총무원과 각 지방 교구에 교무원이 설치되었고, 입법부인 중앙교무회와 감찰부인 중앙감찰원이 설립되었다. 제1대 교정은 박한영이 추대되고, 총무원장에는 김법린이

선출되었다. 또한 총무부·교무부·사회부장과 중앙교무회 고문 등이 선출되며 중앙 간부진을 새롭게 구성했다. 교정 박한영은 1946년 5월 28일 「조선불교 교헌」을 제정·공포했다.

그런데 승려대회에서 다룬 안건 중에 '모범총림 창설에 관한 건'이 주목된다. 해방 전까지 주로 사판(事判) 승려(대처승)가 주체가 되어 사찰을 운영해 왔기 때문에 모범총림을 창설해 비구승단을 적극 보호하자는 내용이었다. 그래서 일단 1개소를 설치하여 직원 전부를 비구승으로 조직하고 운영해 나갈 수 있도록 하자는 방안이 제시되었다. 식민기를 겪으며 가장 큰 변화라고 한다면, 바로 승가(僧伽)의 세속화를 들 수 있다. 비구 승려로 이어져 온 한국불교의 승가 전통이 식민지 30여 년 만에 대처승이 중심이 되는 교단으로 변한 것이다. 주지를 비롯한 교단의 요직을 대처승들이 차지하면서 비구승들은 수행 공간을 빼앗겼다. 그에 따라 비구승들은 일찍이 1920년대 선학원을 설립하고 수행 풍토의 진작과 정체성 회복을 지속적으로 주장해 왔고, 해방을 맞아 일어난 교단개혁운동에서 비구승단을 위한 목소리를 내놓기 시작한 것이다. 모범총림에 대한 논의는 1946년에 종단 차원에서 해인사 가야총림을 설치하는 것으로 이어졌다.

또 다른 논의도 있었다. 바로 교도제(教徒制)의 시행이었다. 승려의 권한과 성격을 재조정하려는 방안으로 수행자를 승려로, 신도를 포함한 일반 승려를 교도로 규정하자는 내용이었다. 여기에 대처승을 교도로 보려는 직접적인 표현은 없었지만, 수행자와 다른 일반 승려를 대비해 설정한 것은 비구승과 대처승을 엄격히 구분한 것과 다르지 않았다.

이처럼 모범총림이나 교도제와 같은 논의에는 비구승과 대처승 사이에 해결해야 할 정체성 문제와 교단 운영의 주도권 문제가 미묘하게 작용하고 있었다. 게다가 조선불교 중앙총무원으로의 조직 개편과는 별도로 선학원을 중심으로 한 혁신운동들도 일어나고 있었다. 1946년 12월 불교청년단·불교 여성총동맹·혁명불교도연맹·선우부인회·재남이북승려회·불교혁신연맹 등 6개 단체들이 '불교혁신총연맹'을 결성했던 것이다. 불교혁신총연맹은 중앙총무원과 대립하면서, 대처승들은 물러나고 사찰을 수도승에게 넘기라고 촉구했다. 그런데 1947년 5월 6일 총무원 측이 불교혁신총연맹에 빨갱이가 있다고 무고해 강석주 등 간부 8명이 선학원에서 경찰에 연행되는 사건이 일어났다. 이에 불교혁신총연맹은 5월 8일부터 13일까지 500여 명이 참가한 가운데 '전국불교도대회'를 개최하고, 선학원에 '조선불교 총본원'을 설립했다. 사실상 한국 불교 교단은 이와 같은 분규 상황을 맞아 두 세력으로 나뉘게 되었다.

한편 이 시기에 수행 전통의 회복을 위한 비구승들의 결사운동도 나타났다. 1947년 청담과 성철을 중심으로 수좌 20여 명이 봉암사에서 철저한 수행생활을 시작했다. 봉암사에는 소문을 듣고 수좌들이 몰려들었고, 보살계를 받으려는 신도들도 늘어났다. 청담과 성철의 수행 약속에서 비롯된 봉암사결사는 승가의 수행 생활뿐만 아니라 불교를 대중화하는 데에도 큰 영향을 끼쳤다. 그리고 같은 해에 백양사에서는 송만암의 주도로 고불총림이 결성되었다. 만암은 '무너진 조선 불교의 전통적 형식과 정신을 회복해야 하는데 현 교단이 어떠한 반성도 하고 있지 않으니 교단과 절연하고 고불총림을 결성한다'고 성명서를 발표했다. 그런데 고불총림 강령에는 대처승에 대한 처리 방안이 포함되었다. 간단히 말하면, 비구승은 정법중(正法衆), 대처승은 호법중(護法衆)으로 규정하자는 것이다. 만암은 대처승을 완전히 배제하기보다 호법중으로 두면서 점진적인 승단의 변화를 꾀했던 것으로 볼 수 있다.

불교계는 해방 이후 여러 방면에서 왜색을 탈피하고자 노력했고, 혁신 단체들의 활동도 두드러지면서 한국 불교의 본모습을 회복하고자 힘을 쏟았다. 그러나 조선불교 총무원과 불교혁신총연맹이 대립하게 된 것은 결국 당시에 대처승이라는 승가 전통의 단절과 계승의 문제를 원만히 해결하지 못하고 교계 내부에 갈등이 쌓인 탓이었다. 아무튼 정화운동의 불씨는 이처럼 해방공간에서 시작되었다.

## 분규 양상의 확대와 통합종단의 설립

한국전쟁은 식민지 못지않은 큰 아픔과 시련을 남겼다. 한국 사회 전반은 전쟁으로 인한 어려운 현실에 직면해야 했으며, 빠른 전후 복구에 힘을 기울여야 했다. 불교계 또한 해방 정국에서 태동한 비구-대처의 갈등 양상이 한국전쟁을 겪으며 크게 확대되진 않았지만, 전쟁이 끝나고 이승만 정권이 대처승 문제를 이슈화하자 큰 사회문제로까지 비화하며 양측은 폭발적인 대립 양상을 보였다.

먼저 전쟁 중이던 1951년 조선불교 제2대 교정인 방한암이 입적하자, 고불총림을 이끌고 있던 송만암이 다음 종정으로 취임했다. 만암은 교헌을 '종헌'으로 변경하고 승단을 수행승과 교화승으로 구분했다. 사찰의 주도권은 수행승인 비구가 맡고, 대처승은 교화승으로 인정하되 상좌를 두지 못하게 하여 당대에 그치도록 하자는 정화 방안을 내놓은 것이다. 이후 대처승에 대한 처리 방안과 수행도량 지정 문제 등이 계속해서 논의되었지만, 양측의 이해관계는 쉽게 정리되지 못하고 수행도량 지정도 실현되지 못했다.

그런 가운데 1954년 5월 20일 이승만 대통령이 담화를 발표했다. 담화 내용은 "대처승들은 모두 사찰에서 나가 살 것이며, 불도를 숭상하는 비구승들에 대해서는 사찰에 속한 토지를 경작하여 생계를 보유케 하고 사찰을 지켜갈 수 있게 하라"라는 것이었다. '대처승은 물러나라'는 취지의 대통령 담화는 1955년 12월까지 총 7차례나 발표되었다.

대통령의 담화는 비구승들에게 큰 힘을 실어주기에 충분했다. 먼저 조선

불교는 6월 20일 정기 중앙교무회를 개최하고, '대한불교조계종'으로 개칭했다. 비구승들은 8월 24일 선학원에서 전국비구승 대표자대회를 개최하고 대처승은 승려가 아님을 공포함과 동시에 대한불교조계종의 종권을 인도하라고 대처승 측에 요구했다. 9월에는 146명의 승려가 참여한 가운데 전국 비구승대회를 개최하고 새로운 종헌을 선포했다. 대처승 측은 중앙종회를 개최해 여러 논의 끝에 종권과 사찰을 비구승 측에 인계하기로 결정은 했지만, 끝까지 실현되지는 않았다. 이 과정에서 비구 측은 한국 불교의 종조를 태고보우국사에서 보조국사 지눌로 바꾸었는데, 종정 송만암이 이것을 "환부역조(換父易祖)"라고 비난하며 종정을 사퇴하는 사건이 벌어지기도 했다. 이를 계기로 만암은 이후 대처 측을 지지하게 된다.

11월 5일에는 청담·동산·효봉 등 비구승 80여 명이 태고사 대웅전에서 "왜정 40년 동안 부패된 불교문화와 민족정신을 부흥시키자"라고 선언하며 농성을 벌였다. 그리고 동안거 결제일인 11월 10일, 비구승들은 결국 태고사 간판을 떼어내고 '조계사'로 바꿔 달았다. 이로써 태고사는 1940년 인가된 이후 14년 만에 조계사로 변경되었다. 물론 공식적인 절차에 의한 사명(寺名) 변경이 아니었기에, 이후로도 조계사와 태고사의 간판은 양측의 싸움 속에 몇 차례에 걸쳐 오르내려야 했다. 불교정화운동은 승단의 분규, 정권의 담화 발표, 종정의 교체, 조계사로의 사명 변경 등 크고 작은 사건들이 동시다발적으로 발생하며 끝이 보이지 않는 첨예한 대립과 싸움으로 이어졌다.

불교계의 상황이 해결될 기미를 보이지 않자, 정부도 중재에 나섰다. 1955년 1월 문교부는 비구-대처 양측을 소집해 불교분쟁 대책위원회의 구성을 종용했다. 이에 비구 측 효봉·청담·인곡·월하·경산, 대처 측 권상로·임석진·이화응·김상호·이정암 각 5명씩이 위원으로 선출되고, 2월 4일 문교부 장관실에서 공개회의를 열어 승려 자격에 대한 8대 원칙을 합의했다. 독신, 수행[修道], 삭발과 승복을 입고, 술·담배·고기를 하지 않으며, 살생·도둑질·

음란·거짓말을 하지 않고, 불구자가 아니며, 20세 이상이고, 3인 이상 단체 승단 생활을 해온 이여야 승려 자격이 있다고 규정했다. 그러나 이후 대처승은 합의를 인정할 수 없다고 반발했고, 4월부터 다시 분쟁이 이어졌다. 비구 측은 독자적으로 전국승려대회를 열고 조계사에서 단식농성에 들어갔고, 대처 측은 단식농성에 지친 비구승들을 구타하기도 했으며, 할복을 시도하거나 부상을 입고 후송되는 불상사가 계속해서 일어났다. 이에 문교부도 7월에 사찰정화대책위원회를 소집하고 해결에 나섰으나 양측은 끝내 원만한 해결점을 찾지 못했다.

1955년 8월 초 이승만 대통령이 다시 '친일 승은 물러가라'는 6번째 담화를 발표하자 비구 측은 12일에 전국승려대회를 개최한다. 이 승려대회에서 기존 총무원과 산하기구의 해산, 새로운 종회의원의 선출, 새로운 종헌 선포, 집행부 구성, 주요 사찰의 주지 선출 등이 결의되었다. 그리고 새로 선출된 55명의 종회의원은 제1회 중앙종회를 열고 종정에 설석우, 총무원장에 이청담을 선출하고 총무원 간부진을 구성했다. 이로써 분쟁 이후 처음으로 비구승만으로 구성된 대한불교조계종이 성립되었다.

이와 같이 비구 측은 조계종의 정식 출범을 선포했지만, 대처 측은 전국승려대회의 결의와 종단 구성이 무효라며 법원에 확인 소송을 제기했다. 이후 양측 간 분쟁은 법정 소송으로 전개되었다. 한쪽이 승소하면 다른 쪽은 상고하는 식의 시소 싸움이 되풀이됐다. 또, 양측은 제각기 중앙종회를 개최하고 주요 사찰의 소유권을 빼앗는 싸움을 거듭했으며, 단식·데모·할복·유혈난투극 등이 횡행해 종교와 성직자로서의 위상을 실추시켰다.

이러한 혼란은 1960년대 정권의 교체라는 국정 변화로 새로운 국면에 접어든다. 주지하듯이 1960년 4·19로 이승만 대통령이 하야하고, 1961년 5·16 군사쿠데타로 박정희의 군사정권이 들어섰다. 새 정권은 사회통합을 명분으로 각종 단체를 등록시켜 관리하고자 했다. 그런데 비구와 대처 양측이 모두 '대한불교조계종'으로 등록신청서를 제출했다. 이때 정부는 불교계 분쟁과 관련해 하나로 통합해 자율적으로 수습할 것을 촉구하는 담화문을 발표했다. 결국 1962년 1월 문교부의 중재로 양측은 불교재건위원회 결성에 합의했다. 불교재건위원회는 3월 22일 비구승, 대처승, 사회 인사 각 5명씩 15명으로 구성된 비상종회를 열었다. 비상종회는 전문 116조로 구성된 「종헌」을 제정하고, 3월 25일 이를 공포했다. 4월 1일에는 통합종단 초대 종정으로 비구 측의 이효봉이 추대되고, 총무원장에는 대처 측의 임석진이 선임되었다. 그리고 4월 14일 대한불교조계종을 문교부에 정식으로 등록했다. 이로써 양측 승단은 마침내 통합종단을 결성했다. 통합종단 대한불교조계종의 출범은 1954년부터 촉발된 8년간의 내분을 끝내고, 비구-대처 간의 연합 집행부가 구성되었다는 점에서 역사적인 의미를 지닌다.

## 통합종단에서 분종에 이르기까지

극적으로 합의하여 성립된 통합종단은 그렇게 오래 가지 못했다. 8월 25일 재건비상종회는 조계사 대웅전에서 중앙종회를 개최했다. 이때 종회 의원은 비구승 측 32명, 대처승 측 18명이었다. 그런데 9월 10일 대처승 측이 종회 의원 의석 비율을 문제 삼았고, 임석진 총무원장을 비롯한 대처승 측 간부진이 모두 사퇴하는 일이 벌어졌다. 이로써 양측은 다시 종권을 차지하기 위한 싸움에 돌입했다. 한편 통합종단이 세워진 후 5월 31일에는 「불교재산관리법」이 공포되었는데, 전국의 사찰들은 9월까지 주지 등록을 마쳐야 했다. 그런데 대처 측 사찰들이 조계종단을 통해 등록해야 했으므로 비구 측의 입지가 더욱 확고해지는 결과로 작용하게 되었다. 대처 측은 상황이 이렇게 되자 별도로 서대문에 총무원을 개설했다. 불과 몇 개월 만에 통합종단 이전으로 되돌아간 것이다.

대처 측은 법원에 '통합종단 종헌 및 종정 추대 무효확인 소송'을 제기했다. 이에 대해 법원은 1965년 6월 11일 대처 측의 승소 판결을 내렸다. 비구 측은 즉각 고등법원에 항소했고, 이듬해 9월 법원은 판결을 뒤엎어 비구 측의 손을 들어주었다. 양측은 소송 제기와 항소를 반복했고, 법원은 일관되지 않은 판결로 불교계 분쟁의 불씨를 계속 살려두는 양상이 전개되었다. 어쩌면 정부와 법원의 미온적인 태도가 불교 분쟁을 더욱 악화시키며 장기간 끌고 가는 원인이 되었을지도 모른다.

그러나 이렇게 양측이 치열한 공방전을 벌이는 중에도 여전히 화해의 순간은 있었다. 1965년 3월 대립과 갈등을 지양하고 화합하여 불교 발전을 강구하자는 차원에서 양측 대표 8명으로 구성된 화동위원회가 출범했던 것이다. 양측이 화합을 이룰 수 있다면, 비구 측은 전라도 지역 미등록 사찰에 대한 종단 등록 문제를 해결할 수 있었고, 대처 측은 종회 의원의 의석수를 확보할 수 있었기 때문에 화동위원회의 활동은 양측 모두에 의미가 있었다. 비구 측은 대처승에게 종회 의석수를 양보하는 것과 대처승이 조계종단으로 들어오는 절차와 문제(소송의 취하)를 논의했다. 그리고 화동위원회의 활동과 양측의 조율 끝에 1967년 2월 협정을 체결할 수 있었다. 이 협정에서 비구 측은 1962년 통합종단의 종헌과 종법을 준수한다는 전제 아래 대처승에게 종회 의석 21개를 할애하고 23개 본사 중 8개 처를 제공하기로 했다.

그런데 이와 같은 화합 분위기는 의외로 양측 각각의 내부 분열로 와해되었다. 먼저 2월 27일 화동 통합에 반대하는 대처승들이 대의원대회를 열어 대표권이 없는 사람들이 협정을 체결해 화동이 불가하므로 양파로 분립할 것이며, 통합종단을 전제로 한 「불교재산관리법」은 철폐되어야 한다는 내용의 성명서를 발표했다. 사실상 분종을 선언한 것이다. 비구 측에서도 대처승 처리 문제를 놓고 강경파였던 종정 청담과 온건 노선을 견지한 총무원장 경산이 마찰을 빚었다. 그 둘은 동국대학교 재단 운영에서 발생한 4000만 원의 부채 문제를 놓고 대립하다가 결국 둘 다 사퇴하기에 이른다. 비구 측 내부에서도 분파가 생겨나 총무원의 실권을 장악하기 위한 일종의 주도권 싸움이 전개되었던 것이다. 이와 같은 혼란 속에 비구와 대처 측의 화합은 다시 한번 결렬되고 말았다.

1969년 3월 대처 측은 '종권수호 전국불교도대회'를 열어 통합종단 백지화를 재천명하고, 문교부에 비구승과 대처승 종단의 분리를 인정해 달라고 요청했다. 양측의 법정 공방은 1969년 10월 23일 대법원이 통합종단 종헌의 합법성 여부에 대해 "종헌이 유효하다"라고 최종 판결을 내림에 따라 비구 측의 승소로 완전히 종결되었다. 이로써 대한불교조계종은 명실공히 비구 종단이 되었다. 대처 측은 1970년 5월 '한국불교태고종'을 창종하고 「불교재산관리법」에 의거하여 문화공보부에 정식 등록했다. 이렇게 1954년부터 조계종의 주도권을 장악하기 위해 진행된 비구와 대처 사이의 공방전은 비로소 막을 내렸다.

그러나 이후로도 조계종과 태고종은 크고 작은 사찰 소유권 문제를 놓고 한동안 갈등과 대립을 계속해야 했다. 태고종과는 별개로 조계종단 내에서도 종권 장악을 놓고 종정과 총무원장이 첨예하게 대립하는 경우가 많았다. 특히 1970년대 중후반 조계사 측과 개운사 측의 싸움은 심각한 사회문제로까지 확대되었고, 1980년 신군부로부터 사회정화라는 이유로 법난(10·27 법난)을 당하기도 했다. 이 사건은 몇 년 뒤 진상조사위원회의 활동으로 정부 측의 사과성명을 이끌어냈지만, 어찌 됐든 불교계 스스로 자초한 분쟁이 그 명분을 제공했다는 점에서 자성과 개혁의 필요성을 느꼈을 것이다. 그런 의미에서 1994년에 단행된 종단 개혁은 해방 이후 불교정화운동과 태고종의 분종 이후 자초된 여러 문제에 대한 반성의 결과라고도 생각할 수 있을 것이다.

비구승단의 불교정화운동은 식민지기 일본 불교의 잔재라 여긴 대처승을 몰아내고 한국 불교의 전통 회복을 지향한 운동이었다. 이는 승려의 청정의식을 일깨워 종단의 정체성을 바로잡는다는 의미를 지니는 것이었고, 그렇기에 사회적으로 공감대를 형성할 수 있었다. 그러나 정권의 정치적 의도에 편승한 면도 있었고, 정화운동 과정에서 불교 성직자로서 보여줘선 안 될 모습을 너무나 많이 보여주었다. 그 결과 불교에 대한 사회 일반의 부정적 인식이 생겨났고, 종교적 위상을 회복하기까지 많은 시간을 들여야 했다.

또 대처승을 무조건 친일 승 내지 식민지 잔재로만 치부했던 것도 문제일 수 있다. 정화운동 당시 근현대 승단의 새로운 존재 양태를 부정하고 사상과 교리적 차원에서 깊이 있는 연구와 검토가 전혀 이루어지지 않았다. 오로지 정체성 회복이라는 명분 아래 종권의 장악에만 집중했다는 비판을 면할 수 없을 것이다. 단순히 식민지였기 때문에 대처승이 생겨났고, 수행 전통이 흐려졌다고 보는 것은 논리적으로 너무 무책임한 주장이다. 식민지 이전부터 조선은 근대화·서구화를 지향했고, 먼저 개화한 일본의 영향을 많이 받고 있었다. 종교 개념의 수용에 따라 불교계도 근대종교로 거듭나야 했고, 일본에서 발달한 (근대)불교학을 배워야 했다. 어쩌면 대처의 풍습은 승려 스스로 받아들인 시대적 산물일 수도 있다는 생각이 든다. 그게 아니라면 식민지 시기 동안 한국 불교의 승단 90퍼센트가 대처승이 됐다는 것을 어떻게 설명할 것인가? 또 그들 모두가 친일 승려는 아니었으며, 상당수는 근대교육을 받은 엘리트였다. 그래서 아쉬운 것은 두 승단이 종교인으로서 화합하지 못해 반목과 사회문제를 야기했고, 그 결과 두 승단이 함께 이루어냈던 근대 불교의 성과마저 의미가 퇴색했다는 점이다. 그렇지만 해방 이후 종단을 세우는 과정은 식민지 불교의 모습을 지우는 과정이었고, 그것을 통해 한국 불교의 전통을 계승하고 정체성을 유지하는 계기가 되었다는 점에서 불교사적 의미를 평가할 수 있을 것이다.

2부

# 근대 불교의 모색과 굴절

# 5 일본 불교의 조선 진출과 조선 내 동향

제점숙 | 동서대학교 캠퍼스아시아학과 교수

## 조선의 개항과 일본 불교 각 종파의 진출

1876년 일본과 체결한 강화도조약은 한국 최초의 불평등조약으로, 일본의 입장에서 보면 조선을 식민지로 전락시키는 동력이었다. 이를 발판으로 이듬해인 1877년 일본 불교의 여러 종파 중 진종대곡파가 부산에서 첫 행보를 시작했고, 이어 원산과 인천이 개항되자 일본 불교 각 종파가 조선에서 모습을 드러내기 시작했다. 그렇다면 개항기를 시작으로 일제강점기까지 한국에 건너온 일본 불교는 얼마나 되며 어떤 활동을 전개했을까?

조선총독부는 1910년 8월 29일부터 1945년 8월까지 식민지 조선 정책과 관련된 정치·사회·경제 등 여러 분야의 정보를 알리는 관보(官報)를 발행했다. 여기에는 식민지 조선에서 활동한 모든 종교의 대략적인 현황을 확인할 수 있다. 즉, 각 종교의 포교 소재지와 포교자에 대한 신고·허가·폐지·변경 등에 관한 내용이다. 관보에 나타난 일본 불교 종파는 진종 계열인 진종본원사파(서본원사), 진종대곡파(동본원사)를 비롯해 진언종·조동종·정토종·일련종·법화종·화엄종·천태종·황벽종·임제종 등이다.

이러한 일본 불교 각 종파가 세운 절, 출장소, 포교소와 같은 종교 시설은 무려 1000여 곳에 이르고, 실제 조선총독부에 신고하지 않은 종교 시설을 포함하면 그 수는 훨씬 많다. 식민지 조선에는 일본 불교 이외에도 국가신도를 제외한 교파신도계, 일본기독교계도 조선에 진출해 활동했지만, 이 전체 종교 중 일본 불교가 일본 종교의 66퍼센트를 점유하고 있었다.

이처럼 일본 종교 각 종파의 식민지 조선에서의 활동은 당시 조선 불교는 말할 나위 없고 조선인에게도 적지 않은 영향을 끼쳤다. 특히 조선총독부에 협력하면서 조선 불교와 조선인의 친일화를 위해 적극적인 활동을 전개해 나갔다.

한편, 일본 불교가 교세 확산을 위해 아시아 지역을 비롯해 해외로 눈을 돌리기 시작한 것은 일본이 청일전쟁에서 승리한 뒤이다. 하지만 일본 불교가 조선에서 처음으로 파악된 것은 진종대곡파 교단 측 자료를 참고하면 1877년 이전이다.

진종대곡파는 조선 포교 활동 50주년을 기념으로 『조선개교50년지(朝鮮開敎五十年誌)』(1927)를 발간했다. 이 책에 따르면 1585년 본원사의 승려 오쿠무라 조신(奥村淨信)이 부산으로 건너와 고덕사를 창건했다고 한다. 그 후 오쿠무라 조신의 포교 활동은 임진왜란이 시작되기 전까지 7년간 이어졌는데, 임진왜란 이후 일본인의 도항 금지로 진종대곡파의 조선 포교 활동이 중단되었다고 한다. 하지만 이러한 기록은 진종대곡파 교단 자료에서 확인되는 것으로 그 상세한 내용은 확인되지 않아 추정할 뿐이다.

그 후 일본 불교의 포교 활동은 진종대곡파 본원사 승려 오쿠무라 엔신(奥村圓心)이 조선에 거주하는 일본인들의 생활 보호와 위안 기관을 명목 삼아 1877년 부산에 동본원사 부산별원(현재 부산 대각사)을 세우고 나서부터 시작되었다. 개항기 일본 불교의 활동에 대한 평가는 조선을 식민지로 만들기 위해 종교를 앞세운 제국적 야욕이라는 측면과, 이제 막 조선으로 건너온 가족 단위의 일본인들을 위해 각종 생활 시스템 구축이라는 두 가지 측면에서 볼 수 있다. 이른바 진종대곡파의 조선에서의 초기 활동은 식민지 토대를 구축하기 위한 종교적 역할의 수행과 함께, 이러한 정책을 수행하기 위해 동원된 일본인들에게 안정된 사회 기반을 마련해 주는 것이었다.

실제 진종대곡파는 개항 지역을 중심으로 종교 활동은 물론이고 다양한 사회사업을 동시에 전개하기도 했는데, 이 사회사업은 조선인보다는 일본인을 주된 대상으로 실시되었다. 또한 오쿠무라 엔신의 여동생 오쿠무라 이오코(奥村五百子)는 광주 지역에서 양잠 사업과 같은 실업학교를 운영하기도 했다. 하지만 교단뿐만 아니라 일본 정부가 이들의 사업을 지원했다는 점에서 조선인을 친일화하려는 의도가 있었음은 두말할 나위 없다.

진종대곡파 이후에 조선으로 건너온 일본 불교는 일련종이다. 일련종의 조선 포교는 진종대곡파보다 조금 늦은 1879년부터 시작되었다. 일련종의 기관지 《일련종교보(日蓮宗教報)》에는 단편적이지만 그 활동을 보도한 기사가 확인되는데, 그 내용은 다음과 같다.

1879년 아비루 젠쿠(阿比留善九郎)가 부산으로 건너와 부산의 용미산 꼭대기에 당(堂)을 만들어 일본인과 현지 조선인을 대상으로 종교 모임을 시작했다. 이때, 포교 활동을 할 승려가 없어 1881년 8월에 일련종 승려 와타나베 이치로(渡邊日運)가 건너와 부산 서구에 가옥 하나를 빌려 설교소를 세우고 포교 활동을 전개했다.

1891년 9월에는 일본 거류민이 일련종 별원 설립과 장례식 거행, 법회를 집행할 승려의 상주 등을 청원하자 아시히 니치뵤(旭日苗)와 가토 분교(加藤文教)가 부산 설교소를 방문했다. 이 중 가토 분교가 2, 3년간 조선에 체재하자 일본인 신자는 점점 증가했다. 가토는 일본인을 대상으로 포교를 하면서도 한국 승려와의 교류를 중요하게 생각했다. 그는 당시 억압받던 조선 불교의 부흥을 위해서는 조선의 승려 교육을 우선하고, 추후에 일본인을 상대로 포교하는 것이 더 효과적이라고 언급했다. 하지만 이러한 조선 포교 활동은 일련종 교단 본부의 입장이라기보다는 일련종에 소속된 묘각사의 단독 포교 활동이었다.

한편, 이 시기 일본 불교계의 최대 관심은 조선 불교의 도성 출입 금지를 누가 먼저 해결하느냐였다. 조선 건립 후 유교 정책이 실시되면서 불교를 억압하는 '숭유억불' 정책은 조선 불교가 설 땅을 정신적으로뿐 아니라 물리적으로도 제한했다. 그 대표적인 예가 수도 한성의 승려 출입 금지였다. 이러한 상황을 조선 불교를 장악할 절호의 기회로 생각한 것이 일본의 진종본원사파이다. 조선 포교에 늦은 감이 있었던 본원사파는 승려의 도성 출입을 조선 정부와 교섭해 실현하고자 했으나 끝내 그 계획은 무산되고 말았다.

조선 불교의 오랜 숙원인 도성 출입 금지 문제를 해결한 것은 일련종 승려 사노 젠레이(佐野前勵)였다. 1895년 조선으로 건너온 사노는 승려의 도성 출입이 금지된 것을 알고 이 문제를 해결하기 위해 내각총리대신 김홍집 앞으로 조선 승려 입성 해금을 위한 건백서를 제출하여 이를 해결했다.

사실상 도성 출입 허용 문제는 조선 불교가 근대화의 길을 걷게 되는 아주 중요한 사건이었다. 조선시대 불교는 탄압과 소외의 삶을 걸어왔었고, 이 과정에서 도성 출입 금지 정책은 흔들림 없이 유지되어 왔다. 이런 상황 속에 도성 출입 금지 해제는 조선 불교에는 반가운 일이 아닐 수 없었다. 하지만 조선을 처음 방문한 사노가 단기간에 도성 출입 금지 해제를 이룬 데에는, 일찍이 일련종의 해외 포교를 강력히 주장했고 조선 정부에 대해 큰 영향력을 발휘했던 일련종의 또 다른 승려 오카모토 류노스케(岡本柳之助)의 지원이 크게 작용했다는 지적도 있다.

## 청일전쟁 전후 일본 불교의 동향

1890년대에 이르면 조선으로 오는 일본인이 급증하면서, 청일전쟁 이전에 조선으로 진출해 활동한 진종대곡파와 일련종 외에도 일본 불교 각파가 차례로 등장하기 시작한다. 청일전쟁 중에는 일본군에 대한 포교를 목표로 위문사(慰問使), 종군포교사(從軍布教師)가 조선으로 파견되었다. 각 종파에서는 5개 일본군 사단에 위문사와 종군포교사를 파견했는데, 이에 참가한 일본 불교 종파는 진종대곡파, 천태종, 진언종, 임제종, 진종본원사파, 조동종, 천태종이었다. 특히 진종대곡파와 진종본원사파, 정토종은 전쟁 시작과 함께 일본 정부에 군비를 헌납하는 등 전쟁 지원에 적극적인 자세를 보이기도 했다.

한편, 진종본원사파는 이때부터 조선 포교를 준비하기 시작했다. 그렇지만 일본 불교가 조선에서 포교하기에 결코 녹록한 시기는 아니었다. 청일전쟁이 끝나고 1895년 10월 을미사변(명성황후 시해 사건)이 발생하자 조선에서는 항일운동이 전개되었고, 이후 조선 정부가 친러 정책을 펼치면서 일본 불교의 조선 포교 계획은 일시적으로 다소 주춤할 수밖에 없었다. 진종본원사파 역시 마찬가지였다. 1895년 10월 조선으로 건너온 다카타 세이간(高田栖岸)이 경성에서 포교소 건설 예정지를 관리하며 포교를 준비했지만, 친러 정책을 펼친 조선 정부로 인해 그 땅을 매각하지 않을 수 없었다. 결국 다카타가 일본으로 귀국하면서 진종본원사파의 조선 포교는 실패했다.

그 후 진종본원사파가 조선 포교를 재개한 것은 조선이 속속 개항한 뒤였다. 부산, 원산, 인천에 이어 1897년 목포, 진남포, 1898년에는 군산, 마산, 성진이 개항되면서 일본인이 조선 전 지역에서 활동할 수 있었다. 이러한 분위기 속에 일본 불교 각 종파도 조선 포교를 본격화하기 시작한다. 1897년 본원사파와 정토종이 부산에서 포교를 시작했고, 1905년에는 한성에서 진언종이 포교를 개시했다. 1907년에는 조동종이 대전에서 포교를 하면서 일본 불교 각 종파가 앞다투어 등장했다.

진종본원사파는 1898년 9월 나카야마 유젠(中山唯然)이 부산으로 건너와 출장포교장을 만들면서 포교를 재개했다. 조선인보다는 주로 일본인을 상대로 포교했다. 그 후 1902년에는 교단 본부와 일본인 신도가 건축비를 반씩 부담해 부산별원을 신축할 계획이었으나 포교장이 화재로 소실되며 이 계획은 무산되었다. 결국 진종본원사파의 활동이 본격화된 시점은 러일전쟁 이후이다.

참고로 일본 신도들끼리 신앙 모임을 가지면서 일찍이 시작된 진언종의 포교는 1898년 부산에 대사당을 건립하면서 정착하게 된다. 당시 건축비 대부분은 신도 약 400여 명이 기부한 것이었다. 그 후 일본 본산 동사(東寺)에서 겐다 마사테루(見田政照), 이와다 쇼켄(岩田照懸)을 파견해 매월 4회에 걸쳐 일본 거류민을 대상으로 설교하는 과정에서 조선 포교도 활발해졌다.

## 러일전쟁 이후 일본 불교의 동향

청일전쟁 이후 조선에서 가장 활발하게 포교 활동을 전개한 일본 불교는 정토종이다. 1897년 6월에 미스미다 지몬(三隅田持門)이 단신으로 부산으로 건너와 신도의 집에 기거하며 포교를 개시했는데, 이는 정토종 포교소 설치를 희망한 일본인 신자의 요청으로 시작된 것이다.

이를 계기로 9월에는 신도 100명 정도가 협력해 부산교회소를 설립했다. 본산의 지원을 받은 10월에는 인천교회소, 12월에는 경성교회소를 개설하고, 1900년 4월에는 조선 전 지역 포교 활동을 통합적으로 관리하기 위해 히로야스 신즈이(廣安眞随)가 초대 한국개교사장으로 경성에 부임했다. 그 후

경성교회소는 정토종개교원으로 명칭을 바꾸었다.

이처럼 신속하게 조선 내 포교를 확산시킨 정토종 포교 활동의 특징은 다른 종파와는 다르게 조선인을 대상으로 삼았다는 점이다. 후술할 사회사업에서도 이와 같은 현상이 나타난다. 또한 종교 시설을 보통 교회소로 지칭하는 정토종의 특징을 따르지 않고 수원사, 강경사, 대념사, 인천사와 같이 사찰에 이름을 붙여 조선인에게 친숙한 이미지를 주기도 했다.

무엇보다 정토종의 교리와 정토종 계열 신문을 한국어로 번역·출판하여 조선인을 포교하는 데 활용하기도 했다. 이와 같은 정토종의 활동은 조선인 포교를 위한 현지화 노력으로 평가할 수 있다. 하지만 그 이면에는 이미 조선으로 건너와 활동을 전개한 진종대곡파가 일본인 대상의 포교 활동과 사회사업을 개시했으므로 포교 대상을 조선인으로 삼아야 했던 배경도 있었다.

여하튼 조선인을 대상으로 한 현지화 노력으로, 정토종은 일본 황실 및 조선 정부와 우호적인 관계를 맺으면서 조선 불교에도 깊숙이 관여할 수 있었다. 황실의 지원으로 건립된 한성도성 밖의 원흥사(元興寺), 전국적 승려 조직인 불교연구회, 불교계 최초의 근대적 교육기관인 명진학교 설립에 영향력을 행사했던 것이다. 참고로 1902년에 창건된 원흥사는 조선 불교의 총종무소로, 13도 사찰을 총괄하는 관제를 정하기도 했다. 여기에는 조선 불교의 지배권을 장악하여 조선 불교와 조선인의 친일화를 도모하려는 정토종의 침략적 의도가 있었음을 알 수 있다.

한편, 청일전쟁에 이어 러일전쟁에서 승리한 일제는 거침없이 야욕을 드러내며 조선에 통치기구인 통감부를 설치했다. 이 시기에 조선에서 활동하는 일본 종교에 대한 법 규정이 마련되자, 조선 불교를 장악하기 위한 일본 불교의 활동도 속도를 내기 시작했다. 조선 승려의 일본어 교육과 일본 유학으로 조선 불교의 일본화를 꾀하는 일본 불교의 움직임은 개항기부터 있어왔으나 별

다른 성과를 거두지 못했다.

1906년 11월 통감부에서 선포한 「종교의 선포에 관한 규칙」(통감부령 제45호)은 조선에서 종교 활동을 하는 일본인들에게 유리한 법규로, 특히 조선 사찰을 지배하에 둘 수 있는 절호의 기회를 일본 불교 종사자에게 선사했다. 필요한 서류를 첨부해 사찰이 소재한 관할이사관에 제출해 통감부에서 인가만 받으면 조선의 사찰을 관리·위탁할 수 있었다.

일본 불교 아래 조선 사찰을 두는 말사(末寺)화 경쟁이 일본 각 종파에서 일어났는데, 일찍이 조선으로 진출한 진종대곡파와 일련종은 통감부에서 실시한 종교정책의 의미를 미리 간파하고 조선 불교 말사화 계획을 추진해 나갔다. 조선 포교 활동에 소극적이던 조동종도 러일전쟁 이후에는 조선 포교를 위한 자체 규정을 마련하고 본격적으로 활동을 전개한다.

조동종은 1907년부터 부산·한성·대전 등에 일한사·대전사·용암사 등을 설립해 활동한다. 조선 사찰을 총괄적으로 관리하려는 조동종의 계획은 1910년 원종과 일본 조동종 간의 연합운동으로 구체화된다. 이때 핵심적인 역할을 한 인물이 조동종의 승려 다케다 한시(武田範之)와 조선 불교의 이회광(李晦光)이다. 다케다는 본래 조선에 대해 관심이 많아 청일전쟁 이전부터 조선을 여러 번 방문했다. 그 후 을미사변에 가담하여 일본으로 송환되었으나 1906년 다시 조선으로 건너와 친일 정치단체인 일진회의 이용구와 관계를 맺으면서 활동을 재개했다.

## 일제강점기 조선총독부의 종교정책과 일본 불교 동향

1910년 8월 조선은 일본의 강요로 한일병합조약을 체결하게 되고, 9월에 조선총독부 관제가 공포된 뒤 10월에 초대 총독인 데라우치 마사타케(寺內正

毅)가 취임했다. 이때 이회광은 일본으로 건너가 10월 6일에 조동종과 연합조약 7조를 체결했다. 이 조약은 실질적으로 원종이 조동종에 종속된다는 내용이었지만, 이회광은 귀국 후 전문을 공개하지 않고 동등한 연합이 이루어졌다고만 보고했다. 조동종 측은 총독부에 원종종무원 설립인가 신청서를 제출했다. 이 조약의 실제 내용이 통도사 측에 알려지자 한용운·박한영 등을 중심으로 반대운동이 일어났다. 이들은 임제종을 법통으로 하는 조선불교에 소속된 이들이었다.

조선총독부 측에서는 조동종의 신청을 허가하지 않고 보류했다. 일본 불교 종파의 주도권 다툼으로 조선 불교의 분열과 대립이 격화되는 것은 식민지 통치상 바람직하지 않다고 생각했던 것이다. 일본이 한국을 병합한 지 채 두 달이 지나지 않은 시기에 발생한 원종과 조동종 간의 연합 사건에 대해, 학계에서는 일반적으로 조선 불교의 친일화를 위한 일본 불교의 친일파 양성 정책이었다고 지적한다. 앞서 서술한 조선 승려 도성 금지 해제와 함께 이와 같은 일련의 사건들은 조선 불교가 친일 불교로 변모하는 계기가 되었던 것이다.

조선총독부는 1911년 6월 「사찰령」, 7월에 「사찰령시행규칙」을 반포하여 한국 불교를 직접 관리할 법적 기반을 구축했다. 조선 사찰을 30본산(후에 31본산)으로 지정하고 전국 1300여 사찰의 본말 관계를 규정해 운영하도록 했다. 총독부에서는 식민지를 안정적으로 지배하는 데 일본 불교의 역할을 기대하기보다 오히려 조선 불교를 직접 장악해 통치하는 것이 더 효과적이라 판단한 듯하다. 일찍이 조선 침략 정책에 따라 포교 활동을 전개한 일본 불교가 조선을 식민지화하는 데 어느 정도 이용 가치가 있을 것으로 생각했는데, 한일병합조약 이후 조선 불교 주도권을 놓고 종파 사이에서 다툼이 거듭 발생하자 오히려 문제만 일으키는 귀찮은 존재로 간주한 것으로 보인다.

이러한 가운데 일본 불교의 조선인 신자는 러일전쟁 이후 증가하는 추세였으나, 「사찰령」이 반포된 이후에는 점점 감소세를 보이기 시작한다. 일본 불교는 조선인을 대상으로 한 포교 활동이 원활하지 않자 다시 일본인을 대상으로 포교하기 시작한다.

일본인을 상대로 한 포교는 비교적 용이했다. 그 이유는 에도 시대부터 소속 종파와 사찰이 이미 정해져 있던 일본인들이 식민지 조선에서도 일본에서와 마찬가지로 각 종파의 신자가 되었던 것이다. 특히 진종본원사파는 조선에서 서일본 지역 출신 일본인 신자를 대거 확보했다. 또한 포교소 허가 절차가 단순한 것도 일본인 신자 확보에 한몫했다.

1915년 8월 총독부에서는 또 다른 종교정책인 「포교규칙」을 공포했다. 이 「포교규칙」은 신도, 불교, 기독교를 동일한 선상에 두고 통제하는 종교 규제책이다. 같은 시기에 「신사사원규칙」도 제정되어 신사와 사원 설립 기준이 마련되었다. 조선에 신사를 세워 천황 중심 정책을 펼치기 위한 법적 근거가 마련된 것이다.

그렇다고 해서 이 제도가 일본 불교에 유리하게만 작용한 것은 아닌 듯하다. 1916년 조선에 신사를 건립하겠다고 신청서를 제출한 16건은 모두 허가를 받았으나, 불교는 69건 중 20건이나 총독부의 허가를 받지 못했다. 종파별 허가 건수를 살펴보면 진종본원사파 13건, 진종대곡파 2건, 정토종 11건, 조동종 13건, 일련종 4건, 법화종 1건, 진언종 5건이다.

특히 진종대곡파는 조선의 경성·부산·원산·인천·진남포 등 주요 지역에 별원을 설립했으나, 총독부에서는 경성별원만 허가를 내주었다. 진종대곡파 본산의 승려는 조선과 일본을 오가며 주지로 활동했으며, 그는 교토 본부와 긴밀히 소통하며 조선 별원을 운영했다. 그러나 조선총독부에서는 이런 상황을 탐탁지 않게 여겼다. 식민지 조선에서 활동하는 모든 종교는 총독부령으로 규제할 수 있으나, 일본 내의 대곡파 본산은 통제가 어려워 식민지 지배에 장애물로 여겼다. 반면, 진종본원사파는 비교적 일본의 본원사파 본산과 연관성이 적어 식민지 통치에 별로 영향을 끼치지 않는다고 판단했다. 이런 이유로 진종본원사파에 대한 설립 허가가 많았고, 이 종교 시설을 기반으로 좀 더 유리하게 조선 포교 활동을 전개했던 것이다.

## 3·1 운동과 일본 불교의 사회사업

1919년 3·1 운동이 조선 전 지역에서 거국적으로 발생하자 조선총독부는 무력을 앞세운 무단통치를 대신해, 표면적이지만 조선인의 자유를 일부 허용하는 문화정치를 전개했다. 이에 따라 일본 불교의 조선 내 활동도 3·1 운동을 기점으로 사회사업으로 전환되었다.

진종대곡파를 비롯한 일본 불교 각 종파의 초기 사회사업은 개항기에 일본인과 조선인을 대상으로 한 교육사업을 중심으로 전개되었다. 3·1 운동 이후 1920년대에 실시된 일본 불교의 사회사업은 일본 국내의 근대적 사회사업의 영향을 받아 조선총독부의 적극적인 지원하에 이루어졌다. 조선총독부에서는 일본 불교의 사회사업을 조선인의 독립 의지를 잠재우고 조선인을 '동화'하는 수단으로 활용해 더 안정적으로 조선을 통치하고자 했다. 따라서 사회사업에 나선 일본 불교에 대해서는 토지를 대여해 주는 등 전폭적으로 지원하기도 했다.

1920년 전후 일본 불교의 사회사업 시설 현황을 살펴보면 다음과 같다. 일본불교연합에서는 1917년 경성불교자제원(京城佛敎慈濟院)·평양불교자제원(平壤佛敎廣濟會), 1918년 인천불교비전원(仁川佛敎悲田院)·대전불교자제회(大田佛敎慈濟會)를 설립했고, 1920년대 들어서는 정토종에서 화광교원(和光敎園)·부산공생원(釜山共生園), 진종대곡파에서 향상회관(向上會館), 일련종에서 진해입정자교원(鎭海立正慈敎園)·입정학원(立正學院), 조동종(曹洞宗)에서 마산

부수회(馬山副壽會), 진언종에서 금강사대사의원(金剛寺大師醫院), 일본불교연합에서 나남행려병인구호소(羅南行旅病人救護所)·광주불교자광회(光州佛教慈光會) 등을 설립해 다양하게 활동했다.

이 중 진종대곡파의 '향상회관'과 정토종의 '화광교원'이 대표적인 사회사업기관이다. 향상회관에서는 종교부와 산업부를 설치해 운영했고, 교육사업으로 향상여자기예학교(向上女子技藝學校, 현재 동명여자고등학교)를 운영했다. 화광교원에서는 학원부·보육부·숙박부·구호부·주산부 등을 설치하여 부설에서 각 사회사업을 운영했다.

이러한 사회사업의 주된 목표는 식민지 사회의 안정으로, 총독부의 관리하에 조선인을 동화하기 위해 실시되었다. 따라서 오늘날 우리가 생각하는 자선을 기반으로 한 종교적 실천의 자선사업과는 그 성격이 다르다. 또한, 당시 기독교 신자가 다수였던 조선 사회에서 조선인 포교 부진을 사회사업으로 극복하고자 하는 것도 일본 불교가 자선사업을 실시하는 이유 중 하나였다. 그러나 조선인 신자는 그리 많이 확보하지 못했다.

## 조선 불교 어용단체 '조선불교단' 창설

조선총독부에서는 식민지 통치의 좋은 파트너라고 생각했던 일본 불교가 그 역할을 제대로 수행하지 못하자 조선 불교 '어용화'에 관심을 갖기 시작했다. 총독부는 이를 위해 직접 통제하거나 관여하기보다 일본인, 친일 조선인, 친일단체를 적극 활용하는 방법을 택했다. 일본 불교는 조선 불교 주도권을 놓고 늘 분쟁했으므로 종파를 초월한 불교의 협력이 필요했다. 무엇보다 조선 불교가 주체가 되어 조선총독부의 식민지 정책에 발맞춰 주기를 기대했다. 1924년 조선총독부의 기대에 부응해 탄생한 단체가 '조선불교단'이다.

조선불교단은 주로 강연회 개최, 일본으로 불교시찰단 파견, 조선인 포교 유학생 양성, 각 불교 단체와의 연락 및 후원, 기관지 ≪조선불교≫ 간행 및 연구조사, 자선·사회 사업 등을 수행했다. 특히 조선 승려의 일본 유학 파견 사업이 주목할 만한데, 조선에는 훌륭한 승려가 부족할 뿐만 아니라 현대적인 불교 교육기관이 없어 젊은 승려를 양성할 길이 없다는 생각이 이 사업의 배경이었다. 이렇듯 참담한 조선 불교계의 미래를 위해 일본 불교 교육기관에서의 학습이 필요하다며, 근대문물을 수용한 일본 불교야말로 조선 불교계의 시급한 문제를 해결할 수 있는 가장 적합한 주체라고 강조한다. 이렇게 파견된 유학승은 진종본원사파·진종대곡파·임제종·진언종 등 일본 불교 교단 소속의 학교와 일본 종교계 대학인 대곡대학(大谷大學)·용곡대학(龍谷大學)·구택대학(駒澤大學) 등에 배정되어 학습했다.

조선불교단 창설자 나카무라 겐타로(中村健太郞)의 회고록을 보면 "조선불교단은 재단법인의 강고한 단체조직으로 조선 청년을 선발하여 일본 대학으로 유학 보낸 것이 30여 명에 이르렀다"라고 적었다. 하지만 친일 단체로 불린 조선불교단은 기관지 간행, 유학승 파견 등 조선 불교의 친일화를 위해 전력을 다했지만 큰 성과를 내지 못했고, 오히려 운영 방법 등으로 인해 비판을 받기도 했다.

결국 조선 불교의 진흥을 통해 '내선융화(內鮮融和)', 즉 조선인을 일본인화하기 위한 조선불교단의 노력은 유학승 파견과 같은 소기의 목적을 달성했을지는 몰라도, 일본 불교와 마찬가지로 조선총독부가 원하는 성과를 달성하지는 못했다. 겉으로는 조선 불교의 부흥을 목적으로 했지만 조선총독부의 지원을 받아 조선인의 단결된 힘을 분열시키고, 친일 불교 및 친일파 양성을 주요 업무로 한 친일 단체기관이었음을 부정할 수 없다.

## 1930년대 일본 불교의 동향

1930년대 조선총독부의 민족말살통치는 말 그대로 조선 민족을 말살시키는 정책이었다. 일본과 조선은 한 몸이라는 논리의 내선일체(內鮮一體), 조선과 일본은 조상이 같다는 일선동조론(日鮮同祖論), 성과 이름을 일본식으로 바꾸는 창씨개명(創氏改名) 등의 정책을 실시해 일본 천황의 충실한 백성을 만드는 황국신민화(皇國臣民化)를 본격적인 궤도에 올린다.

이로 인해 조선총독부의 교화정책, 종교정책도 크게 변화하는데, 특히 불교를 앞세워 조선인을 교화하려 한 '심전개발운동(心田開發運動)'에 전면적으로 힘을 쏟는다. 기존 농촌의 생활 개선이나 농민의 정신계몽을 기반으로 한 농촌진흥운동이 1935년에 이 운동으로 전환된 것이다. 이 운동을 일본 불교와 조선 불교가 주도하며 국가의식, 사회공동체의식 함양을 표면적으로 내세웠지만, 실은 황국신민화 정책을 효과적 달성하기 위한 사회교화운동이었다. 또한 이 심전개발운동을 장려하기 위해 조선 불교계의 저명한 지식인까지 동원해 순회강연을 열었다.

일본 불교 종파 중 심전개발운동에 가장 적극적인 종파는 진종대곡파였다. 1935년 진종대곡파 조선개교감독부는 총독부가 추진하는 만포선(滿浦線: 평안남도 순천과 평안북도 만포진 사이를 잇는 철도)을 따라 조선 북부에서 만주까지 포교 거점을 구축하겠다는 계획을 세웠다. 이에 맞춰 요지에 포교소를 먼저 세운 뒤 조선총독부 학무과와 연대해 심전개발운동에 본격적으로 편승하여 활동을 전개했다.

1935년 6월부터는 전 대곡대학 교수 나가타니 간유(瀧含雄)가 조선 각지를 순회하며 강연을 시작했고, 진종대곡파 조선개교단총회에서는 심전개발운동의 구체적인 방안을 논의하기도 했다. 이처럼 진종대곡파는 일본 불교 중에서도 총독부의 치밀한 식민지 정책에 앞장서서 임무를 다한 대표적인 종파였음을 알 수 있다. 하지만 조선총독부의 지원에도 불구하고 진종대곡파의 조선인 신도는 증가세를 보이지 못했고, 이 시기 일본 불교 전체의 조선인 신도도 감소 추세를 보인다. 오히려 이 시기에 조선인 신자가 증가하는 쪽은 기독교였다.

한편, 1915년까지 관보에 설립 신고를 한 일본 불교 포교시설 수는 약 230개로 확인된다. 그 후 1920년까지 약 100개, 1925년까지 약 70개, 1930년까지 약 90개, 1935년까지 약 160개, 1940년까지 약 190개, 1945년까지 110개가 신설된 것으로 파악된다. 합산하면 1000개에 육박하는 수치이다. 일시적으로 증가한 1930년대는 앞서 언급한 바와 같이 일제가 전쟁에 모든 것을 집중시킨 시기이다. 즉, 황민화 정책이 실시되고 내선일체, 창씨개명 등 황국신민 육성을 위해 조선 민족 말살정책이 전개되었다. 1930년 중반부터의 증가 추세는 조선 불교든 조선이든 식민지 정책에 따라 일본 불교에 협력하고 동조한 측면도 있겠지만, 무엇보다 1938년 「국가총동원법」이 시행된 이후 인력과 물자를 총동원하기 위해 종교 시설을 그에 맞춰 설립한 일본 불교의 전쟁 협력의 결과로 볼 수 있다.

이상과 같이 개항기부터 모습을 드러낸 일본 불교 각 종파의 행보는 식민지배라는 시대적 배경 속에 종교적 역할만 수행한 것은 아니었다. 그들은 조선총독부의 식민지 정책에 일조해 조선인을 친일적 인물로, 조선 불교를 친일 불교로 만들려는 임무를 띠고, 조선총독부의 전폭적인 지원을 받으며 활동을 전개했다. 따라서 포교 활동으로 종교 세력을 확장한다는 그들의 본분은 달성할 수가 없었다.

이렇게 조선에서 다양한 활동을 펼친 일본 불교는 1945년 일본의 패전과 함께 조선 땅에서 종적을 감춘다. 오늘날 이들의 흔적은 거의 찾기 어려우며 부산의 대각사와 같이 간혹 그들이 남긴 건물 등에서 당시의 모습을 상기할 수 있다.

# 근대불교학의 수용과 한계

송현주 | 순천향대학교 향설나눔대학 교수

## '근대불교학' 이란 무엇인가?

오늘날 '불교학(Buddhist Studies 혹은 Buddhology)'이라고 부르는 학문 분과는 근대에 탄생한, 역사가 그리 길지 않은 학문 분야이다. 그것은 19세기 유럽에서 불교를 연구 대상으로 삼아 객관성과 과학성을 표방하는 근대 서구의 연구 방법론에 입각하여 탄생했다. 불교학은 '불교 전통의 다양한 요소, 즉 불교 문헌, 교리, 언어, 의례, 믿음, 역사 등에 대한 객관적·과학적 연구(the objective, scientific study)'라고 정의할 수 있다.

불교학은 근대에 출현했다는 이유에서 흔히 '근대불교학'이라고 부른다. 따라서 영어로는 'Modern Buddhist Studies'라고 표기해야 하지만, 보통 'Modern'을 쓰지 않고 생략하는 경우가 많다. 서양에서는 근대 이전에 '불교학'이라는 학문이 존재하지 않았던 만큼, 굳이 '근대(modern)'를 강조할 필요가 없기 때문이다.

반면, 기원전 6세기 인도 동북부에서 시작된 불교는 오랫동안 아시아에서 종교로, 문화로, 관습으로 널리 퍼져 영향을 미치고 있었다. 그리고 엘리트 승려들을 중심으로 불교가 연구되어 수많은 경(經)·율(律)·논소(論疏)들을 축적해 왔다. 그것이 이른바 '전통불교학'이다. 따라서 동양의 학계에서는 관행적으로 근대 이전부터 있었던 동양의 불교 연구를 '전통불교학'이라고 부르고, 19세기 이후 시작된 서구의 불교 연구를 '근대불교학'으로 구별해 왔다.

### 우리에게도 불교학이 있었는가?

하지만 일각에서는 불교학이 근대의 산물이기 때문에 "근대 이전 동양에 불교는 있었지만 불교학은 없었다"라고 주장하기도 한다. 한국·중국·일본·티베트·스리랑카 등 아시아에 엄연히 전통불교학이 있었음에도, 이와 같은 견해가 등장하는 이유는 무엇일까? 그것은 '전통불교학'에서의 '학(學)'과 '근대불교학'에서의 '학'이 내포하는 의미가 다르기 때문이다. 근대불교학에서 말하는 '학'은 19세기 서구에서 형성된 근대적 '학문(academic discipline)'을 말하는 것으로, 그 나름의 독특한 학문방법론과 역사적·문화적 맥락을 가지고 있다. 이에 따라 동일한 불교를 연구 대상으로 삼고 있음에도 서구의 불교학은 전근대 아시아의 불교학과는 다른 성격의 결과물을 산출하게 된다.

### 근대불교학의 의미의 다양성

한 가지 주목할 점은 '근대불교학'이라고 해서 하나의 단일한 실체는 아니라는 것이다. 통상 근대불교학의 시작은 1844년 외젠 뷔르누프(Eugène Burnouf, 1801~1852)의 『인도불교사입문(Introduction à l'histoire du buddhisme indien)』의 출간을 그 기점으로 잡는다. 이처럼 약 180년 전에 시작된 근대불교학은 21세기 초반인 지금까지 큰 시간 간격을 두고 연구방법론과 대상, 연구자의 성격 등에서 상당한 변화를 거쳐 왔다. 문헌학과 교리 연구 중심의 초기 근대불교학과는 달리 현대의 불교학은 불교의 역사적·사회문화적 맥락

(historical and social-cultural context)을 중시하는 연구 경향으로 확장되어 왔다.

근대불교학의 성격이 이처럼 달라지기 시작한 시점은 제2차 세계대전 이후, 혹은 1960년대~1980년대로 추정된다. 호세 카베존(José Cabezón)은 20세기 중반을 기점으로 그 이전의 불교학을 '초기 불교학(Early Buddhology)' 혹은 '고전적 불교학(Classical Buddhology)', 그 이후의 불교학을 '현대 불교학(Contemporary Buddhology)'으로 명명하여 구별한다. '고전적 불교학'이 문헌, 교리, 철학, 엘리트 승려, 출가 교단 중심의 연구였다면, '현대 불교학'은 교리와 철학이 형성된 사회문화적 맥락과 일반 대중의 관점을 고려한 연구로 확장하고 있다. 따라서 '근대불교학' 개념은 일반적으로 초기의 '고전적 불교학'을 의미하지만, 세부적으로는 시대에 따라 그 의미가 달라져 왔음에 유의해야 한다.

### 전통불교학과 근대불교학의 차이

그렇다면 근대불교학이 전통불교학과 구별되는 점은 무엇일까? 전(前) 고마자와 대학(駒澤大學) 교수 사쿠라베 하지메(櫻部建)는 메이지 유신(明治維新, 1868~) 이후 일본의 근대불교학과 그 이전의 전통불교학의 차이를 세 가지 측면에서 설명했다.

① 자료: 전통불교학이 대부분 한문으로 번역된 경·율·논 삼장(三藏)을 연구했다면 근대불교학은 한문 경전만이 아니라 산스크리트어, 팔리어 및 티베트어 문헌, 나아가 고고학적 유물 등도 폭넓게 다룬다.

② 방법론: 전통불교학이 제 종파의 조사들을 중시하고 그들의 가르침, 즉 '종의(宗義)'를 밝히는 것에 중심을 두었다면, 근대불교학은 종파의 제약을 받지 않는 자유로운 비판적 방법을 구사한다. 역사적 연구, 문헌학적 연구, 교리적 연구 등 새로운 연구방법론을 사용한다.

③ 동기: 전통불교학이 '내면적·종교적 욕구'에 따라 불도(佛道)를 걷는 것을 학문의 동기와 목표로 삼았다면, 근대불교학은 '보편적인 지적 욕구'에서 출발한다. 근대불교학은 불교에 의해 인생을 배우는 것이 아니라 불교를 대상으로 하는 학문적 영위이다. 그것은 불제자의 학문인 '문사(聞思)의 학문'이 아니라 불교에 대한 '자유연구(自由硏究)'이며, '행학(行學)'이 아니라 '해학(解學)'이다.

이와 같이 전통불교학과 근대불교학 사이에는 일정한 차이가 있고, 그 차이로 인해 발생한 현실적 결과도 분명히 다를 수밖에 없다. 중요한 것은 근대불교학의 학문적 결과가 실제 불교 현실에 거꾸로 영향을 준다는 사실이다. 19세기 서구의 근대불교학은 서양의 불교 인식에 결정적 을 영향을 주었고, 그것은 다시 동양의 불교 인식과 근대 불교 재구성에 기본 바탕을 제공했다. 오늘날 우리가 알고 있는 불교의 이미지도 대부분 근대 불교학의 영향 아래 형성되었다는 점에서 근대불교학의 중요성은 아무리 강조해도 지나치지 않을 것이다.

## 서구 근대불교학의 탄생과 그 의미

18세기까지 유럽은 아시아의 여러 지역에 존재하는 일련의 종교 현상들이 모두 하나의 '불교'라는 인식에는 도달하지 못했다. 아직 불교를 통칭하는 고유명사가 없었으며 붓다의 인종, 탄생지, 성별에 대해 근거 없는 추측들만 무성했다. 붓다가 아프리카 흑인 또는 여성이라는 설, 붓다가 두 명이라는 이론, 붓다가 수성(Mercury) 혹은 오딘(Odin)이라는 신이라는 주장, 혹은 심지어 괴물이나 '우상(idol)'에 불과하다는 폄하가 횡행하기도 했다. 유럽이 이렇게 불교에 대해 정확하지 않은 정보로 혼란을 겪고 있었던 데에는 크게 두 가지 이유가 있었다.

첫째, 아직 유럽이 권위 있는 불교 문헌과 역사적 자료를 확보하지 못했기 때문이다. 불교의 기원이나 역사 및 의미 등과 같은 본질적 이해를 위해서는 불교 원전의 확보와 그 해독 능력이 필수적이었다.

둘째, 14세기 이후 불교의 탄생지인 인도에서는 불교가 소멸되어 경전이나 교단, 신도가 거의 남아 있지 않았기 때문이다. 불교를 하나의 일관된 체계로 이해하기 위해서는 그 발생 지점인 인도 불교에 대한 이해가 요구되었지만, 당시 인도에 남아 있는 것은 방치된 불교 조각과 기념물, 그리고 비명(碑銘)들뿐이었다. 또한 브라만교나 힌두교 문헌을 통해 붓다는 비슈누의 아홉 번째 화신으로 축소되거나 왜곡·해석되고 있었던 점도 불교 이해를 방해하는 요소였다.

19세기가 되면 변화가 시작된다. 유럽에서 18세기 말에서 19세기 초반에 팔리어, 산스크리트, 티베트어 문법책이 출간되었고 이를 기반으로 불교에 대한 학문적 연구가 본격적으로 시작되었다. 불교가 '부디즘(Buddhism)'이라는 고유한 이름을 갖게 된 것도 이 즈음이다. 서양에서 '부디즘(Boudhism)'이라는 명칭이 처음 등장한 문헌은 1801년 출판된 프랑스의 박물학자 조인빌(Joseph E. de Joinville, 17??~18??)의 『실론 민족의 종교와 예의(On the Religion and manners of the People of Ceylon)』이다. 1820년대에 이르러 우리가 오늘날 쓰고 있는 'Buddhism'이라는 정확한 표현이 유럽에서 널리 통용되기 시작했다. 이러한 변화는 유럽에서 불교가 정확한 연구를 요하는 탐구의 대상이 되었음을 의미한다.

### 근대불교학의 정립자 외젠 뷔르누프

프랑스의 동양학자 외젠 뷔르누프는 통상 근대불교학의 창립자로 인정받는다. 뷔르누프가 남긴 불교 연구서는 두 편으로, 『인도불교사입문(Introduction à l'histoire du buddhisme indien)』(1844)과 『법화경 역주(Le Lotus de la bonne loi)』(1852)가 그것이다. 이 가운데 특히 『인도불교사입문』은 근대 불교 연구의 원형을 확립한 것으로 평가받고 있으며, 이런 이유로 이 책이 출판된 1844년을 일반적으로 근대불교학의 시발점으로 보고 있다. 뷔르누프 이후 서구의 불교 연구는 산스크리트, 팔리어, 티베트어의 불교 원전에 대한 문헌학적 연구를 중심으로 그 성과를 축적해 나갔다.

### 불교문헌학과 역사주의적·실증주의적 방법

19세기 근대불교학은 기본적으로 문헌학(philology)과 역사적 실증주의(historical positivism)라는 두 가지 방법론에 기초해 있었다. 불교학자들은 '문헌(text)'을 분석하면 '불교'를 알 수 있다고 생각했다. 여기에는 당시 유럽의 일반적인 학문적 경향이 반영되어 있었다. 19세기 서양에서는 고대 로마나 그리스의 철학, 종교, 역사를 연구할 때, 무엇보다 문헌학적 토대에 기반을 두어야 한다는 것이 기본적 가치 중 하나였다. 이미 유럽의 기독교는 『성서(Bible)』라는 텍스트 속에 담긴 '말씀(word)의 탐구'에 특별한 지위를 부여하는 오랜 전통을 가지고 있었다.

문헌학의 정의와 성격은 연구자에 따라 다양하다. 하지만 대체로 "원전 비판과 원전 해석을 통해 텍스트의 성립과 전개 등을 다루는 역사주의적·실증주의적 방법"으로 정의하는 데 큰 이의가 없다. 불교문헌학은 특히 19세기에 발달한 역사주의(historicism)와 실증주의(positivism)의 영향 속에 놓여 있었다. 실증주의란 초월적이고 형이상학적인 사변을 배격하고, 관찰이나 실험 등으로 검증 가능한 지식만을 인정하는 인식론적·방법론적 태도이다. 또한 역사주의는 실증주의와 마찬가지로 과학으로서의 역사학을 내세우며 엄밀한 사료 비판을 강조했다.

이처럼 19세기의 서구 불교학은 산스크리트와 팔리어, 티베트어 등의 불교 문헌을 중심으로 당시의 역사주의적·실증주의적 학문 방법론과 결합하여 불교문헌학이라는 새로운 학문 영역을 탄생시켰다. 초기 근대불교학의 연구방법론이 '문헌실증주의(philological positivism)'나 '실증주의사학(positivist historiography)'이라고 표현되는 것은 바로 이런 이유에서이다. 불교 문헌의 수집과 편집, 번역, 사료 비판과 해석 등을 통해 불교학은 객관적이고 과학적인 학문이라는 정체성을 부여받았다.

## 근대불교학의 의의와 평가: 학문이 새로운 불교를 만들어내다

### (1) '불교(Buddhism)'라는 단일한 종교 전통의 발견

근대불교학이 등장하기 전까지 유럽에서 불교는 독자적인 하나의 종교전통으로 이해되지 않았다. 유럽 지식인들은 불교 사상을 '힌두교(Hindoos)의 한 부분'으로 생각했다. 힌두교와 구별되는 '하나의 불교'라는 인식을 갖게 한 것은 서구 불교학의 공헌이라고 할 수 있다. 근대불교학은 세계 전역에 걸쳐 산재하여 제각각 발전해 온 불교를 하나의 불교(Buddhism)로 인식하게 한 것은 물론, 힌두교와 불교 사이의 경계와 차이를 명확하게 인식하는 데에 기여했다. 근대불교학은 '불교가 붓다라는 한 역사적 인물을 통해 인도에서 창시되었고 그 이후 많은 지역으로 전파된 종교라는 것'을 구체적 자료를 통해 명확히 인식하게 했다.

### (2) 새로운 불교(new Buddhism), 새로운 붓다(new Buddha)

근대불교학은 그 이전에는 없었던 새로운 불교와 붓다의 이미지를 탄생시켰다. 서구 불교학의 관심은 불교의 창시자인 붓다의 생애와 인도에서 불교가 사라지기 이전의 초기 불교에 집중되었다. 붓다는 기독교의 '역사적 예수(historical Jesus)'와 마찬가지로 역사적 실존 인물로서의 모습이 강조되었다. 붓다는 아시아에서 전통적으로 믿어온 신화적이고 신비화된 종교적 숭배 대상이라기보다는 윤리적인 스승이자 철학자로 표상되었다.

(3) 근대불교학과 오리엔탈리즘

서구 불교학이 찾아낸 불교의 '원형'은 고대 문헌들을 바탕으로 서구 학자들의 상상에 의해 재구성된 것이다. 그것은 이른바 '근본불교(Original Buddhism)', '원시불교(Primitive Buddhism)' 또는 '순수불교(Pure Buddhism)'로 명명되었으며, 그 모두 붓다의 가르침 중심의 초기 불교를 가리키는 것이었다. 이 새로운 개념들은 '순수한' 과거의 '원형'을 지향하는 것으로, 그와 비교하여 아시아의 현실 속에 존재하는 불교는 변질되고 결여된 형태로 여겨졌다. 따라서 유럽 학자들이 만들어낸 '부디즘'은 에드워드 사이드(Edward Said)가 말하는 '서양의 동양에 대한 오리엔탈리즘(Orientalism)적 투사'의 대표적 사례라 할 수 있다.

(4) 초기 불교 중심주의, 그로 인한 대승불교와 소승불교 지위의 역전

붓다 당시의 초기 불교에 대한 강조는 거꾸로 대승불교의 폄하와 위기를 불러왔다. 팔리어 경전이 붓다의 삶과 가르침에 대한 가장 역사적이고 덜 신화화된 자료라고 보는 헤르만 올덴베르크(Hermann Oldenberg, 1854~1920)와 리즈 데이비스(T. W. Rhys Davids, 1843~1922)의 견해는, "스리랑카의 남방 테라바다 불교 경전이 현존하는 가장 초기의 경전이며 그것이야말로 붓다의 본래 가르침에 가장 가깝고 순수하다"라는 인식을 널리 퍼지게 했다. 이것이 랑카 중심주의(Lanka Centric Attitude)로서, 스리랑카의 불교와 교단을 가장 우

위에 놓는 인식방식이다. 이에 따라 대승불교에서 남방불교를 소승불교라고 비하했던 과거의 관례는 더 이상 가능하지 않게 되었다. 1950년 스리랑카에서 창립된 세계불교도우의회(World Fellowship of Buddhists)에서는, 남방불교를 소승불교라고 부르는 관행을 중단하고 그 대신 '테라바다 불교'라고 불러야 한다는 결의안이 발표되었다.

## 한국 불교와 근대불교학의 만남

서양에서 성립된 근대불교학은 19세기 말 동아시아에서 일본, 중국, 한국 순서로 수용되었다. 이 근대불교학 수용 과정에서 특히 주목해야 할 부분은 동서양의 문화적 차이에서 비롯된 쟁점들이다. 유럽의 학문방법론이 아시아의 전통불교학과 마주치면서 발생한 핵심적 문제는 '신앙과 학문', 혹은 '교리와 역사'의 충돌이었다. 불교학이라는 학문과 현실 세계의 정합성의 문제도 그것의 다른 표현이었다.

### 일본과 중국에서 전통불교학과 근대불교학의 충돌

일본은 동아시아에서 근대불교학을 가장 먼저 수용·정착시켰다. 메이지 정부에 의해 열악해진 불교의 위상을 제고하기 위하여 각 종단은 불교 근대화를 추구했고, 그 일환으로 유럽 불교학의 완벽한 이식을 시도했다. 일본은 각 종파가 주도해 서구 유학을 적극 추진했고, 근대불교학의 방법론도 빠르게 수용했다. 난조 분유(南條文雄, 1849~1927)와 다카쿠스 준지로(高楠順次郎, 1866~1945) 등이 막스 뮐러(Max Müller, 1823~1900)나 올덴베르크 등을 사사하고 돌아와 산스크리트와 팔리어를 강의하는 등 불교학을 정초하는 데 심혈을 기울였다. 일본의 불교학은 초기부터 국가가 운영하는 제국대학과 각 종문이 운영하는 종문계 대학이 협력·공존하면서 수입·연구되었다. 이에 따라 일본의 불교 연구는 서구에서 수입된 근대불교 연구 방법과 일본의 전통적 교학이 나란히 공존하는 중층 구조로 전개되었다.

일본의 근대불교학 수용 초창기에 등장한 주요 쟁점은 '대승비불설(大乘非佛說)' 논쟁이다. 정토진종 승려인 무라카미 센쇼(村上專精, 1851~1929)는 『불교통일론』 제1편의 「대강론」(1901)에서 '대승비불설론'을 주장해 커다란 파문을 불러일으켰다. 근대불교학은 역사적 사실의 실증적 해명에 기초하는 만큼, 역사적 사실관계를 살펴볼 때 대승은 붓다의 직설(直說)이 아니라고 주장한 것이다. 일본의 전통불교학과 근대불교학의 만남에서 빚어진 '대승비불설론'은 또 다른 첨예한 쟁점, 즉 교상판석(教相判釋)이라는 전통불교학 교리 이해체계 문제로 연결된다.

근대불교학은 전통 불교의 교상판석 체계에 도전한다. 메이지 이전의 전통적인 교상판석에 따르면, 소승은 물론 대승의 경전도 모두 붓다의 교설이었다. 그러나 서양의 근대적 불교 연구에 따르면 전통적인 교상판석은 역사적인 사실에 어긋난다. 대승경전은 붓다의 설법이 아니라 그의 사후 500년 후에 성립된 것에 불과했기 때문이다. 근대불교학의 '역사적 실증'에 대한 강조는 전통적 교상판석 체계를 비역사적인 것으로 평가하고 그것을 무의미한 것으로 만들었다.

서구 근대불교학의 수용으로 일본에서 등장한 또 다른 논쟁은 '윤회'와 '연기'에 대한 해석 문제였다. 기무라 다이켄(木村泰賢, 1881~1930)은 전통적 교학의 입장을 유지하면서 '윤회'를 해석하여, 근대적인 입장을 가진 우이 하쿠주(宇井伯壽), 와쓰지 데쓰로(和辻哲郎)와 연기 해석을 둘러싸고 논쟁을 벌이게 되었다. 서구의 근대적 방법론에 따른 현세적·합리적·논리적 해석과 전통적 관점이 서로 치열하게 부딪친 것이다.

중국 근대불교학의 경우, 양문회(楊文會, 양원후이, 1837~1911)는 19세기 후반부터 불교 문헌의 수집과 전통의 집성 작업을 주도하면서 불교 부흥을 이끌었다. 그는 1866년 남경에 금릉각경처(金陵刻經處)를 설립해 대규모 불서 간행을 추진했다. 또한 1908년 불교 교육을 위해 기원정사(祇洹精舍)를 설립하고 산스크리트 교과를 개설했다. 그 당시 기원정사에서 승려 태허(太虛, 타이쉬, 1889~1947), 거사 구양경무(歐陽竟無, 어우양징우, 1871~1943) 등이 수학했다.

중국의 근대불교학에서도 일본과 마찬가지로 실증주의 문헌학의 역사적 방법론과 전통적 불교 이해가 맞부딪친 사건이 일어났다. 1920년대에『대승기신론』의 진위 문제와 중국 전통 불교의 정체성과 관련된 심각한 논쟁이 발생했다. 이 논쟁은 지나내학원(支那內學院) 중심의 구양경무 측과 무창불학원(武昌佛學院) 중심의 태허 측의 대립으로 진행되었다. 한편, 당시 중국의 대문호 호적(胡適, 후스, 1891~1962)의 중국 선종사에 대한 비판도 근대 중국 불교에서 중요한 논쟁 중 하나였다. 호적은 검증 가능한 사료들과 문헌 고증을 통해 기존 선종사에서 사실과 부합하지 않는 내용을 발견했다. 호적은 실제 남종선의 건립자는 신회(神會)였고,『육조단경』또한 혜능(惠能)이 아니라 신회의 저작이라고 주장했다. 이는 선종사 연구에서 대단히 충격적인 견해였다.

근대 일본의 '대승비불설' 논쟁과 중국의 '대승기신론' 및 '선종사' 논쟁은 근대불교학의 실증주의적 역사학 방법론과 전통적 불교학의 충돌에서 발생한 것이다. 달리 표현하면 '신앙으로서의 불교'와 '학문으로서의 불교', 혹은 '믿음체계로서의 교리'와 '실증주의적 역사'의 충돌이다. 이 같은 과정을 통해 불교의 종교적 권위는 위기에 직면했다. 하지만 일본과 중국에서 근대불교학은 불교도의 신앙을 해치지는 않았다. 대승경전은 세존의 직설이 아님을 알게 되었지만, 그렇다고 대승경전을 폐기하는 일은 없었다. 역사적 사실과 신앙의 차원은 서로 다르다는 것을 인정하면서 둘은 공존할 수 있는 길을 모색한 것이다.

## 한국의 근대불교학의 시작

한국불교학사에서는 일반적으로 한국 근대불교학의 시작점을 1906년 명진학교(明進學校)의 출현으로 본다. 현재의 동국대학교의 전신인 명진학교를 '근대불교학의 제도적 출발'로 보기 때문이다. 따라서 명진학교가 설립된 1906년 이후의 연구들은 대부분 근대불교학의 범위 안에 있는 것으로 보는 것이 일반적이다.

여기에 포함되는 학자들은 크게 두 부류로 나뉜다. 하나는 이능화(李能和, 1869~1943), 박한영(朴漢永, 1870~1948), 권상로(權相老, 1879~1965), 김영수(金映遂, 1884~1967) 등 국내에서 자생적으로 성장했지만, 서구의 새로운 방법론을 주체적으로 수용한 학자들이다. 다른 하나는 백성욱(白性郁, 1897~1981), 김법린(金法麟, 1899~1964), 허영호(許永鎬, 1900~1952?) 등 해외 유학파들로서, 원전 연구를 중심으로 하는 근대불교학의 문헌학적 방법론을 통해 불교에 접근한 학자들이다.

한국 불교가 근대불교학을 수용하는 경로는 주로 일본과 중국이었지만, 간혹 유럽 유학생을 통해 직접 소개되는 경우도 있었다. 1912~1914년 동안 ≪조선불교월보≫에 무라카미 센쇼의 『불교통일론』이 권상로에 의해 번역·소개되었는데, 그 가운데 서구의 근대불교학 방법론에 대한 설명이 포함되어 있었다. 1920년대 후반부터는 해외 유학생 그룹을 통해 일본과 서구 근대불교학의 최신 성과들이 수입되었다. 프랑스 유학생인 김법린, 독일에서 유학한 백성욱, 일본에서 돌아온 허영호 등이 그 그룹의 대표적 인물들이었다.

## 한국 불교의 역사적 연구: 『한국불교사』의 편찬

한국의 근대불교학 성립에도 문헌학과 역사학이 중요한 역할을 했다. 특히 문헌실증주의에 의한 역사학적 접근이 일찍이 근대적 불교 연구의 핵심

방법론으로 받아들여졌다. 불교학의 실증적 연구방법론이 수용되면서 그 이전에는 없었던 한국 불교사에 대한 체계적 정리가 수행될 수 있게 되었다. 이처럼 한국에서 불교사학이 성립된 것이 바로 20세기 초이며, 근대불교학 가운데 가장 뚜렷하게 성과가 나타나는 분야도 한국 불교사이다.

1910년대 후반부터 문헌 수집과 정리를 토대로 불교사 개설서의 출간 작업이 국내 학자들에 의해 시도되었다. 권상로의 『조선불교약사(朝鮮佛教略史)』(1917), 이능화의 『조선불교통사(朝鮮佛教通史)』(1918) 편찬이 대표적이다. 이 밖에 일본 학자들에 의한 한국 불교 연구도 진행되었다. 다카하시 도루(高橋亨, 1877~1966)의 『이조불교(李朝佛教)』(1929), 누카리야 가이텐(忽滑谷快天, 1867~1934)의 『조선선교사(朝鮮禪教史)』(1930) 등이 여기에 해당된다.

이처럼 1700여 년의 한국 불교 역사를 통사적으로 기술한 것은 역설적으로 일제강점기 때가 처음이었다. 물론 전근대 시기의 불교사가 전혀 없었던 것은 아니지만, 이 시기에 시작한 불교사는 과거의 것과는 커다란 차이가 있다. 전근대 시기의 불교사는 대체로 고승전류(高僧傳流)의 방식이었다. 1215년 각훈(覺訓)의 『해동고승전(海東高僧傳)』과 1894년 각안(覺岸, 1820~1896)의 『동사열전(東師列傳)』 등이 있었지만, 이들은 고승의 일대기를 시대순으로 엮은 인물 중심의 역사서였다.

권상로의 『조선불교약사』는 근대 최초의 한국 불교 통사이다. 편년체에다 국한문을 혼용해 사용함으로써 독자들의 지평을 넓혔다. 하지만 내용이 너무 간략하여 중요한 역사를 누락하거나, 각주나 참고 서적 목록이 없어 근대에 작성된 불교사라고 보기에는 많이 부족하다는 평가를 받는다. 이능화의 『조선불교통사』는 자료나 방법 면에서 기존의 불교 연구와는 분명한 차이를 보인다. 이능화는 문헌실증주의에 입각해 10년간 다양한 방식으로 자료를 수집하고 그것을 바탕으로 '계통적 역사'를 구성하려 했다. 참고 문헌에는 각종 역사서뿐만 아니라 개인 문집과 전기, 고승들의 비문과 사적기 등도 수록했다.

이처럼 근대불교학의 실증적 연구방법론에 의한 한국 불교사 연구가 축적되면서 조선 불교 전통에 대한 통시적 조명이 가능해졌다. 이를 바탕으로 한국 선종 전통의 재발견은 물론, '조계종(曹溪宗)'이라는 종명(宗名)과 종조(宗祖)의 계보 등을 정리할 수 있었다. 이로써 한국 불교는 자신의 전통을 재인식하고 재구성하는 데 이를 수 있게 되었다.

한편, 한국 불교사 연구를 통해서 민족불교로서의 정체성을 모색하려는 시도도 출현했다. 최남선(崔南善, 1890~1957)은 「조선불교」(《불교》, 74, 1930)의 제4장 '원효, 통불교의 건설자'에서 '통불교(通佛敎)' 논의를 시작했다. 그는 "원효의 해동종(海東宗)이 화엄종의 진정한 창립이요 불교철학의 완성"이라고 보면서, 조선 불교가 지닌 독창성이 바로 원효가 실현한 통불교 전통이라고 주장했다. 그것은 한국 불교를 '지나(支那)불교의 이식'에 불과하다고 폄하한 다카하시 도루 등 일본 학자들의 견해에 대한 대항적 의미가 있다고 볼 수 있다. 하지만 '통불교'라는 개념으로 한국 불교의 성격을 단순화할 수 있는지, 그리고 그것이 실제 한국 불교만의 고유한 특성이라고 할 수 있는지에 대해 다양한 반론이 제기되고 있다.

### 문헌학적 연구와 비교사상적 연구

유럽적 의미의 불교문헌학은 일본에 유학한 허영호와 프랑스에 유학한 김법린에 의해 1920년대 이후 처음 시도되었다. 1928년 김법린(金法麟, 1899~1964)은 「구미학계와 불전연구」(《불교》, 49)에서 세계적 불교학 연구의 흐름에 조선 불교도 동참해야 한다고 호소했다. 또한 1932년 「불란서의 불교학」(《불교》, 100)에서 서구 불교학의 특색을 자세히 소개했다. 그는 1932년 잡지 《불교》(96, 97, 98, 99호)에 불교문헌학의 한 시도로서 「유식이십론의 연구」를 실었다. 그것은 제1부 '범한논문대조(梵漢論文對照)'와 제2부 '연구'로 구성되어 있고, 여기에 산스크리트본과 한글 역, 그리고 진제와 현장의 한역(漢譯)본도 나란히 실었다.

허영호는 1929~1932년 일본에 유학하는 동안 산스크리트어와 팔리어를 학습했다. 1929년 《불교》(64, 65, 66, 71호)에 세친(世親)의 저작 『유식삼십송』에 대한 산스크리트본 주석서를 일본어 번역본을 참고해 한글로 번역·게재했다. 이어 1930년에는 《불교》 74호에 산스크리트본 『반야심경』을 번역해 실었다. 1937년 《신불교》 1~6호에는 산스크리트어 원전과 한문본을 비교·대조하고 한글로 주석을 붙인 연구 「범한조대역능단금강반야바라밀경주석(梵漢朝對譯能斷金剛般若波羅蜜經註釋)」을 게재하기도 했다.

한편, 문헌학과 역사학 외에 비교철학·비교종교학적 연구도 시도되었다. 이능화의 『백교회통(百敎會通)』(1912)은 불교 교리를 기독교·도교·유교 등 11개 종교와 비교 논술한 종교 연구서로서, 근대적 비교종교론의 효시로 평가받는다. 독일 뷔르츠부르크 대학 철학과에서 유학한 백성욱은 1925년 「불교순전철학(佛敎純全哲學)」(《불교》, 7~14호)에서 외젠 뷔르누프와 리즈 데이비스 등 서구의 불교학자들을 인용하면서 불교를 설명하고 있다. 이 글은 한국인 최초로 독일에서 박사학위를 받은 백성욱의 학위논문이다. 그 밖에도 근대 불교 잡지에는 다양한 학자들에 의해 칸트나 데카르트 등의 서양 철학과 불교철학을 비교하는 많은 논문들이 게재되었다. 이처럼 한국 근대 불교에서는 다양한 방법론에 입각한 불교 연구들이 진행되었다.

## 근대불교학 수용의 성과와 한계

일본의 근대불교학은 문헌학을 토대로 뛰어난 업적을 축적했다. 『대정신수대장경(大正新修大藏經)』 100권(1934년 완료), 『남전대장경(南傳大藏經)』 70권

(일본어 역본, 1941년 완료), 『망월불교대사전(望月佛教大辭典)』(1909~1937, 7권 완료, 이후 전 10권 완간) 등이 그 대표적인 예이다. 이 같은 근대불교학의 높은 성취와 별개로 일본의 근대 불교에는 매우 민감한 현실적 문제가 등장한다. 그것은 다름 아닌 제국주의 전쟁에 대한 근대 일본 불교의 태도 문제이다.

근대 일본 불교계는 전쟁 참여를 독려했다. 이에 대해 일본의 스에키 후미히코(末木文美士) 교수는 '일본 불교의 전쟁 참여가 근대불교학 방법론의 영향은 아닐까?'라며 의혹을 제기한다. 그는 '불교학자들의 전쟁 독려 행위는 일본 불교학의 방법 자체와 필연적 관계를 갖는 것은 아닌지' 앞으로 검토해야 할 중요한 문제라고 강조했다. 하지만 이것은 다만 일본만의 문제가 아니었다. 한국에서도 권상로·허영호 등 많은 불교 지도자와 학자들이 1937년 중일전쟁과 1941년 발발한 태평양전쟁 당시 일본의 황도불교(皇道佛教)를 지지하며 한국 청년들의 전쟁 참여를 독려했다. 후미히코 교수의 문제 제기는 불교학과 현실의 상관관계, 즉 불교학은 우리 삶에서 어떠한 윤리적 판단의 근거를 제공하는지에 대한 성찰을 요구하는 것이다.

근대 일본에서 불교학은 메이지 시대의 정치 과정과 밀접하게 연관되어 있다. 메이지 시기 일본 불교 교단의 새로운 불교학에 대한 관심은 불교 연구의 혁신과 근대화 자체에도 그 목적이 있었지만, 신불분리(神佛分離)와 폐불훼석(廢佛毁釋) 등 메이지 정부의 반(反)불교 정책에 따른 위기 상황에 대한 나름의 대응책이기도 했다. 일본의 각 종단은 기존의 종파적·폐쇄적 불교 연구로는 위기를 타개할 수 없다고 생각하고, 근대적 불교 연구가 구사하는 새 언어를 습득하고자 노력했다. 불교 교단은 메이지 정부와 일정한 타협을 통해 교단을 안정시키면서 본격적으로 근대적 학문방법론에 입각한 불교학 에 노력했다.

하지만 일본의 근대불교학의 수용이 순탄했던 것만은 아니었다. 그 과정에서 일본 불교에는 두 가지 문제가 등장했다. 하나는 '불교학과 현실 세계의 분리'이다. 아카데미즘 불교학은 연구 대상을 텍스트에만 국한하여 그것에 몰두했다. 반면 역사적 현실에 대한 관심을 소홀히 함으로써 자연히 현실에서는 무력한 존재로 전락하고 말았다. 그들은 '불교를 세계사와 어떻게 관련지어야 할 것인가'라는 근대 일본의 당면 문제는 외면했다. 일본 불교학계는 유럽에서 건너온 근대불교학이라는 이름의 지적 세계에만 빠져들었다.

다른 하나는 '근대불교학과 전통불교계의 분리'이다. 당시 일본의 불교종단들은 각 종파 나름의 종조(宗祖)와 교의의 선양에만 관심을 기울였다. 종단의 불교와 근대불교학은 서로에 대해 무관심하면서 자신의 영역을 지키기에만 급급했다. 그 결과 근대 일본의 종파불교는 국가 권력과 타협·결탁하면서 식민지 지배를 지원하거나 전쟁에 찬성하는 등 국가불교로의 길로 나아가게 되었다.

즉, 일본의 근대불교학은 그 근본 동기가 자기 생존의 모색에 있었던 만큼, 제국주의적 침탈에 대해 암묵적으로 동의하거나 심지어 적극 동참하게 된 것이다. 그 결과 불교학의 현실 비판 기능은 전혀 작동될 수 없었다. 일본 불교는 전쟁에서 '적군'을 보다 많이 죽이는 것이 '해탈'에 이르는 길이라고까지 역설했다. 하지만 불교학자들은 이러한 처참한 현실에 대해 침묵하면서 문헌학적 연구 방법의 체재 내에만 안주했다. 이것이 근대 일본 불교가 1945년에 이르기까지 제국주의적 침탈의 주구로 전락해 간 이유이기도 하다.

식민지 조선의 불교계도 상황이 크게 다르지 않았다. 주로 일본 유학을 통해 근대불교학을 수용한 조선 불교도 일본 불교의 한계에서 자유로울 수 없었다. 예를 들어 허영호는 1937년부터 1945년까지 조선 불교를 대표하는 인물로 활발하게 활동하면서 일제의 제국주의 전쟁에 적극 협력하는 많은 '친일' 행적을 남겼다. 허영호의 이러한 행보는 일본의 근대불교학이 걸어온 경향과 한계를 그대로 반영한 것으로 볼 수 있다. 그에게 근대불교학은 관념적인 세계에 국한되었을 뿐, 식민지 조선이라는 현실 인식에서는 일본 불교계와 마찬가지로 보수적·퇴행적인 형태에서 벗어나지 못했다. 그것은 조선이 서구 근대 세계의 문물과 문화를 수용하는 데 일본을 경유한 결과이자, 식민지 근대화의 길이 낳은 불행이라고 할 수 있다. 그리고 이러한 한계는 허영호 개인에게만 해당되는 것이 아니라 식민지 조선의 불교계, 특히 근대 불교를 지향한 대부분의 불교 지식인에게 나타나는 공통적인 경향이라 할 수 있다.

초기 서구 불교학의 연구 취지는 문헌에 대한 객관적 해석과 불교사의 재구성에 있었다. 따라서 '불교문헌학'은 문헌 속 불교의 발견이라는 측면에서 현실의 '생활 세계'와 유리될 가능성이 높았으며, 그들의 '역사적 실증주의' 학풍도 살아 있는 '종교적 신앙과 실천'의 차원을 간과할 가능성이 많았다.

이 같은 문제의식을 바탕으로, 1996년 미국종교학회(America Academy of Religion)의 새로운 분과로 등장한 '불교신학(Buddhist Theology)'은 불교가 현실의 문제에 기여하는 실천적 학문이어야 한다고 강조하고 있다. 이와 같이 현대의 불교 연구는 과거처럼 불교 원전이라는 문헌 텍스트에만 의존하거나 교리와 철학의 해명에 치중하는 연구에서 벗어나려 하고 있다. 초기의 근대 불교학처럼 문헌에만 의지해 초역사적이고 무(無)역사적인 불교의 원형을 찾는 것이 아니라, 기후변화와 같은 환경문제, 전쟁, 인종 갈등, 소수자의 인권과 같은 정치사회적 문제에 참여하는 방향으로 나아가고자 하는 것이다. 이런 흐름들은 일본 및 한국의 근대불교학이 직면했던 한계를 넘어서고자 하는 나름의 시도로 볼 수 있다.

# 7 근대 불교와 미디어

조명제 | 신라대학교 사학과 교수

## 근대 불교와 잡지

근대 계몽기에 신문과 잡지는 서구 근대의 문명과 지식을 수용하는 통로였다. 특히 잡지는 신문에 비해 근대의 지식 체계와 내용을 구체화하고, 이를 당시 시대 상황에 적용시키는 역할을 했다. 신문의 독자층이 일반 대중이라면, 잡지는 대중보다 동일한 이데올로기를 공유하는 지식인층 내부에서 근대 지식을 소통하는 매체로 자리 잡고 있었다. 다시 말해 잡지는 근대 지식을 수용하고 전달하는 대표적인 미디어였다.

또한 잡지 매체는 담론 생산의 장을 제공하고, 한글로 발간되어 상대적으로 다수의 대중을 대상으로 한다는 점에서 전근대의 출판물과 질적으로 차이가 있다. 잡지의 구성과 배열법은 각종 지식 상호 간의 사회적 위계질서가 없어졌으므로 전근대 사회의 지식 전달 방법과는 근본적으로 차이가 있다. 잡지가 취한 지식의 배열 방식은 기본적으로 지식의 평등이라는 관점 위에서 성립된 것이다. 그리하여 잡지는 근대적 교양의 촉진에 기여했고, 근대

국민의 형성이라는 시대 요구에 적합한 매체였다.

그런데 한국의 근대 잡지는 근대화의 전반적인 흐름이 앞선 일본 잡지의 영향을 적지 않게 받았다. 일본에서 잡지는 1867년에 처음 등장했고, 10년 만에 180여 종이 창간될 정도였다. 근대 일본의 서구 근대문명과 지식의 수용은 신문과 잡지의 등장과 밀접한 관계가 있다. 특히 1890년대 이후에 신문과 잡지로 대표되는 출판자본주의가 국민국가 형성에 크게 기여했다. 대량 인쇄, 대량 전달, 속보성을 특징으로 하는 활자 미디어의 발달은 에도 시대의 계층질서에 바탕을 둔 커뮤니케이션 체계를 해체시키고 국민국가 형성의 토대로 작용했다.

이와 같이 근대 일본에서 잡지가 성행한 양상은 불교계에서도 예외가 아니었다. 1874년에 최초의 불교 잡지인 《보사총담(報四叢談)》이 창간되었고, 불교 신문과 잡지 창간이 메이지 초기에 37종, 메이지 10년대에 64종, 20년대에 237종, 30년대에 66종 등 비약적으로 증가했다. 이러한 잡지 가운데 《반성회잡지(反省會雜誌)》(1887)와 《불교(佛教)》(1889)가 주목된다. 전자는 1899년에 《중앙공론(中央公論)》이라는 상업적인 종합 잡지로 전환했고, 근대 일본을 대표하는 잡지로 성장했다. 후자는 불교청도동지회(佛教淸徒同志會)의 《신불교(新佛教)》(1900~1915)로 이어졌다. 나아가 일본의 불교 잡지는 식민지 조선의 지식인과 승려들을 중심으로 불교의 근대화 언설을 수용하는 매체이자 근대화의 롤 모델로서 수용되었다.

한편, 식민지 조선에 진출한 일본 불교는 재조 일본인을 대상으로 한 신문과 잡지를 발간했다. 1902년에 정토종이 발행한 《동양교보(東洋教報)》는 최초의 불교계 신문이다. 이어 1920년대에 일본 불교의 각 종파에서 간행한 잡지가 다양하게 발행되었다. 1924년 5월에 재단법인 조선불교단에서 발행한 《조선불교(朝鮮佛教)》를 비롯해 1924년 8월에 조동종 경성별원에서 발행한 《금강(金剛)》, 1924년에 진언종 고야산별원에서 발행한 《만다라(曼陀羅)》,

1927년에 정토진종 오타니파가 창간한 《각성(覺醒)》 등 종파별로 잡지가 잇달아 간행되었다.

이러한 일본 불교 잡지의 편집자와 필진이 대부분 일본 불교의 근대화, 근대불교학의 동향과 깊이 관련된다. 예를 들어 가와무라 고호(川村五峯)는 1925년에 식민지 조선에 와서 《조선불교》의 주필로 활동한 인물이다. 그는 후기 《신불교》를 주도한 인물이며, 《조선불교》에 신불교 회원의 원고를 게재하고, 《신불교》 노선을 답습한 편집을 했다. 이러한 일본 불교 잡지의 편집 방향, 내용 구성은 한국 불교의 잡지에도 적지 않은 자극과 영향을 미쳤다.

## 1910년대 불교 잡지의 등장

근대기 우리나라 잡지의 효시는 1895년에 재일본동경대조선유학생(在日本東京大朝鮮留學生) 친목회의 기관지로 창간된 《친목회회보》이다. 이후 1910년 8월까지 40여 종의 잡지가 창간되었다. 그러나 1910년대에 총독부가 언론을 통제하고 억압하는 정책을 펴면서 애국계몽을 주제로 한 정치적·민족적 성격의 출판물들이 폐간되거나 압수되었다. 이러한 시대 상황의 변화로 인해 1910년대에 잡지는 종교 잡지가 주로 간행되었는데 유교 1종, 기독교 7종, 천도교 7종, 시천교 3종, 불교 7종 등이다.

당시 불교계는 문명개화라는 시대 분위기가 확산되고, 기독교라는 서양 종교의 도전과, 천도교와 같은 민족 종교의 약진에 자극을 받아 불교의 근대화를 모색했다. 그러한 과정에서 불교계는 당시 종교 잡지가 간행되던 경향에 자극을 받았고, 일본 근대 불교의 영향을 받아 잡지를 발간하게 되었다.

《원종》은 1910년 2월에 간행된 최초의 불교 잡지이며, 2호까지 간행되었지만 현재 남아 있지 않다. 이후 《조선불교월보》(1912.2~1913.8), 《해동불보》(1913.11~1914.6), 《불교진흥회월보》(1915.3~12), 《조선불교계》(1916.4~6), 《조선불교총보》(1917.3~1921.1), 《유심》(1918.9~12) 등이 간행되었다. 이 가운데 《유심》을 제외한 잡지는 하나의 기관지가 지속된 것으로 볼 수 있다. 잡지의 편집은 권상로·박한영·이능화·한용운 등 당시 대표적인 불교 지식인이 담당했다.

1910년대에 발간된 불교 잡지의 편집 방향과 내용은 당시의 근대 잡지와 일본 불교 잡지의 영향을 받았다. 《조선불교월보》는 축사·논설·문원·교사(教史)·전기·사림(詞林)·잡저·소설·언문란·관보·잡보 등의 범주가 설정되었다. 그러나 《조선불교월보》는 범주를 해체한 편집 양식을 수용했고, 이후 이 양식에 준해 불교 잡지가 발행되었다. 또한 순국문의 기사들을 한군데 모아 언문란을 설정했다. 한편, 이 잡지에 게재된 소설들은 포교를 목적으로 대중이 쉽게 접근할 수 있게 국문을 선택했으나 대부분 불교에 입문하거나 도를 깨닫는 개인의 이야기를 다룬 것이므로 근대소설의 형성과 거리가 있다. 다만, 불교 전통과 소양을 배경으로 새로운 근대적 지식을 수용한 지식인들이 불교 잡지에 관여하면서 근대적 소설을 모색했다.

예를 들어 《불교진흥회월보》 1호에 실린 양건식의 「석사자상」은 이전 고소설의 상투성을 벗어났고, 『청춘』과 같은 소설에 등장한 현재와 과거형 시제를 적극적으로 수용했다. 양건식의 소설은, 종교 잡지에 게재된 소설의 국문체가 1910년대 중반에 신지식인이 발행한 잡지들의 국문체와 상호작용하면서 새로운 근대적 문체로 변화를 모색하던 경향을 보여준다.

《조선불교총보》에 게재된 이능화의 소설 「목우가」는 이 시기 소설의 다른 가능성을 보여준다. 이 작품은 이능화의 자전적 체험을 그린 것이며, 한학, 불교, 서구문명을 가로지르는 다채로운 상상력을 보여준다. 또한 이 작품은 이 시기 잡지의 단편소설이 지닌 교훈조의 진지함이나 우울함 같은 정조에서 벗어나 삶의 과정을 해학적·풍자적으로 그려낸다. 표기 방식은 국문의 통사 체계를 기본으로 하면서 한자성어·경전·게송·한시 등을 자유롭게 활용한다. 또한 한문을 국문으로 번역하기도 하고, 국문과 한문으로 음가를 달고 번역한 영어 문장도 보인다. 곧 이능화의 소설은 국문·한자·국한문·한문·영어 등을 혼용해 자유분방한 언어 선택을 보여준다. 그는 불교의 법문을 일화와 함께 우리말로 쉽게 번역했고, 일본식 문체의 흔적이 발견되지 않는다.

이 시기 불교 잡지의 주요 내용은 한국 불교사에 대한 자료 소개와 서술, 근대불교학의 소개와 번역, 사회진화론, 문명개화론에 입각한 현실 인식, 기독교에 대한 대응 문제를 중심으로 한 종교 언설, 불교계 개혁과 근대 불교 담론 등이다. 이 가운데 잡지에서 가장 많은 분량을 차지하는 것이 불교사 자료 소개와 연구 성과, 전통적인 불교 교학을 소개하는 글이다. 이러한 경향은 조선 후기에 형성된 전통적인 불교 교학이 근대기에 계승되었고, 일본 불교의 영향력이 강화되면서 한국 불교의 아이덴티티 구축이라는 시대적 과제와 관련되기 때문이다. 다만 근대적인 불교사 연구가 제대로 이루어지지 못했기 때문에 전통 불교의 정통성을 강조하거나 고승들의 전기와 저술, 비문과 미술사 자료, 불교사서와 불교사 연구 등을 소개하는 수준에 머물렀다.

구한말 이래 유행했던 사회진화론, 문명론은 불교계에도 크게 영향을 미쳤으며, 불교 잡지에도 이러한 언설이 폭넓게 반영되어 있다. 나아가 현실 인식을 바탕으로 세계 종교에 대한 현황과 이해, 불교가 기독교에 대해 우월하다는 주장과 그에 대한 근거로서 불교가 철학이라는 점을 강조하는 언설이 제시되었다. 아울러 정체된 불교계에 대한 문제 인식과 함께 다양한 불교 개혁론이 제시되었다.

그런데 이 시기 불교 잡지의 언설은 대부분 일본의 근대 불교 언설을 그대로 번역하거나 수용한 것이었다. 특히 무라카미 센쇼의 『불교통일론』이 번역·소개되었는데, 이러한 흐름은 메이지 일본의 통불교 담론이 일본 불교사 연구에 반영되어 1900년대에 성행했던 양상이 식민지 조선에 수용되었던 것이다. 1910년대 불교 잡지를 통해 소개된 통불교 담론은 원효의 재발견으로 이어지고, 이후 한국 불교의 역사상을 강조하는 언설로 확산되었다.

## 1920년대 불교 잡지의 발전

3·1 운동이 일어난 뒤인 1920년대에는 민족운동뿐만 아니라 새로운 사회에 대한 열망과 지향이 다양하게 나타났다. 이러한 모색은 총독부의 식민지 통치 정책이 변화하면서 신문, 잡지와 같은 미디어가 봇물 터지듯이 확산되는 양상으로 전개되었다. 특히 식민지 조선에서 1920년대는 잡지의 시대였다. 잡지 수가 200종에 이르렀고, 발행 부수가 대폭 증가했다. 잡지는 종합지·청년지·여성지·아동지·종교지·문예지·학술지·사상지·언론지 등 다양하게 발행되었고, 사회의 전반적인 담론을 좌우했다. 세계 사상계의 대세로 일어난 개조론 내지 문화주의의 영향은 문화와 문화 사업에 대한 국민적 각성으로 이어져 수많은 출판사가 탄생하고 저작물의 출간 붐을 조성했다.

이러한 시대적 분위기는 불교계에도 영향을 미쳐 다양한 잡지가 발행되었다. 1920년대에 불교 잡지는 재조 일본 불교와 한국 불교에서 모두 본격적으로 발행되었다. 특히 한국 불교계에서는 유학을 경험한 지식인 승려들이 귀국하면서 잡지의 편집과 집필을 담당했고, 잡지의 언설도 다양해졌다. 유학생들은 1911년 이후 도쿄의 불교계 대학을 비롯해 다양한 학교에서 수학했고, 전공도 불교학뿐만 아니라 다양한 학문 분야로 확산되었다. 1920년대에는 유학생이 더욱 늘어났고, 이들이 귀국하면서 불교 근대화를 위한 모색이 다양하게 이루어졌다.

통도사에서 발행한 《축산보림(鷲山寶林)》(1920.1~10)은 유학생 출신이 주도적으로 편찬한 잡지의 효시라 할 수 있다. 편집인 이종천이 도요대학(東洋大學) 유학생 출신으로, 일본 유학생들이 논설·문학 등을 비롯해 다양한 글을 투고했다. 《축산보림》은 총독부의 검열, 재정 문제 등으로 인해 6호로 종간되었고, 다시 《조음(潮音)》으로 이름을 바꾸어 발행했으나 단명한다.

유학생 출신이 본격적으로 잡지 편찬과 필진으로 참가한 것은 1924년에 《금강저(金剛杵)》(1924.5~1943.1)와 《불교(佛敎)》(1924.7~1933.7, 1937.3~1944.12)가 발행되면서 비롯되었다. 《금강저》는 도쿄의 유학생이 중심이 되어 발행한 잡지인데, 1924년 5월 1일 이영재가 책임편집자가 되고, 동인으로 이지영·이영재·김태흡 등이 참여했다.

《금강저》는 대개 권두언, 시론, 학술논설, 문예작품, 업경대, 소식, 편집자의 글 등으로 구성되었고, 문예 작품이 많이 실린 편이다. 학생회 소식은 유학생의 입국, 출국, 입학, 졸업 활동 기록이 실려 있고, 유학생에 대한 간단한 비평기가 실렸다. 조선 불교계의 동정과 행정에 대한 글도 적지 않으며, 선배 유학생들의 행태에 대한 비판도 제기되었다.

학술 논설은 유학생들이 강의에서 얻은 지식을 리포트 수준으로 쓴 글과 졸업 논문이 주로 실렸다. 주제는 불교사·불교학·종교론·서양철학 등이 많다. 졸업 논문은 일본에서 새롭게 배운 근대불교학의 영향을 받은 성과가 드러나기도 하지만, 주제가 한국 불교에 쏠려 있는 데에서 볼 수 있듯이 근대불교학을 본격적으로 수용하지 못하거나 전문적인 연구로 이어지지 못한 한계가 드러난다.

《불교》는 재단법인 조선불교중앙교무원(이하 교무원)의 기관지로 발행된 잡지이다. 1921년에 《조선불교총보》가 폐간된 이후에 불교계의 교단 행정이 대립과 분열을 거듭하면서 기관지가 발행되지 못했다. 1924년 4월에 교무원이 설립되면서 같은 해 7월에 기관지 《불교》가 창간되었다. 《불교》는 사찰의 승려를 독자층으로 삼고, 각 사찰에 무료로 배부했으나 22호부터 지면을 확장하고 28호부터 '소년란'을 두는 등 독자층을 확대하고자 했다. 이어 38호부터 지역의 주요 사찰에 지방통신 기자를 배치했고, 이후 유학생 출신이 편집과 필진으로 참여하면서 잡지의 면모를 일신하기 위해 노력했다.

그리하여 《불교》의 주요 언설에 근대철학과 불교를 비교하면서 불교의 근대성이나 근대적인 방향을 모색하는 글이 늘어났다. 또한 그들은 근대불교학을 수용하면서 보수적 불교를 탈피하여 진보적·적극적인 사회 실천을 모색하는 언설을 제시했고, 종교와 사회, 과학과 종교 문제 등을 비롯한 다양한 논의에 대한 관심과 대응을 제시했다.

그러나 《불교》는 재정난과 편집 노선을 둘러싼 문제 등으로 인해 1933년 7월 호를 간행한 이후에 휴간되었다. 이후 1937년 3월에 통도사·해인사·범어사 등으로 구성된 경남삼본산협회가 경영을 맡으면서 《불교》가 다시 간행되었다. 편집은 허영호·김삼도·임석진 등이 맡았고, 편집 원칙은 이전과 거의 같았다.

이 외에 1924년 7월 23일에 조선불교회의 불일사(佛日社)에서 창간한 잡지로 《불일(佛日)》(1924.7~11)이 발행되었다. 조선불교회는 이능화가 1910년대에 일으킨 거사불교운동을 계승하여 1920년에 다시 결성된 조직이며, 박한영·이능화 등을 중심으로 문화·학술계 인사들이 주로 참여했다. 또한 1910년대에 일본에 유학했던 이혼성·김정해·이지광·정황진 등이 참여했다. 다만 잡지는 2호로 종간되었는데, 잡지 발간을 위한 자금과 인력이 부족한 데다가 1924년에 7월에 《불교》가 발간되면서 《불일》을 발간할 필요성이 떨어졌기 때문이다.

이와 같이 불교 잡지는 1920년대에 본격적으로 발행되었고, 불교의 근대화가 모색되던 양상을 잘 보여준다. 더욱이 잡지는 전근대 승려 위주나 소수 엘리트 중심으로 불교 지식이 생산·유통되던 단계에서 재가를 포괄하는 불교 지식의 생산·유통이라는 근대적 양상을 보여준다.

그러나 당시의 불교 잡지는 잡지의 지향·편집·내용·독자 등과 관련해 전반적으로 한계가 적지 않게 드러난다. 불교 잡지는 선도적인 잡지를 모방하는 수준에 머물렀고, 근대 사상과 문화의 흐름에 대한 이해가 충분하지 않은 상태에서 당시의 잡지 문화를 모방하는 데에 그쳐 새로운 방향을 제시하지 못했다. 이는 1920년대의 문화계 일반의 상황이나 사상, 지식 문화의 흐름과 비교하면 잘 드러난다.

당시 근대적 자아의 확립과 예술의 자율성 획득 차원에서 이루어진 내면 탐구 경향은 문학적 성과로 이어졌고, 동인지 문학이 개인의 발견에 초점을 맞추면서 그러한 경향을 견인했다. 이에 비해 종합지는 민족과 사회의 발견에 중심을 두고 개인을 바라보았다. 특히 천도교에서 발행한 《개벽》은 천도교의 핵심 과제인 근대라는 변화된 환경에 발맞추어 종교 이념을 근대화하기 위해 교단 전체의 관심과 역량이 결집된 잡지였다.

또한 《개벽》은 문예 동인지와 달리 일반 독서 대중에게 지면을 개방하여 5호부터 '독자교정란'을 두었고, '독자통신'을 두어 기사에 대한 의견이나 자유 발언을 도모했고, 독자들의 문학 기고가 가능한 '문림(文林)란' 개설, 현상 문예, 독자 문예 등의 활성화, 전문 작가나 외국 문학에 대한 지면 개방 등을 추진했다. 《개벽》이 1920년대에 식민지 조선의 담론을 주도할 만한 위상을 갖춘 데에는 다양한 요인이 있지만, 잡지의 편집 방향과 구성이 지닌 특성과 내용이 있었기 때문이다.

물론 당시 천도교의 교세 및 물적 토대와 비교하면 불교계가 훨씬 열악한 상황에 놓여 있었고, 이와 같은 현실을 감안하면 《개벽》과 같은 잡지를 지향하기에는 무리가 있다고 할 수 있다. 그러나 불교 잡지의 한계는 불교의 근대화를 어떻게 모색하고, 어떠한 방향으로 추진할 것인지에 대한 성찰 부족과 무관하지 않다. 그것은 당시 불교 지식인이 여전히 불교라는 틀을 넘어서지 못한 근원적인 한계와도 관련된다.

한편, 불교 잡지의 한계는 당시 불교계의 제도적 기반이나 물적 토대가 제대로 갖추어지지 못한 현실과 무관하지 않다. 예를 들어 잡지의 편집진, 필진이 제한된 데에는 유학생 출신조차 안정적으로 근무할 수 있는 불교 관련 기관이 적었다는 현실에서 비롯되었다. 특히 대부분의 유학생들이 대학이나 전문대학을 졸업한 후에 대학원으로 진학하거나 전문 연구자가 되지 못했다. 이는 유일한 불교전문학교 이외에는 연구에 매진할 수 있는 제도적 기반이 취약했던 현실과 무관하지 않다고 생각한다.

또한 불교 잡지는 기본적으로 판매 부수가 적었고, 일반 독자층 확보에 한계가 있어 판매 수입의 증가를 기대할 수 없었다. 더욱이 불교 잡지 대부분은 서적보다 낮은 가격에 정보를 공급해 독자에게 편리하고 효율적인 지식정보 제공이 가능했으나 판매 수입 증가를 기대하기는 어려웠다. 광고가 일부 게재되었으나 대부분 불교계 광고였고 상업 광고가 별로 실리지 않아 광고 수입을 기대하기 어려웠다. 또한 잡지 생산과 판매가 분업화되지 않아 근대적인 경영을 기대하기 어려웠다. 나아가 판매를 늘리기 위한 노력이나 적극적인 마케팅이 이루어지지 않아 독자층 확산에는 한계가 있었다.

불교 잡지의 유통은 발행 주체와 성격에 따라 다양하게 이루어졌다. 기관지는 주로 본사 사찰을 통해 배포되었고, 회지는 대부분 회원에게 배포되는 형태였던 것으로 보인다. 이 외에 대부분의 잡지가 기본적으로 우편판매를 시행했으나 서점 판매는 거의 없었다. 이와 같이 불교 잡지는 수익을 기대할 수 없다는 문제점과 유통 구조의 한계 등으로 확장성에 일정한 한계가 있었다.

## 1930년대 불교 잡지의 다양화

1910, 1920년대에 불교 잡지는 불교계의 기관지와 유학생회를 비롯한 특정한 단체에서 주로 발행되었다. 이러한 경향은 1930년대에 이르러 불교 잡지가 다양하게 발행되는 단계로 나아갔다. 물론 1928년에 중앙불교전문학교(이하 중앙불전)의 교우회지 《일광》이나 도쿄 유학생의 교리 연구기관인 삼장학회가 기관지 《무아(無我)》가 발행되었지만, 단편적인 사례에 그쳤는데 잡지 다양화의 서막으로 볼 수 있다. 이 시기 잡지는 발행 주체로 보아 청년·학생 중심의 잡지, 전통 불교계의 잡지, 지역 사찰의 잡지 등으로 구분해 볼 수 있다.

청년·학생 중심으로 발행된 잡지는 《일광(一光)》(1928.12~1940.1), 《룸비니(藍毘尼)》(1937.5~1940.3), 《불청운동(佛靑運動)》(1931.8~1933.8) 등이 있다. 《일광》과 《룸비니》는 (중앙불전) 교우회와 학생회에서 각각 발행한 교우회지이다. 《일광》은 1928년에 중앙불전이 개교하면서 간행되었는데, 4호 이후에 교우회 구성이 졸업생 위주로 바뀌면서 작품의 양적·질적 변화가 나타났다. 《일광》의 체재는 목차, 권두언, 학술논문, 논설 및 수필, 문학공간, 휘보, 편집후기 등으로 구성되었다. 학술논문은 김영수, 에다 도시오(江田俊雄), 박한영, 권상로, 김경주, 조명기 등 교수들이 발표한 글이 중심이다. 논설은 교내 문제와 교계에 대한 시론 등이 실려 있으며, 수필은 기행문과 졸업생 중심의 에세이 등이다.

《불청운동》은 조선불교청년총동맹(이하 불청동맹)에서 발행한 기관지이다. 1920년 6월에 출범한 조선불교청년회는 본산과 함께 총무원을 설립해 기존 교무원과 대립했으나 교단이 1924년에 통합되면서 청년회 활동이 소강상태에 들어섰다. 그러나 불교계 청년운동은 1928년에 조선불교청년대회를 개최하면서 다시 활기를 되찾았고, 1931년 3월에 불청동맹을 설립했다.

《불청운동》은 불청동맹의 주장을 선전하고 불교계와 사회문제를 비판하며, 동맹의 조직과 구성원 간의 연락 등을 위해 발행되었다.

또한 불청동맹 강령에 불타정신 체험, 합리종정의 확립, 대중불교의 실현이 명시되어 있으므로 잡지에도 이러한 모토가 반영되었다. 논설의 대부분이 불교계의 합리적인 종정과 개혁을 주장하는 글이며, 불타정신의 체험은 내적 수양을 강조하는 글로 제시되었다. 또한 김광호를 비롯한 실천가들이 제시한 불교 여성운동의 현황과 방향에 대한 글이 게재되었다. 대표적인 필진은 이용조·허영호·정상진·장도환·김경주·한영규 등으로, 일본 유학생 출신이 중심이었다.

그런데 불청동맹을 주도한 이들이 교무원, 중앙불전, 지역 사찰 등으로 분산되면서 불교계의 운영을 둘러싸고 갈등이 생겨나게 되었다. 허영호와 정상진이 교무원의 중앙불전 40만 원 증자 안을 놓고 잡지 지면을 통해 격렬하게 논쟁했고, 이들의 갈등이 중앙불전과 교무원 사이의 알력으로 확대되었다. 이러한 갈등으로 인해 결국 불청동맹의 활동이 크게 약화되었고, 《불청운동》은 11호로 종간되었다.

한편 1920년대 이후 불교 지식인과 유학생을 중심으로 불교의 근대화가 본격적으로 추진되면서 전통적인 불교 조직인 강원과 선원 등도 그러한 흐름에 자극을 받았고, 전통 불교의 위상을 제고하기 위해 잡지 발간에 나섰다. 《회광(回光)》(1929.3~1932.3)은 조선불교학인연맹의 기관지이며, 개운사에서 발행되었다. 당시 유학생이 늘어나고 불교의 근대화 담론이 확산되면서 전통 강원교육이 쇠퇴하는 것을 우려하는 목소리가 제기되었다.

그리하여 1928년 3월에 각황사에서 조선불교학인대회가 열렸고, 기관지로 《회광》의 발행이 결정되었다. 박용하·이순호·조종현 등이 학인연맹을 주도하고, 개운사를 중심으로 활동했다. 그러나 1931년에 사무기관이 해인사 강원으로 이전되면서, 《회광》은 결국 2호로 종간되었다. 다만, 학인이 간행한 잡지는 보현사 강원에서 간행한 《탁마(琢磨)》(1938.2), 봉선사 홍법강우회에서 발간한 《홍법우(弘法友)》(1938.3) 등으로 이어졌다.

《선원(禪苑)》(1931.10~1935.10)은 선학원에서 발간한 기관지이다. 선학원은 1921년에 출범했으나 오랫동안 침체를 면하지 못했다. 그러다가 1931년에 김적음이 선학원을 인수해 재건에 나섰고, 같은 해 10월에 《선원》이 창간되었다. 《선원》의 체재는 대체로 권두언, 선어와 선종사, 논설, 시조, 한글 법문, 불교 전기, 소식란 등으로 구성되었다.

이 잡지는 선의 대중화를 지향한 만큼 한글을 사용하거나 쉬운 문체를 지향했고, 소설과 시조 등을 게재하고, 부인선원을 의식해 한글 법문을 게재했다. 다만, 선종사와 공안을 비롯한 선어에 대한 해설 등에서 드러나듯이 전통적인 선의 맥락에만 치중함으로써 당시 근대불교학에 입각한 선학 연구의 성과를 수용하지 못한 한계가 드러난다.

지역 사찰에서 간행한 잡지는 1920년에 통도사에서 발행한 《축산보림》이 효시인데, 1930년대에 여러 사찰로 확대되었다. 표훈사에서 발간한 《금강산(金剛山)》(1935.9~1936.6), 경북불교협회의 《경북불교》(1936.7~1941.7), 보현사의 《탁마》(1938), 봉선사의 《홍법우》(1938) 등이다.

이와 같이 1930년대에 불교 잡지는 다양하게 발행되었고, 잡지가 불교계 전반에 기본적인 매체로 자리를 잡았음을 보여준다. 그러나 불교 잡지는 여전히 불교계 이외의 독자층을 확보하지 못한 한계가 있으며, 편집 구성과 내용에서 새로운 방향을 제시하지 못했다. 오히려 당시 시대 상황과 맞물려 식민지 지배정책에 영합하거나 제국주의 침략전쟁에 쉽게 동조하는 방향으로 나아가는 한계를 보였다.

1929년에 세계공황이 발행하면서 이른바 총동원체제가 편성되기 시작했다. 식민지 조선에서는 1931년에 총독부가 농촌 진흥을 중심 과제로 내세웠고, 만주사변이 일어나면서 조선을 대륙병참기지로 삼았다. 이런 가운데

1932년에 '국민정신작흥운동'이 전개되고, 모든 종교를 아울러 일치협력체제를 구축하기 위한 심전개발운동이 추진되었다. 식민지 지배정책에 동조하고 협력하는 언설이 불교 잡지에 등장했고, 제국주의 전쟁이 확대되면서 무비판적으로 추종하는 분위기가 확산되었다.

불교 잡지는 시대 상황에 대한 새로운 방향을 모색하지 못하고, 오히려 식민지 지배에 협력하는 방향으로 나아감으로써 잡지의 생명력을 상실하게 되었다. 나아가 전쟁의 격화와 함께 대부분의 잡지는 발간되지 못하거나 종간되었다.

# 근대 불교의 교육

이경순 | 대한민국역사박물관 학예연구사

## 근대 승가 교육의 출발, 명진학교

개항 이후 불교계는 종교 환경의 근본적 변화 속에, 근대성의 추구와 교세 확장의 전기를 맞았다. 근대 사회에 적응하기 위한 불교계의 당면 과제 중 승가 교육이 급선무로 떠올랐다. 당시 불교계에는 조선 후기에 완성된 승가 교육체계가 여전히 작동하고 있었다. 계정혜(戒定慧) 삼학(三學)의 교육을 위주로 하면서 강원과 선원이 교육기관의 주축을 이루고 있었던 것이다. 승려들은 출가 이후 강원에서 10~11년 코스의 정규교육을 수료한 후 선원에 들어가 선 수행을 이수하는 것이 일반적이었다. 강원은 사미과(沙彌科), 사집과(四集科), 사교과(四敎科), 대교과(大敎科) 코스에다 대학원 과정인 수의과(隨意科)도 설정되어 있었다.

불교계의 근대교육 도입은 개항 이후에 본격화되었다. 조선에 들어온 일본 불교 종파가 활동하면서 각각의 종지에 따라 조선인을 대상으로 한 포교 활동에 나섰다. 1895년 승려의 도성 출입이 허가되면서 조선 불교계도 본격적인 활동을 펼칠 수 있었다. 1899년 도성 내 조선의 수사찰인 원흥사(元興寺)를 창건하고 13도에 각각 수사(首寺)를 두어 전국 사찰을 총괄하게 했다. 이후 1902년 대한제국 정부는 궁내부 소속의 사사관리서를 설치하고 사찰의 국가 관리를 시도했는데, 이때 원흥사를 대법산으로, 도내 수찰을 중법산으로 삼았다.

1906년 불교계는 원흥사를 중심으로 새로운 움직임을 본격화했다. 일본 불교 정토종(淨土宗)의 영향을 받은 홍월초(洪月初)·이보담(李寶潭) 등이 주축이 되어 불교연구회를 조직하고, 근대식 학교를 건립하기로 한 것이다. 불교연구회는 내부(內部)에 설립 허가 청원서를 제출하면서 신학문의 교육 방침을 연구한다는 취지를 밝혔다. 내부의 승인을 받은 불교연구회는 1906년 5월 최초의 근대 불교학교로서 명진학교(明進學校)를 개교했다. 초대 교장으로 이보담이 임명되었고, 원흥사 건물을 교사로 사용했다. 명진학교의 입학 자격은 강원에서 사교과와 대교과를 수료한 승려로, 수사찰의 추천을 받은 자였다. 학비도 수사찰에서 부담하게 했는데, 수사찰 추천은 2명으로 제한했다.

정규 입학 연령은 13세 이상 30세 미만이었지만 대교과를 수료한 입학생을 받았기 때문에 실제로는 30세 이상의 학생들도 많았던 것으로 보인다. 명진학교는 불교 관련 과목뿐 아니라 신학문 교육에 중점을 두고 교과목을 정해 불교 진흥과 근대성 추구라는 건학 목표를 뚜렷이 했다. 강원의 대교과보다 수준 높은 수의과 과목에 더해 근대적 학문의 기초 영역을 포함해 절충했다. 즉, 불교 교육의 전통을 보존하면서 신학문을 수용하고자 한 의도를 살펴볼 수 있다. 명진학교의 교과 과정은 〈표 8-1〉과 같다.

한편, 명진학교의 교장은 1대 이보담에 이어 2대 이능화(李能和), 3대 이보담, 4대 이회광(李晦光)이 차례로 지냈으며, 전공 강사와 사회 명사들이 초빙되기도 했다. 졸업생으로는 권상로(權相老)·강대련(姜大蓮)·안진호(安震湖)·이종욱(李鍾郁) 등이 있는데 이들은 일제강점기 불교계의 대표적 지성으로, 교

〈표 8-1〉 **명진학교의 교과 과정**

| 학년 | 학기 | 교과목 |
|---|---|---|
| 1학년 | 1학기 | 법계관문(法界觀門), 삼부경(三部經), 범망경(梵網經), 종교학과 종교사, 산술, 역사와 지리(본국역사지리), 이과[박물(博物), 생물대요(生物大要)], 주산, 농업초보, 일어, 체조, 참선(시간 외) |
| | 2학기 | 천태사교의(天台四敎儀), 능가경(楞伽經), 사분율(四分律), 포교법, 산술, 역사와 지리, 이과(박물, 생물대요), 측량, 도화수공(圖畵手工), 일어, 체조, 참선(시간 외) |
| 2학년 | 1학기 | 화엄경, 염송(拈頌)과 설화(說話), 열반경, 법제대요(法制大要), 철학과 철학사, 산술, 역사와 지리[외방(外邦)역사지리], 이과(물리·화학대요), 측량, 일어, 체조, 참선(시간 외) |
| | 2학기 | 화엄경, 전등록(傳燈錄), 종경록(宗鏡錄), 법제대요, 철학과 철학사, 산술, 역사와 지리(외방역사지리), 이과(물리·화학대요), 경제대요(經濟大要), 일어, 체조, 참선(시간 외) |

단 행정가로 활동한 인물들이었다. 한용운(韓龍雲)도 명진학교 보조과(補助科)에서 일어 과정을 단기로 마치고 일본으로 건너갔다가 귀국 후 명진학교 부설의 명진측량강습소장으로 재직하기도 했다.

명진학교는 1906년부터 1910년까지 유지되었다. 교계에서는 명진학교를 중앙의 불교학교로 자리 잡게 하고, 지방에는 기초학교 설립을 추진했다. 기초학교는 1906년부터 1910년까지 수십 개에 이르렀다. 수원 용주사의 명화학교(明化學校), 고성 건봉사의 봉명학교(鳳鳴學校), 양산 통도사의 명신학교(明新學校), 합천 해인사의 명립학교(明立學校), 안변 석왕사의 석왕사보통학교(釋王寺普通學校), 동래 범어사의 명정학교(明正學校), 순천 선암사의 승선학교(昇仙學校), 해남 대흥사의 대흥학교(大興學校), 전주 위봉사의 봉익학교(鳳翊學校), 대승·금룡·남장·용문·명봉·경흥사 등의 경흥학교(慶興學校), 화엄·천은·태안·관음사 등의 신명학교(新明學校), 승주 송광사의 보명학교(普明學校), 산청 대원사의 원명학교(源明學校), 하동 쌍계사의 보명학교(普明學校), 문경 금용사의 금룡학교(金龍學校), 장단 화장사의 화산강숙(華山講塾), 달성 동화사의 광명학교(廣明學校), 장성 백양사의 광성학교(廣城學校), 합천 해인사의 해명학교(海明學校), 백양사의 광성의숙(廣城義塾), 송광사의 보명학교(普明學校) 등을 들 수 있다. 이 밖에도 각 사찰에 일요학교·강습소·야학교 등 다양한 형태의 교육이 시도되었다. 통도사의 용평야학교, 김용사의 노동야학, 고운사의 안동 불교청년회, 경성·평양·함흥 등지의 불교청년회에서 설립한 야학 강습소 등이 그것이다. 근대 교육을 위한 다양한 시도가 전국 사찰에서 일어났던 것이다.

개교 후 중앙의 명진학교는 운영 미숙과 재정난으로 어려움을 겪으면서 관리권이 원종 종무원으로 이관되었다. 1908년 「사립학교령」이 공포된 후 학교의 승격 문제가 지속적으로 제기되었고 명진학교는 1910년 이후 불교계 고등교육기관을 표방해 수차례 교명과 학교 체제의 개편을 맞았다.

## 근대 불교 개혁론과 교육체계의 변화

1910년대 들어서는 교육과 관련된 개혁 요구는 더욱 거세어졌다. 불교 청년들이 이전과는 다른 교육을 받아야 한다는 주장이 힘을 얻어갔다. 한용운은 「조선불교유신론(朝鮮佛教維新論)」을 발표하여 불교근대화의 이념과 방향을 제시했는데, 그중 승려의 교육에 관해서는 보통교육, 사범교육, 외국유학을 강조했다. 교과서의 개편과 교수법의 과학화를 주장하기도 했다. 이후 중앙학림 강사로서 3·1 운동의 주역으로 활약했으며 중앙학림 학생의 독립운동에 큰 영향을 미쳤다. 한용운을 비롯해 불교 교육 개혁 논의에서 두드러진 것은 보통학에 대한 주문이었다. 관습적 교육을 구습이라 칭하면서 청년들에게는 현재에 맞는 보통학술에 통달할 것을 요구했다. 이러한 보통학의 필요성은 지속적으로 강조되었다. 그러나 이에 대한 반발도 만만치 않았던 것으로 보인다. 교육의 중요성과 시급함에 대해서는 공감했지만 불교 유신, 종풍 개량, 청년 교육이라는 명분으로 계승되어 온 전통을 비난하고 윗세대의 방식을 논박하는 것은 오히려 불교를 위태롭게 할 것이라는 주장도 있었다. 이러한 비판과 우려는 불교 교육에 전통 강원식 교과와 보통학을 결합한 커리큘럼이 유지되는 근거가 되었다.

명진학교는 교단에 팽배한 교육개혁론에 힘입어 지속적으로 발전 방안이 논의되었다. 그 결과 1910년에는 불교사범학교(佛教師範學校)로 개편되었다. 『사립불교사범학교교전(私立佛教師範學校教典)』에는 '포교 전도의 인재를 양성'한다는 목표를 명시했다. 그런데 1910년 일본에 의해 강제병합이 이루어지고 원종 대종정인 이회광이 일본 조동종과 연합하려는 시도를 하면서 교계를 크게 뒤흔들었다. 원종에 대항하기 위한 임제종 운동이 펼쳐지면서 원종 종무원이 경영하던 불교사범학교도 큰 파문을 맞게 되었고 결국 휴교에 들어갔다. 1914년 선교양종 30본산주지회에서는 중앙의 불교 고등교육기관의 재개를 결의하고, 불교고등강숙(佛教高等講塾)을 발족시켰다. 전문학교를 지향했지만, 총독부에서는 재단법인 구성 등의 조건이 충족되지 않았다는 이유로 각종학교(各種學校)로 규정했다. 1915년에는 30본산연합사무소가 고등강숙을 개편하고, 지방 각 사찰에 근대적인 보통학교와 중학교 설치를 시도했다. 불교계 전문학교 설립이라는 염원의 현실화를 위해 종합적 교육체계를 완성하고자 한 것이다. 총독부의 「전문학교규칙」과 「개정사립학교령」에 따라 전문학교를 표방한 과정인 중앙학림이, 지방에도 불교계 보통학교가 속속 설립되고 중학교 과정인 지방학림이 인가되었다. 이로써 보통학교-지방학림-중앙학림에 이르는 3단계의 근대식 제도가 확립되었다. 중앙학림은 전통적 교육기관인 강원의 사교과 출신자를 예과에 입학케 하여 교육체제를 일원화해 근대적 교육체제를 완성했다고 할 수 있다. 불교계는 1917년을 기준으로 중앙학림 1개소, 지방학림 10개소, 보통학교 10개소, 전문강원 25개소를 갖추게 되었다.

이러한 교육체계에서 성장한 불교 청년들은 1919년 3·1 운동에 적극 참여했다. 불교계 3·1 운동은 한용운, 백용성이라는 불교계 민족대표뿐 아니라 중앙학림과 지방학림 학생들의 활약으로 전국 사찰로 확산될 수 있었다. 불교계 독립운동의 거목이자 근대불교계의 지식인으로 성장한 신상완(申尙玩), 백성욱(白性郁), 김법린(金法麟)이 중앙학림 학생으로서 3·1 운동에서 크게 활약했다. 이들은 근대 교육 개혁의 수혜를 받은 이들로서 1910년대를 거치면서 불교계를 선도할 세력으로서 본격적으로 등장할 수 있었다.

한편, 1920년대 초 이영재는 「조선불교혁신론(朝鮮佛敎革新論)」에서 불교 교육기관의 조직화를 전제로 강원과 근대식 전문학교를 조화시켜 직할대학을 세울 것을 주장했다. 또한 사회교육, 해외 유학, 경전 국역의 필요성을 역설했다. 1920년대 들어 중앙학림 학생들의 전문학교 승격 요구는 더욱 거세어졌다. 전문학교 승격을 위한 재단법인 설립 등을 학교 당국과 30본산 연합사무소에 주장하면서 동맹휴학을 불사했다. 이후 불교계는 총무원과 교무원의 대립, 중앙학림 휴교 등 신구 세대의 대립, 보수파와 개혁파 간 갈등의 소용돌이에 휘말렸다. 1925년에 설립된 불교계 중앙기구인 재단법인 조선불교중앙교무원은 교지(校地)를 마련하고 교사(校舍)를 신축하는 등 불교전문학교 설립을 위한 준비에 박차를 가했다. 그런데 총독부는 1928년 전문학교가 아닌 불교전수학교(佛敎傳修學校)로 설립 인가했다. 포교사 양성이라는 제한적 교육 목적과 재단법인의 출자금 부족을 이유로 들었다.

불교전수학교에 입학한 학생들은 학교와 교단집행부를 설득하는 등 불교전문학교 승격운동에 돌입했다. 증자를 통해 재원을 확충하여 1930년 드디어 정식으로 전문학교로 승격했다.

일제강점기 교육과 관련한 법령은 본국과 차등적인 식민지 교육체제, 제국대학과 사립전문학교의 위계, 3·1운동에 앞장선 종교계 학교에 대한 감시와 규제를 전제로 제정·운영되었다. 그러한 가운데 3·1 운동 때 많은 독립운

〈표 8-2〉 **근대 불교 중앙교육기관**

| 학교명 | 설립 연도 | 운영 주체 |
|---|---|---|
| 명진학교 | 1906 | 불교연구회, 원종 종무원 |
| 불교사범학교 | 1910 | 원종 종무원 |
| 불교고등강숙 | 1914 | 30본산주지회의원 |
| 중앙학림 | 1915 | 30본산연합사무소 |
| 중앙불교전문학교 | 1930 | 조선불교중앙교무원 |
| 혜화전문학교 | 1940 | 재단법인 조계학원 |
| 동국대학교 | 1946 | 재단법인 동국학원(1949) |

동가를 배출한 중앙학림은 차등적인 교육체제에서 식민지의 사립 종교학교라는 가장 낮은 층위에 위치해 있었다. 일제는 온갖 규정을 근거로 자격을 문제 삼으며 불교학교를 '각종학교'의 지위에 머물게 했다. 이러한 규제와 한계를 극복하기 위해 당대 불교인들은 동맹휴학을 불사하며 대항했고, 전국 본산으로부터 자본금을 모아 재단법인을 만들면서 전문학교 건립을 추진한 것이었다. 이는 불교계 근대교육 개혁 가운데 중요한 성과라고 할 수 있다. 중앙불전은 1940년 혜화전문학교로 그 체제와 명칭이 바뀌었고, 해방 후 동국대학교가 되어 현재에 이르고 있다.

## 근대 불교인의 해외 유학

근대 불교 교육의 중요 현상 중 하나는 해외 유학이었다. 1910년대부터 불교계 개혁을 이끌 인재 양성이 강조되면서 해외 유학의 필요성이 대두했다. 대표적으로는 한용운이 「조선불교유신론」에서 해외 유학을 승려 교육의 급선무로 지적한 것을 들 수 있다. 한용운은 재래의 편협한 사고를 버리고 승려 자신이 직접 넓은 세계로 뛰어들어야 한다고 역설했다. 1920년대에 중국, 독일, 프랑스로 유학을 떠난 인물들도 있지만, 대부분은 일본을 유학지로 선택했다. 일본 불교에 대한 우호 증대와 불교 교육, 포교 방법 등을 학습하기 위해 일본 불교 시찰, 일본 승려의 고문 위촉, 일본 불교와의 연합을 꾀했던 교단의 풍토 속에 일본 유학이 자연스럽게 이어졌다.

1910년대에는 20여 명의 불교 유학승이 존재했던 것으로 추정되는데 불교계의 일본 유학은 1920년대에 급증했다. 3·1 운동 이후 총독부가 문화정치를 표방하면서 유학생 규정이 대폭 완화되었던 것이다. 또한 앞서 살펴보았듯이 1930년에 들어서야 중앙불교전문학교가 정식 발족했을 정도로 불교계 고등교육기관 설립은 난항을 겪고 있었다. 따라서 전문학교 이상의 고등교육을 희망하는 불교계 인재들은 해외 유학을 선택할 수밖에 없었다. 불교 유학생이 늘어나자 1921년 조선불교유학생학우회 결성을 시작으로 지역별로 불교 유학생 조직이 설립되어 활동했다.

1930년 중앙불교전문학교의 설립으로 유학생이 일시적으로 줄어들었지만, 1930년대 후반부터 1940년대 전반까지 불교 유학생은 다시 증가했다. 불교 유학생은 막강한 사세를 자랑하던 통도사·송광사·유점사·건봉사·범어사 등과 같은 주요 본사에서 배출되었다. 대개는 사찰의 공비생으로 파견되거나 은사나 속가의 사비로 유학했으며, 고학생도 상당수 있었다.

불교 유학생 대부분은 일본 불교 종파에서 건립한 불교학교로 유학했고, 일반 대학에 진학한 경우도 적지 않았다. 조동종 계열의 고마자와 대학(駒澤大學)과 임제종의 임제종대학(臨濟宗大學) 등 조선 불교와 친연성 있는 선종 계열 대학에 많은 수의 불교 유학생이 있었고, 이 밖에도 일본의 여러 종파가 세운 다이쇼 대학(大正大學), 류고쿠 대학(龍谷大學), 오타니 대학(大谷大學) 등 불교대학으로의 진학률이 높았다. 하지만 일본대학 종교학과, 동양대학 불교학과, 동경제국대학 인도철학과 등 일반대학에서 불교 관련 학문을 전공하는 경우도 드물지 않았고, 사범학교나 의학전문학교처럼 불교와 하등의 관계없는 전공을 선택한 경우도 있었다. 이러한 경향은 교계에 팽배했던 사범학 및 보통학 강조의 영향이나, 승려가 근대 사회에 적응하기 위한 방편 중 하나로 이해되기도 했다.

불교 유학생들은 귀국하여 교계에서 크게 활약했다. 그런데 1910년대에 그랬듯 낙관적 전망과 열렬한 환영 일변도였던 불교 유학생에 대한 교단의 반응은 1920년대부터 점차 변화되기 시작했다. 본사 간의 무분별한 유학생 파견 경쟁, 유학생의 관리 소홀, 취처를 비롯한 유학생의 세속화 경향, 귀국 후 환속 등이 문제로 드러나기 시작했던 것이다. 특히 대처와 유학 후 환속 문제는 조선 불교의 정체성과 관련해 지속적으로 논란이 되었다. 일본 유학승들은 한국 불교의 정통성 수호라는 당대의 과제를 소홀히 하고 승단의 대처화를 촉진했으며, 친일적 성향을 띠고 일제의 정책에 동조하기도 했다. 또한 많은 이들이 교계 밖에서 생업을 얻어 환속해 버림으로써 결과적으로 교계가 다수의 인재를 잃는 결과를 초래했다. 1920년대 이후 나타나기 시작한 승려의 대처화는 1954년부터 본격화한 교단의 정통성과 주도권을 둘러싼 비구·대처 분쟁 및 교단 분열로 귀결되었다.

하지만 대처화의 책임이 전적으로 유학승에게 있다고는 할 수 없다. 유학승들은 근대 지성으로서 불교 교육과 포교의 근대화에 일익을 담당했으며 무엇보다 불교혁신운동, 항일운동에서 주도적 역할을 했다. 해방 후 교단을 장악하고 사회지도층에 진입했던 불교계 인사 대부분도 해외 유학을 경험했던 이들이다. 근현대 불교를 주도한 세대로서 이들의 정체성과 불교계에 미친 영향에 주목해야 한다.

# 9 불교계의 식민지 지배 협력과 동화

김순석 | 한국국학진흥원 수석연구위원

## 일제는 조선 불교계를 어떻게 통제했나?

무력을 앞세운 제국주의 세력의 압력으로 문호를 연 개항과 함께 시작된 한국 근대 불교사는 국내외의 정치적인 상황에 영향을 많이 받았다. 조선 왕조 정부는 서구의 종교인 천주교와 기독교의 포교를 허용하지 않을 수 없는 상황에서 승려의 도성출입금지령을 해제했다. 일본 불교 종파들은 개항 직후부터 개항장을 중심으로 포교사들을 파견해 포교 활동을 시작했으며, 점차 그 영역을 내륙지방으로 확대해 갔다. 이러한 상황에서 불교계의 지도자급 승려들은 다양한 개혁을 주장했고, 이와 같은 개혁론들은 외세와의 갈등 속에서 제대로 힘을 발휘하지 못했다.

국권이 상실된 이후 불교계는 총독부에서 제정한 「사찰령」과 「사찰령시행규칙」이라는 법령의 통제를 받았다. 「사찰령」 체제 아래에서 조선총독은 본사 재적 승려들의 투표로 선출한 본사 주지의 최종 인가권을 가짐으로써 인사권을 장악했다. 이뿐만 아니라 사찰 재산을 매각할 때도 사전에 당국에 신고해 허가를 받게 함으로써 재정권을 장악했다. 그런 까닭에 30본사 주지들은 총독부 당국과 결탁하지 않고서는 사찰을 운영할 수 없었다. 또한 전통사회에서 불교계는 주요한 사안을 결정할 때 모든 승려가 토론을 통해 결론을 도출하는 산중공의제(山中公議制)라는 민주적인 의사결정 방식을 따랐는데, 일제강점기가 되고 30본사 체제가 성립되면서 불교계의 주요 사안은 30본사 주지회의에서 결정하게 되었다.

이미 조선총독부는 30본사 주지의 인사권과 사찰의 재정권을 장악하고 있었지만, 불교계를 효율적으로 장악하기 위해서는 그들을 회유할 필요가 있었다. 그런 까닭에 총독부는 30본사 주지들을 겉으로는 우대하면서 실제로는 그들이 원하는 대로 조종했다. 이렇게 30본사 주지들을 장악한 총독부는 이들을 앞세워 여러 가지 협력을 이끌어낼 수 있었다. 30본사 주지들은 본인의 인사권을 쥐고 있는 총독부의 요구를 거절할 수 없었으므로, 다양한 형태로 시책에 협력할 수밖에 없는 구조가 형성되었다. 본사 주지가 30본사에서 일어나는 중요한 사안을 독단으로 결정할 수 있었던 까닭에 본사 주지의 전횡이 심해졌고, 이는 불교계의 큰 폐단이 되었다.

일제의 이러한 억압과 통제에도 불구하고 한국 불교계의 승려들은 의병전쟁에 참여했을 뿐만 아니라 3·1 운동 시기에 전국에서 만세 시위를 전개했다. 한용운과 백용성은 승려로서 '민족대표'로 참가했다. 불교계의 청년들은 이후에 전개되는 임시정부 후원 활동과 독립군에 가담해 무장항쟁에 참여하는 등 다양한 형태로 독립운동에 참여했다.

일제는 1931년 만주사변을 도발해 국제사회에서 고립을 자초하면서 1933년에는 국제연맹을 탈퇴하기에 이른다. 그 후 1937년 7월에는 중일전쟁을 일으켜 강력한 전시 사상통제책인 국민정신총동원운동을 전개했다. 이 운동은 1940년 이후 창씨개명·지원병제·공출제·징병·징용 등으로 이어지면서 조선의 인적·물적 자원 수탈을 강화했다. 전쟁 말기에 총독부는 「사찰령시

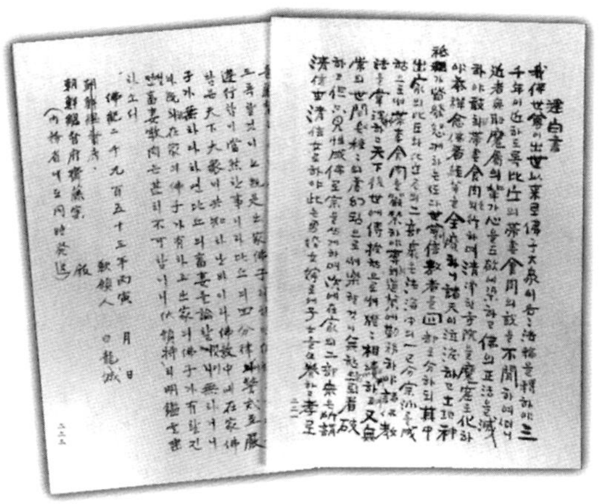

**〈그림 9-1〉 '승려들의 대처식육을 금지시켜 달라'고 제출한 건백서**

1926년 백용성이 승려 126명의 서명을 받아 조선총독부에 '승려들의 대처식육을 금지시켜 달라'고 제출한 건백서이다.
자료: 『한국불교 100년』(민족사, 2000).

행규칙」에 주지들의 임기가 규정되어 있음에도 불구하고 주지들의 임기를 연장하는 조치를 취했다. 또한 현임 주지가 퇴임할 때는 퇴임사유서를 첨부하게 함으로써 자유로운 퇴임마저 제한했다. 이 조치는 조선 불교계를 일본의 전쟁 수행에 더 적극적이고 신속하게 활용하기 위함이었다. 이렇듯 조선 불교계는 일제의 침략전쟁 수행에 협력하지 않을 수 없었다.

근대 사회에 최초로 성립된 종단인 원종의 종정 이회광은 낙후된 조선 불교를 근대화하기 위해서는 선진화된 일본 불교를 배워야 한다고 생각했다. 사찰에서 유치원을 운영하고 청소년들에게 직업교육을 시켜 일자리를 찾게 해주는 것과 불교의 교리체계, 세련된 포교 방법은 분명 배워야 할 것이었다. 그러나 일본 유학승들을 통해 유입된 승려들이 결혼하고 고기 먹는 풍습인 대처식육은 불교계에 많은 논란을 야기했다. 일본 불교계에서 승려들의 대처식육 문제는 오랜 세월에 걸친 교리 검토를 통해 우여곡절 끝에 공인되었다. 그러나 한국 불교계에서 대처식육 문제는 자체적인 성찰과 검토 없이 일본 유학승들을 통해 도입되어 짧은 시간 안에 보편적인 현상이 되어버렸다. 조선 불교계는 일본 불교계의 대처식육 풍습에 동화되고 있었던 것이고, 이러한 현상은 해방 이후 비구·대처승의 갈등인 이른바 정화불사로 이어져 불교계를 큰 혼란에 빠뜨렸으며, 그 후유증은 지금까지도 불교계의 갈등 요소로 남아 있다.

## 식민통치에 대한 불교계의 협력과 동화

### 불교계의 협력

일제는 강제로 조선을 병합한 이후 강압적인 통치정책으로 조선인의 자유를 억압하고 권리를 박탈했다. 일제는 조선을 통치하면서 조선 민중의 정신세계에 많은 영향력을 행사하고 있었던 불교계에 협력을 강요했고, 불교계 지도부는 이러한 요구를 거절할 수 없었다. 왜냐하면 불교계의 지도부 중심에 있었던 30본사 주지 임면권이 조선총독에게 있었고, 교계 지식인의 경우에도 그들이 소속된 기관의 장이 일본인이거나 친일 인사였기 때문에 지식인으로서의 지조를 지키면서 살기는 무척 어려운 것이 현실이었다.

오늘의 기준으로 일제강점기를 살았던 사람들의 친일 행위를 판단하면 안 된다. 왜냐하면 식민지 시대를 살았다는 것은 본인의 선택과는 무관한 것이었고, 태어나 보니 살아야 할 시대가 일제강점기였고, 학교 교사가 시키는 일도 친일에 해당될 수 있었고, 관청에서 하급 공무원으로 먹고 살아야 했던 부분도 친일 행위에 포함될 수 있기 때문이다. 그렇기 때문에 친일파를 선정하는 기준은 엄정해야 하고 최소한으로 규정해야 한다. 반면에 독립운동가를 발굴하고 현창하는 사업은 가능한 한 넓게 최대한으로 하는 것이 마땅하다.

일제강점기 불교계의 친일 행각은 일본의 식민통치 정책과 직결되어 있었으며 주로 본사 단위로 진행되었고, 그 중심에는 본사 주지가 있었다. 일제의 통치 정책 강도가 이완되면 상대적으로 항일의 성격이 강하게 나타났고, 탄압이 강하면 강할수록 친일 세력의 활동이 두드려졌다. 시기에 따라 조금 차이가 있기는 하지만, 친일파의 논리는 대체로 부국강병을 실천하려는 방안 중 하나로 일본 불교계의 선진문물을 배워야 한다는 것이었다. 이들의 주장은 외형적으로는 문제가 없지만 이런 이유를 들어 자신들의 출세를 추구하고, 나아가서 독립운동가를 고발하거나 체포하며, 고문하는 일에 가담했다면 이들은 친일파로 단죄해야 한다.

불교계가 일제의 식민지 통치 정책에 협력했던 내용은 식민지 초기부터 있었지만, 교계 차원에서 본격적으로 진행된 것은 1937년 중일전쟁 시기가 되면서이다. 물론 1910년 8월 29일 국권이 피탈된 직후부터 크고 작은 친일 행위가 있었지만, 대표성을 띤 교계 차원에서 일본이 도발한 전쟁의 승리를 위해 협력한 것은 중일전쟁 이후부터라고 할 수 있다. 일제는 불교계에 "전시 상황에 대응해 후방에서 전쟁을 지원하는" 이른바 '총후보국'의 다양한 형태 가운데 '종교보국'을 강요했다. 일본은 1937년 늘 꿈꾸어 왔던 중국을 석권하기 위해 침공을 단행했다. 그 후 1938년 7월에 총독부는 중일전쟁 발발 1주년을 기해서 국민정신총동원운동 조선연맹을 조직하고, 불교계도 이 운동에 참가할 것을 지시했다. 일제는 국민정신총동원 체제를 가동하여 모든 종교를 전쟁 목적에 이용하고자 했다. 종교단체는 대동아공영권(大東亞共榮圈) 건설에 매진하고 세계 신질서 수립에 협력할 것을 선언하면서 종교성을 벗어던지고 일본에 대한 충성 정신을 함양하는 데 나섰다. 대동아공영권이라는 동아시아의 모든 국가가 일본을 중심으로 일치단결하여 미국과의 전쟁에서 승리하기 위해 모든 면에서 협력해야 한다는 것이다. 이런 상황에서 당시 불교계의 대표기관이었던 재단법인 조선불교중앙교무원은 1937년 7월

25일과 8월 1일에 황군의 국위선양과 무운장구(武運長久)를 비는 법요식을 전국 31본말사에서 일제히 개최했다. 일제강점기 30본사 체제는 1924년 쌍계사의 말사였던 화엄사를 본사로 승격시킴으로써 31본사 체제가 된다. 그리고 이 법요식에서 모금된 국방헌금과 출정장병의 위문금은 각각 지방군사연맹을 통해 헌납했다. 일본은 중일전쟁 이후에 조선에서의 지원병제(志願兵制) 실시를 결정했다. 총독부는 일본군 내에서 조선인 병사들을 사상적으로 일본인화하는 황민화 정책을 시행했다. 이러한 목적에서 총독부는 1940년 2월 11일부터 조선인의 창씨개명을 실시했다. 불교계의 31본사 주지들은 1940년 2월부터 그해 연말까지 모두 창씨개명했다. 조선인의 이름을 일본식으로 바꾸는 창씨개명은 1942년 5월 일본 내각회의에서 결정된 조선에서의 징병제 실시와 연관된다. 일본이 창씨개명을 시행한 목적은 조선인이 일본 군대에 징집되었을 때 일본식 이름이 아닌 조선인의 이름으로 불릴 때 나타나는 군대 내에서의 이질감을 해소하기 위한 측면도 있었고, 조선인을 일본인화하려는 의도도 담겨 있었다.

재단법인 중앙교무원은 승려와 신도들에게 무운장구를 위한 기도와 시국인식에 철저를 기하라고 당부했다. 그리고 전국에 있는 모든 사찰은 위문금을 모집하고, 각 부대의 출정 전송, 군인과 그 가족 및 유족들을 위한 위문·격려, 전쟁에서 사망한 군인 유족을 조문하는 등 후방에서 전쟁 지원을 독려했다. 이뿐만 아니라 일본어에 능통한 청년들을 중심으로 악단을 조직하여 일선 전쟁터로 위문단을 파견하라고 지시했다.

일제는 1941년 태평양전쟁을 도발함으로써 세계재패 야욕을 드러냈다. 이러한 상황에서 총독부는 보다 강력한 후방 지원체제를 구축하기 위해 종래 31본산을 개별적으로 관리하던 것에서 일원적 관리를 위해 총본사 설립을 추진하게 되었다. 이에 따라 총본사 태고사의 설립을 인가했지만 총본사의 종정에게 본사 주지 임면권과 사찰재산 처분 인가권은 주지 않았다. 총본

〈그림 9-2〉 **조선불교 조계종 종무원에서 헌납한 전투기 조선불교호**

조선 불교 조계종 종무원에서 전국 사찰에 분담금을 부과하고, 헌금 등으로 모은 5만 3000원으로 일제에 헌납한 애국 974호인 전투기 '조선불교호'이다. 조선 불교계는 헌금과 탁발 등으로 모은 돈으로 총 5대의 전투기를 육군과 해군에 헌납했다.
자료: 『한국불교 100년』(민족사, 2000).

사는 총독부의 지침을 원활하게 수행하는 일종의 중간 기구에 불과한 것이었다. 총본사 태고사는 불교계의 이른바 황민화 정책 수행에 나섰고 모든 사찰에서는 아침저녁으로 천황의 만수무강과 황군의 무운장구를 기원해야 했다. 또 전국의 불교도들에게 위문품을 걷어 군 당국에 전달했고, 전쟁터로 위문단을 파견하기도 했다. 조선인들이 전쟁터에 나갔을 때 일본어를 해득하지 못해 발생하는 문제점을 해소시키기 위해 일본어 강습회도 개최했고, 더 나아가 전국의 모든 불교도들에게 걷은 성금으로 전투기를 헌납했다.

전쟁 말기에 물자 부족 현상이 심각해지자 총독부는 금속류 헌납운동을 전개했고, 불교계는 여기에 호응해 범종·향로·촛대·징·바라 등을 헌납했다. 총본사는 일제의 통치 방식이 군벌 중심의 독재체제로 전환해 가는 과정에서 불교계를 통제하기 위한 제도적 장치에 불과했다.

## 불교계의 동화

전통적으로 불교계는 산중공의제로 모든 승려들이 참석하여 토론을 통해 중요한 일을 결정하는 제도가 있었다. 그러나 이와 상반되는 주지 중심제도의 일본 불교계는 조선 불교계에 좋지 않은 영향을 끼쳤다. 본사 주지는 일본 천황이 임명하는 주임관 대우를 받았으며 관할 교구의 대표자로서 본사의 교무·법무·감사행정을 담당하는 삼직 임면권을 가지게 되었다. 이뿐만 아니라 승려 신분을 증명하는 도첩 발급권을 가진 교구의 제왕으로 표현될 정도로 막강한 자리가 되었다. 본사 주지는 재임 중 무소불위의 권력자로서 전권을 행사할 수 있었지만, 이러한 독단과 전횡으로 퇴임을 하게 되면 사방이 적진으로 변해 환속을 하든가 그렇지 않으면 사설 교당으로 물러날 수밖에 없었다. 불교계의 이러한 비리와 모순은 모두 「사찰령」이라는 법령의 불합리에서 비롯된 것이었다. 그런 까닭에 본사 주지 선거에서 다수의 후보자가 경합을 하는 경우 여러 가지 모순과 비리가 발생했다. 이미 당선된 사람을 낙선시키고 자기 파벌의 승려를 본사 주지로 만들기 위해 행정관청에 진정이나 투서를 넣는 비열한 행동을 서슴지 않는 승려들도 있었다. 본사 주지 임면권은 조선총독에게 있었고, 말사 주지는 지방장관의 인가를 받아야 했기 때문에 사찰에서 선거를 통해 주지를 선출했더라도 행정관청의 인가를 받아야 했다. 행정관청은 주지의 인가권만 가진 것이 아니라 불인가권도 가지고 있으므로 적임자라고 하더라도 관청의 비위에 맞지 아니하면 인가를 거부할 수 있었다. 그러므로 선거 과정에서 분규를 방지한다거나 또는 선거의 공정성을 위해서라는 명분을 내세워 행정관 혹은 경찰관을 주지 선거에 입회시키는 경우도 있었다. 주지의 선출은 형식적으로는 선거 절차를 거치지만, 본사 주지의 경우 총독이 인가권을 가지고 있고 말사 주지는 지방장관이 인가권을 가진 까닭에 마음에 들지 않으면 인가하지 않을 수 있었다. 이처럼 관권에 의해 임면이 좌우되므로, 주지는 오로지 관권에만 복종할 뿐 교무 행정은 독단으로 처리하는 경향이 있었다.

본사 주지는 교구 본말사의 인사권과 재정권을 모두 가지고 있었으므로 본사 주지의 뜻에 반하는 사람은 말사의 주지조차 될 수 없었다. 또한 말사 주지는 본사 주지의 동의 없이는 사찰에서 긴요한 사업을 위해 사찰 재산을 매각할 수도 없었다. 본사 주지의 눈 밖에 나면 승려 생활을 계속할 수가 없었고, 법계가 올라갈 수도 없었다. 주지의 임기는 3년으로 규정했으나 중임 제한을 정하지 않았기 때문에 임기 만료 후 재선만 된다면 얼마든지 주지를 할 수 있었다. 관청의 눈 밖에 나지 않는 이상, 연임 제한을 받지 않았기 때문에 선거에 얼마나 많은 부정과 비리가 난무했을지 짐작할 수 있다. 주지제의 폐단은 비단 경제적인 데 국한되지 않았으니 주지가 되기만 하면 그 사찰의 제왕이 되는 것이었다. 전 재산은 자기의 소유가 되며, 전 승려는 자기의 시종이 되었다. 생각만 나면 전 재산을 독단으로 처리할 수 있으며, 비위가 틀리면 산중 승려 중 누구라도 축출할 수 있었다. 사찰에서 이처럼 막강한 권한을 행사할 수 있었던 주지 제도는 일본 승정을 받아들인 탓이었다.

이뿐만 아니라 일본 불교의 영향으로 한국 불교계가 혼란해진 현상으로는 대처승제를 받아들인 데에서 찾을 수 있다. 일제강점기 일본 유학승들에 의해 유입된 대처식육 현상은 불교계를 큰 혼란에 빠지게 했다. 일제는 조선을 강제로 병합한 이후 조선총독부를 앞세워 끊임없이 조일 불교 교류를 장려해왔다. 조선 승려들의 일본 유학은 1910년 이전에는 불교시찰단 파견으로 이루어졌고, 1920년대에 들어와서는 조선불교단이라는 단체를 통해 시찰단과 유학생 파견이 진행되었다. 승려들의 일본 유학은 개인적으로 이루어지기도 했는데 이 경우에는 은사의 도움을 받아 떠나기도 했다. 이렇게 떠난 유학승들이 학업을 마치고 귀국할 때는 일본 불교의 영향을 받아 결혼하지 않은 사람이 없었다고 한다. 유학생들은 귀국 후 당시 개혁 세력으로 활약한 청년 운동에 가담하면서 보수적인 주지 계층과 대립관계를 형성했다. 총독부는 일본에서 유학하고 돌아온 승려들을 본사 주지로 임명할 수 있는 방안을 찾았다. 이때까지만 해도 본사 주지는 비구승들만이 할 수 있었다.

그러나 3·1 운동 당시 불교계 대표로 민족대표 33인 가운데 한 사람으로 참여했던 백용성은 1926년 5월 비구 승려들 127명의 서명을 받아 불교 교리 수호를 위해 승려들의 대처식육을 금지해 달라는 진정서를 제출했다. 1925년 재단법인 조선불교중앙교무원에서 파악한 통계에 의하면 승려 숫자는 비구가 6324명 비구니가 864명으로 모두 7188명이었다. 이 가운데 결혼을 하지 않은 비구승 수는 4000여 명으로 추정되고 있다. 이미 절반에 가까운 승려가 결혼을 한 대처승이 되어 있었다. 승려들의 대처식육 문제는 당시 불교계의 많은 논쟁을 야기했다. 결국 총독부는 1926년 11월에 승려들에게 대처식육을 허용했다. 이어서 31본사의 대처승들도 본사 주지를 할 수 있도록 법을 고칠 것을 지시했다.

승려의 대처식육 현상은 불교의 계율에 반하는 것으로 전통 불교의 맥을 단절시키고, 일본 불교에 동화된다는 것을 의미했다. 대처승의 증가는 사찰경제를 더욱 어렵게 만들었다. 왜냐하면 처자식을 거느린 대처승들은 사찰에 들어오는 거의 모든 돈을 생활비로 충당했기 때문이다. 수행 풍토도 혼탁해져서 낮에는 사찰에서 승려 생활을 하다가 밤에는 가정으로 돌아가기도 했다. 또한 사찰에서 처자식과 함께 거주하는 경우에는 사찰 경내에서 부녀자들이 어린아이의 기저귀를 말리는 풍경이 눈에 띄기도 했다. 대처승들은 가족을 부양해야 했으므로 사유재산이 없으면 생활할 수 없었다. 조선의 승려들은 대처생활을 시작한 그날부터 절에 가서는 승려 흉내를 내고, 집에 돌아와서는 속세 생활을 영위하는 비승비속의 기형적인 생활을 해야 했다. 본래 승려들은 경제생활을 할 수 있는 기술을 배우지 못했기 때문에 사원경제를 떠나서는 조금도 생산을 할 수 없었다. 그러니 대처승들은 죽으나 사나 가련한 가족들의 생활비를 사원경제에서 충당할 수밖에 없었다. 그러므로 주지 전제도 바로 이 대처제도에서 비롯된 것이고, 부정 사건의 원인이 여기에 있었다.

일제강점기에 대처승의 숫자는 나날이 늘어나서 해방 직전에는 거의 모든 승려라고 해도 지나친 말이 아닐 정도로 95% 정도가 대처승이 되었다. 이러한 현상은 해방 이후 불교계에 비구·대처승 분쟁인 이른바 정화불사가 일어나는 계기가 되었다. 10여 년이 넘는 세월 동안 계속된 이 분쟁에서 숱한 비불교적인 물리적 충돌이 발생했고, 이 충돌은 법정소송으로 비화되어 불교계의 엄청난 재산을 소송 진행비로 탕진했다. 결국 일제강점기 불교계는 내부적으로 정밀한 검토와 치열한 논쟁을 통해 공론을 형성하지 않고 성급하게 수용했던 대처식육으로 분열과 상처만 남게 되었다.

## 일제가 남긴 불교계의 상처

지금까지 일제강점기 불교계가 총독부 시책에 협력한 사실과 일본 불교에 동화되었던 양상을 중심으로 검토해 보았다. 지면이 한정된 관계로 심도 있는 이야기를 하지 못한 것이 아쉽지만, 주된 내용과 그 의미는 이렇다고 하겠다. 개항과 더불어 시작된 한국 근대 불교사는 일본의 정책을 집행하는 조선총독부와 공생과 저항의 관계를 지속할 수밖에 없었다. 탄압이 강하면 저항은 약해지고, 지배력이 약화되면 저항은 강해졌으며 그 과정에서 국내외 정치·사회·경제 등 제반 요인에 민감하게 반응했다. 불교계는 「사찰령」과 「사찰령시행규칙」이라는 악법의 제약을 받으면서 그 속에서 때로는 총독부 시책에 협력하고, 일본 불교계 현상들에 동화되기도 하면서도 조국의 독립을 모색했다.

전통적으로 불교계에서 중요한 사안은 모든 승려의 공의를 수렴해 결정했지만, 이 시기에는 막강한 권한을 가진 본사 주지의 독단으로 결정되었다. 본사 주지는 선거를 거쳐 선출되었지만 총독이 인가권을 가지고 있고, 말사 주지는 지방장관이 인가권을 가진 까닭에 그들의 마음에 들지 않으면 인가하지 않을 수도 있었다. 관권에 의해 임면이 좌우되는 본사 주지는 오로지 관권에만 복종할 뿐 교계의 그 어떤 것에도 간섭을 받지 않고 독단으로 일을 처리했기 때문에 본사 주지의 전횡에 대한 원성이 높았다.

불교계의 일제 협력은 1930년 후반 전쟁 시기가 되면서 당시 불교계의 대표기관인 재단법인 조선불교중앙교무원에서 총독부의 시책에 협력하면서 본격적으로 나타난다. 이 시기 모든 종교 단체는 일본이 제시한 대동아공영권이라는 세계 신질서 수립에 협력할 것을 선언하면서 종교성을 벗어던지고 일본을 위해 충성하는 일에 나서게 되었다. 이 시기 총독부의 지시로 성립된 총본사는 황군의 국위선양과 무운장구를 빌고, 국방헌금과 출정 장병의 위문금을 거두어 내었다. 전쟁 말기에는 금속류 헌납운동에 동참하여 범종·향로·촛대·징·바라 등을 헌납했다.

일본 유학승들은 일본 불교계의 보편적인 현상이던 대처식육을 유입함으로써 불교계를 큰 혼란으로 몰아넣었다. 승려들이 결혼하고, 고기 먹는 현상은 나날이 늘어나서 일제 말기에 이르면 많은 승려들이 대처식육을 하는 대처승으로 변했다. 대처승들은 처자식을 거느리고 있었기 때문에 사찰경제는 불교계를 부흥하는 불사에 사용되기보다는 생활비로 쓰였다. 그런 까닭에 수행에 전념하고자 했던 비구승들의 생활은 나날이 어려워졌다. 비구승들은 자구책을 강구했지만 그 역시 큰 효과를 거둘 수 없었다. 결국 총독부에서는 승려들에게 대처식육을 허용했으며 본사 주지가 될 수 있는 길도 열어주었다. 승려들의 대처식육은 불교의 계율을 범하는 것으로 전통 불교의 맥을 단절시키고, 일본 불교에 동화된다는 것을 의미했다. 대처식육 문제는 불교계 내부에서 오랜 성찰과 토론을 통한 공감대가 형성되는 과정을 거치지 않았기 때문에 많은 문제점과 후유증을 남겼다. 결국 이 문제는 해방 이후 비구승과 대처승이 오랜 시간 치열한 갈등을 겪고 나서 끝내는 각기 교단을 달리해 갈라서는 모습으로 나타났다.

# 참고문헌

## [조선]

### 1부 조선시대 불교사의 흐름과 동향

#### 1장 조선 전기 승정체제 운영의 실제

김갑주. 1983.『조선시대 사원경제연구』. 동화출판사.

김용태. 2021.『조선불교사상사: 유교의 시대를 가로지른 불교적 사유의 지형』. 성균관대학교 출판부.

김윤지. 2022.「고려 승정(僧政) 연구」. 고려대학교 박사학위논문.

손성필. 2013.「조선 중종대 불교정책의 전개와 성격」. ≪한국사상사학≫, 44.

______. 2019.「사찰의 혁거, 철훼, 망폐: 조선 태종·세종 대 승정체제 개혁에 대한 오해」. ≪진단학보≫, 132.

______. 2019.「조선 태종·세종대 '혁거' 사찰의 존립과 망폐: 1406년과 1424년 승정체제(僧政體制) 개혁의 이해 방향과 관련하여」. ≪한국사연구≫, 186.

______. 2022.「15세기 강진 무위사의 국가적 위상: 승정체제의 개혁, 운용과 관련하여」. ≪동국사학≫, 75.

양혜원. 2019.「15세기 승과(僧科) 연구」. ≪한국사상사학≫, 62.

한우근. 1993.『유교정치와 불교: 여말선초 대불교시책(施策)』. 일조각.

#### 2장 조선 후기 불교 정책과 불교계의 대응

김선기. 2023.「조선후기 승역(僧役)의 제도화와 운영 방식」. 동국대학교 박사학위논문.

김용태. 2016.「조선 중기 의승군 전통에 대한 재고: 호국불교의 조선적 발현」. ≪동국사학≫, 61.

손성필. 2012.「17세기 전반 고승비 건립과 조선 불교계」. ≪한국사연구≫, 156.

______. 2013.「조선시대 승려 천인신분설의 재검토: 고교형(高橋亨)의 주장에 대한 비판을 중심으로」. ≪보조사상≫, 40.

여은경. 1987.「조선후기 산성의 승군총섭」. ≪대구사학≫, 32.

윤용출. 1984.「조선 후기의 부역승군」. ≪인문논총≫, 26.
이능화. 1918.『조선불교통사』. 신문관.
이종수. 2012.「17세기 유학자의 불교인식 변화」. ≪보조사상≫, 37.
_____. 2018.「18세기 불교계의 표충사와 수충사 건립과 국가의 사액」. ≪불교학연구≫, 56.
이지관. 2000.『한국고승비문집』. 가산불교문화연구원.
장경준. 2006.「조선후기 호적대장의 승려 등재 배경과 그 양상」. ≪대동문화연구≫, 54.
한상길. 2011.「조선후기 사원의 불사와 사찰계」. ≪한국선학≫, 28.

### 3장 조선 후기 불교 문파의 형성과 분기

김용태. 2006.「'부휴계'의 계파인식과 보조유풍」. ≪보조사상≫, 25.
_____. 2010.『조선후기 불교사 연구: 임제법통과 교학전통』. 신구문화사
_____. 2012.「임진왜란 의승군 활동과 그 불교사적 의미」. ≪보조사상≫, 37.
_____. 2019.「환성 지안의 종통 계승과 선교 융합」. ≪남도문화연구≫, 36.
_____. 2021.『조선 불교사상사: 유교의 시대를 가로지른 불교적 사유의 지형』. 성균관대학교 출판부.
손성필. 2017.「17세기 부휴계 승도의 비 건립과 문파 정체성의 형성」. ≪조선시대사학보≫, 83.
이종수. 2008.「숙종 7년 중국 선박의 표착과 백암성총의 불서 간행」. ≪불교학연구≫, 21.
_____. 2016.「18세기 불교계의 동향과 송광사의 위상」. ≪보조사상≫, 45.
高橋亨. 1929.『李朝佛教』. 大阪: 寶文館.

## 2부 조선 불교의 사상과 신앙

### 4장 승가 교육제도와 삼문수행

김용태. 2012.「동아시아의 징관(澄觀) 화엄 계승과 그 역사적 전개: 송대와 조선후기 화엄교학을 중심으로」. ≪불교학보≫, 61.
_____. 2015.「청허 휴정과 조선후기 선과 화엄」. ≪불교학보≫, 73.
남도영. 1980.「한국사원교육제도 (중)」. ≪역사교육≫, 28.
이능화. 1918.『조선불교통사 (하)』. 신문관.
이선화. 2017.「조선후기 화엄 사기(私記)의 연구와「왕복서(往復序)」회편 역주」. 동국대학교 박사학위논문.
이종수. 2010.「조선후기 불교의 수행체계 연구: 삼문수학을 중심으로」. 동국대학교 박사학위논문.
_____. 2010.「조선후기 불교 이력(履歷)과목의 선정과 그 의미」. ≪한국사연구≫, 150.

______. 2015.「조선후기 화엄학의 유행과 그 배경」. ≪불교학연구≫, 42.
정병삼. 2017.「백파와 초의의 선론과 선논쟁」. ≪한국사상과 문화≫, 86.

## 5장 선과 교의 병행과 유불의 접점

김용태. 2010.『조선후기 불교사 연구: 임제법통과 교학전통』. 신구문화사.
______. 2021.『조선 불교사상사: 유교의 시대를 가로지른 불교적 사유의 지형』. 성균관대학교 출판부.
______. 2007.「조선후기 대둔사의 표충사 건립과 '종원' 표명」. ≪보조사상≫, 27.
______. 2009.「조선시대 불교의 유불공존 모색과 시대성의 추구」. ≪조선시대사학보≫, 49.
______. 2013.「19세기 초의 의순의 사상과 호남의 불교학 전통」. ≪한국사연구≫, 160.
______. 2015.「청허 휴정과 조선후기 선과 화엄」. ≪불교학보≫, 73.
______. 2016.「18세기 묵암 최눌의 화엄교학과 불교사 인식」. ≪보조사상≫, 46.
______. 2019.「환성 지안의 종통 계승과 선교 융합」. ≪남도문화연구≫, 36.
이종수. 2008.「숙종 7년 중국선박의 표착과 백암성총의 불서간행」. ≪불교학연구≫, 21.
______. 2012.「조선후기 불교 사기(私記) 집성의 현황과 과제」. ≪불교학보≫, 61.
______. 2015.「조선후기 화엄학의 유행과 그 배경」. ≪불교학연구≫, 42.
정병삼. 2017.「백파와 초의의 선론과 선논쟁」. ≪한국사상과 문화≫, 86.

## 6장 불교 의례와 신앙의 다변화

강호선. 2017.「조선전기 국가의례 정비와 '국행'수륙재의 변화」. ≪한국학연구≫, 44.
구미래. 2018.「불교 세시의례로 본 신중신앙의 한국적 수용」. ≪불교문예연구≫, 10.
김성도. 1999.「조선시대 말과 20세기 전반기의 사찰 건축 특성에 관한 연구」. 고려대학교 박사학위 논문.
김용태. 2019.「조선후기 불교와 민간신앙의 공존 양상: 산신·칠성 신앙의 불교화」. ≪불교학연구≫, 61.
김지헌·전봉희. 2019.「19세기와 20세기 초 염불당의 수용」. ≪건축역사연구≫, 28(6).
김형우. 2013.「한국사찰의 산신각과 산신의례」. ≪선문화연구≫, 14.
송은석. 2009.「조선후기 불전 내 의식의 성행과 불상의 조형성」. ≪미술사학연구≫, 263.
이욱. 2001.「조선전기 원혼을 위한 제사의 변화와 그 의미: 수륙재와 여제를 중심으로」. ≪종교문화연구≫, 3.
이종수. 2019.「조선시대 생전예수재의 설행과 의미」. ≪불교학연구≫, 61(1).
정명희. 2016.「조선시대 수륙재의 성행과 새로운 불화의 수요: 사직사자도와 오방오제위도」. ≪불교미술사학≫, 21.
정진희. 2019.「조선후기 칠성신앙의 도불습합 연구: 도선암 본『태상현령북두본명연생진경』을 중심으로」. ≪한국학≫, 42(1).

홍병화·김성우. 2009.「조선시대 사찰건축에서 사동중정형배치의 형성과정」. ≪대한건축학회논문집 계획계≫, 25(3).

## 3부 조선 불교와 사회, 출판

### 7장 조선 왕실의 불교 신앙

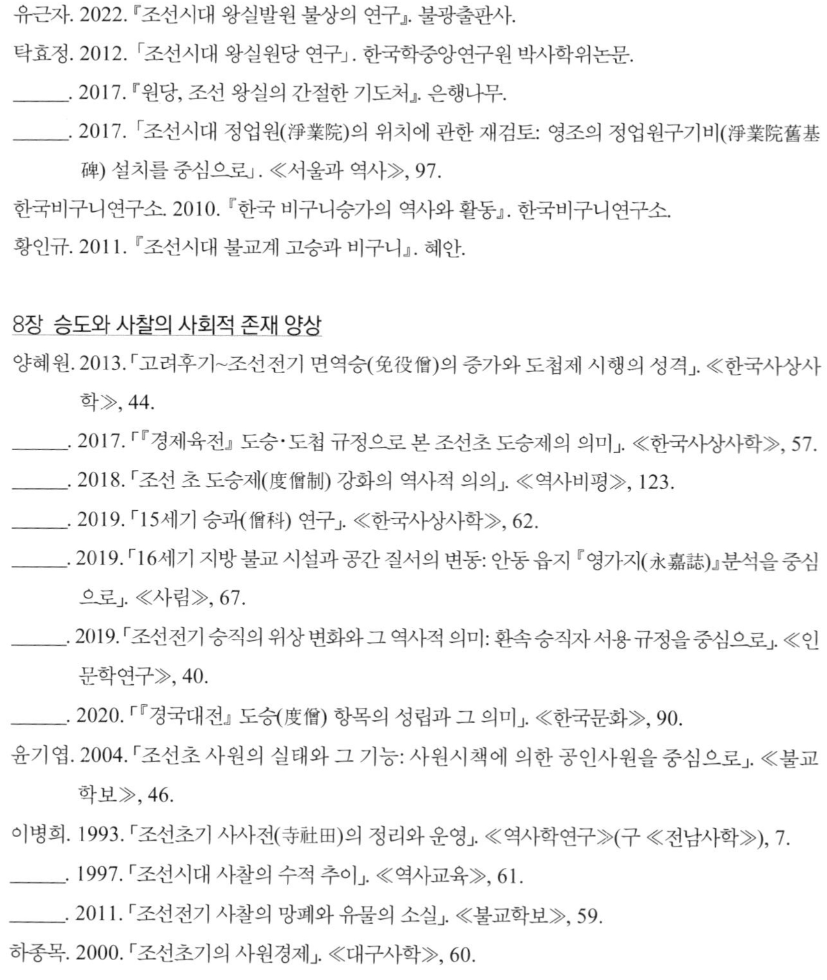

유근자. 2022.『조선시대 왕실발원 불상의 연구』. 불광출판사.

탁효정. 2012.「조선시대 왕실원당 연구」. 한국학중앙연구원 박사학위논문.

______. 2017.『원당, 조선 왕실의 간절한 기도처』. 은행나무.

______. 2017.「조선시대 정업원(淨業院)의 위치에 관한 재검토: 영조의 정업원구기비(淨業院舊基碑) 설치를 중심으로」. ≪서울과 역사≫, 97.

한국비구니연구소. 2010.『한국 비구니승가의 역사와 활동』. 한국비구니연구소.

황인규. 2011.『조선시대 불교계 고승과 비구니』. 혜안.

### 8장 승도와 사찰의 사회적 존재 양상

양혜원. 2013.「고려후기~조선전기 면역승(免役僧)의 증가와 도첩제 시행의 성격」. ≪한국사상사학≫, 44.

______. 2017.「『경제육전』 도승·도첩 규정으로 본 조선초 도승제의 의미」. ≪한국사상사학≫, 57.

______. 2018.「조선 초 도승제(度僧制) 강화의 역사적 의의」. ≪역사비평≫, 123.

______. 2019.「15세기 승과(僧科) 연구」. ≪한국사상사학≫, 62.

______. 2019.「16세기 지방 불교 시설과 공간 질서의 변동: 안동 읍지『영가지(永嘉誌)』분석을 중심으로」. ≪사림≫, 67.

______. 2019.「조선전기 승직의 위상 변화와 그 역사적 의미: 환속 승직자 서용 규정을 중심으로」. ≪인문학연구≫, 40.

______. 2020.「『경국대전』 도승(度僧) 항목의 성립과 그 의미」. ≪한국문화≫, 90.

윤기엽. 2004.「조선초 사원의 실태와 그 기능: 사원시책에 의한 공인사원을 중심으로」. ≪불교학보≫, 46.

이병희. 1993.「조선초기 사사전(寺社田)의 정리와 운영」. ≪역사학연구≫(구 ≪전남사학≫), 7.

______. 1997.「조선시대 사찰의 수적 추이」. ≪역사교육≫, 61.

______. 2011.「조선전기 사찰의 망폐와 유물의 소실」. ≪불교학보≫, 59.

하종목. 2000.「조선초기의 사원경제」. ≪대구사학≫, 60.

______. 1987. 「조선후기의 사찰제지업(寺刹製紙業)과 그 생산품의 유통과정」. ≪역사학논집≫, 10.
한우근. 1957. 「려말선초의 불교정책」. ≪인문사회과학≫, 6.
______. 1993. 『유교정치와 불교』. 일조각.

## 9장 불교 서적 간행의 추이와 시기별 경향

강현찬. 2016. 「조선 후기 『화엄경소초』의 판각과 영징이본대교(靈澄二本對校)의 의의」. ≪한국사상사학≫, 53.
김용태. 2021. 『조선불교사상사: 유교의 시대를 가로지른 불교적 사유의 지평』. 성균관대학교 출판부.
______. 2014. 「조선후기 중국 불서의 유통과 사상적 영향」. ≪보조사상≫, 41.
손성필. 2013. 「16세기 사찰판 불서 간행의 증대와 그 서지사적 의의」. ≪서지학연구≫, 54.
손성필·전효진. 2018. 「16·17세기 '사집(四集)' 불서의 판본 계통과 불교계 재편」. ≪한국사상사학≫, 58.
안현주. 2007. 「조선시대 '사서(四書)'의 판본 연구」(전남대학교 문헌정보학과 박사논문).
이상백. 2014. 「귀진사(歸眞寺)와 간행 불경 연구」. ≪서지학연구≫, 58.
이종수. 2013. 「조선후기 가흥대장경의 복각(復刻)」. ≪서지학연구≫, 56.
______. 2017. 「조선후기 불교 강학사기(講學私記)의 종류와 정본화(定本化)의 필요성」. ≪남도문화연구≫, 33.
Son Sŏngpil. 2020. "Increased Temple Publication of Buddhist Texts in the Sixteenth and Seventeenth Centuries: Reading the Political and Cultural Significance of the Monastic Community." *Journal of Korean Religions*, 11(2).

## 10장 불전언해의 역사와 문화적 지형

김기종. 2015. 「간경도감의 언해불전」. 『불교와 한글』. 동국대학교 출판부.
______. 2019. 「언해불전의 시대적 성격」. 『한국 고전문학과 불교』. 동국대학교 출판부.
김무봉. 2015. 『훈민정음. 그리고 불경언해』. 역락.
김영배. 2000. 『국어사자료연구: 불전언해 중심』. 월인.
안병희. 2009. 『국어사문헌연구』. 신구문화사.
이봉춘. 1980. 「조선전기 불전언해와 그 사상」. ≪한국불교학≫, 5.
정우영. 2012. 「중기국어 불전언해의 역사성과 언어문화사적 가치」. ≪한국어학≫, 55.

## 4부 불교문화와 예술


### 11장 조선시대 왕실 발원 불상

국립대구박물관. 2013.『흑석사: 목조아미타여래좌상 불복장』.

국립중앙박물관. 2015.『발원, 간절한 바람을 담다: 불교미술의 후원자들』.

______. 2016.『화성 용주사』.

______. 2021.『조선의 승려 장인』.

대한불교조계종 홍천사. 2018.『조선의 왕실사찰 삼각산 홍천사』.

법보종찰 해인사·문화재청. 2008.『해인사 대적광전·법보전 비로자나불 복장유물 조사보고서』.

불교중앙박물관. 2021.『지리산 대화엄사』.

송은석. 2012.『조선 후기 불교조각사: 17세기 조선의 조각승과 유파』. 사회평론.

유근자. 2017.『조선시대 불상의 복장기록 연구』. 불광출판사.

______. 2022.『조선시대 왕실발원 불상의 연구』. 불광출판사.

탁효정. 2021.『조선왕릉의 사찰』. 역사산책.

### 12장 조선시대 불교 회화

김리나 외 공저. 2011.『한국불교미술사』. 미진사.

김용태. 2010.『조선 후기 불교사 연구; 임제법통과 교학전통』. 신구문화사.

김정희. 2009.『불화: 찬란한 불교미술의 세계』. 돌베개.

______. 2017.「관음과 달마」. ≪미술사론≫, 34.

김정희. 2019.「벽암 각성(碧巖覺性)과 화엄사 영산회괘불도(靈山會掛佛圖)」. ≪강좌미술사≫, 52.

박도화. 2009.「한국 사찰 벽화의 현황과 연구의 관점」. ≪불교미술사학≫, 7.

______. 2019 .「봉정사 대웅전 영산회후불벽화(靈山會後佛壁畵) 도상의 연원과 의의」. ≪석당논총≫, 73.

박은경. 2008.『조선 전기 불화 연구』. 시공사.

______. 2019.「한국의 사찰벽화: 시대별 장엄요소와 표현 영역」. ≪불교미술사학≫, 28.

신광희. 2014.「조선후기 나한벽화의 특성」. ≪동악미술사학≫, 16.

손성필. 2013.「16·17세기 불교정책과 불교계의 동향」. 동국대학교 박사학위논문.

이강근. 2006.「17세기 법주사의 재건과 양대 문중의 활동에 관한 연구」. ≪강좌미술사≫, 26(1).

______. 2019.「17세기 벽암 각성의 해인사·화엄사 재건에 대한 연구」. ≪강좌미술사≫, 52.

이민형. 2013.「17세기 후반의 조각승 단응의 불상 연구」. ≪미술사학연구≫, 278.

이선용. 2013.「불화에 기록된 범자와 진언에 관한 고찰」. ≪미술사학연구≫, 278.

이승희. 2009.「무위사 극락보전 백의관음도와 관음예찬」. ≪동악미술사학≫, 10.

이용윤. 2002.「조선 후기 화엄칠처구회도와 연화장세계도의 도상 연구」. ≪미술사학연구≫, 233.
_____. 2005, 조선후기 삼장보살도와 수륙의식집, ≪미술자료≫, 72·73
_____. 2011.「퇴운당 신겸 불화와 승려문중의 후원」. ≪미술사학연구≫, 269.
_____. 2013.「조선 후기 경상도 지역에서 제작된 관경십육관변상도와 염불선」. ≪미술사논단≫, 36.
_____. 2016.「조선후기 불화의 복장 연구」. ≪미술사학연구≫, 289.
_____. 2015.「조선후기 영남 불화와 승려문중 연구」. 홍익대학교 박사학위논문.
_____. 2017.「조선후기 편양문중의 불사와 승려장인의 활동」. ≪미술사연구≫, 32.
이종수. 2010.「조선후기 불교의 수행체계 연구: 삼문수학을 중심으로」. 동국대학교 박사학위논문.
정명희. 2004.「조선후기 괘불탱(掛佛幀)의 연구」. ≪미술사학연구≫, 243
_____. 2004.「의식집을 통해 본 괘불의 도상적 변용」. ≪불교미술사학≫, 2.
_____. 2013.「조선시대 불교의식의 삼단의례와 불화 연구」. 홍익대학교 박사학위논문.
_____. 2016.「조선시대 불화와 의례 공간」. ≪불교문예연구≫, 6.
최경원. 2011.「조선 전기 불교회화에 보이는 '접인용선(接引龍船)'도상의 연원」. ≪미술사연구≫, 25.
허상호. 2017.「조선후기 영남지역 사찰벽화의 위계와 불전성향」. ≪불교미술사학≫, 24.
허형욱. 2022.「예천 용문사 <목각아미타여래설법상>의 불교신행 내용과『주역』괘상 표현」. ≪불미술사학≫, 34
홍윤식. 1974.「한국불교의식의 삼단분단법」. ≪문화재≫, 8.
황금순. 2006.「조선시대 관음보살도 도상의 한 연구」. ≪미술자료≫, 75.

## 13장 불교 건축과 불탑

김동욱. 2013.『한국건축의 역사』. 기문당.
김봉렬. 2011.『가보고 싶은 곳 머물고 싶은 곳』. 안그라픽스.
_____. 2013.『가보고 싶은 곳 머물고 싶은 곳』2. 안그라픽스.
박경식. 2008.『한국의 석탑』. 학연문화사.
손신영. 2020.『조선후기 불교건축사 연구』. 한국학술정보.
탁효정. 2021.『조선 왕릉의 사찰』. 역사산책.
홍병화. 2020.『조선시대 불교건축의 역사』. 민족사.

## 14장 조선시대 불교문학

김기종. 2015.『불교와 한글』. 동국대학교 출판부.
_____. 2014.『한국 불교시가의 구도와 전개』. 보고사.

김종진. 2016. 「문학으로서 불교문학의 지형과 방법론」. ≪한국불교학≫, 77.
______. 2015. 「조선후기 불교문학연구사 검토와 전망: 최근 10년간(2005~2014) 국어국문학계의 논의와 쟁점을 중심으로」. ≪국제어문≫, 67.
______. 2009. 『불교가사의 계보학: 그 문화사적 의의』. 소명출판.
______. 2015. 『한국불교시가의 동아시아적 맥락과 근대성』. 소명출판.
동국대학교 불교학술원 불교기록문화유산아카이브 사업단. 2015. 『한국불교전서편람』(국문판·영문판). 동국대학교 출판부.
______. 2001. 『한 권으로 읽는 한국불교전서 100: 한글본 한국불교전서 목록·해제집』. 동국대학교 출판부.
동국대학교 한국문학연구소 엮음. 2002. 『불교문학과 불교언어』. 이회문화사.
배규범. 2010. 『불가 잡체시 연구: 장치와 해체의 사학』. 지만지.
서영애. 2002. 『불교문학의 이해』. 불교시대사.
이상보 외. 1991. 『불교문학연구입문:율문·언어 편』. 동화출판공사.
이종찬. 1993. 『한국불가 시문학사론』. 불광출판부.
이진오. 1990. 『조선후기 불가한문학의 유불교섭양상연구』. 한국정신문화연구원 박사학위논문.
임기중. 2001. 『불교 가사 연구』. 동국대학교 출판부.
한국문학연구소 엮음. 1988. 『한국불교문학연구(상·하)』. 동국대학교 출판부.
홍윤식 외. 1991. 『불교문학연구입문: 산문·민속 편』. 동화출판공사.

## [근대]

## 1부 근현대 불교계의 동향

### 1장 대한제국의 불교 정책과 불교계의 변화

김경집. 1998. 『한국근대불교사』. 경서원.
김광식. 1996. 『한국 근대불교사 연구』. 민족사.
______. 2002. 『새불교운동의 전개: 성찰로 본 20세기 우리 불교』. 도서출판 도피안사.
______. 2009. 「홍월초의 꿈: 그의 교육관에 나타난 민족불교」. ≪한민족문화연구≫, 29.
민족사 엮음. 1996. 『한국근현대불교자료전집』.
박희승. 1999. 『이제 승려의 입성을 허함이 어떨른지요』. 들녘.
이광린. 1968. 「개화승 이동인에 대한 새 사료」. ≪동아연구≫, 6.
이승윤. 2017. 「불교계의 국채보상운동 참여와 성격」. ≪한국근현대사연구≫, 83.

_____. 2019. 『대한제국기 불교계의 동향과 국권회복운동』. 충남대학교 박사학위논문.
_____. 2020. 「1908~1910년 사사과(社寺課) 설치와 사찰재산관리규정」. ≪대각사상≫, 34.
정광호. 1994. 『근대한일불교관계사연구』. 인하대학교 출판부.
정광호 엮음. 1999. 『한국불교최근백년사편년』. 인하대학교 출판부.
한동민. 2005. 「'사찰령' 체제하 본산제도 연구」. 중앙대학교 박사학위논문.
_____. 2007. 「대한제국기 불교의 국가 관리와 사사관리서」. ≪중앙사론≫, 25.
高橋亨. 1929. 『李朝佛教』(寶文館).
李能和. 1918. 『朝鮮佛教通史』.
青柳南冥. 1911. 『朝鮮宗教史』.

2장 일제의 불교 정책과 불교계의 대응

강석주·박경훈. 2002. 『불교근세백년』. 민족사.
김경집. 2000. 『한국 근대불교사』. 경서원.
김광식. 1996. 『한국근대불교사연구』. 민족사.
_____. 1998. 『한국근대불교의 현실인식』. 민족사.
_____. 2000. 『근현대불교의 재조명』. 민족사.
_____. 2002. 『새불교운동의 전개』. 도피안사.
_____. 2007. 『민족불교의 이상과 현실』. 도피안사.
김성연. 2016. 「1910년대 불교 근대화론과 종교적 지평의 확대」. ≪불교학연구≫, 48.
김순석. 2003. 『일제시대 조선총독부의 불교정책과 불교계의 대응』. 경인문화사.
_____. 2013. 「대한승려연합회선언서의 재검토」. ≪불교학보≫, 66.
_____. 2014. 『한국근현대불교사의 재발견』. 경인문화사.
김승태. 2017. 「무단통치기 조선총독부의 종교정책과 한국 종교계의 동향」. ≪한국기독교와 역사≫, 47.
대한불교조계종교육원불학연구소. 2006. 『불교근대화의 전개와 성격』. 조계종 출판사.
대한불교조계종 교육원 불학연구소 엮음. 2001. 『조계종사: 근현대편』. 대한불교조계종 교육원.
동국대학교 불교문화연구원 엮음. 2008. 『근대 동아시아의 불교학』. 동국대학교 출판부.
_____. 2010. 『동아시아 불교의 근대적 변용』. 동국대학교 출판부.
송현주. 2007. 「한용운의 불교 종교담론에 나타난 근대사상의 수용과 재구성」. ≪종교문화비평≫, 11.
스에키 후미히코(末木文美士). 2009. 『근대 일본과 불교』. 이태승·권서용 옮김. 그린비.
양정연. 2010. 「근대시기 '종교' 인식과 한국불교의 정체성 논의」. ≪한국사상과 문화≫, 52.
임혜봉. 1993. 『친일불교론』. 민족사.

정광호. 2001.『일제침략시기의 한일 불교관계사』. 아름다운 세상.

조성택. 2006.「근대불교학과 한국 근대불교」. ≪민족문화연구≫, 45.

한동민. 2005.「'사찰령' 체제하 본산제도 연구」. 중앙대학교 박사학위논문.

## 3장 근대 불교 교단의 형성

김경집. 1998.『한국근대불교사』. 경서원.

김광식. 1996.『한국 근대불교사 연구』. 민족사.

_____. 1998.『한국근대불교의 현실인식』. 민족사.

_____. 2002.『새불교운동의 전개: 성찰로 본 20세기 우리 불교』. 도피안사.

_____. 2007.『민족불교의 이상과 현실』. 도피안사.

김성연. 2018.「일제하 불교 종단의 형성과정 연구: 중앙기구의 조직구성과 재정운영을 중심으로」. 동국대학교 박사학위논문.

_____. 2019.「조계사의 창건과정과 종단 건설」. ≪전자불전≫, 21.

김순석. 2003.『일제시대 조선총독부의 불교정책과 불교계의 대응』. 경인문화사.

_____. 2014.『한국 근현대 불교사의 재발견』. 경인문화사.

김용태. 2009.「식민지 불교의 혁신론과 문명개화의 여정」. ≪동국사학≫, 48.

_____. 2013.「조계종 종통의 역사적 이해: 근·현대 종명. 종조. 종지 논의를 중심으로」. ≪한국선학≫, 35.

김정희. 2008.「종단설립운동과 조계종의 근대적 의미」. ≪불교학보≫, 49.

정광호. 2001.『일본침략시기의 한·일 불교관계사』. 아름다운 세상.

최병헌. 2001.「일제의 침략과 불교: 일본 조동종의 무전범지(武田範之)와 원종(圓宗)」. ≪한국사연구≫, 114.

한동민. 2000.「1910년대 선교양종 30본산연합사무소의 설립과정과 의의」. ≪한국민족운동사연구≫, 25.

_____. 2005.「'사찰령' 체제하 본산제도 연구」. 중앙대학교 박사학위논문.

## 4장 해방 이후 불교계의 동향

강인철. 2000.「해방 후 불교와 국가: 1945~1960 – 비구-대처 갈등을 중심으로」. ≪사회와 역사≫, 57.

김광식. 2006.『한국 현대불교사 연구』. 불교시대사.

_____. 2013.『불교와 국가』. 국학자료원.

김성연. 2023.「한국 근대 불교교육 담론과 불교전문학교의 설립」. ≪동국사학≫, 78.

김종진·박상란·김성연. 2023.『산간에서 가두로 승려로서 대중에: 근대 잡지『불교』의 문화지형』. 올리브그린.

대한불교조계종 교육원 불학연구소 엮음. 2008.『봉암사결사와 현대 한국불교』. 조계종 출판사.
_____. 2008.『불교정화운동의 재조명』. 조계종 출판사.
동국대학교 석림동문회. 1997.『한국불교현대사』. 시공사.
선우도량 한국불교근현대사연구회·불교신문사. 2001.『교단정화운동과 조계종의 오늘』. 선우도량 출판부.
이경순. 2020.「불교정화운동의 인식과 현재적 의미」. ≪대각사상≫, 33.

## 2부 근대 불교의 모색과 굴절

### 5장 일본 불교의 조선 진출과 조선 내 동향

김태훈. 2020.「『조선총독부관보』로 보는 일본계 종교 유입의 전체도」. ≪공존의 인간학≫, 4.
김환수. 2012.「불교적 식민지화?: 1910년대 한국 원종(圓宗)과 일본 조동종(曹洞宗) 연합에 대한 새로운 해석의 가능성」. ≪불교연구≫, 36.
제점숙. 2010.「식민지 조선 일본불교의 사회사업동향: 신슈오타니파(眞宗大谷派)의 사회사업을 사례로」. ≪차세대인문사회연구≫, 6.
_____. 2017.「식민지 조선 재일불교유학생의 동향: '조선불교단' 포교유학생의 "친일" 양상을 중심으로」. ≪아태연구≫, 24(3).
한동민. 2009.「대한제국기 일본 정토종의 침투와 불교계의 대응」. ≪한국독립운동사연구≫, 34.
諸点淑. 2018.『植民地近代という経験』. 法藏館.
中西直樹. 2013.『植民地朝鮮と日本仏教』. 三人社.
中西直樹·野世英水. 2020.『日本仏教アジア布教の諸相』. 三人社.

### 6장 근대불교학의 수용과 한계

고영섭. 2007.「한국 불교학 연구의 어제와 그 이후: 이능화·박정호·권상로·김영수 불교학의 탐색」. ≪문학 사학 철학≫, 9.
김영진. 2010.「한국 근대 불교학 방법론의 등장과 불교사 서술의 의미」. ≪한국학연구≫, 23.
_____. 2017.『중국 근대불교학의 탄생』. 산지니.
김용태. 2010.「근대불교학의 수용과 불교 전통의 재인식」. ≪한국사상과 문화≫, 54.
드르와, 로제 폴(Roger-Pol Droit) . 2006.『철학자들과 붓다: 근대 유럽은 불교를 어떻게 오해하였는가』. 신용호·송태효 옮김, 심산.
드 용, J. W.(J. W. de Jong). 2004.『현대불교학 연구사: 문헌학을 중심으로』(1997 개정판의 번역). 강종원 편역. 동국대학교 출판부.

로페즈, 도날드(Donald Lopez). 2005.「서구불교학 연구의 과거와 미래」. ≪불교평론≫, 25.
르누아르, 프레데릭(Frédéric Lenoir). 2002.『불교와 서양의 만남』. 양영란 옮김. 세종서적.
송현주. 2012.「서구 근대불교학의 출현과 '부디즘(Buddhism)의 창안」. ≪종교문화비평≫, 22.
스에키 후미히코(末木文美士). 2009.『근대 일본과 불교』. 이태승·권서용 옮김. 그린비.
시모다 마사히로(下田正弘). 2005.「탈현대 불교학의 새 방향」. ≪불교평론≫, 22.
이민용. 2005.「서구 불교학의 창안과 오리엔탈리즘」. ≪종교문화비평≫, 8.
조명제. 2011.「허영호의 전쟁 협력의 담론과 근대불교」. ≪항도부산≫, 27.
조성택. 2012.『불교와 불교학: 불교의 역사적 이해』. 돌베개.
허남린. 2005.「일본에 있어서 불교와 불교학의 근대화: 반기독교주의, 가족국가, 그리고 불교의 문화정치학」. ≪종교문화비평≫, 8.
櫻部建. 2000.「近代佛教學ということ」. ≪大谷學報≫, 62(2).
Cabezón. Jose Ignacio. 2007(2009). “The changing field of Buddhist Studies in North America.” *Journal of the International Association of Buddhist Studies*, 30(1~2).
Wallace, B. Alan. 2000. “Three Dimensions of Buddhist Studies.” in Roger Jackson & John Makransky(ed.). *Buddhist Theology: Critical Reflections by Contemporary Buddhist Scholars*. London & New York: Routledge.

7장 근대 불교와 미디어

김기종. 2008.「근대 불교잡지의 간행과 불교 대중화」. ≪한민족문화연구≫, 26.
김성연. 2008.「일제 강점기 잡지『불교』의 간행과 그 성격」. ≪선문화연구≫, 5.
김종진. 2022.『근대 불교잡지의 문화사: 불교청년의 성장』. 소명출판.
사토 아츠시(佐藤篤志). 2016.「근대한국불교잡지에서의 해외 논문 번역: 1910년대 초를 중심으로」. ≪동국사학≫, 60.
이경순. 2017.「1930년대 중반 불교계의『금강산』잡지 발간과 그 의의」. ≪불교학연구≫, 51.
조명제. 2006.「근대불교의 지향과 굴절: 범어사의 경우를 중심으로」. ≪불교학연구≫, 13.
_____. 2010.「1920~30년대 허영호의 현실인식과 근대불교학」. ≪대각사상≫, 14.
_____. 2016.「1910년대 식민지조선의 불교 근대화와 잡지 미디어」. ≪종교문화비평≫, 30.
_____. 2020.「식민지조선의 일본불교 잡지『곤고(金剛)』의 언설과 성격」. ≪역사와 경계≫, 116.
최수일. 2008.『『개벽』연구』. 소명출판.
金泰賢. 2011.「朝鮮における在留日本人社會と日本人經營新聞」. 神戸大學 博士學位論文.
吉永進一 外. 2012.『近代日本における知識人宗教運動の言說空間 ―≪新佛教≫の思想史·文化史的研究』. 日本學術振興會科學研究費助成事業研究成果報告書(20320016).
大谷榮一. 2009.「明治期日本の「新しい佛教」という運動」. ≪季刊日本思想史≫, 75.

## 8장 근대 불교의 교육

김성연. 2023. 「한국근대불교교육담론과불교전문학교의설립」. ≪동국사학≫, 78.

김순석. 2014. 「통감부 시기 불교계의 명진학교 설립과 운영」. 『한국근현대 불교사의 재발견』. 경인문화사.

남도영. 1981. 「구한말의 명진학교: 최초의 근대식 불교학교」. ≪역사학보≫, 90.

대한불교계종 교육원. 2001. 『조계종사: 근현대편』.

이경순. 1998. 「일제시대 불교유학생의 동향」. ≪승가교육≫, 2.

이기운. 2008. 「근대기 승가의 교육체제 변혁과 자주화운동」. ≪불교학보≫, 48.

조명제. 2016. 「1910년대 식민지조선의 불교근대화와 잡지미디어」. ≪종교문화비평≫, 30.

## 9장 불교계의 식민지 지배 협력과 동화

김순석. 2001. 「일제의 불교정책과 친일문제 검토」. ≪불교평론≫, 8.

_____. 2010. 「일제의 불교정책과 본사 주지의 권한 연구」. ≪일본학≫, 31.

김용태. 2011. 「한국근대불교의 대중화 모색과 정치적 예속화: 대처식육을 중심으로」. ≪불교연구≫, 35.

박재현. 2007. 「근대 불교의 대처식육(帶妻食肉) 문제에 관한 윤리적 고찰」. ≪철학≫, 93.

박두육. 2013. 「근대 한국불교의 자강운동에 대한 연구」. 동방대학원 박사학위논문.

오경후. 2015. 「일제 식민정책과 조선불교의 일본화에 대한 재검토」. ≪역사민속학≫, 49.

윤기엽. 2017. 「일제강점기 조선불교단의 연원과 사적변천: 조선불교단 임원진의 구성과 이력을 중심으로」. ≪대동문화연구≫, 97.

이경순. 2000. 「1917년 불교계의 일본 시찰연구」. ≪한국민족운동사연구≫, 25.

정광호. 1991. 「한국 근대불교의 '대처식육'」. ≪한국학연구≫, 3.

정윤재. 2005. 「일제강점기 민족생존의 정치사상: 민족개조론과 민족문화건설론」. ≪동양정치사상사≫, 4(1).

제점숙. 2018. 「식민지 조선 재일불교유학생의 동향: '조선불교단' 포교유학생의 "친일" 양상을 중심으로」. ≪아태연구≫, 24(3).

조계종 불학연구소. 2006. 『불교근대화의 전개와 성격』. 조계종출판사.

조아담. 2008. 「재일 조선불교유학생들의 활동」. ≪불교학보≫, 48.

한동민. 2005. 「'사찰령' 체제하 본산제도 연구」. 중앙대학교 박사학위논문.

## 지은이(수록순)

### 손성필

동국대학교 사학과를 졸업하고, 동 대학원에서 박사학위를 받았다. 현재 조선대학교 역사문화학과 교수로 재직하면서 조선시대의 불교·사상·문헌 등에 관심을 두고 연구하고 있다. 「『진심직설(眞心直說)』 판본 계통과 보조지눌 찬술설의 출현 배경」(2011), 「조선 정조대 『증정문헌비고』 예문고 편찬의 목록학적 의의」(2023) 등 다수의 논문을 저술했다.

### 이종수

동국대학교 사학과를 졸업하고, 불교학과에서 석사학위를, 사학과에서 박사학위를 취득했다. 동국대학교 불교학술원 HK 연구교수와 조교수를 역임하고, 현재는 국립순천대학교 사학과 교수로 재직 중이다. 역서로 『운봉선사심성론』(2011), 『월봉집』(2021) 등이 있으며, 논문으로 「조선후기 가흥대장경의 복각」(2013), 「16~18세기 유학자의 지리산 유람과 승려 교류」(2015) 등 다수가 있다.

### 김용태

서울대학교 국사학과를 졸업하고, 동 대학원에서 박사학위를 받았다. 현재 동국대학교 교수로 재직하며, 조선시대 및 근대 불교사에 관심을 두고 연구하고 있다. 저서로 『조선후기 불교사 연구』(2010), 『토픽 한국사』 12(2016), 『韓國仏教史』(東京: 春秋社, 2017), 『조선 불교사상사』(2021), 『토픽 한국불교사』(2021) 등이 있다.

### 탁효정

안동대학교 사학과를 졸업하고, 한국학중앙연구원 한국학대학원에서 「조선시대 왕실원당(王室願堂) 연구」로 박사학위를 받았다. 현재 국립순천대학교 남도문화연구소 학술연구교수로 재직 중이다. 저술로 『원당, 조선 왕실의 간절한 기도처』(2017), 『조선 왕릉의 사찰』(2021) 등이 있다.

### 양혜원

이화여자대학교 사회과교육과에서 역사를 전공하고, 서울대학교 국사학과 대학원에서 「조선초기 법전의 '승(僧)' 연구」로 박사학위를 받았다. 현재 서울대학교 규장각한국학연구원 책임연구원으로 재직 중이다. 국가 제도와 불교의 관계에 관심을 두고 연구해 왔으며, 저서로 『대동금석서 연구』(공저, 2020), 『한양의 여성공간』(공저, 2021) 등이 있고, 논문으로 「『경국대전』 판본 연구」(2018), 「15세기 승과(僧科) 연구」(2019) 등 다수가 있다.

## 김기종

동국대학교 국어국문학과를 졸업하고, 동 대학원에서 박사학위를 받았다. 현재 전북대학교 국어국문학과 교수로 재직하면서 한국 불교문학과 조선시대 불교문화사에 관심을 두고 연구하고 있다. 저서로 『월인천강지곡의 저경과 문학적 성격』(2010), 『한국 불교시가의 구도와 전개』(2014), 『불교와 한글: 글로컬리티의 문화사』(2015), 『(역주) 월인천강지곡』(2018), 『한국 고전문학과 불교』(2019), 『한국의 옛노래』(2022) 등이 있다.

## 유근자

국립순천대학교 남도문화연구소 학술연구교수로 재직 중이며, 인천광역시 문화재위원, 강원도·경기도 문화재 전문위원으로 활동 중이다. 조선시대 불상의 복장 기록과 석가여래의 생애를 표현한 간다라 불전미술 연구를 진행하고 있다. 저서로 『조선시대 왕실발원 불상의 연구』(2022), 『조선시대 불상의 복장기록 연구』(2017)가 있고, 저서로 『간다라에서 만난 부처』(공저, 2009)와 『치유하는 붓다』(공저, 2018)가 있다.

## 이용윤

충북대학교 고고미술사학과를 졸업하고, 홍익대학교 미술사학과에서 석사·박사 학위를 받았다. 현재 한국학중앙연구원 미술사학 교수로 재직 중이다. 주된 연구 분야는 조선 후기 불교 회화로, 신앙·사상·의례의 관점에서 불화의 변화를 고찰하고 불화 제작에 반영된 화승과 승려 문중의 관계를 연구했으며, 최근 고승 진영과 불교문화에 관한 연구를 진행하고 있다. 저서로 『한국불교미술사』(공저, 2011), 『진영에 깃든 선사의 삶과 사상』(공저, 2017) 등과 다수의 논문이 있다.

## 손신영

국민대학교 조형대학 건축과를 졸업하고 동국대학교 대학원 미술사학과에서 석사·박사 학위를 받았다. 현재 한국미술사연구소 책임연구원으로 재직 중이며, 문화재청 문화재수리기술위원회 및 서울시와 대전시의 문화재위원회 전문위원으로 활동하고 있다. 연구 분야는 조선 후기 불교 건축의 역사와 조형 등이다. 논문으로 「이천 오층석탑의 반출과 조형」(2021), 「감로탱 중단 의식(儀式)공간의 변화와 의미」(2022), 「고종년간 왕실의 불사 후원과 관계자」(2023) 등이 있고, 저서로 『간다라에서 만난 부처』(공저, 2008), 『조선후기 불교건축 연구』(2020), 『대흥천사 불교미술』(공저, 2023) 등이 있다.

### 김종진

동국대학교 국어국문학과를 졸업하고, 동 대학원에서 문학박사학위를 받았다. 현재 동국대학교 불교학술원 교수로 재직하며 한국 불교문학의 다양한 양상을 연구하고 있다. 저서로 『불교가사의 연행과 전승』(2002), 『불교가사의 계보학, 그 문화사적 탐색』(2009), 『한국불교시가의 동아시아적 맥락과 근대성』(2015), 『근대불교잡지의 문화사』(2022), 『산중에서 가두로, 승려로서 대중에: 근대잡지 『불교』의 문화지형』(공저, 2023) 등이 있고, 다수의 불가문집 번역서가 있다.

### 이승윤

충남대학교 국사학과를 졸업하고, 동 대학원에서 박사학위를 받았다. 현재 서대문형무소역사관 학예연구사로 재직하며, 전통불교에서 근대불교로 전환되는 과정에서 한국 불교의 특수성이 어떻게 발현되는지에 관심을 두고 연구하고 있다. 주요 논저로 「1908~1910년 사사과 설치와 사찰재산관리규정」(2020), 『불교, 은둔을 벗고 국권회복운동에 나서다』(2023), 『서울의 국채보상운동』(공저, 2023) 등이 있다.

### 김순석

고려대학교 사학과를 졸업하고, 동 대학원에서 박사학위를 받았다. 현재 한국국학진흥원에서 수석연구위원으로 재직하면서 근현대불교사를 연구하고 있다. 저서로는 『일제시대 조선총독부의 불교정책과 불교계의 대응』(2003), 『백년 동안 한국불교에 어떤 일이 있었을까?』(2009), 『한국 근현대 불교사의 재발견』(2014) 등이 있다.

### 김성연

동국대학교 사학과를 졸업하고, 동 대학원에서 박사학위를 받았다. 현재 동국대학교 K학술확산연구소 연구초빙교수로 재직하고 있으며, 근대 불교 교단의 교육·포교사업과 불교청년의 활동 등에 관심을 두고 연구하고 있다. 주요 논저로 「조선불교청년총동맹의 성립과 활동」(2018), 『산간에서 가두로 승려로서 대중에: 근대 잡지 『불교』의 문화지형』(공저, 2023) 등이 있다.

### 제점숙

동서대학교 일본어학과를 졸업하고, 일본 리쓰메이칸 대학교 문학연구과에서 박사학위를 받았다. 현재 동서대학교 캠퍼스아시아학과 교수로 재직하고 있으며, 주된 연구 관심사는 근대 한일 불교 관계사로 식민지 조선에서의 일본 불교의 활동, 일본 유학승, 승려 결혼 등의 연구에 매진하고 있다. 최근 논문으로는 「일제시기 조선불교계 승려 결혼에 관한 고찰」(2021), 「마산 포교당의 교육사업 현황과 역사적 의의」(2022)가 있으며, 저서로 『식민지조선과 종교』(공저, 2013), 『植民地近代という経験－植民地朝鮮と日本近代仏教』(2018), 역서로 『근대 일본의 종교 담론과 계보』(2016) 등이 있다.

### 송현주

이화여자대학교 불어불문학과를 졸업하고, 서울대학교 대학원 종교학과에서 박사학위를 받았다. 현재 순천향대학교 향설나눔대학 교수로 재직하며, 서구 근대 불교와 세속불교, 근대 한국불교의 종교 정체성 인식 등에 관심을 두고 연구하고 있다. 저서로 『한국문화와 종교적 다양성: 갈등을 넘어서』(공저, 2003), 『세계종교사입문』(공저, 2003), 『한국불교와 근대성의 만남』(2015) 등이 있으며, 논문으로 「프리드리히 막스 뮐러의 불교인식: '열반(Nirvāṇ)' 해석을 중심으로」(2021), 역서로 『그대 원하는 것 모두 그대 안에 있다』(2001) 등이 있다.

### 조명제

부산대학교 대학원 사학과에서 박사학위를 받고, 일본학술진흥회 초청으로 고마자와 대학 불교학부에서 2년간 박사후과정을 이수했다. 현재 신라대학교 사학과 교수로 재직하며 한국 사상사, 근대 불교사, 동아시아 불교사 등에 관심을 두고 연구하고 있다. 저서로 『고려후기 간화선 연구』(2004), 『선문염송집 연구: 12~13세기 고려의 공안선과 송의 선적』(2015), 『古代東アジアの佛教交流』(공저, 2018), 『불교문명 교류와 해역세계』(공저, 2021) 등이 있으며, 역서로 『한국금석문집성』 24~26(2011), 『조선 불교 유신론』(2014) 등이 있다.

### 이경순

서강대학교 사학과를 졸업하고 동국대학교 미술사학과에서 석사학위를, 서강대학교 사학과에서 박사학위를 받았다. 대한불교조계종 선우도량 한국불교근현대사연구회 간사를 지냈으며, 현재 대한민국역사박물관 학예연구사로 재직하며 한국 근현대 불교사 등을 관심 있게 연구하고 있다. 저서로 『조계종사: 근현대편』(공저, 2005), 『금강산 가는 길』(2020) 등이 있으며, 논문으로 「불교계 3·1운동의 기억과 표상」(2019), 「1932년 통도사 김구하의 금강산 여행」(2022) 등이 있다.

한울아카데미 2521

**한국 불교사 조선·근대**



엮은이 | 불교사학회(회장: 조명제)
지은이 | 손성필·이종수·김용태·탁효정·양혜원·김기종·유근자·이용윤·손신영·
김종진·이승윤·김순석·김성연·제점숙·송현주·조명제·이경순
펴낸이 | 김종수
펴낸곳 | 한울엠플러스(주)
편　집 | 최진희

초판 1쇄 인쇄 | 2024년 6월 7일
초판 1쇄 발행 | 2024년 6월 28일

주소 | 10881 경기도 파주시 광인사길 153 한울시소빌딩 3층
전화 | 031-955-0655
팩스 | 031-955-0656
홈페이지 | www.hanulmplus.kr
등록 | 제406-2015-000143호

Printed in Korea.
ISBN 978-89-460-7521-4 93910 (양장)
978-89-460-8305-9 93910 (무선)

* 앞표지, 각 부 속표제지 그림: 서울 흥천사 〈감로왕도〉 | 뒤표지 그림: 〈회암사명 약사여래삼존도〉(국립중앙박물관)

* 이 책에는 Kopub체(무료 글꼴, 문화체육관광부, 한국출판인회의)를 사용했습니다.
* 책값은 겉표지에 표시되어 있습니다.
* 무선 제본 책을 교재로 사용하시려면 본사로 연락해 주시기 바랍니다.